개정판

무역대금결제론

구종순·허은숙

박영사

먼저 이 책을 애독해주신 독자들과 이 책을 교재로 채택해주신 일선의 교수
님들께 깊은 감사를 드린다.

이번 개정에서는 전체적인 틀을 변화시키지 않고 다음 몇가지에 주안점을
두고 개정하였다.

첫째, 무역대금의 결제는 외국환관리와 밀접한 관계가 있는 만큼 제2장에서
외국환관리와 관련된 내용을 보강하였다. 최근 증가하고 있는 불법외환거래에
대한 외환관리당국의 우려를 감안할 때 외국환거래를 적법하게 수행하기 위해서
는 대금결제와 관련된 외국환거래법규들을 잘 이해할 필요가 있다. 관련 사례로
외국환거래법상 대금결제의 상계관행에 대한 대법원판례도 소개하였다.

둘째, 우리나라 수출입대금결제의 특성과 동향을 보여주는 통계적 자료들을
가능한 최근의 것으로 대체하였다.

셋째, 각 장에서 기존의 그림 자료들 중 오류가 있거나 오해의 여지가 있는
부분들을 수정하였고 몇 개의 그림 자료는 추가하여 보강하였다. 제7장에서의
은행유전스와 관련된 그림 자료, 제14장의 중장기수출보험 구매자신용 등의 그
림자료는 이번에 추가한 것이다. 향후에도 내용의 이미지화에 중점을 두고 독자
들에게 이해의 편의를 높이기 위해 내용들을 계속 시각자료로 보강하고자 노력
할 것이다.

넷째, 대금결제나 무역금융과 관련한 최신의 자료들을 전달하고자 하였다.
이를 위해 최근의 기사자료와 최근 발생한 대형 무역금융사기사건을 소개하기도
하였다.

이 외에도 강의를 하면서 느꼈던 표현의 모호함이나 내용 오류를 수정하였
다. 그리고 독자의 입장에서 최대한 쉽게 이해할 수 있도록 서술하려다 보니 간
혹 앞에서 이미 설명한 용어를 반복하여 설명하는 경우가 있는데 이는 읽는 중에

해당 내용을 다시 찾아 확인하는 번거로움을 줄이고 흐름이 유지되도록 하자는 의도에서이다.

개정작업은 책을 새로 쓰는 것만큼이나 인내와 끈기를 요하는 작업인 것 같다. 처음 시작할 때는 좀 더 충실하고 깊이있는 내용으로 이번 개정판을 완성하고자 하는 의욕이 넘쳤지만 생각만큼 하지 못한 채 이 정도로 마무리 하려니 또 아쉬움이 많이 남는다. 특히 이번 개정판에서는 보다 많은 시각자료들을 포함하고자 했으나 저작권문제 등으로 한계가 있었고 글로벌전자상거래부문에서의 결제도 다루려 했으나 시간이 부족하여 어쩔 수 없이 다음으로 미룰 수밖에 없었다. 이처럼 앞으로 더 추가하고 다듬어야 할 내용들이 많고 여러 면에서 부족함이 많은 만큼 독자들의 아낌없는 비판과 질타를 바라며 계속 정진할 것을 약속드린다.

끝으로 이번 개정을 위해 애써주신 박영사의 임재무 이사님께 감사드리며 저자의 까다로운 편집요구를 묵묵히 들어주며 고생하신 편집부의 배근하 선생님께도 감사드린다.

저자 일동

‘貿易立國’, 이 단어만큼 우리 경제가 가는 길을 잘 대변해주는 말이 있을까. 런던의 한 박물관 내 한국관에 걸려있는 세계지도의 구석에 겨우 알아볼 정도의 점 크기로 표시되어 있는 우리나라, 그 지리적 왜소함에 새삼 놀라게 된다. 그런 가 하면 뉴욕의 타임스퀘어, 런던의 피카딜리 라인 등 세계에서 가장 번화한 도 시의 가장 비싼 광고판에 Samsung과 LG, Hyundai의 광고가 매순간 디스플레이 되고 있고, 어느 도시를 가더라도 공항라운지나 호텔 룸에 설치된 TV에서 우리 기업의 로고를 보고 다시 놀라게 된다. 그렇게 우리나라는 아주 작지만 무역 1조 달러의 세계 10대 무역대국이 되어 있다. 이 책은 1조 달러가 넘는 무역대금결제 가 어떤 구조와 절차로 이루어지는가를 이해함으로써 무역거래를 효율적으로 관 리하는데 일조할 수 있기를 바라는 마음으로 집필하였다.

우리나라의 무역규모가 몇십억 달러, 혹은 몇백억 달러 정도일 때는 대부분 의 대금결제방식이 신용장이었기에 대금결제와 관련된 책들은 “신용장”이라는 제목으로 출간되었고, 그 내용도 신용장에 관한 것이 대부분이었다. 최근에 들어 서는 결제방식이 훨씬 다양해지면서 그러한 상황을 반영하여 “무역결제” 라는 포 괄적인 제목으로 출간되고 있다. 그러나 아직도 내용의 많은 부분은 신용장과 관 련된 것이라 할 수 있는데 이는 신용장의 내용과 법리가 그만큼 복잡하고 방대하 기 때문이다. 반면에 이 책은 무역대금결제와 관련한 여러 결제방식을 가급적 균 형있게 다룸으로써 변화되는 결제환경을 이해하는 데 도움이 되고자 노력하였 다. 또한 본서를 집필하면서 저자는 특히 다음의 두가지 점을 염두에 두었다.

첫째, 무역대금결제에 관한 이해의 폭을 넓힐 수 있도록 하고 싶었다. 이를 위해 외국환거래의 개념부터 시작하여 주요 결제수단과 결제방식을 다루고 마지 막으로 무역금융과 무역보험 등 결제방식의 활용과 결제위험관리에 이르기까지 무역거래에서 결제와 관련된 내용들을 포괄적으로 다루고자 하였다.

둘째, 쉽게 이해할 수 있도록 사진이나 그림자료, 사례 등을 많이 인용하였다. 이 책의 표지사진을 비롯하여 수록된 사진은 저자가 직접 찍은 것이 여러 컷 있다. 실무적 내용을 활자로만 이해해야 하는 학생들에게 조금이라도 현장감을 느끼게 해주고 싶은 마음에서 의도했던 것인데 시작할 때의 의욕에 비해 충분한 자료를 제시하지 못한 것 같아 아쉬움이 남지만 이는 추후 계속 보완해나갈 생각 이다.

이 책은 그 동안 저자가 일선 강단에서 무역실무, 신용장, 무역결제 등을 강 의하면서 정리해둔 내용을 체계화한 것으로 모두 4부 14장으로 구성하였다.

제1부는 무역거래에서 대금결제와 관련한 전반적인 요소들을 언급하였다. 특히 대금결제는 기본적으로 외국환거래이기 때문에 외국환거래와 관련하여 무 역업자가 알아야 할 외국환의 기본개념, 주요결제수단, 외국환거래법의 내용, 환 율, 환리스크관리기법 등을 서술하였다.

제2부는 신용장을 집중적으로 다루었다. 신용장은 한 때 우리나라 수출을 상 징하는 수단이었다고 해도 과언이 아니다. 신용장을 받으면 금고에 보관할 정도 로 소중하게 다루어졌고 여전히 통화와 함께 대외지급수단의 중요한 지위를 지 니고 있다. 이제 송금방식에 밀려 수출선행지표로서의 의미를 상실할만큼 이용 비중이 축소되었지만 국제적인 금융위기나 당사자 간의 신용이 불확실한 상황에 서는 여전히 거래의 촉매제가 되고 있다. 신용장은 내용이 전문적이어서 무역업 무의 종사자라면 신용장통일규칙과 함께 반드시 숙지할 필요가 있다. 그런 관점 에서 신용장 거래의 특성, 신용장통일규칙의 주요 내용, 신용장 거래에서 취급하 는 서류 등을 실무내용과 함께 설명하였다.

제3부는 무신용장방식의 여러 결제방식을 다루었다. 송금방식은 우리나라에 서 60%가 넘는 대표적인 결제방식이고 결제와 금융의 혼합적 성격을 지닌 새로 운 방식인 국제팩토링, 포페이팅 등이 확산되고 있는 만큼 이들 내용에 대한 이 해가 필요하다.

제4부는 무역금융과 무역보험을 다루었다. 무역대금의 결제는 기업에게 결 국 자금가용성과 리스크관리의 문제로 귀결된다. 따라서 상업금융기관과 공적수 출신용기관이 제공하는 다양한 무역금융제도와 결제리스크관리와 관련된 무역 보험제도에 대해 알 필요가 있어 그 내용과 특징, 운용현황 등을 설명하였다.

이 책을 쓰면서 무역거래에서 결제와 관련된 모든 사항을 한 권의 책으로 일 목요연하게 소개하는 것이 쉬운 일이 아님을 절감하였다. 여러 가지 부족한 점도 많고, 기존의 책과 달리 새로운 부분을 접목시킨 것에 대해서도 보는 관점에 따라 다른 의견이 있을 수도 있다. 아낌없는 조언을 바라며 저자 또한 이런 비판을 토대로 끊임없이 다듬고 고쳐나갈 것을 약속드린다.

이 책을 쓰는 과정에서 외환부분의 내용에 대하여 많은 도움을 주신 금강대학교의 이운영 교수님, 전체적인 내용을 읽고 좋은 조언을 많이 해주신 충남대학교 이정선 초빙교수께 감사드린다. 끝으로 출간을 위해 애써주신 박영사의 임재무 이사님, 촉박하게 진행된 편집일정과 저자의 까다로운 수정요청에도 한결같이 세심하고 친절하게 진행해주신 배근하 선생님을 비롯한 편집부 직원들께도 감사드린다.

2014년 2월
저자 씀

차 례

제 1 부   무역대금결제의 기초

제1장 무역대금결제의 개요 ··· 3

　제 1 절 무역거래와 대금결제··· 4
　　1 무역대금결제의 의의 / 4
　　2 무역대금결제의 특성 / 5

　제 2 절 무역대금결제의 구성요소 ··· 9
　　1 대금결제의 당사자 / 9
　　2 대금지급장소 / 10
　　3 대금결제의 시기 / 10
　　4 대금결제통화와 수단 / 12
　　5 대금결제방법 / 12

　제 3 절 우리나라 무역대금결제의 특성 ······························ 13
　　1 우리나라의 주요 결제통화 / 13
　　2 우리나라의 주요 결제방식 / 14

제2장 외국환 ·· 17

　제 1 절 외국환의 의의 ··· 18
　　1 환거래의 개념 / 18
　　2 내국환과 외국환 / 20
　　3 외국환의 정의와 관리대상 / 22

　제 2 절 외국환의 종류 ··· 24

1 송금환과 추심환 / 24

2 당발환과 타발환 / 25

3 매도환과 매입환 / 26

4 우편환과 전신환 / 27

5 현물환과 선물환 / 28

제 3 절 외국환의 관리 ·· 28

1 외국환관리의 의의 / 28

2 외국환거래에 대한 관리체계 / 29

3 수출입대금결제에 대한 외국환관리 / 35

제3장 주요 결제수단 ··· 43

제 1 절 무역결제통화 ··· 44

1 결제통화의 의의 / 44

2 주요 결제통화 / 44

제 2 절 수표 ··· 47

1 수표의 개념 / 47

2 수표 거래의 당사자 / 48

3 수표의 종류 / 49

제 3 절 환어음 ··· 52

1 환어음과 약속어음 / 52

2 환어음의 당사자 / 56

3 환어음의 종류 / 57

4 환어음의 인수 / 59

5 환어음의 유통과 배서 / 60

6 어음의 소구와 거절증서 / 62

제 4 절 환어음의 기재사항 ·· 62

1 환어음의 필수기재사항 / 62

2 환어음의 임의기재사항 / 64

제4장 환율과 환리스크 ·· 67

제 1 절 환율의 의의 ··· 68

1 환율의 개념 / 68

2 환율표시방법 / 68

3 환율의 변동 / 70

제 2 절 환율의 종류 ··· 71

1 매도율과 매입률 / 71

2 현물환율과 선물환율 / 72

3 크로스환율과 재정환율 / 72

4 외국환은행간 매매율 / 73

5 매매기준율 / 74

6 외국환은행 대고객매매율 / 75

제 3 절 환리스크관리 ··· 78

1 환리스크의 개념 / 78

2 환리스크 관리방법 / 80

제 2 부 신용장 방식에 의한 결제

제5장 신용장의 개요 ·· 91

제 1 절 신용장의 의의 ··· 92

1 신용장의 개념과 의의 / 92

2 신용장의 역사 / 93

3 신용장의 정의 / 95

4 신용장에 의한 결제과정 / 95

5 신용장 거래의 당사자 / 98

제 2 절 신용장의 특성 및 효용 ··· 104

1 신용장의 독립성과 추상성 / 104

2 신용장의 효용 / 109

3 신용장의 한계 / 110

제6장 신용장의 결제방식과 종류 ················· 113

제 1 절 신용장의 결제방식 ························· 114

1 지급방식 / 114

2 연지급방식 / 115

3 인수방식 / 115

4 매입방식 / 117

제 2 절 신용장의 종류 ····························· 118

1 사용목적에 따른 분류 / 118

2 운송서류의 첨부 여부에 따른 분류 / 119

3 취소가능 여부에 따른 분류 / 120

4 상환청구권 여부에 따른 분류 / 120

5 확인(Confirmation) 여부에 따른 분류 / 121

6 결제형태에 따른 종류 / 122

7 환어음기한에 따른 분류 / 126

8 양도가능신용장(Transferable Credit) / 126

9 내국신용장(Local Credit) / 130

10 전대신용장(Red Clause Credit) / 131

11 회전신용장(Revolving Credit) / 135

12 구상무역신용장 / 136

13 보증신용장(Standby Credit) / 137

14 스위프트 신용장 / 142

15 유사 신용장 / 142

제7장 신용장 거래의 실무 ···················· 149

제 1 절 신용장의 개설과 통지 ···················· 150

1 신용장의 개설 신청 / 150

2 신용장 개설담보 및 수수료 / 153

③ 신용장의 개설방식 / 154
④ 신용장의 통지 / 155

제 2 절 신용장의 수취와 조건해석 ··· 159
① 신용장의 수취와 검토 / 159
② 신용장의 조건분석 / 165

제 3 절 신용장의 확인과 양도 ··· 179
① 신용장의 확인 / 179
② 신용장의 양도 / 181
③ 신용장 양도의 요건 / 183
④ 신용장 양도의 실행 / 184
⑤ 양도시의 변경내용 / 185
⑥ 양도인의 권리 / 186
⑦ 신용장대금의 양도 / 187

제 4 절 신용장의 매입 ··· 189
① 운송서류 매입의 의의 / 189
② 운송서류 매입 의뢰 / 190
③ 운송서류의 매입완료 / 191
④ 운송서류의 발송 / 196
⑤ 국제표준은행관행에 따른 서류검토의 기준 / 197
⑥ 신용장 거래에서의 상환 / 198

제 5 절 서류의 인도 ·· 200
① 운송서류의 심사 / 200
② 수입대금의 지급절차 / 201
③ 수입결제환율 / 202
④ 수입화물선취보증서의 활용 / 203

제8장 신용장 거래의 서류 ··· 213

제 1 절 서류의 개요 ·· 214
① 서류의 의의 / 214
② 서류의 원본과 부본 / 215

제 2 절 서류의 종류 ··· 215

1 상업송장(Commercial Invoice) / 215

2 선하증권(Bill of Lading: B/L) / 220

3 항공운송서류(Air Waybill, Air Consignment Note) / 233

4 보험서류 / 245

5 포장명세서(Packing List) / 247

6 원산지 증명서(Certificate of Origin) / 249

7 세관송장(Customs Invoice) / 249

8 영사송장(Consular Invoice) / 252

9 검사증명서 / 254

10 수익자 증명서(Beneficiary's Certificate) / 256

제9장 신용장 거래의 법률관계 ··· 259

제 1 절 신용장통일규칙과 전자신용장통일규칙 ································· 260

1 신용장통일규칙 / 260

2 전자신용장통일규칙(eUCP) / 262

3 국제표준은행관습(ISBP) / 265

제 2 절 신용장 거래 당사자 간의 법률관계 ································· 266

1 매매당사자의 의무 / 266

2 개설의뢰인과 개설은행 / 268

3 수익자와 개설은행 / 276

4 통지은행의 지위 / 280

5 수익자와 매입은행 / 282

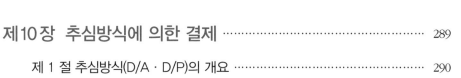

제 3 부 무신용장 방식에 의한 결제

제10장 추심방식에 의한 결제 ··· 289

제 1 절 추심방식(D/A · D/P)의 개요 ······································· 290

1 추심방식의 의의 / 290

2 추심방식의 유형 / 291

3 추심방식의 결제과정 / 292

4 추심방식의 주요 당사자 / 293

5 추심방식의 특성 / 296

제 2 절 추심에 관한 통일규칙 ·· 298

1 추심에 관한 통일규칙(Uniform Rules for Collection)의 적용 / 298

2 추심에 관한 통일규칙의 주요 내용 / 300

제 3 절 추심방식거래의 실무·· 303

1 수출업자의 환어음 발행 / 303

2 수출업자의 추심 신청 / 304

3 추심의뢰은행의 추심 의뢰 / 304

4 추심지시서의 작성 / 305

5 추심은행의 서류검토와 제시 / 307

6 상업서류의 인도 / 308

7 추심결과의 통지와 추심금액의 송금 / 311

8 추심의뢰은행의 수출대금 지급 / 312

9 추심불능 / 313

제11장 송금방식에 의한 결제 ································· 319

제 1 절 송금방식의 개요 ·· 320

1 송금방식의 의의 / 320

2 송금수단 / 321

제 2 절 송금방식의 종류 ·· 325

제 3 절 송금방식에서의 서류·· 330

1 서류의 의의 / 330

2 송금방식에서의 서류요건 / 331

3 수출업자의 서류제공의무 / 332

4 Incoterms(2010) / 333

제12장 국제팩토링과 포페이팅 ·· 335

제 1 절 국제팩토링 ··· 336

1 국제팩토링의 개념 / 336
2 팩토링의 결제방식 / 337
3 팩토링의 역사 / 338
4 국제팩토링의 당사자 / 341
5 국제팩토링의 효용 / 343

제 2 절 포페이팅 ·· 346

1 포페이팅의 개념 / 346
2 포페이팅의 결제과정 / 347
3 포페이팅의 역사 / 350
4 포페이팅의 당사자 / 351
5 포페이팅의 효용 / 352

제 4 부 대금결제와 금융

제13장 무역금융 ·· 357

제 1 절 무역금융의 개요 ·· 358

1 무역거래의 비용 / 358
2 무역금융의 의의와 특징 / 360
3 무역금융의 유형 / 361
4 무역금융기관 / 366

제 2 절 수출금융 ·· 368

1 수출환어음 매입 / 368
2 프로젝트 파이낸스(Project Finance) / 369
3 내국신용장 / 370
4 수출팩토링 / 371
5 포페이팅 / 371

제 3 절 수입금융 ···································· 372

1 신용장개설금융 / 372

2 내국수입유전스 / 372

3 수입팩토링 / 373

4 대도(貸渡) / 373

제14장 무역보험 ···································· 375

제 1 절 신용조사 ···································· 376

1 신용조사의 의의 / 376

2 신용조사전문기관 / 376

제 2 절 수출보험 ···································· 379

1 수출보험의 의의 / 379

2 수출보험의 기능 / 380

3 수출보험의 운영방식 / 381

4 수출보험의 담보위험 / 382

5 수출보험의 종류 / 384

6 수출보험의 면책 / 390

제 3 절 수입보험 ···································· 393

1 수입보험의 의의 / 393

2 수입보험의 대상거래 / 394

3 수입보험의 종류 / 395

참고문헌···································· 399

국문색인···································· 403

영문색인···································· 411

부   록···································· 419

PART

01

무역대금결제의 기초

제 1 장 　 무역대금결제의 개요

제 2 장 　 외국환

제 3 장 　 주요 결제수단

제 4 장 　 환율과 환리스크

Chapter

1

무역대금결제의 개요

| 제1절 | 무역거래와 대금결제
| 제2절 | 무역대금결제의 구성요소
| 제3절 | 무역대금결제의 특성

국제무역에서 이용할 수 있는 결제방식은 다양하며 이들 결제방식은 각각 나름대로의 장단점을 가지고 있다. 무역업자가 높은 수준의 지불안전성을 추구한다면 그 결제방식은 비교적 비용이 많이 들 것이다. 반면에 당사자 간에 서로 잘 알고 있거나 서로 신뢰하여 지불의 안전성이 우선순위가 아니라면 보다 간편하고 비용이 저렴한 결제방식이 사용될 수 있다. 결국 어떤 결제방식을 선택하고 그에 따른 비용이 얼마나 발생하는가는 당사자 간의 신뢰(trust)수준에 달린 문제이다.

제 1 절   무역거래와 대금결제

1 무역대금결제의 의의

무역거래는 매도인이 대금이라는 금전적 대가를 받고 매수인에게 물품의 소유권을 이전하거나 이전하기로 합의하는 국제적인 물품매매계약(contract of sale of goods)을 말한다.[1] 무역거래의 본질은 매도인의 물품인도와 이에 대한 매수인의 대금지급이라는 구조를 갖는다.

오늘날 무역거래의 국제규범이 되고 있는 국제물품매매계약에 관한 UN협약[2]에서는 무역거래에서의 매도인의 의무로서 물품을 인도하고 관련서류를 교부하며 물품의 소유권을 이전하여야 하고 이에 대응하는 매수인의 의무는 물품의 대금을 지급하고 물품의 인도를 수령하는 것으로 규정하고 있다. 이러한 두 당사자의 의무는 원칙상 어느 한쪽이 먼저 이행하고 상대방이 나중에 하는 순서가 있는 것이 아니라 동시에 이행되어야 하는 대등한 의무이다.

그러나 현실적으로 국제적으로 이루어지는 거래는 물리적인 격지성으로 인해 물품과 대금의 동시교환이 이루어지기 어렵다. 그래서 한 당사자의 입장에서는 대금이 먼저 결제되거나 물품이 먼저 인도되는 식으로, 시간적 격차가 존재하는 것이 오히려 일반적이다.

이처럼 무역거래의 기본구조는 〈그림 1-1〉에서 보듯이 매도인의 물품과 매

그림 1-1   무역거래의 기본구조

---

1) 영국 물품매매법(Sales of Goods Act, 1979) II-2.1.
2) 국제물품매매계약에 관한 국제연합협약(United Nations Convention on Contracts for the International Sale of Goods: CISG, 일명 Vienna Convention이라고 한다. 1980)은 유엔국제거래법위원회(UNCITRAL)의 주도하에 국제물품매매거래를 원활히 하기 위해 성문화시킨 조약으로 1980년 4월에 확정되어 1988년 1월 1일 발효되었다. 국제물품매매계약의 성립 및 매매당사자의 권리·의무를 규정하고 있는 법률로 국내에서는 민법과 상법이 매매에 관한 일반법으로 기능하지만 국제매매거래에서는 이 협약이 적용되고 있다. 우리나라에서는 2005년 3월 1일부터 발효되었다(이하에서는 CISG로 약칭한다).

수인의 대금이 교환되는 단순한 구조로 나타낼 수 있지만 현실에서는 이행시기가 서로 달라짐으로써 당사자들에게 자금가용성과 위험부담의 문제를 야기시킨다.

무역대금의 결제와 관련하여 또한 강조될 점은 물품인도를 증명하는 '서류(documents)'의 중요성이다. 수출업자는 물품을 선박, 항공기 등 운송기관에 운송을 의뢰한 후 운송기관에서 발급하는 운송서류를 받아 수입업자에게 제공하게 된다. 이 무역서류들은 수출업자가 물품인도를 이행했다는 증거로서 대금회수를 하는데 매우 중요한 기능을 한다.

② 무역대금결제의 특성

위에서 설명한 바와 같이 대부분의 무역거래는 격지거래라는 성격을 갖게 됨으로써 동시이행이 현실적으로 어렵게 되는 특성을 갖는다. 이는 당사자들에게 있어 물품의 인도와 대금의 결제를 누가 먼저 이행할 것인가의 문제를 야기시킨다. 가능하다면 수출업자는 대금확보가 전제되지 않는 한 물품을 인도하지 않으려 하고, 수입업자는 물품이 확보되지 않으면 대금을 결제하지 않으려고 할 것이다. 현재 실무적으로 이용하고 있는 여러 결제방식들은 이처럼 대립하는 두 당사자간의 이해를 반영하여 여러 가지가 선택적으로 사용되고 있다.

무역대금의 결제에서 고려해야 하는 사항들을 살펴보기로 한다.

(1) 대금회수불능의 위험

무역거래는 국제거래의 특성상 국내거래에 비해 대금회수불능의 위험(credit risk)이 높은 편이다. 우선 계약체결에서 대금결제까지 상당한 시간이 소요되므로 그동안에 수입업자 신용상태의 변화로 인해 수출대금을 회수하지 못하는 경우가 종종 발생한다. 계약을 체결할 때에는 재무상태가 건전했던 수입업자도 무역거래를 이행하는 과정에서 지급불능사태가 날 수도 있는가 하면 아예 처음부터 의도적인 무역사기로 수출업자에게 피해를 입히는 경우도 있다.

그리고 대금미회수의 문제가 발생했을 때 이에 대한 해결이 어려운 편이다. 국내거래에서는 법적 대응조치가 가능하지만 무역거래에서는 국가마다 적용하는 법이 다르고 법적 대응에도 많은 시간과 비용이 들기 때문이다. 대금결제에 따르는 위험 및 이에 대한 관리방안은 제14장의 무역보험편에서 자세히 설명한다.

(2) 환리스크의 발생

무역거래의 당사자는 통화를 달리하는 서로 다른 국가에 거주하기 때문에 무역거래에서는 환율변동에 따른 환리스크(exchange risk)가 발생한다. 무역거래에서는 대부분 미국 달러화, 유로화, 일본 엔화 등 주요 국제통화로 결제가 이루어지는데, 이들 통화의 가치는 계속 변동하기 때문에 외화표시의 결제가 일어나는 경우 당사자는 수입대금을 결제하기 위해 자국통화를 해당 외화로 바꾸거나 수출대금을 받아 자국통화로 바꾸는 과정에서 교환비율의 변동에 따른 환리스크를 부담하게 된다.

환율변동은 수출기업의 경영환경에 큰 영향을 미치는 변수이다. 특히 환율이 하락하면 수출기업은 수출 단가 인상을 통해 환율 하락에 따른 손실을 보전해야 하지만 수출경쟁이 치열한 상황에서 이는 현실적으로 쉽지 않기 때문에 결국 환율 하락에 따른 손실을 보전하기가 쉽지 않아 그만큼 수출채산성이 악화된다. 이에 대해서는 제4장에서 좀더 자세히 살펴보기로 한다.

| 그림 1-2 | 원달러환율 변동추이(월말 종가기준) |

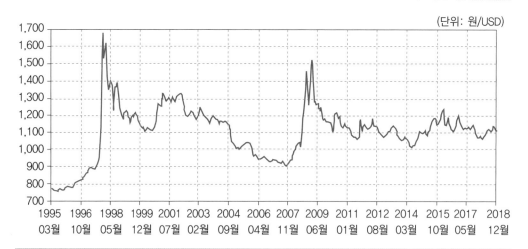

출처: 한국은행 경제통계시스템

(3) 이자의 발생

수출업자와 수입업자가 멀리 떨어져 있기 때문에 결제 시차로 인하여 이자 문제가 발생한다. 예를 들어, 수입업자가 오늘 날짜로 대금을 상환하기 위해 수표를 발행하여 수출업자에게 우편으로 송부했다고 하자. 만약 수출업자가 그 증서를 일주일 후에 받았다고 한다면 수출업자가 늦게 받은 기간만큼에 대한 이자문제가 발생하게 된다. 이러한 이자는 물품가격에 반영되어 그만큼 가격이 할인되거나 인상되기도 한다. 예를 들어, 다른 조건이 같다면 물품인도후 90일결제조건의 거래는 수출업자가 자금부담을 지는 기간에 대한 이자를 반영하여 선불이나 동시불조건에 비해 가격이 비싸질 것이다.

(4) 외국환은행의 중개

국제간 대금결제는 원칙적으로 은행을 통해서 이루어지도록 하고 있다. 우리나라와 같이 외환자유화가 상당한 수준에 이른 국가에서도 일정금액을 초과하는 현금을 소지하고 해외에 나갈 경우 세관신고를 하도록 하고 있다던가, 해외송금을 특정 은행을 통해 이루어지도록 하면서 송금용도를 기재하도록 요구하는 등 대외적인 외국환거래는 은행을 정상적인 통로(channel)로 이용하도록 하고 있다. 이는 외환의 흐름이 국가경제에 미치는 영향이 매우 중요하기 때문에 정부가 외환의 유출입을 파악하고 불법적인 자금흐름이 이루어지지 않도록 외국환관리를 하기 위한 목적에서이다.

무역대금의 결제와 같은 외국환업무를 영위할 수 있도록 정부의 인가를 받은 은행을 외국환은행이라고 한다. 외국환관리제도상 대금의 지급 및 수령은 이 외국환은행을 통한 송금 또는 계좌이체 등의 방법에 의하는 것이 원칙이며, 수입대금을 외화현찰 등으로 직접 지급하는 행위처럼 외국환은행을 통하지 않은 지급 등은 원칙적으로 외국환관리당국에 신고 후 거래하도록 하고 있다. 이처럼 대금결제를 위한 중간 매개체로 외국환은행을 이용함으로써 외국환거래에 따른 각종 수수료가 발생하게 되는데 이 비용은 결제방식에 따라 다르다. 외국환관리에 대한 더 자세한 내용은 제2장에서 설명한다.

(5) 국내외 법규의 적용

무역대금의 결제는 국내의 강행법규와 함께 국제 통일규칙의 적용을 받는다. 우선 국내법으로는 대외거래의 자유를 보장하고 통화가치의 안정을 보장하기 위해 외국환거래법이 제정되어 대외결제를 관리하는 제도적 기반이 되고 있다.

한편 국제적으로도 매매당사자들은 언어나 기업활동의 배경이 되는 관습,

법률 등이 서로 다른 국가에 소재하고 있으므로 대금결제와 관련하여 결제수단 이나 결제방식과 관련한 해석의 차이 등 여러 가지 마찰과 분쟁이 발생할 수 있 다. 이러한 문제발생을 최소화하고 국가간의 원활한 대금결제를 통해 국제무역 거래를 촉진하기 위해 국제상업회의소(International Chamber of Commerce; ICC)가 제정한 화환신용장통일규칙(Uniform Customs and Practice for Documentary Credits; UCP), 추심에 관한 통일규칙(Uniform Rules for Collections; URC) 등의 규칙들이 해 석규칙으로 이용되고 있다. 또한 국제물품매매계약에 관한 국제연합협약(CISG)

 국제상업회의소(ICC)

프랑스 파리에 본부를 둔 ICC의 현 건물과 로고

ICC는 1차 세계대전 후인 1919년 세계경제의 부흥을 위해 각국의 기업 대표들로 조직된 국제기관이다. '경제계의 UN'으로 불리는 세계 최대의 민간 국제경제기구로 프랑스의 파리에 본부를 두고 있다.

이 기관은 상업과 공업, 운송, 금융, 보험 및 통신 등 모든 국제통상분야에서 민간 기업의 활동을 촉진하고 건전한 시장경제체제의 발전을 도모하는 한편, 국제무역 규칙의 제정 및 기업인 간의 교류를 통한 국제경제협력의 기회를 확대하는 데 그 목 적을 두고 있다. Incoterms를 비롯하여 신용장통일규칙(UCP), 추심에 관한 통일 규칙(URC) 등 대표적인 국제무역규칙을 제정하여 국제무역관습의 원활화와 표준 화를 위해 노력하고 있다. 한국은 1951년에 가입하였으며 ICC 한국위원회(Korea National Committee)를 두고 있다.

과 인코텀즈(Incoterms)는 무역거래에서 매수인의 대금지급의무에 관한 조항을 규정하여 대금지급의 법리적 토대를 제공하고 있다.[3]

제2절 무역대금결제의 구성요소

　　무역거래에서 대금결제와 관련하여 주된 요소는 당사자관계, 대금결제장소와 결제통화, 그리고 결제방식에 관한 것이다.

1 대금결제의 당사자

(1) 채권자

　　일반적으로 채권자(creditor)는 채무자에게 지급을 청구할 수 있는 자를 말한다. 매매에서 채권자는 매도인으로서 매수인에게 물품을 인도하고 그 대금을 청구할 수 있는 권리를 가진다. 무역거래에서는 수출업자가 물품을 수출한데 따른 수출채권을 보유하는 채권자가 된다.

(2) 채무자

　　매수인은 매도인에게 매입대금을 지급해야 할 의무가 있는 채무자(debtor)이다. 국제매매의 기본법인 CISG 제53조에는 "매수인은 계약과 이 협약에 따라 물품의 대금을 지급하고 물품의 인도를 수령하여야 한다"고 하여 매수인의 대금지급의무를 규정하고 있다. 이처럼 대금지급의무는 매도인의 물품인도 및 소유권 이전의무에 대응하는 매수인의 가장 중요한 의무이다. 매수인인 수입업자는 물품을 인수하기 위해서 대금을 지급하거나 지급할 것을 약속해야 한다. 그런데 무역거래에서는 신용장방식에서처럼 수입업자의 거래은행이 수입업자를 대신하여 채무자가 되기도 한다.

---

3) 국제물품매매계약에 관한 국제연합협약(CISG)의 제53조～57조, Incoterms 2010, 각 조건에서 매수인의 의무 1조 참조.

② 대금지급장소

무역거래는 매매당사자가 서로 격지간이기 때문에 대금지급이 어디에서 이루어져야 하는가에 대한 합의가 있어야 한다. 지급장소에 대한 합의가 있는 경우에는 합의장소에서 대금지급이 이루어져야 한다. 그러나 당사자간에 별도의 합의가 없으면 매도인의 영업소 또는 대금이 물품 또는 서류의 교부와 상환하여 지급되어야 하는 경우에는 그 교부가 이루어지는 장소에서 매도인에게 이를 지급하여야 한다(CISG 제57조). 또한 매도인은 계약체결 후에 자신의 영업소를 변경함으로써 발생하는 대금지급에 대한 부수비용의 증가액을 부담하여야 한다.

③ 대금결제의 시기

(1) 매매법의 원칙

매매에서 물품인도와 대금지급은 동시에 이행되어야 하는 것이 원칙으로, CISG는 이러한 관점을 제58조에 반영하여 대금지급시기에 대하여 규정하고 있다. 이에 따르면 첫째, 매수인이 다른 특정한 시기에 대금을 지급할 의무가 없는 경우에는 매수인은 매도인이 계약과 이 협약에 따라 물품 또는 그 처분을 지배하는 서류를 매수인의 처분 하에 두는 때에 대금을 지급하여야 한다. 매도인은 그러한 지급을 물품 또는 서류의 교부를 위한 조건으로 정할 수 있다. 둘째, 계약에 물품의 운송이 포함된 경우에는 매도인은 대금의 지급과 상환하지 않으면 물품 또는 그 처분을 지배하는 서류를 매수인에게 교부하지 않는다는 조건으로 물품을 발송할 수 있다. 셋째, 매수인은 물품을 검사할 기회를 가질 때까지는 대금을 지급할 의무가 없다. 다만 당사자 간에 합의된 인도 또는 지급절차가 매수인이 검사기회를 가지는 것과 모순되는 경우에는 검사와 대금지급이 별개로 다루어져야 한다.

(2) 실무적 분류

실무에서는 당사자 간의 자금상황, 신뢰관계 등에 따라 물품인도보다 지불이 먼저 이루어질 수도 있고 물품인도와 동시에 혹은 물품인도후 일정 기간 후에 이루어질 수도 있어 다음과 같은 유형으로 분류할 수 있다.

1) 선 지급

선 지급(advanced payment)은 물품이 선적되기 전 수입업자가 수출업자에게 대금을 미리 지급하는 방식이다. 이 경우 수출업자는 수출대금을 선적 전에 확보할 수 있는 장점이 있지만 수입업자는 물품을 받지 못하는 위험을 부담할 수 있다. 따라서 이 방식은 수입업자가 수출업자의 신용을 완전히 믿는 경우나, 수입업자가 수출업자에게 수출자금을 융자해 줄 경우, 본·지사 간의 거래 혹은 소액 거래인 경우 등에 활용된다.

선 지급조건인 경우 실무적으로는 'CWO(Cash with Order)', 'T/T in advance' 등의 표현이 쓰인다.

2) 동시 지급

동시 지급(concurrent payment)은 수출업자가 물품을 인도하고 동시에 수입업자는 대금을 지급하는 방식을 말한다. 일반적인 상거래와 달리 무역거래에서는 물품과 대금이 한 장소에서 동시에 교환되는 경우는 드물고 대부분 물품을 찾을 수 있는 운송서류와 상환하여 대금 지급이 이루어진다. 실무에서 이 조건은 'COD(Cash on Delivery)', 'CAD(Cash against Documents)' 등으로 나타난다.

3) 후 지급

후 지급(deferred payment) 방식은 수입업자가 물품을 인수하고 일정 기간이 경과된 후 대금을 지급하는 기한부거래, 즉 외상 거래를 말한다. 수입업자는 수입자금 없이 수입할 수 있는 장점이 있지만 수출업자의 경우 대금회수불능의 위험이 크기 때문에, 이 방식은 강한 매수자우위(buyer's market)시황이거나 수출업자가 수입업자를 완전히 신뢰할 수 있는 경우 또는 본·지사 간의 거래 등에 주로 이용된다. 'O/A(Open Account) 60Days'나 'D/A' 같은 조건들이 이에 해당한다.

4) 혼합 지급

혼합 지급 방식은 선 지급, 동시 지급, 후 지급 중에서 두 가지 이상을 혼합하여 대금을 결제하는 누진 지급(progressive payment) 방식으로 물품대금을 일시에 지불하지 않고 일정 기간 나누어 지급하는 경우를 말한다. 예를 들어, 계약체결시점, 선적완료시점, 도착완료시점 등으로 구분하여 일정 금액을 결제한다든지, 공정 진행도에 따라 분할해서 지급하는 방식이다. 이 방식은 건설이나 중화

학설비와 같은 대형 플랜트(plant)수출 거래에서 주로 이용된다.

④ 대금결제통화와 수단

무역거래에서는 세계적으로 자유롭게 통용될 수 있는 미국 달러화, 유로화, 일본 엔화 등이 결제통화로 많이 이용된다. 예를 들어, 우리나라와 중국 간에 교역을 하더라도 원화나 중국 위안화(RMB)가 아니라 달러화가 주로 이용되는데 이는 달러화가 그만큼 국제통화로서 신뢰를 받고 있기 때문이다.

그리고 국내거래의 결제수단으로는 어음·수표, 계좌이체 등이 다양하게 사용되고 있지만 무역거래에서는 주로 수표, 환어음, 계좌이체 등을 이용하는 방식으로 이루어진다. 이에 관한 자세한 내용들은 제2장과 3장에서 설명하기로 한다.

⑤ 대금결제방법

무역거래에서는 거래의 성격에 따라 다양한 결제방법이 활용된다. 그리고 이러한 결제방법들은 모두 외국환은행을 통해 이루어진다. 대체로 무역거래에서는 신용장 방식, 화환추심어음방식, 송금 방식 등이 활용되고 있는데 여기에 관한 자세한 내용들은 이후 본문에서 계속 언급하기로 한다.

지금까지 설명한, 무역거래에서 대금결제와 관련한 논점들을 요약하면 〈표 1-1〉과 같다.

표 1-1	무역대금결제의 구성요소
대금결제 당사자	수출업자(채권자), 수입업자(채무자)
대금지급 장소	합의장소, 매도인 영업소, 물품 또는 서류 교부 장소
대금결제 시기	선 지급, 동시 지급, 후 지급, 혼합 지급
주요 결제 통화	미국 달러화, 유로화, 일본 엔화 등
대금결제 수단	환어음, 수표, 계좌이체 등
대금결제 방법	신용장, 화환추심, 송금, 팩토링, 포페이팅 등

제 3 절 우리나라 무역대금결제의 특성

1 우리나라의 주요 결제통화

우리나라 수출입 결제통화의 특징을 보면 달러화의 비중이 매우 높고 그 뒤를 엔화와 유로화의 결제비중이 따르고 있다. 원화는 1996년 6월부터 모든 경상거래에 대하여 금액제한 없이 가능하게 되어 있으나 원화결제가 차지하는 비중은 아직 크지는 않다.

(1) 수출결제통화

국제무역에서 결제통화는 달러화가 압도적으로 이용된다. 우리나라도 수출입교역에서 미국이 중요한 비중을 차지하고 있고, 미 달러화의 국제적 신인도에 힘입어 기업들이 수출대금으로 받는 결제통화도 달러화가 주류를 이루어왔다. 한편, 일본, 유럽 연합(EU) 등 경제 대국의 위상과 함께 일본 엔화와 유로화도 해당 지역과 거래시 결제통화로 많이 활용되고 있는 추세이다(〈표 1-2〉 참조).

원화는 지속적으로 증가하는 경향을 보이고 있다. 2010년에 처음 1%를 넘은 이후 꾸준히 증가하면서 2017년을 계기로 엔화를 추월한 결제비중을 보여주고 있다.

(2) 수입결제통화

수입거래의 결제통화도 절대적으로 달러화의 비중이 가장 높으며 다음이 엔화, 유로화의 순이다. 추이를 보면 달러화 결제는 약간씩 감소하고 있고 이는 엔화도 마찬가지이다.

원화는 국제정세의 변화 등을 배경으로 조금씩 지속적으로 증가하는 추세이다. 위안화도 아직 비중은 작지만 추세는 증가하고 있음을 알 수 있다.

표 1-2	우리나라의 수출입 결제통화 비중추이							(단위, %)
	수출				수입			
	2007	2010	2014	2017	2007	2010	2014	2017
달러	82.2	85.9	85.8	84.5	80.7	81.3	84.3	78.6
엔화	4.7	4.4	3.1	2.8	10.8	9.9	5.0	6.8
유로화	9.8	6.0	5.5	5.3	5.6	5.4	5.7	6.6
원화	0.7	1.1	2.2	3.0	1.8	2.4	3.9	6.1
위안화	0.0	0.1	0.4	1.7	0.0	0.0	0.2	1.0
기타	2.5	2.5	3.0	2.7	1.0	1.0	0.9	0.9

출처: 한국은행 경제통계시스템.

2 우리나라의 주요 결제방식

(1) 수출결제방식

수출대금의 결제방식은 은행의 지급확약을 이용하는 신용장 방식과 거래 당사자 간의 신용을 토대로 하는 추심 방식 및 송금 방식으로 구분된다. 신용장 방식을 이용하면 수출업자는 은행으로부터 대금지급을 약속받기 때문에 대금 회수 위험을 걱정하지 않아도 되지만 은행을 활용하는 만큼 비용이 많이 소요된다. 반면 추심이나 송금 방식은 서로 당사자를 믿고 거래를 하기 때문에 거래비용이 절약되고 간편하지만 상대방 신용상태의 변화로 대금을 받지 못하는 경우가 발생할 수 있다.

우리나라가 본격적인 수출주도성장시대에 들어선 1960년대부터 1990년대에 이르기까지 주요 수출결제방식은 신용장이 주류를 이루어 왔다. 그러나 송금중심의 국제적인 결제동향과 함께 우리나라 기업들도 그 동안 거래경험과 기간이 누적되면서 서로 믿을만한 고정 거래처를 많이 확보했고, 기업의 글로벌화에 따른 본·지사간 거래 증가에 따라, 현재는 편리하고 비용이 적게 드는 송금방식의 결제가 가장 많은 비중을 차지하고 있다(〈표 1-3〉 참조).

| 표 1-3 | 우리나라 수출입결제방식의 구성비 | | | | | | | (단위, %) |

결제방식	수출				수입			
	2001년	2010년	2015년	2018년	2001년	2010년	2015년	2018년
송금	44.6	60.2	65.6	68.3	35.3	66.2	69.5	73.5
신용장	26.8	15.6	10.1	9.5	50.0	23.6	18.8	15.2
위·수탁가공	3.2	7.6	7.2	8.6	1.6	2.3	3.6	4.2
추심	18.9	7.3	9.6	7.8	8.5	3.5	2.6	2.6
기타	6.5	9.3	7.5	5.8	4.6	4.4	5.5	4.5
총계	100	100	100	100	100	100	100	100

출처: 한국무역협회, k-stat 통계자료 편집.

(2) 수입결제방식

수출의 경우와 마찬가지로 수입 시에도 1990년대까지는 주로 신용장 방식이 이용되어 왔다. 경제발전과 함께 우리나라 기업들의 신용도가 향상된 한편, 국제적인 송금중심 결제방식으로의 변화 및 본·지사간의 거래증가에 따라 송금 방식이 가장 많이 이용되고 있다.

중국 위안화 국제결제시스템 정착, 국제간 위안화 결제 급증

중국이 위안화 국제 결제시스템을 도입한 이후 국제간 거래에 위안화 결제규모가 꾸준히 늘어나면서 국제통화 위상이 강화되고 있다. 또 중국 당국은 G2 무역전쟁과 같은 외부 악재에도 불구하고 금융시장 개방 확대를 추진하면서 위안화 국제화를 서두르는 모양새다.

중국의 인민은행은 지난 2015년 위안화 국제결제시스템(CIPS, Cross-border Interbank Payment System)을 도입, 중국 금융 기관 및 기업들의 역외 위안화 결제 활성화에 '마중물 역할'을 해왔다.

중국 경영보(中國經營報)에 따르면, 올 2분기 기준 CIPS를 통한 1일 역외 위안화 결제건수 및 금액규모는 각각 5470.84건, 1조 위안에 달하는 것으로 집계됐다. 또 CIPS는 국제 표준 은행코드인 스위프트(SWIFT) 시스템과도 협력을 강화해 국제화에 박차를 가하고 있다. 더불어 국제 표준 은행코드인 스위프트(SWIFT) 시스템은 기술적으로 중국어 지원을 강화하는 한편 중국 시중은행을 회원으로 대거 유치하면서 위안화의 국제화에 일조하고 있다. 특히 스위프트 코드는 중국의 간체자 및 번체자로 된 코드를 도입, 중화권 지역 결제 시스템에 적용시키고 있다. 그동안 글로벌 금융 시장에서 언어장벽은 위안화의 국제화를 저해하는 요인으로 지적되어 왔다.

위안화는 지난 2016년 10월 국제통화기금(IMF)의 특별인출권(SDR) 바스켓에 편입된 이후 각국 중앙은행은 위안화 자산을 확대 비축하는 추세를 보여왔다. 홍콩 매체 SCMP에 따르면, 각국 중앙은행은 3분기 연속 위안화 자산 규모를 늘리면서 올 1분기 기준 위안화 자산비중은 1.39%로 확대됐다. 앞서 2016년 연말 기준 각국 중앙은행들의 위안화 자산비중은 1.08%에 머물렀다.

중국의 양호한 외환보유고 추이도 위안화 국제화에 든든한 버팀목이 되고 있다. 중국은 올 1분기 17년만에 경상수지 적자가 발생했음에도 불구하고 외환 보유고는 510억 달러가 증가한 것으로 전해진다. 전문가들은 "중국 당국은 자본의 역외유출 방지를 1순위 과제로 삼고 있다"면서도 "위안화 국제화는 중국이 추진 중인 일대일로(一帶一路) 사업에 힘입어 속도를 내고 있다. 향후 중국은 연간 2000억달러를 일대일로 관련국 사업에 투자하면서 위안화의 입지가 강화될 것"으로 내다봤다.

한편 중국 인민은행은 27일 미 달러화 대비 위안화 기준환율을 6.8642위안으로 고시했다. 전 거래일보다 0.1% 절하된 것이다. 인민은행은 지난 21일부터 4거래일 연속 위안화 가치를 절하해 왔다.

〈출처: 뉴스핌, 2018.09.27, 일부 내용은 생략함〉

Chapter

2

외국환

|제1절| 외국환의 의의
|제2절| 외국환의 종류
|제3절| 외국환의 관리

한 국가에서 외환의 유출입은 경제전체에 영향을 미치므로 외환당국은 깊은 관심을 가지고 모니터링한다. 해외여행을 할 때 우리는 우리가 사용하는 외화에 대해 외환당국의 관리를 받는다는 것을 실감하기 어렵다. 그것은 대개 휴대하고 나가는 금액이 소액이고 정상적인 사용목적으로 가지고 가는 것이기 때문에 세관당국의 주의를 받지 않기 때문이다. 그러나 수만불의 현금을 신고없이 휴대하고 나간다면 분명 외국환거래법이 기능하고 있음을 확인하게 될 것이다. 더욱이 일반적으로 큰 금액이 오가는 수출입 대금의 결제는 여러 면에서 외국환거래법의 관리대상이 된다.

제 1 절 외국환의 의의

1 환거래의 개념

환(exchange)은 격지자 간의 채권과 채무를 현금의 이동 없이 결제하는 수표, 어음 등과 같은 수단이나 방법을 말하는데 주로 은행의 중개에 의해서 환거래가 이루어진다. 일반적인 상거래에서는 매도인과 매수인이 한 장소에서 만나 매도인은 물품을 인도하고 매수인은 대금을 지급한다. 그러나 매도인과 매수인이 멀리 떨어져 있는 경우에는 이러한 현금결제가 불가능하기 때문에 환을 이용해서 채권·채무관계를 해결한다.

(1) 환거래의 기본개념

환거래의 구체적 예를 살펴보기로 하자. 〈그림 2-1〉에서처럼 서울의 채무자 A가 대전의 채권자 B에게 100만원을 지불해야 하고, 서울의 채권자 C가 대전의 채무자 D로부터 100만원의 돈을 받아야 하는 경우 채무자 A가 채권자 B에게 그리고 채무자 D가 채권자 C에게 각각 현금을 보냄으로써 모든 채권·채무 관계는 해결된다.

그러나 현금을 보내게 되면 도중에 분실, 도난 등의 위험이 따르고 시일도 많이 소요되기 때문에 〈그림 2-2〉와 같이 서울에 있는 채무자 A가 대전의 B에게 지급하는 대신 같은 지역에 있는 C에게 지급하고, 대전의 채무자 D는 서울의 채권자 C에게 지급하는 대신 같은 지역의 B에게 지급하면 현금의 이동없이 대차관계가 해결된다.

그림 2-1 채권·채무관계

그림 2-2 │ 채권·채무의 결제(결제상대방의 전환(switch))

이렇게 채권채무의 당사자가 아닌 제3자로의 결제구조의 전환(switch), 즉 환(exchange)거래가 발생함으로써 앞서 우려했던 현금수송의 문제가 해결된다.

그런데 〈그림 2-2〉와 같은 거래가 가능하기 위해서는 서울의 채무자 A와 대전의 채권자 B, 그리고 서울의 채권자 C와 대전의 채무자 D의 채권·채무금액이 서로 동일하고 지급기일도 일치해야 하는데 현실적으로 이런 경우를 찾기는 어렵다. 뿐만 아니라 채무자 A와 D가 모두 신용이 높아야 하는데 어느 한 사람이라도 신용을 지키지 않고 지급을 이행하지 않으면 결제에 혼란이 생긴다. 또한 채무자의 신용에 문제가 없다 하더라도 이러한 대차관계를 가지고 있는 상대방을 찾는 것은 쉬운 일이 아니다.

(2) 은행을 통한 환거래

이런 문제는 은행이 개입함으로써 해결된다. 서울의 채무자 A는 은행에게 자신이 지불해야 할 대금을 준다. 채권자도 받을 대금을 채무자 대신 은행으로부터 받는다. 은행은 A로부터 받아서 C에게 주면 된다. 이런 방식으로 다수의 채권·채무자 A·B·C·D들이 은행을 통해 채권·채무관계를 해결한다. 은행은 국내 각지에 지점을 운영하거나 혹은 다른 은행과의 거래관계를 가지고 있기 때문에 어느 지역과의 결제에도 응할 수가 있고, 자금이 풍부하기 때문에 고액의 결제도 가능하다.

〈그림 2-3〉은 은행이 중개하여 환거래가 이루어지는 과정을 좀더 구체적으로 보여준다. 위의 예에서 서울의 채무자 A가 채권자 C를 찾을 필요없이 대신 100만원을 글로벌은행 서울지점에 지급하고 대전의 채권자 B를 지급인으로 하는 송금수표를 받아서 이를 대전의 B에게 우송한다. 채권자 B는 이를 글로벌은행

그림 2-3   환거래의 예

대전지점에 제시하고 현금 100만원을 찾음으로써 서울과 대전의 채권·채무관계 가 해결된다.

마찬가지로 대전의 채무자 D는 채무를 갚기 위해 글로벌은행 대전지점에 현 금 100만원을 지급하고 서울의 채권자 C를 지급인으로 하는 송금수표를 교부받 아 이를 서울 채권자 C에게 우송한다. C는 이를 글로벌은행 서울지점에 제시하 고 현금 100만원을 찾음으로써 서울과 대전의 대차관계가 현금 이동 없이 해결 된다. 은행은 충분한 자금을 보유하고 있으므로 자금수입과 지출 간에 시간적 간 격이 있어도 지속적인 금융이 가능한 것이다.

〈그림 2-3〉의 예에서 대전을 뉴욕으로 바꾸고 채권자 B를 뉴욕의 수출업자, 채무자 A를 서울의 수입업자로 바꿔보자. 채권자 C는 서울의 다른 수출업자로, 채무자 D는 뉴욕의 다른 수입업자로 대체하면 국제간의 환거래가 된다. 환거래 에서는 오랫동안 환어음과 송금수표 등의 수단이 현금 대신 사용되어 왔으나 정 보기술이 발달하면서 오늘날에는 이러한 증서없이도 SWIFT라는 은행간 금융전 산망을 통해 국제적인 자금이전이 은행을 통해 전신이체 방식으로 이루어지고 있다.

② 내국환과 외국환

현금의 이동 없이 국내의 대차관계를 결제하는데 이용되는 수단들을 내국 환(domestic exchange)이라 하고 국가 간의 결제에 사용되는 환을 외국환(foreign exchange) 혹은 외환이라 한다. 〈그림 2-3〉은 국내의 채권·채무를 해결하는 내국환의 예이다. 이 그림에서 대전을 중국 북경으로 가정하게 되면 이때의 대차관계를 해결하는 수단은 외국환에 해당된다.

예를 들어, 서울에 있는 매도인이 물품을 대전의 매수인에게 판매하고 그 대금을 신용카드로 결제했을 경우에는 이 신용카드는 내국환에 해당된다. 그런데 우리나라의 수출업자가 물품을 중국에 수출하고 중국의 수입업자가 이 대금을 지급하기 위해 외화표시의 송금수표를 보내주면 그것은 외국환에 해당되는 것이다.

이와 같이 외국환은 서로 다른 나라에 있는 사람들 간의 경제적 거래에서 발생하는 대차관계를 현금의 이동없이 결제해 주는 수단을 말한다. 무역거래에서는 수출업자(채권자)와 수입업자(채무자) 간에 항상 채권·채무 관계가 발생하는데 수출업자는 수출채권을 외국의 수입업자로부터 받아줄 것(추심)을 은행에 위탁하고 수입업자는 수입채무를 외국의 수출업자에게 송금해 줄 것을 은행에 위탁함으로써 외국환거래가 따르게 된다.

외국환은 내국환에 비해 다음과 같은 특징을 지니고 있다.

첫째, 수출업자와 수입업자가 서로 다른 나라에 떨어져 있고 다른 화폐단위를 사용하기 때문에 통화 간의 교환비율문제가 발생한다. 우리나라와 중국 간의 거래에서 결제통화는 대부분 미국 달러화이기 때문에 우리나라 수출업자나 중국의 수입업자는 무역거래를 할 때마다 결제통화를 원화나 중국 위안화로 교환해야 한다. 또한 송금수표를 비롯하여 환어음, 지급지시 등 여러 형태의 외국환을 사용할 수 있는데 각 수단에 따라 교환비율이 달라진다.

둘째, 환율변동에 따른 환위험이 발생할 수 있다. 우리나라의 수출업자가 5만 달러어치의 물품을 중국에 수출하고 5만 달러 표시의 외화수표를 받을 경우 우리나라 수출업자는 이를 원화로 교환해야 하는데 교환시점에서의 환율에 따라 이익이 생길 수도 있고 손해를 볼 수도 있다.

셋째, 외국환거래에서는 이자 문제가 따르기도 한다. 중국의 수입업자가 5만 달러 표시의 외화수표를 북경은행으로부터 교부받아 이를 우리나라 수출업자에게 송부할 경우, 수출업자는 우송된 수표를 받아야 은행으로부터 수출대금을 찾을 수 있다. 따라서 수출업자와 수입업자 간의 대차결세가 우송기간만큼 차이가 나기 때문에 이에 대한 이자문제가 발생하게 된다. 이 우편일수 만큼의 이자를 누가 부담할 것인가를 사전에 약정해 둘 필요가 있다.

마지막으로 외국환거래에서는 외국환을 사고파는 중개 역할을 하는 외국환은행이 필요하게 된다. 외국환거래는 한 국가의 경제전반에 중요한 영향을 미치므로 각국은 법적으로 은행을 통해 외국환거래가 이루어지도록 정하고 있다. 또한 외국환거래에서는 항상 이종통화 간의 교환, 환율의 변동에 따른 환위험, 우편일수의 이자 등 당사자들이 직접 처리할 수 없는 일들이 있어 이를 전문적으로 취급하는 외국환은행의 중개가 필요하다. 이런 이유로 무역거래의 대금결제는 모두 외국환은행을 통하여 이루어지고 있다.

3 외국환의 정의와 관리대상

외국환거래법(제3조)에서는 외국환을 대외지급수단, 외화증권, 외화파생상품 및 외화채권으로 정의하고 있다.

(1) 대외지급수단

대외지급수단은 외국통화, 외국통화로 표시된 지급수단 및 표시통화에 상관없이 외국에서 사용할 수 있는 지급수단을 말한다. 지급수단(means of payment)에는 우선 정부지폐, 은행권,[1] 주화, 수표, 환어음, 약속어음, 우편환, 신용장이 해당한다. 또한 외국환거래법상의 증권에 해당하지 않는 환어음, 약속어음, 우편 또는 전신에 의한 지급지시나 기타의 지급지시, 그리고 통화에 갈음하여 사용할 수 있는 선불카드 등을 말한다.

(2) 외화 증권

외화 증권은 외국통화로 표시된 증권 또는 외국에서 지급을 받을 수 있는 증권을 말한다. 지급수단에 해당하지 않는 것으로서 재산적 가치를 표시하고 있는 국채, 지방채, 회사채, 기타 모든 종류의 채권(債券 bond)[2] 등이 이에 해당한다.

---

1) 은행권에는 중앙은행권과 민간은행권이 있다. 대부분의 지폐는 중앙은행이 발행하는 중앙은행권이지만 홍콩은 BOC(Bank of China), HSBC(The Hongkong and Shanghai Banking Corporation), SC(Standard Chartered Bank) 등의 민간은행이 홍콩달러를 발행하고 있다. 홍콩에서 유통되는 홍콩달러 지폐의 절반 이상은 HSBC은행권이다

2) 채권은 14C 이탈리아 도시국가들에서 전쟁자금의 조달수단으로 고안되어 로스차일드가에 의해 가장 효과적인 금융수단으로 진화하였다. 오늘날에는 세계 각국의 정부나 기업들이 주요 자금조달수단으로 채권을 발행하고 있다. 미재무성이 발행하는 T-bond, 우리나라의 기획재정부가 발행하는 국고채, 일반기업의 회사채 등이 그 예이다.

그림 2-4   미국의 건국 기반이 된 국채(bond)

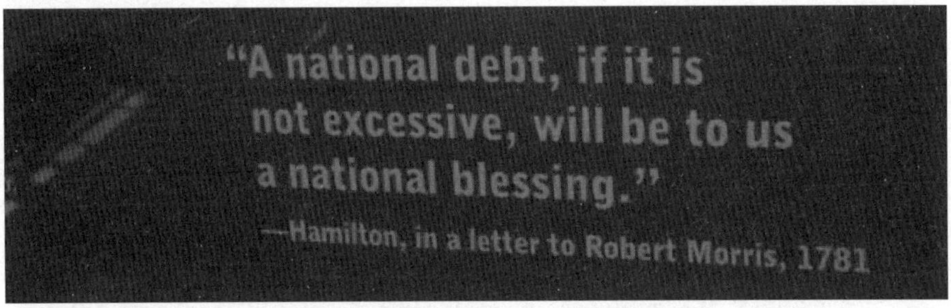

> "A national debt, if it is
> not excessive, will be to us
> a national blessing."
> —Hamilton, in a letter to Robert Morris, 1781

▶ 뉴욕 월스트리트에 있는 미국금융박물관(Museum of American Finance)에는 건국초기 미국의
열악한 재정이 각종 채권(bond)발행에 의해 충당되었음을 알 수 있는 자료들이 있다. 미국의 초대
재무장관이었던 알렉산더 해밀턴은 채권의 유용성을 잘 인식하고 있었다.

(3) 외화 파생상품

외국통화로 표시된 파생상품 또는 외국에서 지급받을 수 있는 파생상품을
말하며, 파생상품이란 아래의 계약상의 권리를 말한다.[3]

- 기초자산이나 기초자산의 가격 · 이자율 · 지표(指標)[4] · 단위 또는 이를
기초로 하는 지수 등에 의하여 산출된 금전 등을 장래의 특정 시점에 인도
할 것을 약정하는 계약
- 당사자 어느 한쪽의 의사표시에 의하여 기초자산이나 기초자산의 가격 ·
이자율 · 지표 · 단위 또는 이를 기초로 하는 지수 등에 의하여 산출된 금
전 등을 수수하는 거래를 성립시킬 수 있는 권리를 부여하는 것을 약정하
는 계약
- 장래의 일정 기간 동안 미리 정한 가격으로 기초자산이나 기초자산의 가
격 · 이자율 · 지표 · 단위 또는 이를 기초로 하는 지수 등에 의하여 산출된
금전 등을 교환할 것을 약정하는 계약

(4) 외화 채권(債權)

이는 그 명칭에 관계없이 외국통화로 표시된 채권 또는 우리나라 화폐
로 표시되어 있지만 일정한 환율에 의하여 외국에서 지급받을 수 있는 권리

---

3) 「자본시장과 금융투자업에 관한 법률」 제5조.
4) 예를 들어, 국가나 기업의 위험수준을 나타내는 CDS(신용부도스왑)같은 지표(indicator)를 말한다.

(receivables)를 말하는데, 모든 종류의 예금 · 신탁 · 보증 · 대차(貸借) 등으로 인하여 생기는 금전 채권, 즉 금전적 받을 권리를 의미하는 것으로 지급수단이나 증권, 파생상품에 해당하지 않는 것을 말한다.

 증권으로서의 채권(債券)과 금전적 받을 권리로서의 채권(債權)

증권으로서의 채권(債券)은 회사나 국가, 공공기관 등이 돈을 차용하고 발행한 것으로 채무에 대한 권리를 증서로 만들어 놓은 것이다. 쉽게 말해서 '차용증'에 해당한다. 회사채의 경우 회사채를 산 사람은 채권자가 되고, 그 회사는 채무자가 되는데 회사에서 발행하는 채권의 종류에 따라 회사채, 전환사채, 신주인수권부 사채, 이익참가부 사채 등이 있고, 보증이 되어 있느냐에 따라 보증사채, 무보증사채로, 또 채무변제의 순위에 따라 선순위 사채, 후순위 사채 등으로 나뉘기도 한다.

금전적 받을 권리로서의 채권(債權)은 법적으로 상대방, 즉 채무자로부터 일정한 내용의 의무를 이행하라고 청구할 수 있는 권리를 말한다. 만일 채무자가 돈을 갚을 의무를 채권자가 청구할 수 있으면 금전채권이 되는 것이다.

제 2 절 외국환의 종류

1 송금환과 추심환

외국환거래는 자금의 이동방향에 따라 송금환과 추심환으로 구분된다.

(1) 송금과 송금환

송금(remittance)은 채무자가 채권자에게 채무액을 지급하기 위해 외국환은행에 원화 또는 외화를 지급하고 이를 채권자에게 송금해 줄 것을 위탁하는 경우를 말하며 이 때 사용되는 환을 송금환이라 한다. 송금환은 채무자가 채권자에게 채무액을 보낸다고 하여 순환(順換)이라고도 한다. 무역거래에서는 수입업자가 수입대금을 은행수표나 개인수표로 수출업자에게 직접 보내거나 외국환은행을 통해서 송금해 주는 경우이다.

(2) 추심과 추심환

추심(collection)은 채권자가 채무자 앞으로 채무의 변제를 요청하는 증서(환어음 등)를 발행하여 채권을 회수하는 경우를 말하며 이때 사용되는 환을 추심환이라 한다. 추심환은 송금환의 순환과 대비하여 역환(逆換)이라고도 한다. 수출업자가 수출대금을 받기 위해 지불요청서를 보내는 경우가 추심환거래에 해당한다. 무역거래에서는 보통 수출업자가 물품을 인도한 후 환어음을 발행하여 은행을 통해 대금을 회수하는 형태를 갖는다.

그림 2-5 송금환과 추심환

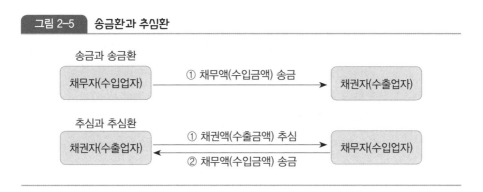

---

② 당발환과 타발환

이는 외국환은행에서 사용하는 용어인데 당발환은 외국환은행의 입장에서 송금환거래를 시작하여 대금을 회수하는 경우를 말하며, 타발환이란 송금환이나 추심이 다른 외국환은행에서 시작하여 마무리되는 형태를 말한다. 송금환과 추심환은 당발송금환과 타발송금환, 당발추심환과 타발추심환으로 구분된다.

(1) 당발송금환과 타발송금환

당발송금환(outward remittance)은 외국환은행이 상대 외국환은행에게 송금할 경우를 말한다. 이는 외국에서 송부되어 온 송금환을 결제해주는 은행의 입장에서 보면 타발송금환(inward remittance)이 된다.

(2) 당발추심환과 타발추심환

당발추심환(outward collection)의 대표적인 예는 외국환은행이 고객이 발행한 환어음을 상대 외국환은행에게 추심을 의뢰하는 경우이다. 의뢰를 받은 상대 외국환은행의 입장에서 보면 이 추심환은 타발추심환(inward collection)이 된다.

③ 매도환과 매입환

외국환은행이 고객에게 원화를 받고 외국환을 매각할 경우를 매도환(selling exchange)이라 하고, 고객이 가지고 있는 외국환을 원화를 주고 매입할 경우를 매입환(buying exchange)이라 한다.

(1) 당발송금매도환과 타발송금매입환

당발송금환은 외국환은행이 고객(채무자, 수입업자 등)에게 원화를 받고 매각한 외국환이 된다. 타발송금환은 다른 외국환은행에서 이미 취결된 송금환을 고객(채권자, 수출업자 등)으로부터 매입한 외국환이다.

예를 들어, 우리나라 수입업자가 중국의 수출업자에게 5만 달러를 송금하기 위해 우리나라 외국환은행에 5만 달러에 상응하는 원화를 지급하고 송금수표를 교부받아 이를 중국의 수출업자에게 직접 우송했다고 하자. 이때 송금수표는 우리나라 외국환은행의 입장에서 보면 당발송금환이면서 매도환이 된다. 왜냐하면 우리나라 외국환은행이 고객인 수입업자로부터 원화를 받고 5만 달러 표시의 당발송금환을 판매했기 때문이다.

그리고 중국의 수출업자가 이 송금수표를 받아 자기가 거래하는 북경은행에 제시하고 위안화로 교환해서 찾아갔다고 하자. 북경은행에 제시된 송금수표는 한국에서 송부되어 온 타발송금환이고 이것을 고객으로부터 매입한 것이기 때문에 매입환에 해당된다.

(2) 당발추심매입환과 타발추심매도환

당발추심환은 외국환은행이 고객(채권자, 수출업자 등)의 부탁으로 추심을 의뢰받은 것이기 때문에 이 경우는 외국환은행이 당발추심환을 매입한 것에 해당된다. 타발추심환은 해외로부터 추심을 의뢰받아 지급인에게 추심환을 제시하고 대금을 받기 때문에 은행의 입장에서 외국환을 매각한 결과가 된다.

예를 들어, 우리나라 수출업자가 중국의 수입업자에게 수출대금을 받기 위해 환어음을 발행하여 우리나라 외국환은행에게 대금회수를 의뢰할 경우 이 환어음은 우리나라 외국환은행의 입장에서 보면 당발추심환에 해당된다. 그런데 우리나라 외국환은행이 당발추심환을 대가로 미리 수출대금을 지급하게 되면 이는 은행이 외화표시 추심환을 매입한 결과가 되므로 당발추심환은 매입환이 된다.

그리고 우리나라 외국환은행이 이를 북경은행으로 보내어 수입업자로부터 대금을 받아줄 것을 요청할 경우 북경은행 입장에서 이 추심환은 타발추심환이 된다. 북경은행이 이 타발추심환을 수입업자에게 제시하고 수입업자로부터 수입대금을 받으면 마치 외국환을 매도한 것처럼 되어 타발추심환은 매도환이 되는 것이다.

지금까지 설명한 외국환의 종류를 요약하면 〈그림 2-6〉과 같다.

그림 2-6 **외국환의 종류**

4 우편환과 전신환

외국환거래는 환거래가 이루어지는 수단에 따라 우편환(mail transfer: M/T)과 전신환(telegraphic transfer: T/T)으로 나뉜다. 우편을 이용하여 외국환을 채권자에게 보낼 경우를 우편환이라 하고, 전신수단을 이용할 경우를 전신환이라 한다. 우편환은 수입업자가 수입대금을 송금할 것을 의뢰하면 외국환은행은 이를 우편으로 수출지 외국환은행에 지시하여 지급이 이루어지도록 하는 방식이다. 이 경우에는 지급지시가 우편으로 이루어지기 때문에 우송일자만큼 결제가 늦어질 수 있어 주로 소액거래에서 이용된다. 반면 전신환은 수입업자가 외국환은행에 수입대금을 송금해 줄 것을 의뢰하면 이를 전신으로 수출지 외국환은행에 지시하여 수출업자로 하여금 신속하게 수출대금을 찾게 하는 방식을 말한다.

5 현물환과 선물환

외국환거래는 매매계약일과 매매가 완료되는 결제일 간에 시차가 발생한다. 매매계약 후 2영업일 이내에 결제가 이루어지는 거래를 직물환 또는 현물환(spot exchange)이라고 하며, 결제일이 일정 기간(3일) 이후에 이루어지는 것을 예약환 또는 선물환(forward, futures exchange)이라고 한다.

외환매매 계약 후 2영업일 이내에 외환의 인수 및 인도, 즉 결제가 이루어지는 현물환거래는 모든 외환거래의 기본이며 가장 큰 비중을 차지한다. 이에 비해 선물환거래는 수출입거래 등에 따른 환위험을 피하기 위해 이루어지기도 하지만 투기 목적으로 이용되기도 한다.

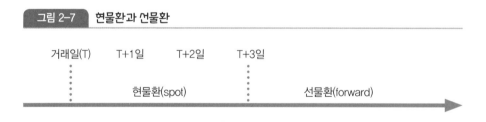

그림 2-7 현물환과 선물환

제 3 절 외국환의 관리

1 외국환관리의 의의

내국환은 국내에서만 사용되므로 별다른 제약이 없지만, 외국환거래는 국제수지와 큰 관련을 갖게 되고 한 국가의 산업과 경제발전에 중요한 영향을 미친다. 따라서 대부분의 국가는 외환의 과도한 해외유출이나 투기적인 외환의 유입으로부터 환율이 교란되는 것을 방지하고 국제수지를 개선하기 위해 외국환의 수급에 대해서 관리를 한다.

우리나라는 수출입거래와 관련한 지급 및 영수에 대해 1998년 외국환거래법(제정 1998년 9월 16일, 법률 제5550호)을 제정하면서[5] 상당 부분 자유화하였다. 따라서 정상적인 기업 활동과 관련한 대부분의 외환거래는 특별한 제한이 없으나 거래의 투명성을 높이기 위해 일부 지급에 대해서는 한국은행총재에게 신고하도록 하거나 국세청에 지급내용을 통보하게 하는 등 일정한 관리를 유지하고 있다.

2 외국환거래에 대한 관리체계

(1) 외국환거래당사자

외국환거래법의 적용대상은 거주자와 비거주자로 구분된다. 이 때 구분기준이 되는 거주성은 국적과는 상관없이 일정 기간을 거주하고 있거나 거주할 의사를 가지고 있고 경제적으로 밀착되어 있는지의 여부에 따라 결정된다.

예를 들어, 대한민국 내에 주소 또는 거소(일정 기간 계속하여 임시로 머무는 장소)를 둔 개인과 대한민국 내에 주된 사무소를 둔 법인, 외국법인의 국내지점이나 출장소, 6개월 이상 국내에 체재하고 있는 외국인 등은 일반적인 국적의 개념으로는 외국인에 해당하겠으나 외국환거래법상으로는 거주자로 분류된다. 반면에 국적으로는 내국인이지만 외국에 있는 영업소나 여기에 근무하고 있는 국민, 외국에 있는 국제기구에 근무하고 있는 국민, 2년 이상 외국에 체재하고 있는 국민 등은 외국환거래법상 비거주자에 속한다.

거주자와 비거주자 간에 채권·채무관계를 성립·해소시키는 모든 행위와, 장소적으로 국내·외에서의 거래가 국내·외간의 환을 발생·소멸시키는 경우는 모두 외국환거래법의 적용대상이 된다. 이는 거주자와 비거주자간의 행위뿐 아니라, 환전이나 외화 매매 등 거주자간 외환거래와 비거주자간 원화거래도 대상행위에 포함됨을 의미한다. 즉 거주자간 국내에서의 원화거래를 제외한 모든 거래가 외국환거래법의 적용대상이 되는 것이다.

---

5) 그 이전까지 우리나라 외국환관리를 규율했던 법은 외국환관리법(제정 1961년 12월 31일, 법률 제933호)이다.

거주자와 비거주자의 구분

1. 거주자: 원칙적으로 대한민국 내에 주소 또는 거소를 둔 개인과 대한민국 내에 주된 사무소를 둔 법인
① 국내에 주소 또는 거소를 둔 개인(자연인)
② 국내에 주된 사무소를 둔 법인 및 단체, 기관 기타 이에 준하는 조직체
③ 대한민국 재외공관
④ 대한민국 재외공관에 근무할 목적으로 파견되어 체재하고 있는 국민
⑤ 비거주자였던 자로서 입국하여 국내에 3개월 이상 체재하고 있는 국민
⑥ 기타 영업양태, 주요 체재지 등을 고려하여 기획재정부장관이 정하는 국민
⑦ 국내에서 영업활동에 종사하고 있는 외국인
⑧ 6개월 이상 국내에서 체재하고 있는 자

2. 비거주자: 거주자외의 개인 및 법인
① 국내에 있는 외국정부의 공관과 국제기구
② 미합중국 군대 및 국제연합군, 그 구성원·군속·초청계약자
③ 미합중국 군대 등의 비 세출자금기관·군사우편국 및 군용 은행시설
④ 외국에 있는 국내법인 등의 영업소 및 그 밖의 사무소
⑤ 외국에 주된 사무소가 있는 단체·기관, 그 밖에 이에 준하는 조직체
⑥ 외국에서 영업활동에 종사하고 있는 국민
⑦ 외국에 있는 국제기구에서 근무하고 있는 국민
⑧ 2년 이상 외국에 체재하고 있는 국민
⑨ 기타 영업양태, 주요 체재지 등을 고려하여 기획재정부장관이 정하는 국민
⑩ 국내에 있는 외국정부의 공관·국제기구에서 근무하고 있는 외교관·영사 또는 그 수행원이나 사용인
⑪ 외국정부 또는 국제기구의 공무로 입국하는 자
⑫ 거주자였던 외국으로서 출국하여 외국에서 3개월 이상 체재 중인 자

3. 가족의 거주성
거주자 또는 비거주자에 의하여 주도 생계를 유지하는 동거가족은 당해 거주자 또는 비거주자의 구분에 따라 거주자 또는 비거주자로 구분됨

자료: 관세청

(2) 외국환거래법규

　　우리나라의 외국환관리제도는 외국환거래법, 외국환거래법 시행령, 외국환
거래 규정 등에 근간을 두고 있다. 외국환거래법은 외국환거래와 그 밖의 대외거
래의 자유를 보장하고 시장기능을 활성화하여 대외거래의 원활화 및 국제수지의
균형과 통화가치의 안정을 도모함으로써 국민경제의 건전한 발전에 이바지함을
목적으로 하고 있다.

　　외국환거래법의 구성과 외국환거래관련법규의 체계는 각각 〈표 2-1〉, 〈그림
2-8〉과 같다.

그림 2-8　　**외국환거래 관련법규의 체계**

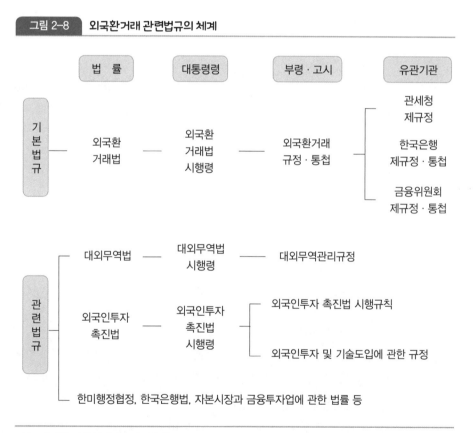

자료: 관세청, 수출입업자가 알아야 할 외국환거래제도, 2013.

표 2-1	외국환거래법의 구성

외국환거래법	외국환거래법 시행령	외국환거래 규정
제1장 총칙	제1장 총칙	제1장 총칙
제2장 외국환업무취급기관	제2장 외국환업무취급기관	제2장 외국환업무취급기관
제3장 외국환평형기금	제3장 외국환평형기금	제3장 환전영업자/외국환중개회사
제4장 지급과 거래	제4장 지급과 거래	제4장 지급과 수령
제5장 보칙	제5장 보칙	제5장 지급 등의 방법
제6장 벌칙	부칙	제6장 지급수단 등의 수출입
부칙	별표/서식	제7장 자본거래
		제8장 현지금융
		제9장 직접투자 및 부동산 취득
		제10장 보칙 및 부칙

(3) 외국환관리기구

외국환거래법상 외국환거래를 담당하는 중앙행정기관은 기획재정부이며 한국은행과 관세청, 외국환은행 등이 기획재정부장관의 위임을 받아 외국환거래에 대한 관리, 업무 등을 수행한다.

1) 기획재정부

기획재정부는 우리나라의 외국환거래제도 관련 중심기구로서 외국환과 그 거래의 원활화 및 외환시장 안정을 위해, 전반적인 외환정책을 수립하고 집행하며 일부 기능을 관련기관에 위임·위탁하는 등 외국환거래에 관한 정부의 창구역할을 수행한다. 또한 외국환업무취급기관 등의 등록·인가, 외국환평형기금의 운용·관리, 외환거래에 대한 제한 및 허가, 거래의 비상 정지 명령 등을 수행한다.

2) 한국은행

한국은행은 우리나라의 중앙은행으로서 '시중은행의 은행' 역할을 담당하면서 외화자산을 보유, 운용하고 정부의 외환정책에 대하여 조언을 한다. 또한, 외환의 유출입동향을 상시 점검하고 이 과정에서 통화량과 환율 등이 급격히 변동하는 것을 막기 위해, 필요한 경우 외환시장에 개입하는 등 외환관리에 참여하고 있다.

이밖에 대외지급준비자산인 외환보유액을 적정한 수준으로 유지하여 대외지급에 대비하는 한편, 외화자산을 국내외의 금융기관에 맡기거나 외국증권에

투자하는 등 외화자금과 외국환을 보유하고 운용한다. 이외에도 환전영업자 및 외국환 중개회사에 대한 업무 감독, 대외지급 및 자본거래 관련 허가, 외국환거래에 대한 사후 관리 등의 업무를 담당한다.

3) 관세청(세관)

관세청은 기본적으로 수입물품에 관세를 부과·징수하여 국가재정수입을 확보하고, 수출입물품의 통관 등이 적법하게 이루어지도록 함으로써 대외무역질서를 확립하는 업무를 수행한다. 물품의 수출입에는 대금결제가 수반되므로 관세청은 통관자료를 바탕으로 수출입거래와 관련된 불법 외환거래에 대하여 조사·처분 등을 하게 된다. 지급수단 등의 불법수출입, 수출입거래 및 대체송금과 관련된 용역거래나 자본거래에 대한 외국환거래법 위반 등 외환사범수사와 함께 수출입 및 관련 용역거래, 자본거래에 대해 법령에 정해진 절차를 준수하였는지의 여부, 가격조작 등에 의해 외화의 불법유출이 있었는지 여부, 수출채권 회수 여부 등 외국환거래의 적법성을 검사한다.

4) 외국환업무취급기관

외국환업무취급기관은 외국환은행, 체신관서, 증권회사, 신용협동조합, 신용카드업자, 선물업자 등이 있으며 이들이 수행하는 업무는 아래와 같다.

- 외국환거래에 대한 신고접수 및 확인
- 외국환거래에 대한 사후관리
- 외국환거래업무 취급지침 제정 등

특히 외국환은행은 대표적인 외국환업무취급기관으로 일상적인 외국환업무를 수행하면서, 동시에 기획재정부장관으로부터 위임을 받은 외국환거래에 대한 신고접수 및 확인, 외국환거래에 대한 사후관리 등을 행한다. 예를 들어, 기업이 만기가 1년을 초과하는 외화를 차입한다거나 해외직접투자 시에는 외국환은행장의 신고수리를 받아야 한다.

5) 금융위원회

금융위원회는 외국환업무 취급기관에 대한 감독 및 외국환관리에 대한 사후관리를 한다. 예를 들어, 이 기구는 2006년 2월에 해외법인에 가공의 용역비 등을 지급하면서 외국환거래법상 관련 자료를 허위로 제출하고, 한국은행 총재에 대한 신고의무를 위반한 기업들에 대해 "1년간 비거주자에 대한 용역대가 지급 정지" 조치를 의결하였다.

지금까지 설명한 외국환거래에 대한 관리체계를 요약하면 〈그림 2-9〉와 같다.

그림 2-9 우리나라의 외국환관리체계

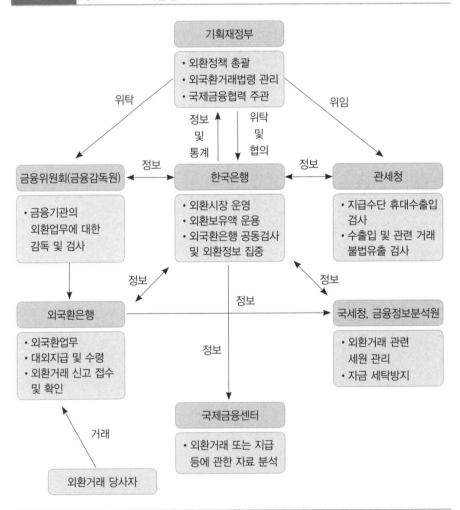

출처: 관세청, 수출입업자가 알아야할 외국환거래 제도, 2013.

❸ 수출입대금결제에 대한 외국환관리

수출입업자들의 대금결제행위는 외국환거래법의 적용을 받는다. 설사 고의성이 없더라도 법에 위반하는 방법으로 결제가 이루어지면 외국환거래법 위반에 따른 제재를 받게 된다.[6] 대금결제에 대한 외국환거래의 원칙은 다음과 같이 요약될 수 있다.

① 실제로 결제가 이루어질 것
② 일정한 기간 내에 결제가 이루어질 것
③ 당해 거래의 당사자 간에 이루어질 것
④ 외국환은행을 통한 송금의 방법으로 이루어질 것

위와 같은 원칙에서 벗어나는 외국환거래에 대해서는 거주자와 비거주자 간의 채권·채무를 소멸시키거나 불법적인 외화유출입수단으로 이용될 가능성이 있는 것으로 보고 엄격한 관리가 이루어진다.

이하에서는 위와 같은 관리내용에 대하여 구체적으로 살펴보기로 한다.[7]

(1) 실제 결제

외국환거래법상 수출입대금은 실제로 결제가 이루어져야 하는 것이 원칙이다. 대금결제에는 일반적으로 환이 이용되지만 상호 간에 발생한 채권·채무를 상쇄시키는 방법도 있다. 이러한 방법은 기업 입장에서는 수수료 등 비용절감과 업무부담의 경감이라는 효과가 있겠지만 외환당국의 입장에서는 외환거래 정보를 파악하는 것이 불가능하게 되어 관리에 어려움이 생길 수 있게 된다. 이에 따라 신용장이나 추심 등 일반적인 수출입대금 지급방식에 대해서는 별도의 제한을 두지 않는 반면에, 환거래가 발생하지 않고 수출입대금의 지급과 수령이 이루

---

6) 수출입업자의 불법 외국환거래혐의가 있는 경우에는 금융감독원, 국세청, 관세청, 금융정보분석원(FIU) 등 외환감독기관에 수시로 보고되며, 관세청의 외환조사 및 금융감독기관의 조사, 국세청의 역외탈세 조사가 이루어질 수 있다. 외국환거래법을 위반하게 되면 기업의 이미지를 추락시킬 뿐 아니라 양벌규정이 적용되면 행위자를 처벌하는 외에 법인(회사)도 처벌되어 수출입통관절차상의 제약 뿐 아니라 정부 입찰의 제한 등과 같은 피해를 받을 수 있다.

7) 이하의 내용과 본문 중 위반사례는 관세청, "수출입업자가 알아야 할 외국환거래제도", 2013을 참조·인용하였음.

어지는 경우에는 국내거래와 달리 외환당국에 신고하도록 하고 있다(외국환거래법 제16조 1호).

환거래 없이 계정의 차기나 대기에 의해 채권채무를 결제하는 방법에는 상계와 상호계산이 있다.

1) 일반상계

일반상계는 특정시점에서 채권·채무를 서로 상쇄하고 차액만을 정산하는 경우로 일반적인 무역거래에서 수출입업자 간의 채권·채무가 서로 상쇄되는 경우이다. 예를 들어, 외국에서 1만 달러의 물품을 후불조건으로 수입하였는데 물품을 검사해보니 1천 달러에 해당하는 불량품이 발견되어 이를 반품하고 총 수입대금에서 반품대금인 1천 달러를 차감한 9천 달러를 외상대금으로 계상하였다고 하자. 이처럼 물품의 수입대금과 반품 처리한 물품대금을 상쇄하는 경우에는 외국환거래법상 신고사항인 "상계"에 해당된다.

그러나 ① 연계무역, 위탁가공무역과 관련한 수출입대금의 상쇄[8] 혹은 ② 수출입대금과 당해 수출입거래에 직접 수반되는 중개수수료나 대리점수수료와의 상계는 자유롭게 하고 있다.

위반사례

- 국내회사가 독일 항공사로부터 회수해야 할 엔진정비비용, 부품대금 등의 채권과 국내회사가 동 회사에 지급해야 할 채무인 엔진정비비용 등을 신고없이 상계한 경우
- 방글라데시 생산공장에서 제조한 의류완제품을 미국 구매자에게 현지인도수출하는 중계무역을 하면서, 미국 구매자로부터 받은 수출대금을 방글라데시 생산공장에 지급하지 않고 원재료 공급대금과 상계한 경우

---

8) 연계무역은 양국 간의 수출입 균형을 유지하기 위해 수출과 수입을 연계시킨 거래를 말한다. 우리나라의 대외무역관리규정(제1-0-2조)에서는 연계무역을 수출과 수입이 연계된 무역거래로서 물물교환, 구상무역, 대응구매 및 제품환매의 형태에 의하여 이루어지는 수출입으로 규정하고 있다. 그리고 위탁가공무역은 가공임을 지급하는 조건으로 가공할 원료의 전부 또는 일부를 외국의 거래상대방에게 수출(위탁)하거나 외국에서 조달하여 이를 가공한 후 가공 완제품을 다시 수입하거나 외국으로 인도하는 수출입을 말한다. 연계무역과 위탁가공무역과 같이 수출과 수입이 연결되어 있는 무역거래에서는 수출입대금의 상호 결제가 필요하기 때문에 자유로운 상계를 법으로 인정하고 있다.

2) 상호계산(Open Account)

상호계산은 서로 간에 수출입거래가 빈번하게 일어나는 경우 매 건별로 결제하지 않고 일정 시점에서 서로 채권, 채무를 상쇄하고 차액만 정산하는 경우이다. 예를 들어, 본·지사 간의 거래에서처럼 채권·채무가 지속적으로 발생하는 경우 매번 송금을 하지 않고 일정기간 단위로 상계하는 상호계산방식을 이용할 수 있다. 이 경우 채권, 채무를 정기적으로 상계할 수 있는데 지정거래 외국환은행에 거래를 시작하기 전에 미리 신고해야 한다.

(2) 대금결제기간

대금결제기간에 대하여는 원래 계약당사자들이 계약시에 서로 자금사정, 신용 등을 고려하여 합의하게 된다. 일반적으로 결제기간은 자유롭지만 일부 수출입거래의 결제기간에 대하여는 한국은행 총재 또는 기획재정부 장관의 허가를 받도록 하고 있다.

이와 같이 규제를 하고 있는 것은 결제기간의 조정이 국제수지 및 통화량에 영향을 미치기 때문이다. 예를 들어, 연지급수입의 경우 기간이 장기일 경우는 수입업자가 유리하게 되므로 수입이 증가할 뿐만 아니라 수입대금 결제가 지연되어 동 기간 동안 통화환수가 유예됨으로써 통화가 증발되는 효과가 있다. 또한 일반적인 거래관행에 비추어 결제기간이 비정상적으로 긴 경우나 수출대금 수령이 상당 기간 미루어지는 경우 등은 의도적으로 거래 상대방과 '금융'을 주고받는 효과를 얻기 위한 목적일 수 있다.

"외국환거래규정"은 연불수출기간, 수출선수금과 착수금의 영수대상 및 한도, 연지급수입과 분할지급수입의 대상품목 및 기간 등에 대하여 아래와 같이 구체적인 기준을 정하고 있다(외국환거래규정, 제5-8조).

1) 수출대금의 영수

한 거래의 계약금액이 미화 5만 달러를 초과하는 수출대금을 다음의 방법으로 영수하고자 하는 경우에는 한국은행 총재에게 신고해야 한다.

① 본·지사 간의 수출거래로서 무신용장 인수인도조건방식에 의하여 결제기간이 물품의 선적 후 또는 수출환어음의 일람 후 3년을 초과하는 경우
② 본·지사 간의 수출거래로서 수출대금을 물품의 선적 전에 영수하고자

하는 경우

③ 본·지사 간이 아닌 수출거래로서 수출대금을 물품의 선적 전 1년을 초과하여 영수하고자 하는 경우(다만, 선박, 철도차량, 항공기, 대외무역법에 의한 산업 설비 및 중화학 공업제품 또는 기계류의 경우는 제외한다)

2) 수입대금의 지급

다음의 방법으로 수입대금을 지급하고자 하는 경우에는 한국은행 총재에게 신고해야 한다.

① 계약 건당 미화 5만 달러를 초과하는 미 가공된 금을 재수출할 목적으로 수입하는 경우로서 수입대금을 선적서류 또는 물품의 영수일로부터 30일을 초과하여 지급하거나 내수용으로 30일을 초과하여 연지급수입한 금을 미 가공 재수출하고자 하는 경우

② 계약건당 미화 2만 달러를 초과하는 수입대금을 선적서류 또는 물품의 영수 전 1년을 초과하여 송금방식에 의하여 지급하고자 하는 경우

3) 대응수출입 이행의무

① 건당 미화 5만 달러를 초과하는 수출대금을 물품의 선적 전에 영수한 자는 동 대금을 반환하거나 그 금액에 대응하는 수출을 이행하여야 한다. 이 때 대응 수출의 이행비율이 90%(FOB 기준) 이상인 때에는 전액 이행한 것으로 간주한다.

② 선적서류 또는 물품의 영수 전에 송금방식에 의하여 건당 미화 2만 달러를 초과하는 수입대금을 지급한 자는 동 대금을 반환받거나 그 금액에 대응하는 수입을 이행하여야 한다.

(3) 대금결제의 당사자

거주자 간, 거주자와 비거주자 간 또는 비거주자 상호 간의 거래 또는 행위에 따른 채권·채무의 결제에 있어서 거주자가 해당거래의 당사자가 아닌 자와 지급 등을 하거나 해당거래의 당사자가 아닌 거주자가 그 거래의 당사자인 비거주자와 지급 등을 하는 경우에는 한국은행총재에게 신고해야 한다(외국환거래법 제16조 3호).

> **위반사례**
>
> – A로부터 물품을 수입하면서 물품대금을 A에게 지급하지 않고, 국내에서 중국 B에게 각종 화장품을 수출한 자에게 지급한 경우
> – A에게 물품을 수출하면서 물품대금은 A로부터 수령하지 않고, 국내에서 A로부터 물품을 수입하는 B로부터 수령한 경우

다음과 같은 경우에는 신고가 면제된다.

– 거주자간 또는 거주자와 비거주자간 거래의 결제를 위하여, '당사자인 거주자'가 '당사자가 아닌 비거주자'로부터 수령하는 경우
– 비거주자간 또는 거주자와 비거주자간 거래의 결제를 위하여, '당사자가 아닌 거주자'가 '당사자인 비거주자'로부터 수령하는 경우
– 수입 대행업체(거주자)에게 단순수입 대행을 위탁한 거주자(납세의무자)가 수입대행 계약시 미리 정한 바에 따라 수입대금을 수출자인 비거주자에게 지급하는 경우
– 거주자가 인터넷으로 물품을 수입하고 수입은 국내 구매대행업체를 통하여 지급하는 경우와 수입대금을 받은 구매행업체가 수출자에게 지급하는 경우 등

(4) 외국환은행을 통한 결제

대금의 지급 및 수령은 외국환은행을 통한 송금이나 계좌이체 등의 방법에 의하는 것이 원칙이며, 수입대금을 외화현찰 등으로 직접 지급하는 행위와 같이 외국환은행을 통하지 않은 지급은 원칙적으로 한국은행총재에게 신고후 거래해야 한다. 예를 들면, 은행을 통한 송금은 시중은행에서 한국은행으로 연결된 외환전산망을 통해 그 유출입이 파악되지만 그 이외의 수단을 통한 유출입은 정확한 정보나 관리가 어렵기 때문에 한국은행이나 세관 등의 외환관리당국에 신고하도록 하고 있는 것이다(외국환거래법 제16조 4호).

> **위반사례**
>
> – 일본 회사로부터 전자제품을 수입하면서 물품대금을 자신이 출국시 직접 휴대해 가지고 나가서 지급한 경우
> – 대만회사로부터 통신장비를 수입하면서, 수입대금의 일부는 외국환은행을 통해 송금해주고, 일부는 국내에 입국한 대만회사 대표에게 현금으로 직접 지급해 준 경우
> – 인도네시아로부터 목재를 수입한 후, 그 대금 중 일부는 외국환은행을 통하여 송금하고 나머지 차액은 국내은행에 개설되어 있는 자신과 전혀 관련이 없는 자의 계좌(일명 환치기계좌)에 입금한 경우

다음과 같은 지급 등의 경우에는 은행을 통하지 않아도 신고대상이 아니다.

– 거주자가 '수령'하는 경우
– 건당 미화 1만 불 이하의 경상거래 대가를 외화현찰 등으로 직접 지급하는 경우
– 신용카드 등으로 비거주자와의 인정된 거래(자본거래 제외)에 따른 결제 자금을 국내에서 지급하는 경우 (예): 전자상거래에 의한 수입대금을 신용카드 등으로 결제하는 경우
– 거주자가 외국에서 보유가 인정된 지급수단으로, 인정된 거래에 따른 대가를 외국에서 직접 지급하는 경우
– 거주자가 인정된 거래에 따른 지급을 위해 송금수표·우편환으로 지급하는 경우
– 해외여행자(여행업자 포함) 또는 해외이주자가 해외여행경비 또는 해외이주비를 외국에서 직접 지급하는 경우. 다만 1만 불을 초과할 경우 지정거래 외국환은행장 확인 또는 세관장 신고를 거쳐야 한다.
– 거주자와 비거주자가 국내에서 내국통화로 표시된 거래를 함에 따라 내국지급수단으로 지급하는 경우

 환치기

외국환은행을 통하지 않고 해외로 송금하는 것과 같은 효과를 갖는 불법적인 외국환거래가 이루어지는 경우가 있는데 이를 일명 '환치기'라고 부른다. 이렇게 하면 외국환거래를 숨길 수 있고 외환수수료를 절감할 수 있기 때문인데 밀수대금 및 저가 신고 차액대금지급, 재산 국외도피 등의 지급수단으로 이용된다.

지금까지 설명한 불법외국환거래의 유형을 정리하면 〈표 2-2〉와 같다.

표 2-2	불법외국환거래의 유형

위반유형		세부내용
불법외환거래	환치기	거래당사자가 아닌 자와 지급·수령하거나 외국환은행을 통하여 수출입대금을 결제하지 않고 국내 은행에 개설한 환치기 계좌를 통하여 수출입대금 지급·수령
	외화밀수출입	1만불 초과의 외화, 원화 등을 수출입하면서 신고하지 않거나 거짓으로 신고하고 불법수출입
	무역가장	수출입대금을 가장하여 외환을 지급·수령하거나 수출입가격을 조작하여 차액을 불법유출
	채권미회수	수출대금을 영수기간 내에 국내로 회수하지 않거나 현지에서 회수하고 해외에 유보하는 방법 등으로 외화 유출
	불법지급 불법영수	지급방법신고 또는 자본거래신고를 하지 않는 등 외환거래절차를 위반하여 지급 등을 하는 행위

출처: 관세청, 앞의 자료.

판례 2-1	연속매매와 상계

　　일차산품의 국제 매매시장에는 제조품매매시장에서와는 다른 독특한 거래관행들이 존재한다. 그 한 예가 연속매매(string sales)로 북해산 원유매매시장에서 발달해온 이 형태의 매매에서는 한 건의 거래물품을 두고 다수의 거래자가 존재하여 먼저 거래의 매수인은 다음 거래에서 매도인이 되는 식으로 거래가 연속되면서 하나의 체인을 형성한다. 그리고 이 거래에서 중간 거래자들 간의 대금결제는 북 아웃(Book Out), 써클 아웃(Circle Out) 등으로 불리는 정산에 의해 서로 간의 결제의무를 상쇄하고 각자의 구매금액의 차액만을 결제하는 형태를 취한다. 이러한 결제방식이 외국환거래법상의 '상계'에 해당하는지를 놓고 법적 다툼이 발생하여 법원의 판단을 구하였던 사례가 있어 살펴보기로 한다.

　　한 회사가 총 247회에 걸쳐 한국은행 총재에게 신고하지 아니한 채 거주자와 비거주자 간의 거래 또는 행위에 따른 채권·채무의 결제에 있어서 계정의 대기 또는 차기에 의하여 채권·채무를 소멸시키거나 상쇄시키는 방법으로 1,642,802,566달러(한화 1조 8,695억 원) 상당을 결제하였다.

　　외국환거래법 제16조 제1호는 "상계 등의 방법으로 채권·채무를 소멸시키거나 상쇄시키는 방법으로 결제하는 경우"에 해당하면 그 방법을 미리 신고하여야 한다고 규정하고 이를 위반한 경우 동법 제29조 제1항 제6호에 따라 형사처벌을 하도록 규정하고 있다. 이에 따라 1, 2심 법원은 모두 위 거래가 외국환거래법상 한국은행총재에게 신고사항인 '상계' 또는 '상계 등'에 해당한다고 보아 외국환거래법위반으로 판단하였으나 대법원에서는 이를 번복하고 파기환송하였다.

대법원의 판단요지는 이 사건 거래에서 당사자들은 목적물인도의무를 금전지급채무로 변경하여 이러한 금전지급채무와 매매대금지급채무를 대등액에서 소멸시키려 한 것이 아니라 이 사건 거래로 인한 이익 내지 손실의 정산 외에는 모든 계약상의 의무를 해소하여 더 이상 이행하지 아니하기로 합의한 것으로 봄이 타당하다는 점, 여기에 이 사건 거래는 동일한 석유화학제품의 매수 및 매도에 따른 차익 또는 차손만을 정산하는 것이어서 그로 인하여 외환의 불법적인 유출이나 유입의 가능성이 있다고 보기 어려운 점을 고려하여 볼 때, 해당 회사들이 이 거래를 통하여 거래당사자들 사이의 채권·채무를 정산한 것은 상계와 동일한 법적 평가를 받거나 상계라는 표현으로 충분히 예측할 수 있는 채권·채무의 소멸 내지 상쇄방법에 해당하는, 외국환거래법 제16조 제1호 소정의 '상계 등의 결제방법'에 해당한다고 보기는 어렵다는 것이다.

〈대법원 2014. 8. 28. 선고 2013도9374 판결 [외국환거래법위반] 참조〉

Chapter

주요 결제수단

| 제1절 | 무역결제통화
| 제2절 | 수표
| 제3절 | 환어음
| 제4절 | 환어음의 기재사항

▲ 남태평양 미크로네시아의 야프(Yap)라는 섬에서는 거대한 돌에 구멍을 뚫어 화폐로 사용했다. 라이(Rai)라 불리는 이 엽전모양 화폐는 크고 무거울수록 고액권으로 직접 주고받는데 사용되기보다는 계산상으로만 소유권을 이전하는 형식으로 이용되었다. 결제수단이 지녀야 할 본질적 가치가 무엇인가를 생각해보게 하는 신뢰화폐의 한 예이다.
(출처: http://h21.hani.co.kr/arti/society/society_general/26640.html)

제 1 절 무역결제통화

1 결제통화의 의의

국제 간 상거래에서는 수입자와 수출자가 서로 믿고 거래할 수 있는 결제수단이 필요하다. 국제 무역거래나 금융거래에서 결제수단으로 이용되는 기본통화를 '기축통화(基軸通貨, Key Currency)'라고 한다.

세계 각국이 대부분 자국 통화를 갖고 있지만 국제무역에서 일반적으로 사용되는 결제통화는 미 달러를 비롯하여 몇 개 되지 않는다. 한 국가의 통화가 국제적으로 통용되기 위해서는 그 국가의 경제규모가 세계 경제에서 상당한 비중을 차지해야 하고, 해당 통화의 가치에 대해 다른 국가들이 신뢰할 수 있어야 하며, 금융산업도 발달해야 한다. 미국 달러는 이런 요건을 두루 갖추고 있다고 볼 수 있다.

수출입업자에게 대금결제에서 어떤 결제통화를 사용할 것인가의 문제는 안전성 뿐만 아니라 환율변동이 수익성에 미치는 영향 때문에 중요한 문제이다.

> 기나긴 화폐역사에서도 기축통화로 부를 수 있는 것은 아직까지 파운드화와 달러화 뿐이다. 미달러화는 오늘날 명실상부한 기축통화로 세계 외환거래의 약 85%가 달러화이고 각국 중앙은행은 외환보유액 중 60% 이상을 달러표시자산으로 운용하고 있다. 그렇지만 제1차 세계대전 이전까지 기축통화는 영국 파운드화였음을 생각해볼 때, 달러가 세계통화의 중심으로 입지를 굳힌 시간은 그리 오래 되지 않는다.

2 주요 결제통화

우리나라가 원(won)화를 법정통화로 사용하듯이 미국은 달러(dollar), 영국은 파운드(sterling pound), 유럽은 유로(euro), 그리고 중국은 위안(yuan) 등 대부분의 국가는 자국통화를 가지고 있다. 그러나 국제거래에서는 거래당사자국의 통화보다는 미달러와 유로, 영국 파운드를 비롯한 몇 개의 특정통화로 결제가 이루어진다. 예를 들어, 한국이 가장 많이 수출하는 중국과의 무역에서 결제통화는 원화나 위안화보다는 미달러로 이루어지는 경우가 대부분이다. 앞서 언급한 통화 외에도 일본 엔화, 스위스 프랑, 오스트레일리아의 달러 등도 국제거래에서 결제에 사용되는 통화들이다. 우리나라가 무역을 할 때 사용하는 주요 통화의 특징과 세부단위를 살펴보기로 한다.

(1) 미달러(USD, $)

미국 달러(United States Dollar, USD)화는 세계적으로 가장 널리 사용되는 화폐로서 자국내 유통량보다 외국에서 유통되는 양이 더 많다. 기호는 $[1]로 나타내며 캐나다와 오스트레일리아 등도 달러를 화폐단위로 쓰기 때문에 이들과 구분하여 US$라 표기한다. 1달러는 100센트(100페니, 20니켈, 10다임, 4쿼터)로 나뉜다.

(2) 유로(EUR, €)

유로는 EU(European Union: 유럽연합)의 단일통화로서 1999년부터 유통되기 시작하였다.

유로는 7종의 지폐와 8종의 동전으로 구성되며 그 제작·발행은 각국이 독자적으로 실시한다.[2] 〈그림 3-1〉에서 보듯이 스위스 등 일부 국가를 제외한 대부분의 유럽국가가 사용하고 있으며 유럽연합의 가입국이면서 유로를 사용하지 않는 국가는 영국·덴마크·스웨덴 등이다.

국가 통화로서 유로를 도입해 사용하는 국가나 지역을 유로존(Euro zone)이라고 부른다.

---

1) 우리나라에서는 흔히 달러를 $와 모양이 비슷한 한자인 弗의 소리대로 보통 "불"이라고도 부른다.
2) 모든 유로 지폐의 한 쪽 면은 공통 도안이다. 단위는 €500권에서 €5권까지 다양한 권종으로 발행되며 각각의 디자인은 여러 예술사를 대표하는 유럽의 건축물이라는 공통의 디자인을 가지고 도안된다.

그림 3-1 유로존

자료:https://www.ednh.news/(Eurozone|26. December 2017)

▲ 유로존은 유럽연합(EU)의 단일화폐인 유로(euro)를 국가통화로 도입하여 사용하는 국가나 지역을 말한다. 2018년 현재, 오스트리아, 핀란드, 키프로스, 벨기에, 프랑스, 슬로베니아, 그리스, 아일랜드, 이탈리아, 룩셈부르크, 몰타, 네덜란드, 포르투갈, 독일, 스페인, 슬로바키아, 에스토니아, 라트비아, 리투아니아 등 총 19개국으로 구성되어 있다.

---

(3) 일본 엔(JPY, ¥)

일본의 통화는 엔(일본어: 円)으로,[3] 미국 달러, 영국 파운드, 유로 등과 함께 세계적으로 영향력 있는 통화 중 하나이다. 'yen'이라는 영어 표기에 따라 엔화를 나타내는 기호로 ¥을 사용하는데 중국의 위안화와 기호가 같기 때문에 위안은 엔화와의 혼동을 피하기 위해서 수평선이 하나인 ¥로 나타내기도 한다.

지폐는 일본을 대표하는 후지산과 벚꽃이 그려진 ¥1000을 비롯하여 ¥2000, ¥5000, ¥10000이 있고 동전은 벚꽃, 국화, 오동나무, 어린나무가지 등 주로 식물을 도안으로 가지고 있다.

---

3) 일본 엔(円)과 중국의 위안(圓, 元), 대한민국의 원은 한자 圓의 '둥글다'라는 뜻에서 유래한 것이다.

(4) 영국 스털링 파운드(GBP, £)

스털링 파운드(Pound sterling)[4]는 영국과 영국황실통치지역(British Crown Dependencies)의 공식 통화이다. 영국 내에서는 "퀴드(quid)"라고도 불리며 1파운드는 100펜스로 나뉜다.

유로의 등장 이후, 파운드의 사용은 줄어들었으나, 아직도 파운드는 미국 달러와 유로와 함께 세계적으로 많이 거래되는 통화이다.

(5) 중국 위안(CNH, ¥)

위안은 중국의 화폐단위 또는 법정 통화를 통틀어 일컫는 말이다. 위안화는 위안[元]·지아오[角]·펀[分]의 세 종류가 있는데, 1위안은 10지아오, 100펀에 해당한다. 1948년 12월 중국정부 수립후 허베이은행(華北銀行)을 모체로 각 해방구에 흩어져 있던 중국공산당계 발권은행을 합병하여 개설한 중국인민은행에서 발행하기 시작하였다.

국제결제통화로서 위안화의 비중은 아직은 미미하지만 최근 중국의 위안화 국제화에 대한 의지에 힘입어 홍콩, 싱가포르를 비롯한 아시아권을 중심으로 중국과의 거래에서 위안화를 결제통화로 사용하는 기업이 증가하고 있다.

제 2 절 수 표

1 수표의 개념

수표(check, cheque)는 수표 발행인(채무자)이 지급인에게 일정한 금액을 수표상의 권리자(채권자)에게 지급하도록 위탁하는 유가증권을 말한다. 수표는 현금에 비해 소지가 간편하고, 분실하거나 도난당했을 경우 사고신고에 의해 지급을 정지시킬 수 있어 무역거래에서 종종 사용되는 외국환이다.

수표를 발행하기 위해서는 발행인이 먼저 은행에 당좌계정(current account, checking account)을 개설해야 하는데 이 계정은 고객이 은행으로 하여금 지불을

---

4) 'sterling'은 원래 '반짝반짝 황금색으로 빛난다'라는 의미를 가졌다고 한다.

서식 3-1   개인수표의 예

대행시키기 위해 이용하는 예금 계정이다. 당좌계정이 개설되면 은행으로부터 수표용지와 어음용지를 받게 되고, 발행인은 필요할 때마다 당좌계정이 개설된 은행을 지급인으로 하는 수표를 발행하여 대금을 결제한다.

지급인인 은행은 수표가 제시되면 즉시 지급을 한다. 그런데 수표발행자의 예금이 부족하거나 신용한도액을 초과한 경우, 혹은 아예 예금거래 없이 수표가 위조, 변조되었거나 해당 수표에 대한 사고가 접수된 경우에는 지급이 거절되는데 이를 부도(dishonor)라 한다. 수표가 부도나면 발행인은 부도처분을 받고 일정기간 동안 은행과의 거래가 정지되며 벌금, 징역 등의 처벌도 받는다.

2 수표 거래의 당사자

(1) 발행인

무역거래에서 수표의 발행인(drawer)은 물품대금을 지불해야 하는 채무자로서 수입업자가 된다. 수입업자는 거래상대방에게 자신의 당좌계정이 있는 은행을 지급인으로 하는 수표를 발행하여 현금 대신 결제하게 된다.

(2) 지급인

지급인(payer: drawee)은 수표의 액면 금액을 수취인이나 소지인에게 지급해야 할 당사자를 말한다. 수표거래에서 지급인은 보통 은행이 되며 은행은 채무자가 사전에 예탁한 금액 범위 내에서 채무자를 대신하여 지급한다.

(3) 수취인

수취인(payee)은 수표를 받는 채권자를 말하는데 수표상에 수취인의 이름이 기재되어 있으면 수표의 유통경로가 명확해진다. 우리나라의 자기앞수표는 발행인으로 은행만 나타나고 수취인은 표시하지 않지만 수취인을 반드시 표시하도록 요구하는 국가들도 있다.

(4) 소지인

수표가 양도되는 경우, 양도받은 상대방은 소지인(bearer)이 되는데 자신이 직접 은행에 제시하여 현금화할 수도 있고 다시 이것을 제3자에게 지급대금으로 사용할 수도 있다.

이상에서 설명한 당사자 관계를 그림으로 나타내면 〈그림 3–2〉와 같다.

그림 3–2 **수표의 당사자 관계**

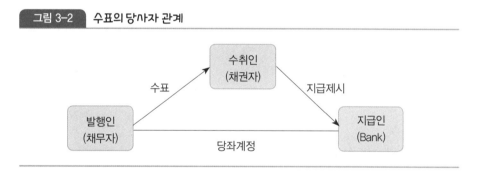

---

❸ 수표의 종류

수표는 발행 형식이나 사용되는 목적에 따라 다음과 같이 여러 종류가 있다.

(1) 당좌수표

당좌수표는 은행에 당좌예금을 가진 자가 은행을 지급인으로 하여 일정한 금액의 지급을 위탁하는 지급위탁증권이다. 발행인은 당좌예금자로서 은행에 개설된 당좌예금의 수표자금 한도 내에서 수표를 발행할 수 있다. 만일 은행이 예금 잔액을 초과하여 수표를 발행할 수 있도록 여신을 제공하고자 할 경우에는 당좌대월한도액을 정하여 그 한도액까지 발행할 수 있다.

한때 당좌수표는 국내거래에서 기업들이 활발하게 사용하던 증서였으나 이제 전자어음제도로 바뀌면서 점차 그 실물을 보기가 쉽지 않게 되었다.

(2) 자기앞수표

은행을 지급인으로 하여 은행이 발행하는 수표를 자기앞수표(cashier's check) 또는 자기지시수표라고 한다. 당좌수표가 발행자의 당좌계정잔액이나 대월 한도 내에서 지급하는 것과 달리 자기앞수표는 은행이 파산하기 전에는 지급이 보장되는 것이므로 보증수표라고도 하며 우리나라에서 한때 현금 대신 많이 사용되었지만 고액권의 등장, 전자 이체 등으로 인해 이용이 감소하고 있다.

서식 3-2   자기앞수표

(3) 여행자수표

여행자수표(traveller's check)는 해외여행자가 여행 중에 현금 휴대에 따르는 불편과 위험을 방지하기 위해 현금 대신 사용할 수 있는 수표를 말한다. 세계 일류은행이 자기앞수표형식으로 발행하는 것인데 서명하는 곳이 위아래 혹은 좌우의 두 곳에 있다. 이 중 한 곳에 먼저 서명을 해두고 해외에서 사용할 때 여권과 함께 사용한다. 사용할 때마다 상대방 앞에서 다시 서명을 하여 미리 해 두었던 서명과 일치하고 여권의 서명과도 일치하게 되면 정당한 소지인임이 증명되므로 여권을 소지한 본인 외에는 사용하기 어렵게 되는 것이다.[5]

---

5) 따라서 여행자수표를 교부받을 때 하는 서명은 반드시 여권에 사용하는 서명과 일치해야 한다.

서식 3-3 **여행자수표**

▲ 아메리칸 익스프레스의 100파운드짜리 여행자수표

자료: 하나은행 외환포털(http://fx.kebhana.com/FEMC0002.web)

(4) 송금수표

송금수표(demand draft, money order)란 송금의뢰인의 요구에 의하여 은행(우체국 등의 금융기관 포함)이 수표 대금을 사전에 수취하고 다른 은행을 지급인으로 하여 발행하는 수표를 말한다. 송금인은 은행이 발행해준 송금수표를 받아서 자기가 직접 수취인에게 우송한다.

수취인이 송금수표상에 표시된 지급은행에 송금수표를 제시하여 지급을 요청하면, 지급은행은 송금수표 발행은행에서 보내온 발행통지서와 대조한 후 수취인에게 대금을 지급한다. 일반적으로 국제적인 금융통신망이 갖추어지지 않아 전신송금(Telegraphic Transfer; T/T)이 불가능한 개도국이나 저개발국과의 무역거래에 사용되며 우송 도중에 분실이나 도난의 위험이 있으므로 주로 소액송금에 많이 이용된다.

서식 3-4 송금수표

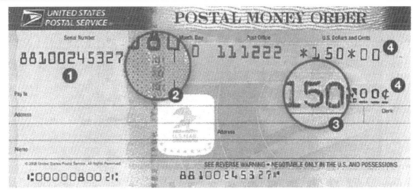

▲ 위의 송금수표는 발행인과 지급인이 US Postal Service(미 우체국)이고 수취인은 'pay to'란
에 기재된다.

제 3 절 환어음

1 환어음과 약속어음

(1) 환어음

환어음(draft: bill of exchange)은 채권자가 채무자에게 일정한 시일 및 장소에
서 채권금액을 지명인 또는 소지인에게 무조건적으로 지급할 것을 위탁하는 요
식·유가 증권을 말한다.

환어음은 먼 지역에 갈 때 신용을 제공하거나 지불을 하는 매우 편리한 방식
이었다. 그 기원은 중세 이탈리아의 상업도시에서 상인이자 은행가로 활약한 환
전상들의 증서에서 찾을 수 있는데 오늘날 무역거래에서도 수출업자들은 환어음
을 발행하여 대금을 회수하는 경우가 많다.[6]

계약물품을 선적한 수출업자는 관계 운송서류를 첨부하여 수입업자 혹은 특

---

6) 13~14세기경 오늘날 환어음과 유사한 증권이 이탈리아의 롬바르디아인에 의해서 시작되어 영국상
인과 이탈리아의 상인 및 고객들 사이에 이용되었다. 영국 상인들은 외국과의 무역에서 결제를 위해
이탈리아의 은행영업소로부터 환어음제도를 차용하였고, 15세기 중엽에 이르러서는 환어음이 널리
유통되었다. 그후 영국에서 행해진 상관습(custom and usage)과 선례(precedent), 제정법(statutes)
을 집합·정리하여 빅토리아여왕 시대인 1882년에 제정된 것이 오늘날 국제 간의 환어음거래에서 준
거법이 되고 있는 영국 환어음법(Bills of Exchange Act)이다.

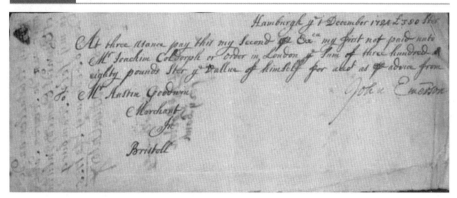

그림 3-3	초기의 환어음

▲ 초기에 사용되었던 이 환어음에서는 독일 함부르크의 John Emerson이 영국 브리스톨의 상인인 Austin Goodwin에게 3달 후 Joachim Coldorph에게 380파운드를 지불하도록 지시하고 있다. (The British Museum 전시자료)

정 은행 앞으로 환어음을 발행하고 수출대금의 지급을 요청한다. 따라서 환어음의 발행인은 수출대금의 채권자인 수출업자이고 환어음의 지급인은 채무자인 수입업자 혹은 수입업자가 지정한 은행이 된다. 수출업자는 환어음을 발행할 때 어음상에 "(나는) 대전을 수취하였으니 이 대금을 (○○○) 은행이나 지시인에게 지급하시오"라는 지시문언을 기술한다. 이러한 지급지시는 무조건적이기 때문에 정당하게 발행된 환어음에 대해 지급인은 반드시 지급을 이행하여야 한다.

환어음은 엄격한 요식증권이기 때문에 법에서 요구하는 기재사항이 있어야 효력이 발생하며 그 요건 중 어느 하나라도 기재되지 않으면 어음으로서 효력이 없다. 그리고 환어음을 교부하기 전에는 발행인이 자유롭게 정정할 수 있지만 교부 후에는 효력이 발생하므로 발행인도 함부로 어음의 내용을 정정할 수 없다. 환어음은 보통 2통이 1조(set)로 발행되어 하나가 결제되면 나머지는 자동적으로 무효가 된다.

환어음은 국가 간의 거래에서 사용되기 때문에 환어음과 관련하여 어떤 문제가 발생할 경우 이를 해결할 수 있는 법적 근거가 반드시 필요한데, 현재 환어음의 효력에 대한 준거법은 원칙적으로 행위가 일어난 지역의 법에 따른다. 예를 들어, 환어음이 우리나라에서 발행되고 미국에서 지급되었다면 발행에 관하여는 우리나라의 어음법이 적용되고, 지급과 관련된 모든 행위는 미국의 어음법에 따른다.

현재 환어음에 관련된 국제 관행은 영국의 "환어음법"(Bills of Exchange Acts, 1882), 국제상업회의소에서 제정한 "추심에 관한 통일규칙"(Uniform Rules for Collection, ICC Publication No. 522, 1996), 유엔에서 제정한 "국제환어음 및 약속어음에 관한 유엔협약"(United Nations Convention on International Bills of Exchange and International Promissory Notes, 1988) 등을 기준으로 이루어지고 있다. 그러나 우리나라 수출업자가 발행한 환어음이 국내에서 문제가 될 경우에는 우리나라 상법이 적용된다.

(2) 약속어음

약속어음(promissory note)은 채무자가 채권자에게 일정 기일에 대금 지급을 약속하는 지급증서이다. 따라서 약속어음의 발행인은 채무자가 되고, 약속어음의 소지인은 채권자가 된다. 약속어음상에는 통상 "어음만기일인 ○○○○년 ×월 ××일에 △△장소에서 일정 금액을 지급한다."라는 약속문언이 기술되어 있으며, 소지인은 약속어음을 정해진 기일에 채무자에게 제시하고 지급을 요청한다.

서식 3-6 약속어음

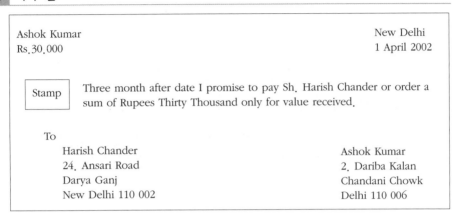

출처: http://www.agnel.org

(3) 환어음과 약속어음의 비교

환어음은 채권자가 채무자에게 결제를 요청하는 것이기 때문에 환의 이동방향으로 보면 추심(collection)의 성격에 해당된다. 반면에 약속어음은 채무자가 이를 발행하여 채권자에게 보내기 때문에 송금(remittance)의 성격에 해당된다.

그리고 환어음은 주로 국가 간의 거래에서 발생하는 채권·채무 관계를 결제할 경우 사용되고, 약속어음은 국내거래에서 주로 활용되고 있다. 왜냐하면 약속어음은 채무자의 신용을 바탕으로 결제가 이루어지는데 국가 간의 거래에서는 채무자의 신용이 확실하지 않는 한 이를 받아주는 채권자를 찾기가 쉽지 않은 반면에, 환어음은 은행이 개입함으로써 결제체제가 더 안정되고 공고해지기 때문이다.

그림 3-4 환어음과 약속어음의 발행관계

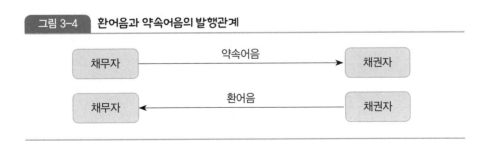

☑ 환어음의 당사자

환어음 거래에서는 채권자인 환어음 발행인과 채무자인 환어음의 지급인이 기본 당사자이며, 경우에 따라 제3자인 수취인이 등장하기도 한다.

(1) 발행인(Drawer)

발행인은 환어음을 발행하고 서명하는 자로서 채권자를 말한다. 무역거래에서는 수출업자가 수입업자 혹은 수입업자의 거래은행으로부터 수출대금을 추심하기 위해 형식적 요건으로서 환어음을 발행하기 때문에 수출업자가 발행인이 된다. 환어음은 반드시 발행인의 기명날인이 있어야 그 효력이 발생한다.

(2) 지급인(Drawee)

환어음의 지급인은 환어음상의 금액을 일정한 시기에 지급할 것을 위탁받은 채무자를 말하는데 무역거래에서는 수입업자 혹은 수입업자의 거래은행[7]이 된다. 지급인의 명칭은 성명 또는 상호로 표현하고 법인 혹은 조합인 경우에는 법인명 또는 조합명을 기재하면 되며 반드시 그 대표자의 성명을 표시할 필요는 없다.

(3) 수취인(Payee)

수취인은 환어음 금액을 지급받을 자로서 발행인이 될 수도 있고 발행인이 지정하는 제3자가 될 수도 있다. 발행인이 환어음을 지급인에게 직접 제시하면 수취인이 관여하지 않지만, 발행인이 환어음을 발행하여 이를 제3자로 하여금 지급받도록 할 경우에는 제3자가 수취인이 된다. 수취인은 환어음이 정당하게 발행된 것으로 믿고 이를 소지하고 있다 하여 선의의 소지인(bona-fide holder)이라고 한다.

무역거래에서 수출업자가 외국에 있는 수입업자에게 수출대금을 받기 위해 직접 외국까지 가서 환어음을 제시하고 수출대금을 받을 경우에는 수취인을 필요로 하지 않는다. 그러나 이런 경우는 현실적으로 드물기 때문에 보통 수출업자는 자기의 거래 은행에 외국의 수입업자로부터 수출대금을 추심해 줄 것을 의뢰

---

7) 신용장이 발행되는 경우 신용장발행(개설)은행이 지급인이 된다. 이 관계는 제5장에서 자세히 설명하기로 한다.

하고, 은행은 해외의 은행 네트워크를 이용하여 수입업자로부터 대금을 회수하게 된다. 특히 신용장 등에 의해 은행이 미리 자기자금으로 대금을 지불하는 경우 수출업자의 거래은행이 수취인이 된다.

③ 환어음의 종류

환어음은 담보로 요구되는 서류의 유무에 따라 무담보환어음과 화환어음, 지급만기일에 따라 일람불어음과 기한부어음, 그리고 지급인에 따라 은행어음과 개인어음으로 구분된다.

(1) 무담보환어음과 화환어음

환어음만으로 결제가 될 수 있는 어음을 무담보환어음(clean bill of exchange)이라 하며 이는 주로 운임, 보험료, 수수료 등의 지급에 이용되었지만 오늘날에는 거의 사용되지 않고 있다.

반면 선하증권을 비롯한 운송서류가 첨부된 어음을 화환어음(documentary bill of exchange)이라 하며 무역거래에서 대금을 결제하기 위해 사용된다. 환어음에 첨부될 운송서류는 매매계약서나 신용장 등 관계 서류에 명시되어 있다.

(2) 일람불환어음과 기한부환어음

환어음은 지급만기일에 따라 일람불환어음과 기한부환어음으로 구분된다. 일람불환어음(sight bill)은 지급인에게 제시되면 즉시 대금결제가 이루어지는 어음을 말하고, 기한부환어음(usance bill)은 제시되고 나서 또는 특정일로부터 일정 기간 후에 지급이 이루어지는 어음을 말한다.

기한부환어음의 만기일은 일람 후(after sight), 일부 후(after date) 및 확정일(on a fixed date) 등 세 가지로 구분된다.

1) 일람 후 정기출급

이는 환어음이 지급인에게 제시된 날로부터 일정 기간이 지난 후 지급이 이루어지는 경우를 말한다. 예를 들어, "30 days after sight"이면 지급인에게 어음이 제시되고나서 30일이 지난 후에 결제가 된다. 일람 후 정기출급에서는 지급인이 환어음을 일람했다는 증거로 환어음을 인수(acceptance)하는데, 인수는 만기일에 지급할 것을 서명하는 행위를 말한다. 따라서 인수인은 만기일에 지급인이 된다.

2) 일부 후 정기출급

이는 어음이 발행된 날로부터 일정 기간이 지난 후 결제가 이루어지는 것을 말한다. 따라서 일부 후 정기출급은 환어음이 발행될 때 지급일이 확정된다. 예를 들어, 환어음이 4월 30일에 발행되면서 만기일이 "30 days after date"로 표시되면 이 어음의 지급일은 5월 30일이 된다.

일부 후 정기출급은 일람 후 정기출급보다 우편일수만큼 빨리 결제된다. 만약 같은 날짜에 우리나라 수출업자가 미국의 수입업자를 지급인으로 하는 "30 days after date"의 일부 후 정기출급의 환어음과 "30 days after sight"의 일람 후 정기출급의 환어음을 발행했다고 한다면 전자의 경우가 후자보다 빨리 결제된다. 왜냐하면 일람 후 정기출급은 환어음이 지급인에게 제시되고 그 날로부터 만기일이 계산되기 때문에 환어음의 우송 기간만큼 결제가 늦어지는 것이다.

3) 확정일 정기출급

이는 환어음상에 지급일이 "2018년 7월 10일"과 같이 구체적으로 명시되어 있는 경우를 말한다. 만기일을 월초, 월중, 또는 월종(月終)으로 표시한 경우에는 각각 그 달의 1일, 15일 또는 말일을 가리킨다.

(3) 은행어음과 개인어음

환어음의 지급인이 은행인 경우를 은행어음(bank bill), 개인이나 기업인 경우를 개인어음(private bill)이라 한다. 두 어음 모두 무역거래에서 사용되고 있지만 보통 은행이 개인보다 신용이 높기 때문에 은행어음을 선호하는 경우가 많다. 신용장하에서 발행되는 환어음은 개설은행이나 개설은행이 지시하는 은행을 지급인으로 하는 은행어음이며 신용장없이 추심방식(D/A, D/P)에서 발행되는 환어음은 개인어음이 된다.

④ 환어음의 인수

(1) 환어음 인수의 개념

매매계약에서 매도인이 매수인에게 기한부 조건으로 외상신용을 제공하고자 할 경우에는 기한부환어음을 발행하는데 이 기한부환어음은 결제과정에서 지급이 있기 전에 먼저 인수(acceptance)과정을 거치게 된다. 인수는 지급인이 만기일에 해당 어음을 결제하겠다고 서면으로 약속하는 어음상의 용어이다. 따라서 기한부환어음이 지급인에게 제시되면 지급인은 우선 인수행위를 하고 만기일에 가서 지급을 한다. 환어음의 발행은 발행인의 일방적인 지급지시인 반면에 인수가 이루어지면 제3자가 볼 때 지급인의 지급의사를 확인할 수 있는 근거가 된다.

인수의 형식은 〈서식 3-7〉에서 보듯이 환어음의 표면에 "Accepted"라고 기재하고 서명한다. 이와 같이 환어음을 인수함으로써 지급인(인수인)은 만기일에 환어음에 대해 지급할 의무를 부담한다.

무역거래에서 수출업자가 발행한 기한부어음을 매수인이 인수한 경우를 무역인수(trade acceptance)라고 부르며, 은행이 인수하는 경우를 은행인수(banker's

서식 3-7 환어음의 인수

```
Mamta                                              New Delhi
Rs.10,000                                          1 April 2002

  ┌────────┐   Three months after date pay to me or my order, the sum of Rupees
  │ Stamp  │   Ten Thousand only. for value received.
  └────────┘

Accepted
(Signed)
Jyoti                                              (Signed)
1.4.2002                                           Mamta
73-B, Mahipalpur                                   196. Karol Bagh
New Delhi 110 037                                  New Delhi

                                    To
                                        Jyoti
                                        73-B, Mahipalpur
                                        New Delhi 110 037
```

출처: http://www.agnel.org

acceptance)라고 부른다. 일반적으로 은행이 인수한 어음은 개인이나 일반기업이 인수하는 어음에 비해 지급에 대한 확실성이 높아 금융시장에서 유리한 조건으로 할인될 수 있다.

(2) 인수어음의 할인

기한부어음이 인수되면 채권자인 수출업자는 이를 만기까지 보유하여 액면금액을 전액 받거나, 금융시장에서 할인하여 즉시 대금을 찾을 수 있는데, 할인(discount)은 만기일까지의 이자를 미리 공제하고 즉시 현금으로 결제하는 것을 말한다. 예를 들어, 액면금액이 100만 달러인 3개월 기한부어음에서 만약 만기일까지의 이자를 반영한 할인율이 2.00%라고 한다면 은행은 이자 2만 달러를 공제하고 지급한다. 수출업자는 지금부터 3개월 후에 100만 달러를 받을 수도 있고, 할인이 이루어진다면 지금 98만 달러를 받을 수도 있다.

이처럼 할인에 의해 은행으로부터 미리 수출대금을 회수할 수 있는 금융방식을 "인수금융"이라 하는데 인수금융을 통해 수출업자는 필요한 자금을 즉시 회수하면서 매수인에게는 저렴한 외상신용을 제공할 수 있다. 이 경우 일람불조건에 비해 매매가격은 인수수수료와 어음할인비용만큼 인상될 수 있다.

5 환어음의 유통과 배서

(1) 배서(背書)의 의의

배서(endorsement)는 어음이나 수표 등과 같은 지시증권의 권리를 양도하기 위해 증권상의 권리자, 즉 배서인(endorser)이 해당 증권의 뒷면에 일정한 사항을 기재하고 서명하는 것을 말한다. 배서에 의하여 어음상의 모든 권리는 어음과 더불어 배서인으로부터 피배서인(endorsee), 즉 양수인에게 이전된다. 우리나라와 영국의 어음법에서는 기명식과 지시식 어음이, 미국의 어음법에서는 지시식 어음만이 배서에 의해 유통되도록 하고 있다.

(2) 배서방식

배서방식에는 피배서인이 지정되는 기명식 배서와 지정되지 않는 백지식 배서가 있다.

1) 기명식 배서(Special Endorsement)

기명식 배서는 다음과 같이 수표나 어음의 뒷면에 양수인의 성명이나 상호를 기록하고 배서인의 서명이 이루어진다. 기명식 배서에 의해 양도된 어음을 다시 유통시킬 경우에는 양수인의 재배서가 필요하다. 즉 환어음이 A, B, C의 순서로 이전되었다면 최초 어음작성인인 A가 "Pay to the order of B"라고 배서하고 B는 다시 "pay to the order of C"라고 배서한다.

서식 3-8 **기명식 배서**

Pay   to Bryan Lee,
(양수인, 피배서인)

(양도인, 배서인)

2) 백지식 배서(Blank Endorsement)

백지식 배서는 "Pay to" 다음에 특정인을 지정하지 않고 배서인이 서명하는 것으로 무기명 또는 약식배서라고도 하며, 양도인은 단지 어음뒷면에 서명만 하기 때문에 이를 백지배서라고도 한다. 백지식 배서에는 피배서인의 기재가 없으므로 환어음을 단순히 교부함으로써 용이하게 이전할 수 있으며, 또한 소지인은 어음에 배서하지 않고 양도할 수 있어 후에 채무상환을 부담하는 일이 없다.

서식 3-9 **백지식 배서**

Pay to

(양도인, 배서인)

6 어음의 소구와 거절증서

소구(recourse)란 어음만기일에 지급인으로부터 지급이 이루어지지 않을 경우에 어음소지인이 발행인, 배서인에 대하여 어음금액의 지급을 청구하는 것을 말하며 이 권리를 소구권(right of recourse) 또는 상환청구권이라고 한다. 그런데 어음소지인이 소구권을 행사하기 위해서는 지급제시 기간 내에 지급인에게 지급을 요구했다가 거절당했다는 것을 증명할 수 있는 증서가 필요한데 이를 거절증서(protest)라고 한다. 거절증서는 공증인이 작성하며 거절자의 성명, 거절자가 청구에 응하지 않았다는 사실을 비롯하여 거절과 관련된 사항들을 기재한다.[8]

제 4 절 환어음의 기재사항

환어음은 요식증권이기 때문에 기재사항을 준수해야 한다. 기재사항은 필수기재사항과 임의기재사항으로 구분되는데 필수기재사항의 어느 하나가 누락되어도 환어음으로서의 법적 효력이나 구속력을 갖지 못하게 된다.

1 환어음의 필수기재사항

(1) 환어음의 표시

환어음을 뜻하는 증권에는 반드시 환어음을 표시하는 문자가 있어야 한다. 보통 환어음의 영문 표현인 "Bill of Exchange"로 표시되거나, 혹은 환어음은 보통 두 통이 발행되기 때문에 "The First Bill of Exchange", "The Second Bill of Exchange"와 같은 문구를 말한다.

(2) 무조건의 지급위탁문언

환어음은 법률적으로 일정 금액을 무조건 지급할 것을 위탁하는 증권이기 때문에 이에 관한 문언이 있어야 하며, 반드시 금액을 지급해야지 금전 이외의

---

8) 거절증서에 대한 자세한 설명은 제10장 추심방식에 의한 결제를 참조하기 바람.

물건을 지급하도록 하는 것은 무효이다. 금액은 환어음의 어느 부분에라도 기재할 수 있지만 보통 "pay to (수취인) the sum of (문자금액)"라고 표시된 곳에 기재한다. 그리고 금액은 일정 금액으로 표시되어야 하고, 만약 "삼백만원 혹은 오백만원"과 같이 선택할 수 있다거나, "삼백만원 이상 혹은 오백만원 이하" 등과 같이 최고액이나 최저액으로 표시된 것은 무효이다. 또한 금액은 변조를 방지하기 위해 숫자와 문자로 기재하는 경우가 많다.

(3) 지급인(drawee)

환어음의 지급인은 보통 〈서식 3-5〉의 환어음 양식에서 끝 부분인 "To" 이하에 기재된다. 지급인은 어음지급을 위탁받은 자로서 채무자인 수입업자 혹은 특정 은행이 되는데 이는 결제방식에 따라 달라진다. 예를 들어, 신용장 거래에서는 신용장을 발행하는 개설은행이 수입업자를 대신하여 지급을 확약하기 때문에 개설은행이 환어음의 지급인이 되며 신용장의 "drawn on~" 다음에 나타나는 당사자를 기입하면 된다. 그러나 수입업자의 신용을 믿고 신용장 방식을 이용하지 않는 경우에는 수입업자가 환어음의 지급인이 되는 것이다.

(4) 지급기일의 표시

환어음 대금이 실제 지급되는 만기일(tenor)을 표시한다. 환어음의 "at---sight of"라고 표시된 부분의 공란에 기재한다. 만약 즉시 대금을 지급하기로 했으면 "at xxx sight of"로 표시하고 60일 후 지급하는 기한부 조건일 경우에는 "at 60 days after sight of"로 기재된다. 그러나 확정일 조건이면 확정된 날짜를 구체적으로 표시한다.

여기서 일람후 즉시 지급할 경우의 만기일에 대한 영문 표시는 "at sight"이며 기한부일 경우에는 만기일 표시가 "60 days after sight of" 등과 같이 표현되어야 한다. 그런데 환어음의 용지에는 "at sight", "after sight"을 구분하지 않고 편의상 "at---sight of"로 인쇄되어 있다.

(5) 지급지(place of payment)

지급지는 환어음 금액이 지급되는 일정 지역을 의미하는데 보통 실제로 존재하는 도시명 정도로 표기된다. 지급지는 단일 지역이어야 하며 선택적으로 여러 곳으로 중첩해서 기재되어서는 안 된다. 환어음은 행위가 발생한 지역의 법률에 의해 처리되므로 지급지는 반드시 기재되어야 한다. 만약 지급지의 표시가 없으면 지급인의 명칭에 부기된 지명이나 지급인이 거주하는 지역으로 갈음할 수 있다.

(6) 수취인(payee)

수취인은 환어음 금액을 지급받을 자를 말한다. 수취인을 표시하는 방법에는 "pay to Bank of America, Ltd"와 같이 수취할 특정 은행명을 기재하거나 "pay to Bank of America, or Order"와 같이 지시식으로 발행할 수도 있으며 "pay to Bearer"와 같이 지참인이 청구권을 행사하거나 양도하도록 발행할 수도 있다.

(7) 발행일 및 발행지

환어음의 발행일은 어음이 발행된 날로서 어음상에 기재된 날짜이다. 발행일은 기한부어음의 제시기간을 정하기 위하여 반드시 필요한데 만약 발행일이 여러 군데 다르게 표시되어 있으면 무효로 간주된다.

발행지는 어음이 발행된 장소로 어음상에 기재된 지역을 말하며 실제 발행된 지역을 뜻하는 것은 아니다. 발행지는 어음법의 적용근거가 되므로 반드시 기재되어야 한다. 보통 발행지를 표시할 때는 도시 이름까지만 표기한다.

(8) 발행인의 기명날인

환어음은 발행인의 기명날인이 있어야 그 효력이 발생한다. 무역거래에서는 수출업자가 환어음을 발행하기 때문에 수출업자의 기명날인이 있어야 하며, 우리나라의 경우에는 수출업자가 거래 외국환은행에 제출한 서명감과 일치해야 한다.

2 환어음의 임의기재사항

임의기재사항은 어음 자체의 효력에는 영향을 미치지 않으나 환어음번호, 신용장번호, 어음발행매수의 표시 등을 기재하여 어음의 성격이나 내용을 명확하게 해준다.

(1) 환어음 번호

발행인의 참고사항이며 기재하지 않을 경우도 있다.

(2) 환어음 발행 근거

만약 신용장방식에 의해 결제가 이루어지면 환어음의 발행 근거가 되는 신용장번호, 개설은행, 개설일자 등을 기재한다. 예를 들어, "Drawn under Letter of Credit No. 123 issued by Chase Manhattan Bank of New York dated 2007, May, 14th."와 같은 표현이 환어음상에 기재된다.

화환추심어음방식으로 결제할 경우에는 인수도조건(D/A) 혹은 지급도조건(D/P)을 분명히 명시해야 한다. 이 표시는 환어음의 효력에는 영향을 미치지 않지만 운송서류의 인도조건이 달라지기 때문에 수출업자에게는 중요한 문제가 될 수 있기 때문이다. 만약 인수도 혹은 지급도의 표시가 없으면 지급도로 간주된다.[9]

(3) 환어음의 발행매수

환어음은 통상 2통을 한 조(set)로 하여 발행되며 이 2통을 합하여 'set bill'이라 한다. 이렇게 한 세트로 발행될 경우 이중 사용을 방지하기 위해 발행된 매수를 "First Bill, Second Bill"과 같이 표기한다.

(4) 대가 문구

대가 문구(valuation clause)는 발행인이 증여, 상속 등의 목적이 아니라 정당한 상거래의 대가로 환어음을 발행하고 있음을 표시하는 문구로, 보통 문자로 표시된 금액 다음에 "value received"로 표시되어 있다.

(5) 이자 문구

기한부거래에서는 일정 기간의 외상거래에 따른 이자 문제가 대두되는데 통상 일람불 혹은 일람 후 정기출급에만 이자 약정의 기재를 인정하고 있다. 확정일 출급 또는 일부 후 정기출급에는 사전에 이자를 계산해서 어음 금액을 정할 수 있기 때문에 이자 문언을 기재할 필요가 없다.

---

9) 추심방식인 인수도 조건 및 지급도 조건에 관한 자세한 내용은 제10장에서 설명하기로 한다.

이자율은 반드시 어음상에 표시되어야 하고 그 표시가 없으면 이자에 대한 약정이 없는 것으로 본다. 그리고 이자의 기산일은 발행일 혹은 발행인이 임의로 기재할 수 있지만, 만일 기재가 없으면 발행일을 기산일로 한다.

위에서 설명한 환어음의 기재사항을 요약하면 다음의 〈표 3-1〉과 같다.

표 3-1　　**환어음의 기재사항**

필수기재사항	임의기재사항
환어음의 표시	환어음 번호
무조건의 지급위탁문언	환어음 발행 근거
지급인	환어음 발행 매수
지급기일	대가 문구
지급지	이자 문구
수취인	
발행일 및 발행지	
발행인의 기명날인, 서명	

Chapter

4

환율과 환리스크

| 제1절 | 환율의 의의
| 제2절 | 환율의 종류
| 제3절 | 환리스크관리

유로 EUR 1,281.81 ▲
영국 GBP 1,417.88 ▼
스위스 CHF 1,135.15 ▲
스웨덴 SEK 124.46 ▲
덴마크 DKK 171.69 ▼
노르웨이 NOK 127.90 ▼
러시아 RUB 16.11 ▲
헝가리 HUF 3.99 ▲
폴란드 PLN 298.56 ▼
체코 CZK 49.62 ▲

일본 JPY 1,010.95 ▼
위안 CNH 162.60 ▼
홍콩 HKD 143.21 ▼
대만 TWD 36.44 ▼
몽골 MNT 0.42 ▼
카자흐스탄 KZT 2.97 ▼
태국 THB 34.45 ▼
싱가포르 SGD 818.02 ▼
인도네시아 IDR 7.70 ▼
말레이시아 MYR 269.03 ▼
필리핀 PHP 21.29 ▲
베트남 VND 4.83 ▼
브루나이 BND 818.02 ▼
인도 INR 15.94 ▼
파키스탄 PKR 8.02 ▼
방글라데시 BDT 13.39 ▼

사우디아라비아 SAR 298.88 ▲
카타르 QAR 307.94 ▼
이스라엘 ILS 297.33 ▼
요르단 JOD 1,580.19 ▼
쿠웨이트 KWD 3,690.79 ▼
바레인 BHD 2,974.74 ▼
아랍에미리트 AED 305.27 ▼
터키 TRY 211.87 ▼

이집트 EGP 62.68 ▼

캐나다 CAD 823.30 ▼

미국 USD 1,121.30 ▲

멕시코 MXN 56.95 ▲

브라질 BRL 289.48 ▲

남아프리카공화국 ZAR 77.37 ▼

호주 AUD 788.33 ▼

뉴질랜드 NZD 751.16 ▼

아르헨티나 ARS 29.27 ▲

▲ 위의 자료는 서울외국환중개(주)에서 고시한 2018년 12월 28일자 환율이다.

제 1 절 환율의 의의

1 환율의 개념

환율(exchange rate)은 한 국가의 통화와 다른 국가 통화와의 교환비율을 의미하는 것으로 어떤 국가 통화 1단위의 가격을 외국통화로 표시하거나 외국통화 1단위를 자국통화로 표시한 것이라 할 수 있다. 이러한 환율은 각국 외환시장에서 수요와 공급에 의해 결정되는데 외환에 대한 수요는 상품이나 서비스를 수입하거나 외국의 주식이나 채권 등 금융자산을 매입할 때, 대금을 결제할 때, 발생한다. 외환의 공급은 상품이나 서비스를 수출하거나 국내 주식이나 채권 등 국내 금융자산을 외국인이 매입하기 위해 국내외환시장에 공급할 때 발생한다.

또한 환율의 결정은 그 나라가 어떠한 환율제도를 채택하고 있는가에 따라 달라진다. 환율제도는 크게 변동환율제도와 고정환율제도로 구분되지만 현실적으로 각국은 자국의 대내외 경제여건을 고려하여 크롤링페그(Crawling Peg)제도,[1] 복수환율제도[2] 등과 같은 변형된 환율제도를 도입하여 사용하기도 한다. 우리나라는 1997년 IMF 이후 완전변동환율제도를 시행하고 있어 시장의 수요와 공급에 의해 환율이 결정된다. 그리고 외환시장의 수요와 공급에 영향을 미치는 주요 변수는 물가와 통화량, 금리, 실질소득 등의 거시적 변수와 외환시장의 거래과정이나 특징 등의 미시적 변수들이 있다.

2 환율표시방법

환율을 표시하는 방법에는 자국통화 한 단위에 대한 외국통화의 비율을 나타내는 방법과 외국통화 한 단위에 대한 자국통화의 비율을 표시하는 방법 등이 있다.

---

1) 점진적인 환율변동제도로 달러화와 같은 기축통화에 대해 기준환율을 정해놓고 기준환율의 좁은 범위 내에서 변동하도록 하되, 기준환율을 수시로 아주 작은 폭으로 변경하는 제도이다. 고정환율제도로 분류된다.
2) 거래상대국이나 통화지역별, 또는 거래의 성질에 적용되는 환율을 달리하는 제도를 말한다. 주로 개발도상국에서 국제수지 균형과 환율안정을 위해 채택한다.

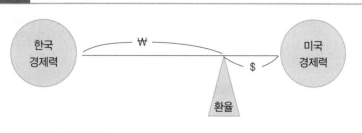

그림 4-1 환율의 개념

(1) 자국통화표시법

자국통화표시법은 외국통화 1 단위 또는 100 단위에 대하여 자국통화의 교환 대가를 표시하는 방법으로 방화표시법 또는 직접표시법(direct quotation)이라고도 한다. 우리나라에서 환율을 US$1＝₩1,125.10식으로 표시하는 것이 이 방식에 해당된다. 또한 자국통화표시법은 지급계정시세(pence rate, giving quotation)라고도 하는데, 우리나라를 비롯한 대부분의 국가에서 자국 내 외환거래시 이 방법으로 환율을 표시하고 있다.

> 자국통화표시법 : US$1＝1,125.10원
> 100엔＝1,026.97원

(2) 외국통화표시법

외국통화표시법은 자국통화표시법과는 반대로 자국통화 1 단위 또는 100 단위에 대하여 외국통화의 교환 대가를 표시하는 외화표시환율로서 간접표시법, 수취계정시세(currency rate, receiving quotation)라고도 한다. 미국의 뉴욕외환시장에서는 영국, 호주 등 영연방국가의 통화에 대해서는 해당통화 1단위에 대하여 미달러화로 표시하는 자국통화표시법을 사용하나 기타 통화에 대해서는 미달러화 1단위에 대하여 해당통화로 표시하여 미국입장에서의 간접표시법인 외국통화표시법을 사용한다.

> 외국통화표시법: US$1＝J¥109.43

| 표 4-1 | 외환시장에서의 주요 통화 고시환율(2019년 1월 29일 기준) |

통화명	매매기준율[1]	크로스환율[2]	통화명	매매기준율[1]	크로스환율[2]
미국 달러화	1,125.10	–	위안화(CNH)	165.73	–
일본 엔화(100)	1,026.97	109.555	호주 달러화	807.88	0.71805
유로화	1,283.91	1.14115	뉴질랜드 달러화	769.01	0.6835
영국 파운드화	1,486.20	1.32095	홍콩 달러화	143.41	7.84555
캐나다 달러화	851.51	1.3213	대만 달러화	36.62	30.723
스위스 프랑화	1,133.09	0.99295	싱가포르 달러화	831.5	1.3531

1) 우리나라의 외환시장에서 환율을 표시하는 직접표시법에 따라 해당외화 1단위에 대한 원화금액을 의미한다. 미국 달러화는 매매기준율이며 다른 통화는 재정된 매매기준율이다.
2) 우리나라 입장에서는 국제기축통화인 미국 달러화와 기타통화 간의 환율을 의미한다. 국제외환시장에서의 환율표시관행에 따라 유로화(EUR), 영국파운드화(GBP), 호주달러(AUD), 뉴질랜드달러(NZD) 등은 해당통화 1단위에 대한 미 달러화의 금액으로 환율이 표시되고 다른 통화들은 미 달러화 1단위에 대한 해당통화의 금액으로 표시된다.
출처: 서울외국환중개(주) 고시환율 편집.

③ 환율의 변동

환율이 어떠한 이유로든 오르거나 내리게 되면 시장의 여러 당사자들은 이해가 엇갈리게 되는데, 이러한 이해관계는 자국통화의 가격이 어느 방향으로 변하느냐에 따라 다르게 된다. 환율 표시방법, 환율변동 및 자국통화의 가치 등의 관계를 살펴보면 〈표 4-2〉와 같다.

미달러화에 대한 환율이 1,000원에서 1,100원으로 올랐을 때 우리는 환율상승 혹은 원화의 가치하락(depreciation)이라고 한다. 이렇게 환율이 상승하는 국면을 원화 약세 혹은 달러 강세라고 말하는데 이는 우리나라 원화의 가치가 달러가치에 비하여 상대적으로 떨어진 것을 의미한다.

| 표 4-2 | 환율의 표시방법과 그 등락 |

환율의 표시방법	환율변동	자국통화의 가치
자국통화 표시환율 ($1.00 = 1,000원)	상승(↑) 하락(↓)	하락(↓) 상승(↑)
외국통화표시환율 (1원 = $0.001)	상승(↑) 하락(↓)	상승(↑) 하락(↓)

| 표 4-3 | 환율변동의 영향 |

	환율 상승	환율 하락
수출	수출(외화표시)단가 하락 ⇒ 수출 증가	수출(외화표시)단가 인상 ⇒ 수출 감소
수입	수입(원화표시)단가 상승 ⇒ 수입 감소	수입(원화표시)단가 하락 ⇒ 수입 증가
물가	수입상품가격 상승 ⇒ 물가상승	수입상품가격 하락 ⇒ 물가안정
외화자산	원화환산 외화자산 가치증가	원화환산 외화자산 가치감소
외화부채	원화환산 외채 증가 ⇒ 원금상환부담 증가	원화환산 외채 감소 ⇒ 원금상환부담 경감

　　환율이 변동하게 되면 여러 경로로 경제에 영향을 미치게 되는데 〈표 4-3〉은 이를 정리한 것이다. 먼저 환율이 오르게 되면 자국통화의 가치는 상대적으로 떨어지게 되므로 수출업자는 수출상품의 외화표시가격을 그만큼 낮출 수 있는 여지가 생겨 경쟁상 유리하게 되지만, 수입업자나 외국에 채무를 가지고 있는 기업들은 불리하게 된다. 이와 반대로 환율이 내리게 되면 원화로 환산되는 수입가격이 떨어지게 되고 대외채무를 지고 있는 기업은 원화환산의 부채액이 줄게 되어 부담을 덜게 되는 반면, 수출업자는 외화로 표시되는 수출단가의 조정이 쉽지 않으므로 수출채산성이 악화되는 것이다.

　　따라서 환율이 상승하면 수출이 늘고 수입이 줄어 경상수지가 개선되며 그 여파로 국내 생산과 고용이 증가하여 경제가 성장하는 반면에 환율이 하락하면 경상수지가 악화되는 한편 원자재 또는 부품 등의 수입가격이 하락하여 물가가 안정되는 결과를 가져온다.

제 2 절　환율의 종류

1 매도율과 매입률

　　은행간시장의 외환시장에서는 외화를 팔고자 하는 매도환율(offered rate)과 외화를 사고자 하는 매입환율(bid rate)을 동시에 고시하고 있다. 이와 같이 동시에 두 개의 환율을 고시하는 방법을 "two way quotation"이라 하며 이 매도율과 매입률의 차이는 외환거래수익의 원천으로 이를 스프레드(spread)라 한다.

예를 들어, 서울외환시장에서 어떤 딜러(dealer)가 다른 은행으로부터 미 달러화에 대한 원화의 환율제시를 요청받아 "U\$/₩＝1,000.10～1,000.30"의 환율을 제시하였다면 이는 1,000.10원을 지불하고 1달러를 사겠으며 1,000.30원을 받고 1달러를 팔겠다는 것을 의미한다. 그러므로 여기에서 "U\$/₩＝1,000.10"은 매입환율이 되며 "U\$/₩＝1,000.30"이 매도환율이 된다. 매도율과 매입률은 이를 제시하는 은행을 기준으로 한 것이다.

② 현물환율과 선물환율

외환거래는 외환매매계약에 따른 대가의 수급이 이루어지는 시기에 따라 현물환거래와 선물환거래로 구분되고 각각의 거래환율을 현물환율과 선물환율이라 한다.

현물환율이란 외환매매계약일 후 2영업일(익익영업일)째에 통화의 교환이 이루어지는 현물환(value spot)거래에 적용되는 환율이다. 넓은 의미의 현물환거래에는 외환매매계약 후 당일 결제되는 당일물(value today), 익일 결제되는 익일물(value tomorrow)까지 포함된다.

외환매매계약이 성립된 후 실제 결제가 이루어지기까지에는 거래내용의 확인, 자금의 조달, 자금의 이체 등에 일정 시간이 필요하므로 국제외환시장 관행상 이틀을 잡고 있는 것이다. 반면에 선물환율은 외환의 매매계약 후 2영업일을 경과한 어느 특정 시점에서 그 대상 외환을 인도하는 선물환거래에 적용되는 환율을 말한다.

③ 크로스환율과 재정환율

(1) 크로스환율

크로스환율(cross rate)이란 한 나라의 외환시장에서 외국통화에 대한 자국통화의 환율이 아닌 외국통화 간의 환율을 말한다. 교차환율 또는 이종통화 간 환율이라고도 한다. 예를 들어, 우리나라 외환시장에서 결정하는 원화와 미 달러화 간의 환율이 아닌 미 달러화에 대한 중국 위안화의 환율 또는 미 달러화에 대한 일본 엔화의 환율 등이 크로스환율이 된다.

(2) 재정환율

재정환율(arbitrated rate)은 미 달러화 이외의 통화 대 원화의 환율을 말한다. 미 달러화 이외의 통화와 원화의 거래는 유동성 부족으로 시장이 제대로 형성되지 못하므로, 대신에 국내시장에서 형성된 원/달러환율과 주요 국제금융시장에서 형성된 미화와 미화 이외 통화 간의 매매중간율(매입환율과 매도환율의 중간 값)인 크로스환율 간을 재정하여 산출하는데 이를 재정환율이라 한다. 우리나라의 외국환거래법령에서는 이를 재정된 매매기준율로 표현하고 있다. 〈그림 4-2〉는 재정환율의 산출 관계를 보여주고 있다.

그림 4-2　**재정환율의 계산**

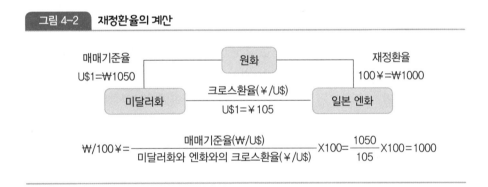

4 외국환은행간 매매율

외국환은행간 매매율(interbank rate)이란 외환시장의 중심이 되는 은행 간 시장에서 외국환은행 간의 외환거래에 적용되는 환율을 말한다. 외국환은행은 기업이나 개인 고객들과의 대고객거래에 응하여 외환을 사기도 하고 팔기도 하는데 이런 과정에서 매도와 매입을 항상 균형(square) 있게 할 수는 없어 과매입(overbought) 또는 과매도(oversold) 상태의 외환 차액이 발생하게 되며 이를 환포지션이라 한다.

은행은 이러한 환 포지션을 갖게 됨으로써 발생하는 환 리스크를 해소하거나 외화자금의 과부족을 충당하기 위해 외국환은행 간의 거래를 통해 포지션을

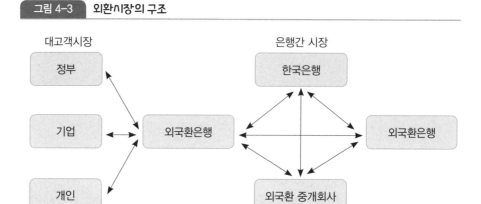

그림 4-3 외환시장의 구조

자료: 한국은행

균형화 시킨다. 더러는 매매 차익을 얻기 위해 투기 차원에서 외환거래를 하기도 하는데 이를 위해 은행들은 그들 간의 시장인 은행간시장(interbank market)에서 거래한다. 이 시장은 환율이 결정되는 외환시장의 기본이자 중심이 되는 시장이며 여기서 체결되는 환율을 외국환은행간 매매율이라 한다.

따라서 외국환은행간 매매율은 원칙적으로 외환시장의 외환수급이 총체적으로 집결되어 반영되는 시세라 할 수 있으며 외국환은행간 매매율을 참조하여 각 외국환은행은 대고객 환율을 결정한다. 우리나라에서의 은행간 시장은 서울외국환중개(주)와 같은 외국환중개사와의 전산거래를 통한 거래나 은행들 간에 직접 전화 등을 통하여 이루어진다.

5 매매기준율

미 달러화와 원화의 대고객거래 및 기업 등의 회계처리에 참고하도록 기획재정부가 외국환중개회사를 지정하여 매일 매매기준율을 고시하도록 하고 있다. 매매기준율은 지정 외국환중개회사를 통해 거래된 미 달러화의 현물환 거래량을 가중 평균하여 산출하는 시장평균 환율(market average rate: MAR)이 된다. 이 환율은 익일 재정환율의 기준이 되기도 한다. 지정받은 외국환중개회사가 매 영업일 15시 30분에 로이터(Reuter) 화면 등을 통하여 고시한다.

6 외국환은행 대고객매매율

대고객매매율(customer rate)은 외국환은행이 고객과 외환거래를 하는데 적용하는 환율을 말한다. 보통 매 영업일에 영업장에 게시하며 전신환 매매율, 일람출급환어음, 기한부환어음, 여행자수표, 현찰 등의 매매율로 나뉜다. 이 중에서 실제 무역거래에 사용되는 환율은 송금수표 등에 적용하는 전신환 매매율과 환어음에 적용하는 환어음 매매율이다.

(1) 전신환 매매율

1) 전신환 매도율

수입업자가 수입대금을 지급하거나 일반인이 해외송금을 할 때 전신환 매도율(telegraphic transfer selling rate)의 적용을 받는다. 예를 들어, 수입업자가 견본대금으로 만 달러를 지급하기 위해 원화를 가져오면 외국환은행은 전신환 매도율로 환전하여 미 달러화 표시 송금수표를 발급하고 수입업자는 이를 수출업자에게 우송하면 지급이 완료된다.

은행을 통해 해외 송금을 할 경우에도 이 환율이 적용된다. 즉 송금은행은 송금의뢰인으로부터 원화로 송금대전을 받아 외환을 매도하고, 동시에 상대국의 지급은행 앞으로 지급지시를 전신으로 하게 되므로 송금은행의 해외예치계정에서 외화자금이 즉시 지급된다. 따라서 송금환의 매도와 관련하여 송금은행의 자금 부담은 없다.

2) 전신환 매입률

수출대금 혹은 일반송금을 전신으로 받을 경우에 적용되는 환율이 전신환 매입률(telegraphic transfer buying rate)이며 국내의 외국환은행이 이 전신환을 매입하고 원화를 지급하게 된다. 만약 우리나라 수출업자가 해외에서 우송되어 온 견본 대금 만 달러의 송금수표를 은행에 가져가 원화로 요구할 경우 은행은 전신환 매입률을 적용하여 원화로 환전해 준다.

(2) 수출환어음 매입률

1) 일람출급환어음 매입률

이는 일람출급(at sight) 환어음의 매입에 적용되는 환율을 말한다. 환어음이 일반적으로 사용되는 경우를 보면 수출업자가 선적을 완료하고 선적을 증명하는 서류와 함께 환어음을 외국환은행에 매입 의뢰하게 되는데 외국환은행은 수출업자에게 환어음 매입대금을 원화로 먼저 지급한다. 그런 다음 매입은행은 환어음을 해외 수입업자 혹은 은행 앞으로 보내어 매입대금을 돌려받는데 그러기 위해서는 환어음이 우송되는 시간이 필요하게 된다. 즉 우송기간 경과 후에 비로소 매입은행은 대금을 받기 때문에 동 기간만큼 수출업자에게 자금을 미리 준 셈이 되므로 이 우송기간의 이자(환가료: mailday interest)를 공제하게 된다.[3] 따라서 일람출급환어음을 매입하는 은행은 전신환 매입률에서 환가료를 공제한 일람출급환어음 매입률을 적용한다.

일람출급환어음매입률 = 전신환매입률 − 환가료

2) 기한부환어음 매입률

이는 외국환은행이 수출업자로부터 일정 기간 후에 지급되는 조건의 기한부(usance) 환어음을 매입할 때에 적용된다. 따라서 외국환은행은 액면금액에서 어음기간에 해당하는 이자를 차감하여 매입한다.

이 기한부환어음 매입률은 당해어음의 만기일 확정방법에 따라 달라진다. 즉 어음기간의 기산일이 일람 후부터인 경우에는 당해어음기간에 대한 이자를 일람출급환어음 매입률에서 차감하며 어음기간의 기산일이 선적일자 등 확정일자로 되어 있는 때에는 당해어음의 매입일로부터 만기일까지의 이자를 전신환 매입률에서 차감한다.

---

3) 국가에 따라 우송기간이 다르지만 일정 일수를 표준우편일수로 정하여 동일한 우편일수이자(10일)를 정한다.

(3) 수입환어음 결제율

1) 일람출급환어음 결제율

우리나라 수입업자가 수입대금을 지급하기 위해서는 원화를 가지고 이를 외화로 환전해서 지급해야 한다. 따라서 외국환은행의 입장에서는 외화를 판매하는 결과이므로 이때는 매도율을 적용시킨다.

예를 들어, 우리나라 수입업자가 중국산 마늘 5만 달러어치를 수입하기로 했으면 중국의 수출업자는 마늘을 선적하고 환어음을 발행하여 즉시 5만 달러를 찾아간다. 그 후 환어음을 비롯한 관련 서류가 우리나라 은행으로 우송되어 오면 은행은 수입업자로 하여금 5만 달러를 지급하고 서류를 찾아갈 것을 요구하는데 이때 은행은 수출업자가 이미 대금을 해외의 자행계정에서 찾아갔기 때문에 그 기간만큼의 이자, 즉 환가료를 받아야 된다.[4] 이 기간은 대체로 10일로 적용하며 이자, 즉 환가료는 앞에서 설명한 일람출급환어음매입의 경우와 같다.

> 수입환어음결제율 = 전신환매도율 + 환가료

그러나 위의 예에서 중국의 수출업자가 즉시 대금을 찾아가지 않고 한국에서 수입대금이 입금된 뒤에 찾아가는 조건으로 계약을 했다면 이때는 이자가 개입되지 않기 때문에 대고객 전신환 매도율이 적용된다.

2) 기한부수입환어음 결제율

기한부수입환어음은 환어음을 인수한 후 약정된 만기일에 수입업자가 결제할 때 적용받는 환율이다. 이 경우에는 대고객 전신환매도율이 적용된다. 이는 미리 확정된 어음결제기일에 원화를 받는 동시에 외화가 해외 환거래은행의 자행계정에서 지급되기 때문에 은행으로서는 자금 부담을 지지 않는다.

(4) 여행자수표 및 현찰 매매율

해외여행 등에 필요한 여행자수표나 외화 현찰을 매매할 때 적용되는 환율이다. 여행자수표는 설령 분실하더라도 즉시 통지하면 지불정지되고 대금을 환급받을 수 있어 현금보다 안전하고, 현찰보다 유리한 매매율이 적용된다. 은행이

---

4) 우리나라 은행들은 해외계정에 입금이 이미 완료된 경우, 해외에서 원활하게 매입이 되기 때문이다.

고객과 외환현찰을 매매할 때 적용하는 환율은 현찰매입률이나 현찰매도율인데 은행입장에서는 가장 비용이 많이 드는 거래이므로 매매기준율로부터 스프레드가 가장 크다. 그만큼 고객입장에서는 불리한 환율이 된다.

지금까지 설명한 외국환은행 대고객매매율은 외국환은행간 매매율을 감안하여 외국환은행장이 자율적으로 정하고 있으며 외환시장의 수급상황에 따라 계속 변동하여 고시하고 있다. 우리나라의 한 외국환은행이 고시한 대고객매매율을 보면 〈표 4-4〉와 같다.

표 4-4 은행의 대고객 매매율 고시예

통화명	송금		현찰			매매 기준율	T/C 살 때
	보낼 때	받을 때	살 때	팔 때	Spread		
달러	1,127.90	1,106.10	1,136.54	1,097.46	1.75%	1,117.00	1,130.40
100엔	1,022.29	1,002.45	1,030.08	994.66	1.75%	1,012.37	1,022.49
유로	1,291.75	1,266.19	1,304.42	1,253.52	1.99%	1,278.97	1,298.15
위안	163.93	160.69	170.42	154.20	5.00%	162.31	–
파운드	1,430.96	1,402.64	1,444.71	1,388.89	1.97%	1,416.80	1,438.05

자료:하나은행, 고시기준일: 2018년 12월 28일 고시회차: 261회차

제 3 절 환리스크관리

1 환리스크의 개념

환리스크(exchange risk)는 환율변동으로 인해 기업의 수익성이나 자산의 가치가 변동할 가능성을 의미한다. 환리스크는 환율변동의 결과로 발생하는 잠재적 손익으로 아직 실현되지 않은 상태이고 향후 실현될 가능성이 있다는 의미이므로 환위험보다는 환리스크가 보다 적정한 용어이다.

환리스크는 외환시장의 가격, 즉 환율의 변동으로부터 발생되는 리스크이므로 일종의 시장리스크이며 가격변동리스크라 할 수 있다. 그러므로 환율변동에

영향을 받을 수 있는 환노출(exchange rate risk exposure)이 있을 경우 발생하는데 일반적으로 외환관련 포지션을 갖게 되면 환리스크에 노출되는 것이다. 예를 들면, 기업이 은행에 달러 예금잔고를 갖고 있다든지 외화로 부채를 보유하고 있는 경우 등이다. 환리스크는 그 성격에 따라 거래 환리스크, 경제적 환리스크 및 환산 환리스크로 분류할 수 있다.[5]

(1) 거래 환리스크

거래 환리스크(transaction exchange risk)는 외화표시 거래에 있어서 계약을 실행하는 동안 환율변동이 발생하여 생겨나는 환리스크를 말한다. 거래 환리스크는 계약 이후 결제가 이루어질 때까지의 사이에서 발생하는 환리스크로 흔히 상품이나 서비스의 수출입의 경우에 발생한다. 예를 들어, 미화 천만 달러어치의 수출계약 체결 시 현물환율이 달러당 1,000원이던 것이 선적 후 수출대금을 받을 때는 990원으로 하락하여 달러당 10원, 총 1억 원의 기회손실을 입는 경우를 말한다.

(2) 경제적 환리스크

환율이 변동함으로써 기업의 영업활동 또는 경제적 가치가 불리하게 되어 기업의 미래 현금흐름이 변동할 가능성을 경제적 환리스크라 하며 이를 영업 환리스크라고도 한다. 예를 들어, 환율이 1,000원 수준에서 990원 수준으로 하락하게 되면 기업은 수출단가를 인상할 수밖에 없을 것이다. 그러면 수출물량이 감소하면서 매출액과 이익도 감소하게 되는데 이와 같이 환율변동이 개별 거래나 자산, 부채 등에 직접 영향을 주는 것이 아니라 간접적으로 기업 전체의 경제적 이익에 미치는 영향을 경제적 환리스크라 한다.

(3) 환산 환리스크

환율변동으로 인해 외화로 표시된 자산과 부채에 대한 평가가 달라져 환차익 또는 환차손이 발생하는 리스크를 회계 환리스크 혹은 환산 환리스크(translation exchange risk)라 한다. 이는 회계장부상에 발생되는 것이며 실질적인

---

5) Alan C. Shapiro, Foundations of Multinational Financial Management, (5th),(New York: John Wiley & Sons, Inc., 2005), pp. 232-256.

자금흐름은 수반되지 않는다. 일반적으로 재무제표의 외화부채나 외화자산을 자국통화로 평가할 경우에 발생하게 된다.

② 환리스크 관리방법

환리스크는 예상치 못한 환율변동이 기업 가치에 미치는 영향이라 할 수 있다. 그러므로 환율변동은 기업의 현금흐름, 자산, 부채, 실질적 영업행위에 영향을 미친다. 많은 기업들이 환율변동이 기업의 수익과 가치에 영향을 줄 수 있음을 알고도 적극적인 환리스크 관리를 주저하고 있다. 이러한 데는 다음과 같은 이유가 있다.

첫째, 환리스크 관리에 대한 경영자의 이해가 부족한 편이다. 특히 선물환, 선물, 옵션, 기타 파생상품 등의 관리수단들을 투기적이라고 생각하거나 이러한 기법들은 기업의 외부 전문가들만 할 수 있는 어려운 것으로 생각한다. 이들 헤지 기법들의 오·남용을 두려워하여 꺼리게 되면 이러한 기법을 활용하지 않음으로써 기업이 실질적인 투기적 리스크에 노출되는 결과를 낳게 된다.

둘째, 리스크에 대한 노출도를 측정할 수 없다고 생각한다. 환노출 측정은 복잡하고 정확하게 측정할 수 없다는 점은 맞지만 부정확하기 때문에 선택할 수 없다는 것은 합리적인 경영태도라고 보기 어렵다.

셋째, 기업들은 자국통화로 기업 활동을 하는 경우 환리스크가 없다고 인식하기 쉽다. 그런데 수출업자가 자국통화로 대금결제를 받기로 한 경우라도 자국통화가 약세가 되면 수출가격을 낮추어 조정해야 될 수도 있다. 따라서 환율변동이 수출에 영향을 미치게 된다.

기업은 환리스크를 간과해서는 안되며 체계적인 환리스크 관리시스템을 구축하여 적극 관리해야 한다. 환율 변동에 따른 환리스크 관리를 하기 위해서는 다음 세 가지 측면을 검토해야 한다. 첫째, 기업이 어떤 종류의 환리스크에 직면하고 있는가를 인식하여 그 크기를 측정하는 것이고 둘째, 그에 맞는 헤지 또는 환리스크 관리 전략이 무엇인가를 수립하고, 셋째, 외환시장의 다양한 수단과 헤지 기법, 예를 들어, 단기금융시장, 선물환, 선물, 옵션 중 무엇을 관리수단으로 사용할 것인가를 결정해야 한다.

환리스크 관리에는 먼저 기업 내부적으로 활용할 수 있는 대내적 기법과 내부적 관리 후에도 남게 되는 환노출을 외부수단으로 관리하는 대외적 기법이 있다.

표 4-5	환리스크 관리 기법		
대내적 기법	네팅(Netting) 매칭(Matching) 리딩과 래깅(Leading & Lagging) 자산부채관리(Asset Liability 　　　　Management) 재송장(Reinvocing) 가격정책	**대외적 기법**	할인 팩토링 단기금융시장 선물환 통화선물 통화옵션 통화스왑 환변동 보험

(1) 내부적 기법

1) 매칭

매칭(Matching) 기법은 외화자금의 유입과 지급을 통화별, 만기별로 일치시킴으로써 외화자금의 흐름이 불일치하여 발생할 수 있는 환노출을 원천적으로 제거하는 환리스크 관리기법이다. 이 기법은 환노출 관리체제가 중앙 집중 관리식일 경우 사용하기 쉽고 기업내부나 본·지사 간 뿐 아니라 기업외부와의 외화수지에도 이용할 수 있다. 기업에는 수출부서가 있는 반면 수입부서가 있다. 특정일에 수취하게 될 달러화의 금액과 같은 날짜에 지급해야 할 달러화금액을 맞출 수 있다면 기업으로서는 각 부서별로 취해야 할 달러화 거래를 하지 않아도 되고 또한 환노출도 상쇄되어 없앨 수 있는 것이다. 이와 같이 전사적으로 특정통화의 수취를 해당통화의 지급에 사용할 수 있도록 통화와 기간을 일치시키는 것이 매칭이다.

매칭 방법에는 통화별로 자금의 수입과 지출을 일치시키는 자연적 매칭(Natural matching)과 통화가 다르더라도 환율변동 상관관계가 높은 다른 통화와의 수지를 일치시키는 평행적 매칭(Parallel matching)이 있다.

2) 리딩과 래깅

리딩(Leading)은 외화자금흐름의 결제시기를 의도적으로 앞당기는 것을 말하고 래깅(Lagging)은 반대로 의도적으로 결제를 지연시킴으로써 환리스크를 회피하는 전략적 기법이다. 본·지사 간이나 기업 간 거래에서는 물론 수출입업자 또는 외화 자금관리자들의 환리스크 관리 방법으로 이용되고 있다.

예를 들어, 수출업자는 장래 환율이 상승할 것으로 예상되면 수출상품의 선적이나 수출환어음의 매도시기를 가급적 지연시킨다. 그럼으로써 결제시점에서의 자국통화로 환산한 수출대금은 증가하게 된다. 반대로 환율이 하락할 것으로 전망되는 경우 수입업자는 수입대금의 결제를 늦춤으로써 결제시점에서 자국통화환산의 수입대금을 감소시킬 수 있게 된다.

리딩과 래깅에 의한 환리스크관리는 비교적 용이하게 사용할 수 있는 반면 결제시점에서 실제로 실현된 환율이 예상을 벗어나는 리스크가 있다. 또한 기업의 자금유동성에도 영향을 미치므로 사전에 정한 일정 기한 내에서만 허용되어야 한다.

3) 네팅

네팅(netting)은 일정 기간 동안 외화 부채를 외화 자산으로 상계한 후 차액만을 결제하는 방법이다. 주로 본·지사 간이나 자회사 간에 외화채권과 외화채무를 차감한 후 잔액만 결제하게 되면 결제자금 규모를 축소시켜 비용을 절감하는 효과가 있을 뿐 아니라 환리스크도 잔액에만 발생하여 그만큼 줄어들게 된다.

본사와 자회사 간이나 자회사 간에 개별적으로 이루어지는 양자 간 네팅과 본사에서 집중하여 청산하는 다자 간 네팅이 있다. 다자 간 네팅은 기업군 내에 중앙 집중의 관리기구가 있어 본사와 자회사 간 또는 자회사 간의 채권과 채무를 관리하게 된다. 다자 간 네팅의 예를 살펴보면 다음과 같다.

예를 들어, 다국적 기업인 S전자의 영국, 독일, 미국 자회사 간에 먼저 영국 자회사가 독일 자회사에 €100의 부채가 있고 독일 자회사는 미국 자회사에 $500의 부채가 있으며 미국 자회사는 영국 자회사에 £200의 채무가 있다고 하자. 이 경우 각 자회사의 국가별 통화기준으로 보면 영국 자회사는 £139, 미국 자회사는 $217.4의 순채권이 있고 반면 독일 자회사는 €480의 순부채가 있는 것이다.

다자 간 네팅을 하게 되면 독일 자회사는 중앙관리센터에 €480을 지급하고 중앙관리센터는 이를 팔아 £139와 $217.4를 사서 영국 자회사와 미국 자회사에 각각 지급하면 외환거래를 최소화하여 수수료를 절감하고 또한 환노출을 최소화할 수 있다.

표 4-6	다자 간 네팅의 예

영국 자회사의 독일 자회사에 대한 채무 €100(€1=£0.61)
독일 자회사의 미국 자회사에 대한 채무 $500(€1=$0.862)
미국 자회사의 영국 자회사에 대한 채무 £200(£1=$1.413)

	영국 자회사(£)	독일 자회사(€)	미국 자회사($)
영국 자회사	(61)	100	
독일 자회사		(580)	500
미국 자회사	200		(282.6)
계	139	(480)	217.4

※ ( )는 채무액.

4) 자산부채관리(Asset Liability Management; ALM)

환율 예상에 따라 기업의 외화자산과 외화부채 포지션을 유리하게 조정하여 환리스크를 관리하는 기법이 자산부채관리전략이다. 자산부채관리전략은 주로 외화자산과 외화부채를 자국통화로 환산할 때 발생하는 환산리스크와 거래환리스크를 관리하는 기법이다. 향후 자국통화에 대하여 특정통화가 약세로 예상될 경우, 해당 통화 표시 자산이나 현금 포지션은 감소시키고 해당 통화 표시 채무는 늘린다.

기본적으로 자산부채관리전략은 만기별, 통화별로 자산과 부채를 일치시켜 포지션을 스퀘어(Square)로 가져감으로써 환노출을 0으로 만들려는 방법이다.

5) 재송장(Reinvocing)

재송장 전략은 환리스크 관리를 위해 별도의 법인센터를 설치하고 본·지사 간 이종통화표시인 채권, 채무를 센터와의 단일 통화거래로 단순화 일치시켜 관리하는 기법이다.

센터는 본 자회사의 모든 송장을 받아 처리하는데 송장을 받으면 제조자회사인 판매국의 통화로 제조자회사에 대금을 지급하고 제품을 수령하는 판매자회사에게는 수령국의 통화표시로 송장을 재발급한다. 이와 같이 함으로써 제조자회사나 판매자회사는 통화 전환에 따른 환리스크를 없앨 수 있으며 모든 환리스크가 센터로 이전되고 집중된다.

일반적으로 대부분 센터는 별도의 법인으로 조세회피(tax-heaven)지역에 설치되고 활동한다. 제조자회사는 조세회피지역의 센터에 원가수준으로 수출판매하고 센터는 판매자회사나 수입자에게 재송장하면서 이익을 남기는 방식으로 세금회피목적으로도 이용되는 기법이다.

6) 가격정책

환리스크 관리수단으로서의 가격정책에는 수출입 상품가격의 조정 시점과 조정 폭을 결정하는 가격조정과 수출입 상품가격을 어떤 통화로 표시하여 거래할 것인가를 결정하는 거래통화의 선택 등이 있다.

가격조정은 환율 하락 시 자국통화환산 수출대금이 감소하게 되므로 수출에 의한 자국통화 현금수입액이 환율변동 전과 동일한 수준을 유지토록 하기 위해 수출업자가 수출상품 외화단가를 환율하락 폭만큼 인상하는 것이다. 현실적으로 이러한 수출가격조정은 해당 상품의 수출시장에서의 가격경쟁력이나 수입국 수요의 가격탄력성, 그리고 수입국의 가격통제 여부 등이 고려되어야 하므로 그 조정이 용이하지 않을 수도 있다.

거래통화의 선택방법은 거래상품가격의 표시통화를 신축적으로 선택함으로써 환리스크를 회피하는 방법이다. 이 경우 문제가 되는 것은 거래통화의 결정과정에서 수출입업자 쌍방 간에 이해가 대립됨으로써 계약 성립이 어렵게 될 수 있는데, 50 : 50 원칙으로 거래 규모의 반을 각각 자국통화표시거래로 계약함으로써 환리스크 부담을 양자 간에 균등하게 배분하기도 한다.

(2) 외부적 기법

내부적 관리기법을 통해 환노출을 상쇄시키고 최소화하더라도 완전히 제거하기는 어렵다. 환노출이 남게 된다. 이러한 잔여 환노출을 은행이나 거래소, 기타 금융기관에서 제공하는 다양한 수단이나 상품을 이용해 헤지(hedge)하는 것이 외부적 기법이다. 따라서 진정한 의미의 환리스크 관리는 외부적 기법을 얼마나 적극적으로 잘 활용하느냐에 따라 달려 있다고 할 수 있다.

1) 할인

할인(discounting)이나 포페이팅(forfaiting)은 수출업자가 수출환어음을 어음의 만기일 이전에 은행에 할인 매각하여 수출대금을 조기에 회수하는 결제방식이다. 특히 비소구조건일 경우 소유권이 이전되는 것이므로 할인이 되면 환노출이 없어지는 것이다. 따라서 자국통화가치의 강세가 예상되면 이용할 수 있는 방법이다. 예컨대, 연불(延拂)수출에 있어 수출업자가 선적후 환어음을 매각하지 못하고 만기까지 보유하는 경우 환율변동 리스크가 발생할 수 있으므로 이를 회피하기 위하여 어음 만기 전에 환어음을 은행에 매각하면 된다.[6]

2) 팩토링(Factoring)

팩토링은 수출업자의 사후송금방식 수출거래에 의해 발생한 매출채권을 금융기관인 팩터(factor)가 상환청구권 없이 매입하는 금융서비스이다. 자국통화가치의 강세가 예상되면 팩토링을 함으로써 수출업자는 수출대금의 조기회수와 함께 환리스크를 회피할 수 있고 수입업자는 신용장 개설에 따르는 수입보증금 예치부담을 덜 수 있다는 장점이 있다.[7]

3) 선물환거래

선물환(forward exchange)거래는 은행이 기업에 제공하는 대표적인 환리스크 관리기법이다. 선물환거래는 통화매매계약일 이후 장래의 특정 시기를 결제일로 하여 거래 당사자 간에 매매계약일에 미리 약정한 환율에 의하여 그 대금을 결제하는 거래이다. 다시 말해, 미래에 결제하는 조건으로 외환의 매매계약을 체결하는 것으로 통상 미래의 범주는 현물환의 결제일 이후인 3일 이후가 된다. 즉 선물환 거래는 계약은 매매당일에 이루어지지만 외환의 인도 및 결제는 계약일로부터 3일 이후의 미래의 특정일을 정하여 이루어지는 것이다.

선물환거래에서는 계약기간 및 금액을 고객과 은행 간에 협의하여 결정하게 된다. 선물환거래 가능금액은 주로 은행이 기업에 제공하는 신용한도에서 이루어지며 은행은 중소기업에게 계약이행에 필요한 일정 수준의 담보를 요구하는 경우도 있으나 수수료는 달리 부과하지 않는다.

사례 4-1   **선물환거래를 활용한 환리스크 관리**

환율이 상승하면 수출업자는 유리해지는 반면 수입업자는 불리해져 환율변동에 따라 수출입자의 이해가 달라진다. 즉 수출이나 수입계약을 체결하는 즉시 환리스크가 발생하고 대금결제가 완료되기까지 그 리스크는 지속된다. 선물환거래는 수출입업자가 장래에 들어올 예정이거나 사야 할 달러를 직접 은행을 상대로 미리 팔거나

---

6) 할인의 구체적인 내용은 앞의 제3장에서 설명하고 있다.
7) 국제팩터링에 의한 결제방법은 제12장에서 자세히 설명하기로 한다.

매입함으로써 환율 변동리스크를 회피하는 수단이다.

예를 들어, 한국전자가 6월 1일 반도체 100만 달러 수출계약을 체결하고 계약에 따라 계약물품을 9월 1일에 선적하고 선적 즉시 수출대금을 찾는 것으로 가정하자.

6월 1일의 수출계약 체결이 갖는 의미는 장래에 100만 달러 미화가 들어오기로 확정되었다는 것이다. 따라서 한국전자는 100만 달러의 자산을 보유한 것이나 마찬가지가 되고, 이후 선적을 끝내고 대금결제가 완료될 때까지 달러 환율의 하락리스크에 노출되게 된다.

이를 관리하기 위해 이 회사는 무역계약이 체결되는 6월 1일에 계약체결과 동시에 은행을 통하여 미 달러 3개월물 선물환을 계약금액과 동일한 100만 달러어치를 매도한다. 즉 6월 1일에 미리 파는 것이다. 이 때 3개월물, 즉 9월 1일 만기의 선물환율 시세는 현물환율 시세에다 3개월간의 원화금리와 달러금리의 차이가 반영된 수준에서 은행이 제시할 것이다. 예를 들어, 6월 1일 현물환율 960원/달러에 3개월물 선물환율이 965원/달러라고 하자. 그러면 한국전자는 965원/달러에 100만 달러의 선물환을 매도하는 것이다.

9월 1일이 되어 실제 선적을 완료하고 이후 바로 100만 달러를 받게 되면 이를 선물환매도의 만기 인도자금으로 은행에 지급하고 9억 6천 500만원을 받게 된다. 이 때 현물환시세가 965원보다 낮게 형성되어 950/달러라면 달러당 15원의 헤지(Hedge) 효과를 보게 된다.

그런데 당초 우려한 리스크와는 반대 방향으로 965원 이상에서 환율이 형성되면 선물환을 이용한 헤지의 결과는 헤지를 하지 않은 경우보다 못한 결과가 될 수도 있다. 그러나 미래의 환율변동을 정확하게 예측하기는 매우 어려운 것이므로 헤지는 향후 환율이 오르든 내리든 당초 목표환율, 여기서는 965원에 미래 환율을 고정시키는 데 그 의의가 있다. 즉 달러화가 오르든 내리든 6월 1일의 한국전자 입장에서는 965원에 미래의 달러화 매도가격을 확정함으로써 안정적 수익확보와 계획적인 경영이 가능하게 되는 것이다.

 3개월물과 3월물

선물환거래나 달러화 선물거래는 미래특정일이 만기가 되는 거래이다. 이들 거래에서 정해지는 여러 종류의 만기를 칭할 때 "물(物)"이라는 용어를 붙여 사용하는데, 예를 들어 선물환거래에서는 "3개월물", 선물거래에서는 "3월물"이라 한다. 선물환 3개월물이란 계약일을 기준으로 3개월 후가 만기가 되는 것을 말하고 선물 3월물이란 달력월의 3월(March, 거래소가 정한 특정일로 통상 세 번째 월요일)에 만기가 되는 것을 말한다.

4) 환변동보험

환변동보험은 환율변동에 따라 수출업체들이 입는 환차손을 보전해 주기 위해 도입된 제도이다. 수출업자들은 무역계약을 체결할 때와 실제 수출대금을 지급받을 때의 환율이 차이가 나서 수출채산성이 악화되거나 적극적인 수출활동을 전개할 수 없는 경우가 종종 발생한다. 이와 같은 환위험으로부터 수출업자들을 보호하고 적극적인 수출활동을 전개할 수 있도록 지원하기 위한 것이 환변동보험이다. 이는 한국무역보험공사가 수출업자를 대신하여 환리스크를 관리해주는 정책보험제도이다.

환변동보험은 내용별로 일반형, 범위선물환, (부분보장, 완전보장)옵션형으로 나누어 운용하고 있다.[8]

일반형 환변동보험의 기본계약은 외화로 수출계약을 체결할 때 계약시점에서 무역보험공사가 보장하는 보장환율과 실제 결제시점에서의 결제환율이 차이가 날 경우 수출업체들이 입는 환차손은 보험자가 보상하고 만약 환차익이 발생하게 되면 이를 보험자가 환수하는 것으로 한다. 현재 적용대상통화는 미 달러화와 유로화, 엔화이다.

일반형 환변동보험은 환리스크 회피방안으로서 선물환제도와 유사하지만 수출 진흥을 위해 국가에서 실시하기 때문에 비용이 저렴하다. 보험료는 선물환 방식의 경우 보험기간을 청약시점부터 일반수출거래는 1년 6개월까지, 중장기 수출계약건은 3년 6개월까지 헤지가 가능하다.

수출거래를 기준으로 한 일반형 환변동보험의 구조는 〈그림 4-4〉와 같다.

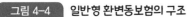

그림 4-4　**일반형 환변동보험의 구조**

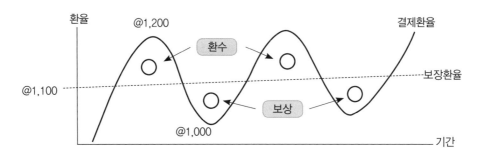

자료:한국무역보험공사 홈페이지.

8) 2018년 12월 말 현재 한국무역보험공사가 운용하고 있는 내용을 기준으로 한 것이다.

A사는 연간 2,000만 달러 규모의 문구를 제조해 여러 나라에 수출한다. 지난해에는 미국 대선, 중국의 외자 유출, 브렉시트 등 금융시장 불확실성으로 원·달러 환율이 최고 1,250원에서 최저 1,080원대까지 출렁였다. 그러나 A사는 작년 한 해 환헤지(환변동위험 분산)를 통해 오히려 4억 원 정도의 이익을 봤다. 매출의 절반이 수출에서 발생하기에, 환율변동위험에 대비하여 2006년 이후부터 무역보험공사의 환변동보험을 이용해왔기 때문이었다.

환헤지 규모는 매년 1,000~1,500만 달러 규모로, 수출실적의 50~75% 수준이다. 소액을 수시로 분할하는 방식으로 매년 50회 정도 청약하고 있다. 이렇게 환관리를 한 A사는 지난해 원/달러 평균 환율이 1,160원이었음에도, 수출로 벌어들인 달러를 평균 1,190원에 환전할 수 있었다. 환헤지 물량에 대해 달러당 30원, 총 4억 원 정도의 이익을 본 셈이다.

〈출처: 한국무역신문, 2017.11.09〉

PART

02

신용장 방식에 의한 결제

제 5 장   신용장의 개요

제 6 장   신용장의 결제방식과 종류

제 7 장   신용장 거래의 실무

제 8 장   신용장 거래의 서류

제 9 장   신용장 거래의 법률관계

Chapter

5

신용장의 개요

|제1절| 신용장의 의의
|제2절| 신용장의 특성 및 효용

교통과 통신이 발달하지 않았던 시기에 여행자들은 먼 지역을 여행하면서 현지에서 자금을 융통하기 위해 신용장(letter of credit)이란 편지를 고안해냈다. 이렇게 시작된 여행자신용장은 그 후 국제적인 상거래에 유용한 수단으로 활용되면서 오늘날의 상업신용장으로 자리매김하게 되었다.

우리나라에서도 신용장은 한때 수출의 상징물이었다. 수출업자는 신용장을 받으면 금고에 보관할 정도로 소중하게 다루었고 연말의 신용장내도액은 수출선행지표로서 그해에 목표로 하고 있는 실적의 달성가능성을 예측하게 해주었다. 이제 송금방식에 밀려 이용비중은 줄었지만 신용장은 국제적인 금융위기나 당사자간의 신용이 불확실한 상황에서는 여전히 거래를 성사시킬 수 있는 촉매제가 되고 있다.

제 1 절   신용장의 의의

1 신용장의 개념과 의의

무역거래에서 당사자들은 여러 가지 위험에 직면한다. 대표적인 것은 수출업자가 부담하게 될 대금회수불능의 위험(credit risk)이고 수입업자에게는 상품입수불능의 위험(mercantile risk)이 있다. 이런 위험에서 벗어나기 위해 수출업자는 먼저 대금을 확보한 후 물품을 인도하려고 할 것이고, 수입업자는 그와 반대로 물품을 입수한 후 대금을 지급하기를 원하게 된다. 만약 당사자들이 이런 자기의 입장만 주장하게 되면 거래는 성사될 수 없으며, 국제무역은 상당히 위축될 것이다.

이에 따라 거래당사자들 사이에 공신력이 높은 은행이 관여하여 대금결제를 원활히 해주는 것이 신용장이다. 즉 은행이 수출업자에게 수입업자를 대신해서 수출대금을 지급할 것을 약속하면, 수출업자는 이런 은행의 약속을 믿고 물품을 선적해 보내게 된다. 이와 같이 은행이 수출대금의 지급을 확약하는 편지를 수출업자에게 보내는데 이를 은행의 신용이 담긴 편지라는 의미에서 신용장(letter of credit: L/C)[1]이라 한다.

신용장의 기본원리는 〈그림 5-1〉에 나타나 있다. 이 그림에서 보듯이 수출업자는 수입업자의 신용을 근거로 하는 것이 아 니라 은행의 신용, 다시 말해서 은행의 대금지급확약을 토대로 계약물품을 선적하게 된다. 이와 같이 신용장은 매매당사자들의 신용을 보다 공신력이 높은 은행의 신용으로 전환시켜 주는 수단이다.

| 그림 5-1 | 신용장의 기본 원리 |

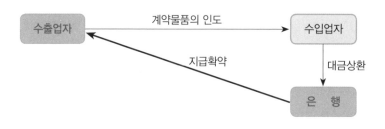

---

1) Leo D'arcy, et al., *Schmitthoff's Export Trade*(London : Sweet & Maxwell, 2000), p. 166.

② 신용장의 역사

신용장의 본질과 국제무역에서 상인들이 왜 그렇게 오랫동안 이 수단을 이용해 왔는지를 좀더 이해하기 위해 신용장의 역사를 살펴보기로 한다.

어떤 학자들은 신용장의 기원이 고대 이집트와 바빌론으로까지 거슬러 올라간다고 한다. 그러나 오늘날 우리가 사용하고 있는 신용장의 형태는 대체로 십자군전쟁 이후부터 유사한 모습을 찾아볼 수 있다. 십자군전쟁이 끝나고 로마제국이 붕괴하자 은행의 역할은 물론 국가들 간의 상업도 위축되었지만 12~13세기 초에는 이탈리아의 제노바, 베니스, 플로렌스 및 기타 유럽의 도시들에 있던 은행들이 재건되었다. 이 시기에 상인들이 직면했던 주요 문제는 금이나 현금을 가지고 여행하는 것이 매우 위험하다는 것과 통화량이 상업에 필요한 만큼 충분하지 못했다는 점이었다. 이러한 문제점들을 해결하기 위해 상인들은 환어음과 신용장을 고안하였는데, 특히 신용장은 환어음에 대한 신뢰가 충분하지 못한 상황에서 지불을 보장하는 데 사용되었다.

교통이나 통신이 매우 부실했던 당시의 시대적 환경을 고려해볼 때 다른 지역에서 대금지급을 지시하는 이런 증서는 금이나 현금과는 달리 산적이나 도둑

서식 5-1 **초창기의 신용장**

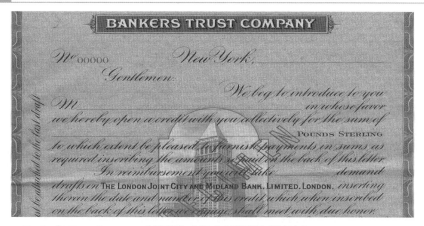

▶ Banker's Trust Company가 발행한 초창기 신용장의 일부이다. The London Joint City and Midland Bank, Limited 앞으로 환어음을 발행하도록 지시하고 있다.[2]

---

2) 자료: http://www.currencyquest.com

들의 표적에서 벗어날 수 있었을 것이다. 점차 상인들은 자신들의 환어음에 대한 신뢰가 더 강화되어야 높은 할인율을 피할 수 있고 지불시 거절당하지 않으려면 지급인이 그 환어음을 지급하거나 인수한다는 선언을 해야 한다는 것을 알게 되었다. 이 선언을 문서화한 것이 바로 신용장(letter of credit)으로 초기의 신용장은 이처럼 신용을 보증하고 있는 서신인만큼 아름답고 우아하게 장식된 문서였고 어느 지역에서 발행되든 주로 프랑스어를 사용하였다. 특히 1385년에 벨기에의 브루헤(Bruges)와 이탈리아의 메디치은행(Medici Bank)이 사용했던 신용장의 내용을 보면 오늘날의 현대식 신용장과 내용이 매우 유사한 것을 알 수 있다.

17세기에 이르면 신용장은 유럽대륙과 영국에서 통상적인 금융수단으로서 여행자수표(traveller's cheque)와 유사한 기능을 했다. 19세기에는 영국의 상업은행(merchant bank)들이 실질적으로 신용장발행을 독점했는데 이는 세계의 부를 주름잡던 영국의 위상에 힘입어 스털링파운드(sterling £)가 가장 일반적인 통화였고 런던의 은행가들 또한 국제금융분야에서 매우 독보적인 지위를 얻었던 데 기반한다.

미국에서는 1914년에 제정된 연방준비법(Federal Reserve Act)의 발효와 더불어 많은 은행들이 신용장을 발급하게 되었다. 그러나 본격적인 신용장의 확산은 두 차례에 걸친 세계대전 이후에 많은 물동량의 국제 간 거래를 뒷받침해 주면서 시작되었다. 제1차 세계대전의 발발은 그동안 전 세계적으로 잘 견고하게 엮여 있던 상인들 간의 네트워크를 파괴하였고, 거래를 계속 유지하려면 상인들은 잘 알지 못하고 신용이 약한 상대방과도 거래해야 했다. 이러한 상황에서 신용이 약한 매수인 대신 은행이 지불대리인이 되는 신용장은 광범위하게 사용되었다. 각국의 은행들이 서로 경쟁이나 하듯이 신용장을 이용하기에 이르렀으며 서로 독자적인 규정과 형식을 이용함으로써 여러 가지 국제 간의 마찰을 초래하게 되어 문제가 되자 1933년 오스트리아의 빈(Wien)에서 신용장거래의 지침이 될 신용장통일규칙이 최초로 제정되기에 이르렀다.[3]

제2차 세계대전 이후에도 신용장은 매우 활발히 이용되면서 국제무역을 촉진하였다. 그리하여, 1970년대 초에 이르면 신용장은 '현대 상거래의 축'(crankshaft), '상거래에서의 생명선(lifeblood)'으로 불리며 점점 더 국내외적으로

---

3) 박대위, 신용장, 법문사, 1996, p.11.

일반적인 결제방식으로 널리 사용되었다. 오늘날에는 본지사 간 거래의 증가 등 국제무역환경의 변화로 송금비중이 증가하는 반면 신용장의 이용은 감소하고 있으나, 여전히 신용장은 초기거래단계나 매수인의 신용이 불확실한 경우 은행신용을 이용하여 거래를 가능하게 하는 유용한 도구이다.

3 신용장의 정의

신용장거래의 국제규범인 신용장통일규칙(Uniform Customs and Practices for Documentary Credits: ICC Publication No. 600)에서는 신용장은 그 명칭이나 표현에 상관없이 취소불능적인 약정(arrangement)으로서 신용장의 조건과 일치하는 제시에 대해 결제하겠다는 개설은행의 확정적인 약속(undertaking)을 말한다고 정의하고 있다(제2조). 그 의미를 좀 더 구체적으로 설명하면 다음과 같다.

첫째, 무역거래에서 이용되는 신용장은 그 용도에 따라 여러 가지로 구분되고, 사용되는 명칭도 다양하지만 그러한 명칭이나 표현이 신용장의 본질에는 영향을 미치지 않는다.

둘째, 신용장상의 은행의 지급약속은 취소불능이라는 점이다. 은행이 신용장을 개설한 후 임의로 내용을 변경한다든지 취소할 수 있게 되면 이런 신용장을 받아보는 수출업자는 대금회수에 대해 확신할 수 없기 때문에 은행의 지급약속은 취소불능한 것으로 규정하고 있다.

셋째, 수출업자의 모든 행위는 신용장의 조건과 일치해야 한다는 점이다. 은행이 지급확약을 하지만 이런 지급확약은 수출업자가 제시하는 서류가 신용장상에 규정되어 있는 모든 조건과 일치할 경우에만 은행은 그 약속에 대해서 책임을 진다.

따라서 신용장은 명칭이나 표현에 상관없이 신용장상에 규정되어 있는 조건과 일치하는 제시(presentation)에 대해서 확실히 지급할 것을 약속하는 은행의 취소불능한 약정이라고 정의할 수 있다.

4 신용장에 의한 결제과정

신용장 방식에 의한 대금결제는 보통 〈그림 5-2〉의 절차에 따라 이루어지는

데 단계별로 살펴보면 다음과 같다.

(1) 매매계약에서 신용장 방식에 의한 결제 약정

수출업자와 수입업자가 매매계약을 체결하면서 대금결제를 신용장 방식에 의하기로 합의한다. 이와 같이 신용장 거래는 매매계약을 체결하는 당사자들의 약정에 의해서 생성되며 만약 수입업자가 단순히 일정 기일 후 송금하기로 하는 등 다른 방식의 결제를 약정하면 신용장 거래는 발생하지 않게 된다.

그림 5-2 신용장에 의한 결제과정

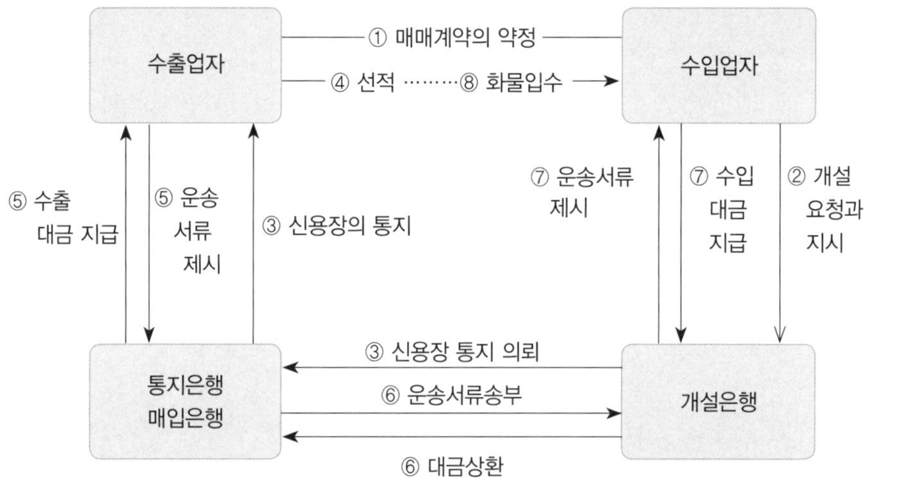

(2) 신용장의 개설 신청

수입업자는 매매계약의 약정에 따라 통상 자기가 거래해 오던 외국환은행에 수출업자 앞으로 신용장을 개설해 줄 것을 의뢰한다. 이 때 수입업자는 신용장 개설의뢰서에 매매계약에서 합의한 내용대로 신용장의 내용을 기재하여 개설담보금과 함께 개설은행에 제출한다. 개설의뢰서의 내용은 곧 신용장의 조건이 되므로 그 기재내용은 완전하고 정확해야 한다. 신용장은 일단 개설되면 개설은행이 지급책임을 지기 때문에 개설은행은 신용장 금액에 상응하는 담보를 요구한다.

(3) 신용장의 개설과 통지

개설은행이 개설의뢰인의 요청과 지시에 따라 신용장을 개설하면 통상 수출업자가 소재하는 지역에 있는 자기의 본·지점이나 코레스은행(correspondent bank)[4]으로 하여금 수출업자에게 신용장을 통지해 주도록 요청한다. 신용장은 우편 또는 전송으로 통지되는데, 우편을 이용할 경우에는 개설은행이 신용장을 통지은행 앞으로 우송한다.

오늘날에는 신용장이 스위프트 방식으로 많이 개설되고 있는데 이 방식은 국제은행 간 정보통신망(Society for Worldwide Interbank Financial Telecommunication; SWIFT)을 이용하여 컴퓨터로 처리하는 것을 말한다. 이 시스템에 가입한 은행들은 주로 암호로 신용장의 내용을 주고받기 때문에 신용장의 위조, 분실 등을 방지할 수 있다.[5]

(4) 계약물품의 선적과 운송서류의 입수

통지은행으로부터 신용장을 접수한 수출업자는 신용장에 명시된 조건에 따라 계약물품을 선적한 후 선박회사로부터 선하증권(Bill of Lading)을 입수한다. 만약 항공운송을 이용하게 되면 항공사로부터 항공화물운송장(Air Waybill)을 발급받고, 복합운송의 경우에는 운송인으로부터 복합운송증권(Combined Transport Document) 등을 발급받는다.[6]

(5) 수출대금의 회수

수출업자는 선하증권을 비롯한 운송서류를 신용장의 조건에 따라 구비하고, 경우에 따라서는 환어음을 발행하여 자기가 거래하는 은행에 가서 수출대금을 회수한다. 수출업자에게 수출대금을 결제하는 은행의 명칭을 신용장의 종류에 따라 지급, 연지급, 인수 또는 매입은행이라 하는데 통상적으로 매입은행인 경우가 많다.

---

4) 세계의 주요 은행들은 외국의 주요 도시에 지점이 없을 경우 현지의 다른 은행들과 국제적인 업무협력관계를 맺고 있다. 이처럼 현지의 은행과 업무와 서비스를 교환하는 제도가 코레스(correspondent) 제도이며 이러한 약정을 맺은 은행을 코레스은행(correspondent bank)이라 한다.
5) 스위프트시스템 이용에 관한 자세한 것은 제6장 스위프트신용장에서 설명하기로 한다.
6) 운송서류에 관한 자세한 것은 제8장 신용장거래의 서류에서 설명하기로 한다.

(6) 개설은행의 대금상환

수출업자에게 수출대금을 결제한 지급, 연지급, 인수 또는 매입은행은 관련 운송서류를 개설은행 앞으로 송부하여, 개설은행으로부터 그 대금을 돌려받는다.

(7) 개설은행의 서류제시 및 수입업자의 지급

개설은행은 송부되어 온 운송서류를 수입업자에게 제시하고, 수입업자는 이에 대해 수입대금을 지급한다. 만약 신용장 개설시 담보가 예치되어 있으면 그 차액만 지급한다.

(8) 계약물품의 입수

은행을 통해서 서류가 전달되어 오는 동안, 수출항을 출발한 물품은 수입항에 도착하게 된다. 수입업자는 개설은행에서 찾은 서류 중 선하증권(항공화물운송장)을 운송인에 제시하고 계약물품을 입수한다.

5 신용장 거래의 당사자

신용장 거래에 관계되는 주요 당사자를 살펴보기로 한다.

(1) 수익자(Beneficiary)

수익자는 신용장이 발행되는 상대방, 즉 수출업자를 말하는데 신용장 거래에서 혜택을 받는 당사자라고 하여 수익자로 표현한다. 수출업자는 매매계약에 약정된 물품을 수입업자에게 공급해야 할 의무가 있는 당사자이며 신용장 조건에 의해서 환어음을 발행하거나 지급을 청구할 수 있는 자이다. 이 외에도 수익자는 수출대금을 찾기 위해 환어음을 발행한다고 하여 발행인(drawer), 신용장을 받아 보는 당사자(addressee), 신용장을 사용하는 자(user) 등으로 불린다.

(2) 개설의뢰인(Applicant)

개설의뢰인은 자신의 거래은행에 신용장의 개설을 요청하고, 그 내용을 지시하는 수입업자를 말한다. 수입업자는 매매계약에 따라서 수출업자 앞으로 신용장을 개설하고 최종적으로 수입대금을 부담해야 할 의무가 있는 채무자

(accountee)이며, 대부분의 경우 물품을 받아보는 수화인(consignee)이 된다.

(3) 개설은행(Issuing Bank)

자기 고객인 개설의뢰인의 요청과 지시에 따라 혹은 자신을 위해 수출업자 앞으로 신용장을 발행하는 은행을 개설은행이라 한다. 개설은행은 신용장의 지시에 따라 발행된 환어음이나 운송서류에 대해서 지급, 연지급, 인수 또는 매입[7] 할 것을 수익자나 그 밖의 당사자에게 약정한다. 신용장거래는 개설은행의 신용을 토대로 모든 거래가 이루어지기 때문에 개설은행의 역할이 아주 중요하다.

개설은행을 나타내는 표현으로는 "issuing bank" 외에도, "opening bank", "credit writing bank", "grantor", "opener" 등이 있지만 신용장통일규칙에서는 "issuing bank"를 사용하고 있다.

그림 5-3 **수익자 · 개설의뢰인 · 개설은행의 관계**

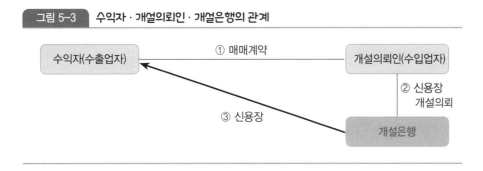

(4) 통지은행(Advising Bank)

통지은행은 개설은행이 발행한 신용장을 수출업자에게 전달해 주는 은행이다. 개설은행은 관례적으로 수출업자가 소재하는 곳에 있는 은행을 통지은행으로 선정하여 이를 통하여 수출업자에게 신용장을 전달해 준다. 통지은행의 지정에 대한 특별한 요청이나 지시가 없으면 개설은행은 본 · 지점이나 환거래 관계를 맺고 있는 은행을 선택한다.

통지은행은 "notifying bank", "transmitting bank"로도 불리며, 단순히 신용장을 수익자에게 전달해 주는 중간은행의 입장에 있어 신용장 거래 당사자 중 가

---

7) 신용장대금이 지불되는 방식은 크게 지급(payment), 연지급(deferred payment), 인수(acceptance), 매입(negotiation)의 네 가지 형태가 있다. 이에 대해서는 제6장 신용장의 결제방식과 종류에서 자세히 설명하기로 한다.

장 가벼운 책임을 지고 있다. 그러나 통지은행은 통지하고자 하는 신용장이 외관상으로 진짜인지 가짜인지를 상당한 주의를 기울여 확인해야 한다. 만일 이러한 외관상의 진정성을 확인할 수 없으면 통지은행은 이 사실을 개설은행에게 알려야 한다.

(5) 확인은행(Confirming Bank)

확인은행은 신용장 거래에서 간혹 등장하는 당사자이다. 이 은행은 제2의 개설은행이라고 할 수 있는데, 그 의무는 개설은행이 하는 신용장상의 지급약속을 다시 한 번 확약하는 것이다. 즉 확인은행은 개설은행의 확약과는 별도로 신용장에 의해 발행된 환어음이나 운송서류에 대해서 지급, 연지급, 인수 또는 매입할 것을 추가로 확약한다. 이와 같이 확인은행이 개입된 신용장을 확인신용장(confirmed credit)이라 한다.

신용장 거래에서는 개설은행의 지급확약을 토대로 모든 거래가 이루어진다. 그런데 개설은행의 위상이 약하거나 지급능력에 대해 안심하지 못할 경우 수익자는 공신력이 더 높은 은행을 확인은행으로 지정하여 개설은행의 지급확약을 이중으로 받기를 원하게 된다. 이렇게 되면 개설은행이 지급확약을 이행할 수 없게 되더라도, 확인은행이 개설은행을 대신하여 수출업자나 그 밖의 당사자에게 지급을 이행하게 된다.

신용장의 확인이 필요한 경우 개설은행은 공신력이 높은 일류은행(prime bank)이나 수출업자가 소재하는 지역의 은행에게 신용장을 통지할 때 확인을 추가하여 수익자에게 통지해 주도록 요청한다. 이런 요청을 받은 은행은 일정한 확인수수료(confirming fee)를 받고 확인·통지해 주거나 확인 요청을 거절한다. 만약 통지은행이 신용장을 확인해 줄 의사가 없을 때에는 이러한 사실을 즉시 개설

그림 5-4 확인은행

은행에게 통지해 주어야 한다.

(6) 지급은행(Paying Bank)

지급은행은 개설은행을 대신해서 수출업자에게 대금을 지급해 주는 은행을 말하는데 이런 경우에 사용되는 신용장을 지급신용장(straight credit)이라 한다. 지급신용장을 이용할 경우에는 개설은행이 수출국의 특정은행을 지급은행으로 지정한다.

지급은행과 개설은행은 예치환거래은행(depositary correspondent bank)인 경우가 많은데 이는 서로 상대방의 예금계정을 갖고 있어 신용장의 통지 등 기본적인 환거래 외에 서로 자금을 이체할 수 있는 은행을 말한다. 따라서 개설은행은 지급은행에 있는 자기의 예금계정에 신용장대금을 미리 예치해 둔다. 그러면 지급은행은 신용장 조건에 따라서 제시된 서류와 상환하여 대금을 지급해 주고 해당 금액을 개설은행의 예금계정에서 차감한다.

(7) 연지급은행(Deferred Paying Bank)

연지급은 지급방식의 기본구조를 갖지만 그 지급이 일정 기간만큼 더 유예(defer)되는 것을 말한다. 수출업자가 신용장조건에 일치하는 서류를 은행에 제시하면 은행은 서류 심사 후 수출업자에게 연지급 확약서(deferred payment undertaking)를 교부해 주고, 연지급 만기일에 수출업자에게 대금을 지급하는데 이 지급은행을 연지급은행이라 한다. 연지급은행은 지급은행처럼 주로 개설은행의 본·지점 또는 예치환거래은행으로서 만기일에 개설은행의 계정에서 인출하여 신용장대금을 지급하게 되므로 자금부담을 지지 않는다.

(8) 인수은행(Accepting Bank)

수입업자에 대하여 일정 기간의 신용을 제공하는 조건으로 매매계약이 체결되면 수출업자는 선적을 마치고 일정 기간이 지난 후에 수출대금을 찾을 수 있는 기한부환어음(usance draft)을 발행한다. 기한부환어음의 경우 지급에 앞서 지급인이 만기일에 결제할 것을 약속하는 서명행위, 즉 인수(acceptance)가 필요한데, 이와 같이 신용장거래에서 기한부환어음을 인수하는 은행을 인수은행이라 한다. 인수를 함으로써 은행은 만기일에 지급인이 된다.

인수은행은 개설은행이나 개설은행이 지정한 제3의 은행이 되는데 전자의 경우 수출업자는 개설은행을 지급인으로 하는 기한부환어음을 발행하여 이를 운송서류와 함께 개설은행에 제시하고 인수를 요청한다. 반면에 개설은행이 다른 은행을 인수은행으로 지정한 경우에는 수출업자가 지정 인수은행을 지급인으로 하는 기한부환어음을 발행하고 운송서류와 함께 제시하여 인수를 요청한다. 보통은 통지은행이 인수은행으로 지정되는 경우가 많다.

(9) 매입은행(Negotiating Bank)

매입은행은 수출업자가 수출대금을 찾기 위해 발행한 환어음과 운송서류에 대하여 자기자금으로 대금을 먼저 지불하고 개설은행으로부터 상환받는 은행을 말하는데 보통 수출업자의 거래은행이 매입은행이 된다. 매입은행은 지급은행과 달리 자기자금으로 먼저 수익자에게 지불하고 일정 기간 후에 대금상환을 받게 되므로 그 기간 동안의 이자와 수수료를 할인료의 형식으로 수익자로부터 징수한다.

신용장 거래에서 매입은행은 환어음의 선의의 소지자(bona-fide holder)가 되고 개설은행으로부터 지급보증을 확약받는다.

신용장상에 매입은행이 지정되어 있으면 수익자는 반드시 지정은행에 가서 환어음의 매입을 의뢰해야 한다. 그런데 만일 이 지정은행이 수출업자와 전혀 거래관계가 없었던 은행이면 환어음의 매입에 상당한 어려움이 따른다. 수출업자들은 거래은행과 환어음 거래약정을 체결하면서 환어음의 매입을 거래은행으로 한정하는 경우가 많기 때문이다. 따라서 매입은행이 제한된 신용장에서는 수출업자는 먼저 거래은행에 매입을 의뢰하고, 이 거래은행이 지정은행에 재매입(renegotiation)을 의뢰한다. 이때의 매입은행을 재매입은행(renego bank)이라 한다.

만일 매입은행이 지정되어 있지 않으면 수익자는 통지은행에 가서 환어음의 매입을 의뢰하는 경우가 많다. 통지은행은 자신이 신용장을 통지해 주었으므로 신용장 원본의 진위 여부를 쉽게 파악할 수 있어 매입이 용이하게 이루어질 수 있기 때문이다. 통지은행이 신용장을 확인하고, 그 후 환어음의 매입까지 하게 되면 이 은행은 통지 · 확인 · 매입은행이 된다.

(10) 상환은행(Reimbursing Bank)

대부분의 신용장거래에서는 매입은행이 수익자로부터 환어음과 운송서류를 매입하면 이를 개설은행으로 송부하고 대금의 상환을 요청한다. 개설은행은 송부되어 온 서류가 신용장조건과 일치하면 결제자금을 매입은행 앞으로 상환해 준다. 그러나 매입은행이 운송서류는 개설은행 앞으로 송부하지만 환어음은 제3의 은행으로 보내 상환받는 경우가 있는데, 이와 같이 매입은행에게 자금을 상환해 주는 제3의 은행을 상환은행 또는 결제은행(settling bank)이라고 한다.

수출국의 매입은행과 수입국의 개설은행이 서로 예치환거래 관계가 없을 경우, 양국의 은행 모두와 예치환거래를 맺고 있는 제3의 은행을 상환은행으로 개입시켜 매입은행은 상환은행에 예치되어 있는 개설은행의 계정으로부터 대금을 상환받을 수 있다. 이 때 상환은행은 단지 개설은행의 자금을 매입은행의 계정으로 이체시켜 주는 역할만 한다.

그림 5-5 상환은행

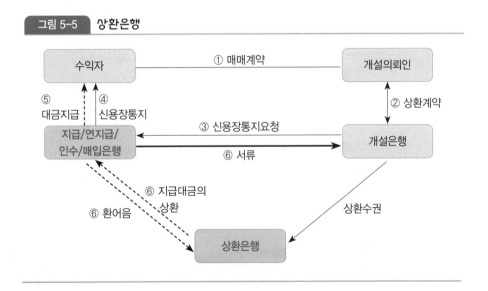

제 2 절 신용장의 특성 및 효용

1 신용장의 독립성과 추상성

신용장 거래는 매매 당사자들 간의 대금회수와 상품입수를 원활히 하기 위하여 은행이 개입된 거래로서 독립성과 추상성이라는 고유한 특성이 있다.

(1) 신용장의 독립성

신용장의 독립성이란 신용장 거래는 매매계약과 독립적이라는 것이다. 신용장은 대금결제의 수단으로서 매도인과 매수인이 매매계약을 체결할 때 결제방법을 신용장으로 할 것을 약정함으로써 생성된다. 그러나 일단 신용장이 개설되면 이 신용장은 그 근거가 되는 매매계약과는 완전히 독립적이며, 매매계약의 내용이 신용장에 아무 영향을 주지 못하고, 독자적인 법률적 성질을 갖게 된다는 것이 신용장의 독립성이다.

이러한 독립성이 신용장 거래에서 보장되어야 하는 이유는 매매계약은 수출업자와 수입업자 사이에 체결되는 것이지만, 신용장거래는 매매계약의 당사자와 은행 간에 체결되는 계약에 근거하기 때문이다. 이에 따라 신용장통일규칙에서도 신용장이 매매계약이나 다른 계약에 근거를 두고 있다 하더라도 성질상 이러한 계약과는 별개의 거래이며, 비록 이러한 계약에 대한 참조사항이 신용장에 포함되어 있어도 그러한 계약과는 아무 관계가 없으며 또한 구속당하지 않는다고 규정하여 신용장의 독립성을 강조하고 있다.

> **Article 4 Credits v. Contracts**
>
> a) A credit by its nature is a separate transaction from the sale or other contract on which it may be based. Banks are in no way concerned with or bound by such contract, even if any reference whatsoever to it is included in the credit.
>
> 신용장은 본질상 비록 그것이 매매계약이나 다른 계약에 근거를 두고 있다 하더라도 이러한 계약과는 별개의 거래이다. 은행은 설사 이러한 계약에 대한 참조사항이 신용장에 포함되어 있다고 하더라도 그러한 계약과는 아무 관련이 없으며 기속당하지 않는다.

신용장의 독립성으로 인하여 가장 혜택을 누리는 당사자는 수출업자인 수익자이다. 수출업자의 입장에서는 매매계약이 체결되었다고 해도 수입업자가 일방적으로 계약을 파기하거나, 계약이행을 지연시킬 수 있는 가능성을 배제할 수 없다. 그러나 신용장이 개설되면 독립성으로 인하여 설령 매매계약이 파기되더라도, 개설된 신용장은 유효하기 때문에 수출업자는 확실하게 수출을 이행할 수 있게 된다. 이런 이유로 수출업자가 가장 선호하는 대금결제방법이 선불방식 다음으로 신용장인 것이다.

수입업자로서는 수출업자의 계약조건에 대한 위반이 있더라도 서류가 신용장조건과 일치하는 이상 개설은행이 신용장대금을 지급하게 되므로 우선은 개설은행에 대금상환을 하고 수출업자를 상대로 매매계약에 근거하여 클레임을 제기해야 한다.

그림 5-6   신용장의 독립성

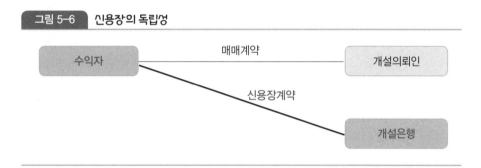

판례 5-1   신용장의 독립성 (1)

아래는 신용장의 독립성원칙을 확인해주는 대표적인 사례이다.

원고 Frey & Son사(매수인)는 Sherburne사(매도인)로부터 Java의 설탕을 수입하기로 계약을 체결하였다. 계약내용 중에는 만일 예견할 수 없는 이유로 계약 물품을 기한 내에 인도하지 못하면 매수인 측은 계약을 파기할 수 있는 조항이 있었고, 실제로 이런 지연이 발생하여 수입업자인 Frey & Son회사는 신용장에 근거한 어음발행과, 이미 선의의 제3자에게 넘어갔을지도 모를 어음에 대한 지급행위를 금지시켜줄 것을 법원에 신청하였다.

이에 대해 Greenbaum판사는 매수인의 금지명령 요청을 거부하면서 "신용장에 의해 발행될 어음의 소지인이 될 선의의 당사자는 신용장에 연관되어 있을 매매계약 당사자들 간에 존재할지도 모를 권리 때문에 피해를 입도록 하여서는 안된다. 만약 매도인과 매수인 사이에 계약위반이 생길 때마다 한쪽 당사자가 재판소에 출두하여 은행이 발행한 신용장에 의해 발행된 어음의 지급금지 명령을 받을 수 있다고 한다면 사업계에 큰 재난이 아닐 수 없다"고 판시하였다.

Frey & Son Co. v. Sherburne and National City Bank of New York(1920) 193.
App. Div. 849.

판례 5-2 신용장의 독립성 (2)

원고인 Urquhart Lindsay사(매도인)가 인도의 Calcutta에 있는 Benjamin Jute Mills사(매수인)에 기계를 공급해 주기로 계약하였다. 매매계약서에는 노임, 원료 및 제 비용이 상승하면 기계의 단가도 비례해서 지불될 수 있다는 조항이 있었으나, 신용장에는 이것에 대한 아무 언급이 없었다. 매도인은 두 차례에 걸쳐 기계를 선적하여 대금결제를 받았으나 세번째 선적분에 대해서는 매수인의 요청에 의해서 개설은행이 지불을 거절하였다. 그 이유는 상승된 노임만큼 인상된 상품가격으로 작성한 송장을 인정할 수 없다는 것이다. 은행의 이러한 지급거절에 수익자인 원고는 신용장에서 약속한 지급을 불이행했다면서 손해배상을 청구하는 소송을 제기하였다. 이에 피고은행은 제품가격이 상승하면 가격조정을 한다는 내용이 묵시적으로 신용장조건에 포함되어 있었는데 이러한 조정없이 수익자가 일방적으로 견적송장금액(proforma invoice)과 다르게, 인상된 금액으로 작성한 상업송장금액에 대해 지급거절하는 것은 정당하다고 주장하였다. 이에 대해 법원은 신용장은 선적한 기계에 대한 원고의 송장금액을 지급하겠다는 개설은행의 무조건적인 약정이며 이것은 매매계약에 의해 기속되지 않는다면서 피고은행에 패소판결을 냈다.

이 사건은 영국이 신용장통일규칙을 채택하기 50년 전에 있었던 사건이지만 신용장이 설사 매매계약이나 다른 계약에 근거를 두고 있다 하더라도 본질적으로 이러한 계약과는 별개의 거래이며 은행은 그러한 계약에 구속받지 않는다는 독립성의 원칙을 확립시켰다. 또한 개설은행이 개설의뢰인인 고객을 위해 무리한 지급거절을 하지 말아야 된다는 점을 일깨워주고 있다.

Urquhart Lindsay & Co. v. Eastern Bank의 경우(1922) 1 K.B. 318.

(2) 신용장의 추상성

신용장의 추상성은 신용장거래는 서류 거래라는 것이다. 〈그림 5-7〉에서처럼 수출업자와 수입업자는 실체가 있는 상품을 거래하는 것이지만 은행은 그것들을 대표하는 서류만 가지고 거래한다는 것이 신용장의 추상성이다. 은행은 상인들 간에 거래되는 상품에 대해서는 전문적인 지식이 없을 뿐만 아니라, 또한

은행이 직접 상품을 확인하고 계약의 이행 여부를 판단하려면 많은 시간과 비용
이 들기 때문에 신용장거래의 운영을 위해 추상성이라는 독특한 성질을 인정해
주고 있다.

　　이에 대해 신용장 통일규칙에는 다음과 같이 규정하고 있다.

> **Article 5 Documents v. Goods, Services or Performance**
>
> 　Banks deal with documents and not with goods, services or performance to
> which the documents may relate.
> 　제5조 서류와 물품, 용역 혹은 이행: 은행은 서류를 취급하는 것이지, 그 서류와
> 관련될 수 있는 물품, 용역 또는 이행을 취급하는 것이 아니다.

　　신용장거래의 추상성에 따라 수출업자가 제시한 환어음이나 운송서류에 대
해서 지급, 연지급, 인수 또는 매입하는 은행은 어디까지나 제시된 서류가 신용
장의 조건을 충족시켰는가를 서류상으로만 확인하고 수출대금을 결제해야 한다.
마찬가지로 개설은행도 서류상 하자가 없으면 대금을 상환해야 할 의무가 있다.

　　수입업자 역시 신용장의 추상성에 따라 서류만 확인하고 수입대금을 개설은
행에 지급해야 한다. 만약 거래물품을 직접 확인한 후 서류를 인수하겠다고 주장
하게 되면 신용장의 추상성에 위배된다. 한편, 수출업자는 아무리 계약물품을 정
확히 선적했다 하더라도 서류에 오류가 있으면 은행이 서류인수와 대금지급을
거절하게 되므로 신용장조건에 정확히 일치하는 서류를 준비해야 한다.

그림 5-7　신용장의 추상성

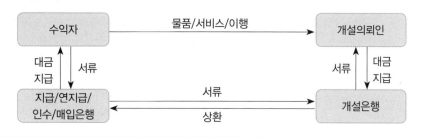

판례 5-3   **신용장의 추상성 (1)**

1974년 5월 17일에 매수인인 원고가 개설은행인 제1피고에게 프랑스의 레코드 수출상 앞으로 취소불능신용장을 개설해 주도록 요청하였고 제2피고는 동 신용장을 통지해 주었다. 또한 원고는 신용장대금을 전액 현금으로 은행에 입금시켰다. 그런데 6월 16일에 원고가 상품을 받아 보니 주문한 상품이 아니었다. 어떤 상자에는 주문번호와 일치시키기 위하여 숫자를 고쳐 놓았고, 어떤 상자는 빈 상자였고, 또 어떤 상자에서는 쓰레기가 발견되었다.

원고는 수출회사를 사기꾼으로 단정하고 제1피고에게 대금결제를 해주지 말 것을 지시하였다. 그러나 제1피고은행은 당해 신용장은 확인된 취소불능신용장이므로 자기들로서는 당해 신용장하에서 대금지급을 기피할 수 없다는 이유로 지급 거절 지시에 따르지 않았다. 이에 원고는 고등법원(Chancery Division)에 두 피고은행이 재판 결과가 나오거나 추후 지시가 있을 때까지 대금지급을 할 수 없도록 하는 잠정적인 집행정지를 내려주도록 요청하였다.

이에 대해 법원에서는 본건은 입증된 사기는 아니며 단순한 사기의 주장만 있었고, 법원이 은행의 취소불능신용장에 의한 거래에 개입하는 것은 되도록 피하여야 하며 충분한 증거가 없는 한 국제적인 은행거래에서는 더욱 그러하다고 하였다. 만일 법원이 너무 빨리, 또 너무 자주 개입하면 신용장에 부여된 신뢰에 큰 손상을 가져올 수 있다는 것이다.

이 사건은 신용장거래에서 서류만 일치하면 공급된 상품의 실제 여부와는 상관없이 대금지급이 이루어질 수 있다는 추상성의 원칙을 잘 보여주고 있다.

Discount Records v. Barclays Bank Ltd. and Barclays Bank International Ltd. (1975)
1. Lloyd's Rep. 444.

판례 5-4   **신용장의 추상성 (2)**

매도인이 받았던 신용장에는 상품명으로 "Alicante Bouchez Grapes"를 요구하였다. 이에 따라 제출된 상업송장에는 똑같은 표현이 사용되었으나 선하증권(B/L)상에는 단순히 일반용어인 "Grapes"로 상품명세가 표시되었다. 그런데 수입된 포도가 계약된 포도보다 저질이어서 매수인은 신용장개설은행인 피고에게 어음의 결제를 보류하도록 요청하였으나 은행은 서류를 수리하고 어음을 결제해주었고 이로 인해 매수인으로부터 피소되었다.

재판부는 "만일 도착한 상품이 계약상품과 다르다면 매수인은 수출업자에게 다른 방법으로 이를 시정하게 할 수 있다. 그러나 개설은행은 신용장에서 요구하는 제반서류를 갖추어 제시된 어음에 대해서는 실제로 선적된 상품이 어떤 것이었든간에 그 어음을 결제해줄 권리가 있다. 은행은 매매 당사자 간의 분쟁에 개입하여야 할 부담을 지지 않으며 또 이것을 어음을 결제하지 않으려는 구실로 삼아서는 안된다"고 판시하였다.

Laudisi v. American Exchange National Bank(1924) N.Y. 234.

② 신용장의 효용

신용장의 효용은 크게 보증기능과 금융기능에서 찾을 수 있다. 보증기능은 당사자 간의 부족한 신용을 은행이라는 보다 공신력있는 금융기관이 개입하여 보충하는 것이며 금융기능은 강화된 신용으로 인해 각 당사자가 은행으로부터 금융혜택을 받을 수 있다는 점이다. 이 내용을 각 당사자별로 나누어 좀 더 자세히 살펴보기도 한다.

(1) 수출업자에게 유리한 점

1) 수출대금 회수불능 위험의 제거

신용장은 은행의 지급확약서이기 때문에 수출업자가 신용장을 받는다는 것은 곧 개설은행으로부터 수출대금의 지급을 보장받는 것이다. 더구나 은행의 지급약속은 수입업자의 재정능력에 상관없이 이행되는 것이므로 수출업자는 개설은행이 파산하거나, 불가항력의 경우를 제외하고는 수출대금의 회수에 대하여 안심할 수 있다. 나아가 개설은행만으로 안심이 안되면 확인신용장을 이용하여 또다시 지급확약을 받을 수 있기 때문에 수출업자는 신용장을 받으면 수출대금 회수에 대해 안심할 수 있는 것이다.

2) 수출대금의 신속한 회수

수출업자는 신용장상의 요구서류가 구비되면 선적이 끝나는 즉시 수출대금을 회수할 수 있으며, 또한 신용장상에 대금의 일부를 유보한다는 문언이 없는 한 100% 수출대금을 찾을 수 있어 선적시기를 예상한 자금활용계획을 세울 수 있다. 그리고 기한부 조건으로 수출하더라도 신용장하에서 발행되는 기한부 환어음은 국제금융시장에서 유리한 조건으로 할인될 수 있어, 일람불 조건과 마찬가지로 선적후 즉시 대금을 회수할 수 있다.

3) 무역금융의 활용

신용장을 입수하면 신용장을 담보로 은행으로부터 무역금융을 수혜할 수 있다. 선적을 이행하기 위해서는 상당한 자금이 소요되는데, 수출업자는 이 금융으로 수출물품을 제조·가공하는데 필요한 원자재를 조달할 수 있어 자기 자금이 없더라도 수출이 가능하게 된다.

(2) 수입업자에게 유리한 점

1) 상품입수불능 위험의 제거

무역거래에서 수입업자가 갖는 가장 큰 불안은 과연 물품을 제 때에 입수할 수 있는가의 여부이다. 신용장을 이용하게 되면 물품의 선적을 증명하는 선하증권을 비롯하여 여러 선적 증빙서류와 상환으로 대금을 지급하기 때문에 수출업자가 이들 서류를 위조하는 사기(fraud)를 하지 않는 한 수입업자는 수입물품을 입수할 수 있다.

2) 상품입수시기의 예측

신용장상에는 유효기일과 최종 선적일이 명시되어 있어 수입업자는 물품을 찾을 수 있는 시기를 예측할 수 있고 이에 따른 판매계획을 세울 수 있다. 신용장의 유효기일과 최종 선적일은 개설은행의 동의 없이는 연장될 수 없으며 또한 유효기일이나 최종선적일이 지켜지지 않으면 은행에서 결제되지 않기 때문에 수출업자는 명시된 기일 내에 선적을 하게 된다.

3) 신용의 강화

신용장이 개설되면 수입업자의 취약한 신용이 개설은행의 신용으로 전환되어 수입업자는 물품의 가격, 선적시기 등 매매계약상의 여러 조건들을 자기에게 유리하도록 체결할 수 있다.

4) 금융의 수혜

수입업자는 은행의 신용을 이용하여 자기 자금없이도 수입이 가능하다. 기한부 조건으로 물품을 수입하면 환어음에 대한 인수와 함께 선적서류를 찾을 수 있어 해당 수입상품을 판매한 후 만기일에 수입대금을 갚는다. 이렇게 기한부 조건으로 수입하더라도 신용장이 따르게 되면 수출업자가 일방적으로 불리한 거래조건을 제시할 수 없다.

③ 신용장의 한계

신용장거래는 수입업자의 불확실한 신용을 보다 공신력있는 은행신용으로 전환함으로써 무역거래를 원활하게 하는 매우 유익한 관행으로 국제무역의 확대에 기여해 왔다. 그러나 계약이행이 원만하게 이루어지려면 결국은 거래당사자의 성실성이 중요한 것이며 어떤 제도이든 그 나름의 한계를 가지고 있는 법이다. 그런 점에서 신용장 방식도 다음과 같은 몇가지 단점과 한계가 있다.

(1) 복잡한 서류조건

신용장거래는 서류거래이므로 많은 서류가 요구되고 이들 서류가 갖춰야 할 요건들이 신용장에 명시되는데 그 조건을 모두 엄격하게 준수해야 결제가 보장된다. 따라서 서류를 준비하는 수익자로서는 서류준비절차와 복잡성 때문에 신용장방식을 기피하게 된다.[8]

(2) 비용

신용장거래는 많은 서류가 요구되고 이들 서류의 정확성이 무엇보다 중요하다 보니 서류발급이나 검토에 많은 시간과 노력이 필요하다. 이는 결국 다른 결제방식에 비해 수수료 등의 비용이 커지는 결과를 초래하여 신용장을 기피하게 하는 한 요인이 되기도 한다.

(3) 사기(Fraud)위험

신용장이 가지고 있는 독특한 성질, 즉 독립추상성을 악용하여 서류를 허위로 만들어 대금을 편취하는 사기거래가 간혹 발생하여 이 제도가 가지고 있는 본래의 취지를 훼손하고 당사자들에게 큰 피해를 입히곤 한다.

이와 관련하여 국내에서 일어났던 대표적인 두 사례를 소개하기로 한다.

판례 5-5 신용장사기

1. 국방부 무기수입 사기사건

국방부는 1990년 11월에 프랑스의 에피코 사와 포탄 약 5백 2십만 달러, 에프이씨사와 포탄 약 1백 88만 달러의 구매계약을 체결하였다. 이 계약을 이행하기 위해 국방부는 외환은행본점을 통해 이 은행의 파리지점을 통지은행으로 하여 신용장을 개설하였다. 그 후 두 회사는 1992년 11월에 선하증권을 위조하여 파리지점에 제시하였고 해당 지점은 한국의 본점지시에 따라 1992년 12월에 에피코 사와 에프이씨 사에 각각 39억 2천만 원과 13억 3천만 원을 지급하였다.

그 후 국방부측이 1993년 6월에 화물을 선사로부터 인수하려던 과정에서 신용장과 같이 전문지식을 필요로 하는 결제방식은 큰 부담을 준다. 선적이 이루어지지 않

---

8) 특히 무역전문인력이나 노하우가 부족한 중소기업의 경우 이러한 이유로 더 신용장을 기피하는 경향이 있다.

앞음을 발견하였는데 두 회사가 위조한 선하증권을 보니 GUNNERS BURY라는 선박회사를 운송대리인으로 내세웠으나 이 역시 유령회사인 것으로 드러났다.

이처럼 국방부 측이 선하증권이 허위라는 사실을 알게 된 것은 선하증권을 외환은행을 통해 받은 지 거의 6개월이 경과한 시점이었던 것으로 밝혀졌다. 그러나 이미 무기대금은 지급된 뒤였고, 파리에 상주하고 있는 상무관을 통해 두 무기상의 소재를 확인했으나 이들은 물론 이들의 중개 역할을 했던 국내 오퍼상인 광진교역도 자취를 감춘 뒤였다.

이에 대하여 국방부는 신용장 개설은행인 외환은행을 상대로 자신들은 서류의 하자를 용인하지 않았음에도 불구하고, 개설은행이 대금을 상환했다면서 신용장대금으로 예치했던 예금반환청구소송을 제기하였고 최종 승소하였다. 대법원은 판결문에서 "신용장 개설은행은 선적서류가 문면상 신용장 조건과 일치하는지 여부를 조사해 불일치하면 신용장대금을 지급하지 말아야 하는데도 대금이 지급되도록 해 계약을 위반한 점이 인정된다."면서 개설은행의 패소판결을 내렸다.

(대법원 2002. 2. 21 선고 99다 49750 판결)

2. 신한인터내셔널 사건

의류전문업체인 신한 서울 본사는 1991년 3월 자사의 홍콩 현지 법인인 뉴 루츠사와 미리 공모하고 수차에 걸쳐 국내 한일은행 등 6개 시중은행을 통해 의류원자재 수입 신용장을 신한의 홍콩지사 앞으로 개설하였다. 1992년 3월, 동 지사는 가짜 선하증권 5장으로 홍콩 소재 거래은행인 프랑스계 소시에테 제너럴 등 3개 외국계 은행으로부터 27차례에 걸쳐 모두 미화 29,193,000달러에 달하는 금액을 신용장 매입을 통해 회수한 후 회사대표 등은 미국으로 도피하였다.

매입은행으로부터 대금지급청구를 받은 국내 6개의 개설은행은 개설의뢰인인 신한 측에 연락하였으나 중역진들은 이미 해외로 도피한 상태였고 선박회사에 선하증권의 진위여부를 알아보니 모두 위조임이 밝혀졌다. 상품이 선적되지 않아 선적물품에 대한 담보권도 행사할 수가 없어 큰 손해를 보게 된 신용장개설은행들은 선하증권의 서명인에 대한 진위를 확인하지 않고 수출대금을 지급한 것은 분명한 매입은행의 과실이라고 지적하고, 이러한 가짜 선적서류를 매입해준 것은 홍콩 소재 신한의 현지 법인과 매입은행의 실무자가 연계되어 만들어낸 사기일 가능성도 배제할 수 없다고 주장하며, 관계당국에 수사를 의뢰하였다.

그러자 매입은행들도 이에 맞서 개설은행이 발급한 신용장에 신용장과 선하증권의 내용이 같지 않아도 수리가능하다고 되어 있는 조항 등을 내세워 개설은행들을 상대로 대금상환을 요구하는 법정 소송을 제기하였다. 이처럼 소시에테 제너럴은행이 국내 은행들을 상대로 한 대부분의 소송에서 법원은 매입은행이 정당한 주의의무를 다하지 않은 점이 인정된다면서 패소 혹은 50대 50의 화해판결을 내렸다.

이 사건들이 보여주듯이, 신용장의 독립·추상성을 매매당사자들이 악용하게 되면 신용장업무를 취급하는 외국환은행이 선의의 피해자가 될 수 있다. 신용장업무를 취급하는 외국환은행들은 자신들이 부담하고 있는 이러한 위험성을 충분히 인식할 필요가 있다.

(대법원 2002. 8. 23 선고 2000다 66133판결)

Chapter

6

신용장의 결제방식과 종류

| 제1절 | 신용장의 결제방식
| 제2절 | 신용장의 종류

   신용장은 원격지에서 돈을 융통할 수 있도록 하는 상업용 편지(commercial letter)에서 시작되었다. 한때는 우아한 디자인을 가진 문서이기도 했으나 오늘날에는 발달된 통신기술을 이용하여 매우 간략화된 코드와 용어로 나열된 통신문의 형식을 갖고 있다. 신용장의 내용에 있어서도 두쪽 정도의 간단한 내용으로 이루어진 것이 있는가 하면 중동쪽에서 오는 신용장은 이웃 국가 간의 정치적 관계 등을 반영하여 매우 복잡한 내용과 조건이 신용장내용에 그대로 나타나기도 한다. 그러나 형식의 다양성에도 불구하고 은행의 신용을 이용해 상거래를 촉진시키기 위한 본질적인 기능에는 차이가 없다.

제 1 절 신용장의 결제방식

신용장을 이용해서 수출업자가 대금결제를 받는 유형은 크게 지급방식, 연지급방식, 인수방식 및 매입방식의 형태로 구분될 수 있다. 신용장에는 이들 네가지 유형 중에 어느 한 가지 방식으로 이용하도록 지시하고 있다.

1 지급방식

지급(payment) 방식은 환어음의 발행 없이 수출업자가 운송서류를 지정된 은행에 제시하면 지정은행이 개설은행으로부터 이미 송금되어 온 대금을 지불하는 경우이거나 또는 지급후 즉시 개설은행으로부터 상환이 이루어진다. 지급방식을 이용할 경우 신용장상에는 개설은행을 대신하여 수출업자에게 지급할 은행이 지정되는데 이 은행을 지급은행(paying bank)이라 한다. 지급은행은 대부분 개설은행의 예치환거래은행으로 수출지에서 개설은행을 대신하여 지급만 할 뿐 자금부담을 지지 않는다. 신용장에서 환어음발행을 요구하는 경우도 있지만 대부분의 경우, 환어음을 발행하지 않기 때문에 신용장상에 환어음에 관한 문구가 없는 경우가 많다.

지급방식의 결제에 관한 지시는 다음과 같이 나타난다.

> Available with/by Bank of America, Seoul Branch, By PAYMENT

그림 6-1 지급방식의 결제

수익자 ① 선적 → 개설의뢰인

② 대금지급 ② 서류

④ 대금상환 ④ 서류

지급은행 ③ 서류 → 개설은행

③ 대금상환

② 연지급방식

　　연지급(deferred payment) 방식은 기본적으로는 지급방식에 의한 결제와 똑같지만 수출업자가 운송서류를 제시하고 나서 일정 기간 후에 대금을 지급받는다는 점이 다르다. 이는 수출업자 와 수입업자 두 당사자가 일정 기간 후 대금을 결제하는 조건, 즉 외상으로 매매계약을 체결할 때 이용된다. 따라서 수출업자가 연지급은행에 운송서류를 제시하면 대금이 지급되는 것이 아니라 "연지급약정서"(deferred payment undertaking)가 교부되는데, 이 약정서에는 일정 기간 후 수출대금을 지급하겠다는 연지급은행의 약속이 명시되어 있다. 수출업자는 이 연지급약정서를 근거로 만기일에 수출대금을 지급받는다.

　　일반적으로 신용장 거래에서 연지급방식으로 결제될 경우 다음과 같은 표현이 사용된다.

Available with/by Bank of America, Seoul Branch, By DEF PAYMENT

그림 6-2　연지급방식의 결제

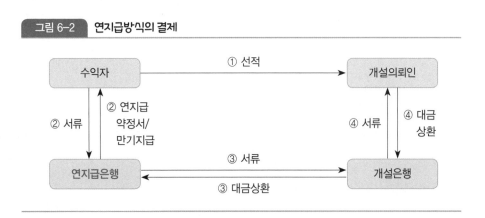

---

③ 인수방식

　　인수(acceptance)는 지급인(채무자)이 자기 앞으로 발행된 환어음의 대금을 장래의 특정일(만기일)에 지급하겠다고 약속하는 행위를 말한다. 따라서 인수는 기한부환어음에 대해서 일어나며 발행인(채권자)은 지급인에 의해 인수된 환어음을 만기일까지 보유하고 있다가 전액을 지급받거나, 만기일 이전에 금융시장에서 할인하여 대금을 융통하기도 한다.

신용장 거래에서는 수출업자가 통지은행, 혹은 지정은행 앞으로 발행한 기한부 환어음을 운송서류와 함께 은행에 제시하면 은행은 서류를 검토한 후 자행을 지급인으로 하여 발행된 환어음의 표면에 "accepted"라는 표기와 함께 서명을 하는데 이를 은행인수(bank acceptance)라고 한다. 이렇게 은행이 인수한 환어음은 수출업자에게 반환된 후 만기일에 결제가 이루어지는데 만약 수출업자가 자금이 필요하여 그 이전에 회수하고 싶다면 〈그림 6-3〉에서 보듯이 금융시장에서 할인하여 만기일까지의 이자를 미리 공제하고 수출대금을 즉시 회수할 수 있다. 인수은행은 만기일에 가서 환어음의 지급인이 되는데, 만일 인수를 거절하거나 인수 후 만기일에 지급을 거절하여 부도가 나면 최종적인 지급 책임은 개설은행이 진다.

인수에 의해서 결제가 이루어지는 경우 신용장에는 다음과 같은 지시가 나타난다.

> Available with/by Bank of America, by Acceptance
> Tenor of Draft : at 180days after sight

그림 6-3 인수방식의 결제

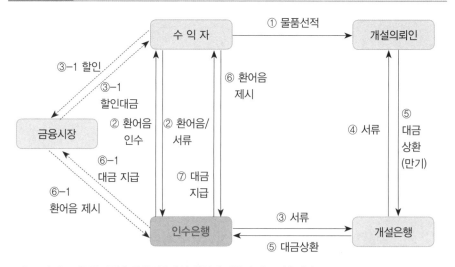

③-1과 ⑥-1은 만기전에 금융시장에서 할인이 이루어지는 경우이다.

4 매입방식

신용장 거래에서 매입(negotiation)은 수출업자가 발행한 환어음과 운송서류를 미리 은행이 구매해준다는 의미인데 이는 은행의 입장에서는 자금을 대여하는 것이며 수출업자의 입장에서는 수출대금을 미리 받는 성격을 갖는다. 신용장 통일규칙에서는 매입이란 어떤 지정은행이 그 지정은행 이외의 다른 은행 앞으로 발행된 환어음과 신용장 및 관련규정에 일치하게 제시된 서류를 지정은행이 구매하는 것을 의미한다고 정의하고 있다(UCP 제2조).

매입은행은 지급 · 인수 · 연지급은행과는 약간 다른 지위를 갖는다. 이 은행은 환어음의 선의의 소지인으로서 매입한 환어음과 운송서류를 개설은행으로 보내어 대금을 상환받으며 만약 개설은행으로부터 상환이 불가능하게 되면 수출업자에게 매입대금의 반환을 청구할 수 있는데 이러한 권리를 상환청구권 또는 소구권(right of recourse)이라고 한다.

신용장 거래에서는 매입방식에 의해 결제가 이루어지는 경우가 일반적인데 이 경우 신용장에는 다음과 같은 내용으로 매입지시가 이루어진다.

> Available with/by Negotiation

그림 6-4	매입방식의 결제

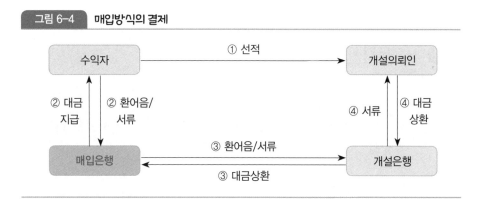

지금까지 설명한 신용장의 결제유형을 구분해보면 〈표 6–1〉과 같다.

| 표 6-1 | 신용장의 결제 유형 |

구분	지급 (payment)	연지급(deferred payment)	인수 (acceptance)	매입 (negotiation)
환어음 사용 여부	미 사용	미 사용	사용	사용
지급 시기	일람 지급	일정 기간 후 지급	일정 기간 후 지급	일람 지급
(지급) 은행 명칭	지급은행	연지급은행	인수은행	매입은행
개설은행과의 관계	개설은행으로부터 지급 지시	개설은행으로부터 연지급 지시	개설은행으로부터 인수 지시	자유 혹은 지정

제 2 절 신용장의 종류

신용장은 내용, 사용방법 등에 따라 여러 이름으로 불릴 수 있다. 다음에서 분류하는 신용장도 신용장 자체에 그러한 명칭이 표현되어 있기보다는 신용장의 성격에 따라 개념적으로 분류한 것으로 하나의 신용장이 여러 속성과 명칭을 갖는다.

1 사용목적에 따른 분류

신용장은 원거리여행에 따르는 현금소지의 불편함을 대체하기 위해서 발행되는지 혹은 상거래에서 신용위험을 보강하기 위해 사용되는지에 따라 여행자신용장과 상업신용장으로 구분된다.

(1) 여행자신용장

여행자신용장(traveller's credit)은 교통과 통신이 발달하지 못하였던 시대에 원거리로 여행하는 여행자의 현금휴대의 위험과 불편을 덜어주고 여행지에서 필요한 금액을 쓸 수 있도록 여행자의 의뢰에 따라 개설은행이 해외의 본·지점이나 환거래은행에 대하여 그 여행자가 당해은행 또는 개설은행이 지정하는 특정 환거래은행 앞으로 발행하는 일람불어음의 매입을 위한 증서이다. 여행자신용장에서는 여행자 자신이 소지인이며 동시에 수익자가 된다. 이 신용장은 여행자수표(traveller's check)가 등장하면서 사라져서 오늘날에는 더이상 사용되지 않고 있다.

(2) 상업신용장

상업신용장(commercial credit)은 수출입거래에서 수입업자의 신용위험을 은행의 지급약속으로 보강할 목적으로 사용되며 용역거래에서 채무자의 불이행에 대한 담보로 사용되는 보증신용장도 이에 해당한다. 오늘날 무역거래에서 사용되는 신용장들은 모두 상업신용장이다.

② 운송서류의 첨부 여부에 따른 분류

신용장은 운송서류의 첨부 여부에 따라 화환신용장과 무화환(담보)신용장으로 구분된다.

(1) 화환신용장(Documentary Credit)

화환신용장은 물품 대금을 지급하기 위해 사용되는 신용장으로 무역거래에 사용되는 신용장이 여기에 해당된다. 이 신용장에는 수입업자가 물품을 확실하게 입수하기 위해 요구하는 선하증권 등의 운송서류가 구체적으로 명시되어 있다. 그리고 개설은행은 신용장에 명시된 운송서류가 첨부된 환어음을 지급, 연지급, 인수 또는 매입할 것을 약정한다.

(2) 무화환신용장(Clean Credit)

무화환신용장 또는 무담보신용장은 운송서류가 첨부될 필요 없이 수출업자가 발행한 환어음만으로 지급이 이루어지는 신용장을 말한다. 이 신용장은 그 성격상 운송서류가 필요 없는 운임, 보험료, 수수료 등의 용역에 대한 결제용으로 사용된다. 그리고 입찰보증(bid bond), 계약이행보증(performance bond), 보증신용장(standby credit)과 같이 은행이 단순히 지급만 보증하는 것도 무화환신용장에 속한다.

③ 취소가능 여부에 따른 분류

모든 신용장은 개설은행이 언제든지 신용장 개설을 취소하거나 내용을 변경할 수 있는 취소가능신용장과 그것이 자유롭지 않은 취소불능신용장으로 구분된다. 신용장상에는 취소가능 혹은 취소불능 여부가 명시되어야 하는데 만약 이에 대한 언급이 없으면 취소불능신용장으로 간주된다.

(1) 취소가능신용장(Revocable Credit)

취소가능신용장은 개설은행이 수익자에게 사전 통지없이 신용장의 내용을 변경하거나 취소할 수 있는 신용장을 말한다. 그러나 취소가능신용장이라고 하더라도, 개설은행으로부터 내용변경이나 취소의 통지를 받기 전에 신용장조건과 일치하게 지급, 연지급, 인수 혹은 매입을 한 은행에 대해서는 개설은행이 상환할 의무가 있다. 즉 취소가능신용장도 취소되기 전에는 신용장으로서의 모든 기능을 발휘하게 되는 것이다.

취소가능신용장은 주로 취소불능신용장이 개설되기 전에 수출업자가 준비해야 할 운송서류나 기타 사항을 알려주는 사전신용장으로 사용되어 왔는데 점차 그 사용빈도는 줄어들고 있다. 우리나라에서 취소가능신용장은 유효한 신용장으로 인정되지 않고 있다.

(2) 취소불능신용장(Irrevocable Credit)

신용장이 일단 개설되면 그 유효기간 내에는 수익자와 개설은행(신용장이 확인되었으면 확인은행 포함)의 합의가 없이는 내용변경이나 취소가 불가능한 신용장을 취소불능신용장이라 한다. 따라서 개설은행은 유효기간 내에 수익자가 신용장에서 요구하고 있는 운송서류를 갖추어 환어음을 발행하게 되면 이를 지급, 인수 또는 매입할 의무가 있다. 무역거래에서 이용되는 신용장은 대부분 취소불능신용장이다.

④ 상환청구권 여부에 따른 분류

상환청구권 혹은 소구권(right of recourse)은 환어음이 지급인에 의해 지급거절되는 경우 선의의 소지인이 발행인 또는 배서인(endorser)에게 대금반환을 청구할 수 있는 권리를 말하는데 이런 권리의 행사 여부에 따라 신용장은 상환청구가능신용장과 상환청구불능신용장으로 구분된다.

(1) 상환청구가능신용장(With Recourse Credit)

매입신용장을 사용할 경우 수출업자는 신용장의 요건에 따라 운송서류를 갖추고 환어음을 발행하여 이를 거래은행(매입은행)에 매입 의뢰함으로써 수출대금을 회수한다. 그런 다음 매입은행은 환어음과 운송서류를 개설은행에 송부하고 수출업자에게 미리 지불한 매입대금을 상환받는다.

만약 개설은행이 서류상의 하자로 인하여 대금상환을 거절하게 되면 환어음과 운송서류를 다시 매입은행에게 반송하는데, 이 때 매입은행이 수출업자에게 이미 지급한 수출대금을 되돌려 줄 것을 요청할 수 있는 신용장을 상환청구가능신용장이라 한다. 신용장상에 "with recourse"의 표시가 있거나 또는 아무 표시가 없을 경우에는 상환청구가능신용장으로 간주된다.

(2) 상환청구불능신용장(Without Recourse Credit)

신용장상에 "without recourse"라는 표시가 있게 되면 상환청구불능신용장이 되어, 매입은행 같은 환어음의 선의의 소지인이라도 일단 매입한 환어음에 대해서는 상환청구를 할 수 없게 된다. 그러나 우리나라에서는 어음법상 모든 환어음에 대해서 상환청구가 가능하기 때문에 상환청구불능신용장은 효력이 없다.

5 확인(Confirmation) 여부에 따른 분류

확인신용장(confirmed credit)은 개설은행 이외의 은행이 수출업자가 발행한 환어음의 지급, 연지급, 인수 또는 매입을 다시 한 번 확약하고 있는 신용장을 말한다. 신용장의 확인은 주로 개설은행의 신용도가 낮을 경우 수출업자가 요구하는데, 주로 통지은행이 확인은행(confirming bank)이 되는 경우가 많다. 개설은행이 신용장을 통지하면서 통지은행에게 확인할 것을 요구하는데, 이러한 요청을 받은 통지은행이 일단 확인하게 되면 이 은행은 개설은행과 똑같은 의무를 지면서 통지은행 겸 확인은행의 역할을 하게 된다.

신용장상의 확인문구는 다음과 같이 나타난다.

> – We confirm the credit and thereby undertake that all drafts drawn and presented as above specified will be duly honored by us.
> – At the request of our correspondent, we confirm their credit and engage with the drawers, endorsers, and bona-fide holders of draft drawn in conformity with the conditions of this credit that these drafts will be duly honored.

6 결제형태에 따른 종류

신용장은 앞서 살펴본 바와 같이 결제방식에 따라 지급, 연지급, 인수 및 매입신용장으로 구분된다.

(1) 지급신용장(Straight Credit)

지급신용장은 수출업자가 신용장에 명시된 운송서류를 지정은행 앞으로 제시할 경우 지급할 것을 약속한 신용장을 말한다. 지급은행은 개설은행을 대신하여 미리 송금되어 있거나 지급 후 즉시 상환될 개설은행의 자금으로 수출업자에게 지급하고 운송서류는 개설은행으로 송부한다.

이 신용장 거래에서는 개설은행 혹은 지급은행이 직접 수출업자에게 수출대금을 지급하기 때문에 환어음이 사용되지 않는다. 따라서 신용장상에 환어음에 대한 언급 없이 신용장에서 요구하는 서류를 제시하면 지급하겠다는 확약만 있다. 그리고 개설은행의 지급확약은 수출업자 한 사람에게만 국한된다(〈서식 6-1〉 취소불능화환 지급신용장 참조)[1].

(2) 연지급신용장(Deferred Payment Credit)

연지급신용장은 개설은행이 수출업자에게 개설은행 혹은 동 은행이 지정한 은행(연지급은행)에 신용장상에 명시된 운송서류를 제시하면 일정 기간 후 수출대금을 지급할 것을 약속하는 신용장을 말한다. 이 신용장은 환어음이 사용되지 않는다는 점에서 앞의 지급신용장과 유사하지만, 운송서류와 상환으로 즉시 수

---

1) 〈서식 6-1〉은 취소불능 화환 지급신용장인데 이러한 표준 서식 형태의 신용장은 오늘날 잘 사용되지 않지만 신용장에 대한 이해를 돕기 위해 인용한 것이다.

출대금이 지급되지 않고 일정 기간 후 지급되는 점이 다르다.

기한부거래에서는 통상 수출업자가 기한부환어음을 발행하고 이를 은행이 인수하는 형식을 취하는데, 환어음의 유통에 따른 규제가 많고 환어음에 붙는 인지세가 높아 연지급신용장에 기한부환어음 대신 연지급약정서를 사용하는 것이다. 이 신용장은 주로 유럽 등지에서 많이 사용되고 있다(〈판례 6-1〉 참조).

(3) 인수신용장(Acceptance Credit)

인수신용장은 수출업자가 개설은행이 지정한 은행 앞으로 기한부환어음을 발행하면 이를 인수할 것을 약속한 신용장이다. 앞의 연지급신용장과 마찬가지로 선적서류가 제시될 때 즉시 대금이 지급되는 것이 아니라 일정기간 후에 지급되는 것으로 다만 수출업자가 기한부환어음을 발행하는 점에서 환어음이 발행되지 않는 연지급신용장과 차이가 있다.

개설은행이 지정한 은행은 환어음을 인수하고 만기에 가서 지급을 하는데 보통 인수편의는 통지은행이 제공한다. 인수를 담당한 은행은 개설은행과 같은 책임을 지는 입장이므로 개설은행에 의하여 서류가 부도반환되더라도 수익자에게 소구권을 행사할 수 없다(〈서식 6-3〉 양도가능, 인수신용장 참조).

(4) 매입신용장(Negotiation Credit)

매입신용장은 신용장하에서 발행되는 환어음이 매입될 것을 예상하고 개설은행이 환어음의 발행인(수출업자)을 비롯하여 배서인, 선의의 소지인에게 지급을 약속하는 신용장이다. 수출업자는 환어음과 운송서류를 제3자에게 매각할 수 있는데, 이 제3자는 매입은행으로서 환어음의 선의의 소지인이 된다. 매입은행은 수출업자가 발행한 환어음을 자기 자금으로 매입하고, 이를 지급인(통상적으로 개설은행)에게 제시하여 환어음의 지급을 받게 된다(〈서식 6-2〉 취소불능 매입신용장 참조).

서식 6-1 취소불능 · 화환 지급신용장

Korea Exchange Bank

Seoul

Irrevocable Documentary Credit	**Credit Number** of Issuing Bank/of Advising Bank M0604-005ES-15312
Advising Bank Bank of America, New York, U.S.A	**Applicant** JSK Co., Ltd. C.P.O Box 789 Seoul, Korea
Beneficiary Base Line Inc. 310, Fifth Ave. New York N.Y.10001, U.S.A.	**Amount** U.S. Dollars One Hundred Thousand Only (US$100,000)
	Expiry date July 31, 2018 at the counters of the Advising Bank

Dear Sir(s),

We hereby issue in your favor this documentary credit which is available by payment against presentation of the following documents.

☒ Full set of clean on board ocean bills of lading issued to the order of Korea Exchange Bank marked □ Freight Collect" and "Notify Accountee."

☒ Commercial invoices in triplicate

☒ Packing lists in duplicate

☐ Other documents required:

covering 5,000 pcs. of Electronic Zipper U.S.A Origin @US$20 FOB New York.

Each presentation of documents must indicate the credit number of the issuing bank and the advice number of the advising bank.

Documents must be presented within 3 days after the date of issuance of the bill of lading or other documents.

Shipment from New York, U.S.A. to Busan, Korea latest July 20, 2018	**Partial shipments** allowed	**Transhipments** prohibited

Special Conditions : All banking charges including postage outside Korea are for account of beneficiary.

We hereby engage that payment will be duly made against documents presented in conformity with the terms of this credit. Except so far as otherwise expressly stated, this documentary credit is subject to the "Uniform Customs and Practice for Documentary Credit" (2007 Revision) International Chamber of Commerce. Publication No. 600. Yours faithfully, Korea Exchange Bank Authorized Signature	**Advising Bank's Notification** Place, Date, Name and Signature of the Advising Bank

THE KYOWA BANK, LIMITED

Higashi-ku, Osaka, Japan 06-08-18
PLACE AND DATE OF ISSUE(MONTH · DAY · YEAR)

IRREVOCABLE DOCUMENTARY CREDIT	ISSUING BANK'S NO. 460018	ADVISING BANK'S NO.
ADVISING BANK Bank of Seoul LTD., SEOUL	APPLICANT Japan Steel Co., Ltd. Osaka,	
BENEFICIARY ABC Co. Ltd.	EXPIRY DATE(MONTH · DAY · YEAR) FOR NEGOTIATION 07-31-18	

AMOUNT US$108,749.00(SAY U.S. Dollars One Hundred Eight Thousand Seven Hundred and Forty Nine Only.)

We hereby issue this irrevocable documentary credit which is available against beneficiary's draft(s) drawn on The Detroit Bank and Trust Co., Head Office, Detroit at......sight for full invoice cost accompanied by
Signed Commercial invoice in 8 copies, indicating License No. ID(3) AF(46)-00036.
Full set of clean on board ocean **bill of lading** made out to order and blank endorsed and marked "Freight Prepaid" and "Notify the above mentioned applicant."
Other documents:-**Packing list** in 3 copies
　　　　　　　-**Certificate of origin** in 2 copies indicating HS No. 7321.
evidencing shipment of 113, 630 meters of Oiled Bleach Steel, Pipe, plain end, square cut, for structural purpose, no painting, no stencil
　21.7mmx1.8mmx4,500mm@US$ 160.50 per 100 meters CFR.
Insurance to be effected by buyer.

SHIPMENT LATEST DATE(MONTH · DAY · YEAR) FROM Inchon.　　　　　　07-20-18 TO Osaka.	PARTIAL SHIPMENT prohibited.	TRANSSHIPMENT prohibited.

All drafts drawn hereunder must indicate the number, date of issue and name of issuing bank of this credit.
We hereby engage with the drawers, endorsers and bona-fide holders of drafts drawn under and in compliance with the terms of this credit that such drafts will be duly honored upon presentation to the drawee bank.
Except so far as otherwise expressly stated, this documentary credit is subject to the "Uniform Customs and Practice for Documentary Credit"(2007 Revision) International Chamber of Commerce, Publication No. 600.

Yours faithfully,
THE KYOWA BANK, LIMITED
Osaka Branch.

AUTHORIZED SIGNATURE

7 환어음기한에 따른 분류

신용장하에서 수출업자가 환어음을 발행할 경우 이 환어음이 지급인에게 제시되었을 때 대금을 즉시 지급해야 하는가 혹은 일정 기간 후에 지급해야 하는가에 따라 일람불신용장과 기한부신용장으로 나뉜다.

(1) 일람출급신용장(Sight Credit)

보통의 무역거래에서는 일람출급신용장이 사용되는데 이 경우 수출업자는 선적 후 개설은행을 지급인으로 하는 일람불(at sight) 조건의 환어음을 발행하고 지급인은 이 환어음이 제시되는 즉시 대금을 지급한다. 매입신용장하에서 발행되는 환어음은 대부분 일람불환어음이다.

신용장에서 환어음이 일람불로 지급되도록 지시하는 문구는 다음과 같이 나타난다.

> Available by your drafts at sight on us.

(2) 기한부신용장(Usance Credit)

기한부신용장은 수출업자가 매매계약에서 약정된 기간 후에 지급을 받을 수 있는 기한부환어음을 발행하는 신용장으로 수입업자가 외상의 신용조건으로 수입할 경우에 이용된다. 기한부환어음에서는 약정된 만기일 후에 지급할 것을 약속하는 지급인의 서명 행위, 즉 인수가 따른다.

신용장에서 환어음이 기한부로 지급되도록 지시하는 문구는 다음과 같이 나타난다.

> Available by your drafts At 60 days after sight on ABC Bank

8 양도가능신용장(Transferable Credit)

양도가능신용장은 수익자가 신용장 금액의 전부 또는 일부를 제2수익자에게 양도할 수 있는 신용장을 의미하는데 반드시 신용장상에 "transferable"이라는 문구가 기재되어야 한다. 이런 표시가 없는 신용장은 양도불능신용장(non-transferable credit)이다.

신용장을 양도할 경우에는 원신용장 그 자체를 양도하는 것이 아니라, 원신용장을 근거로 새로운 양도신용장을 제2수익자에게 개설한다. 보통 통지은행이 새로운 양도신용장을 개설하는 양도은행 역할을 하고 양도에 따른 수수료는 제1수익자가 부담한다.

신용장의 양도는 통상적으로 제1수익자가 생산시설을 갖추지 않은 무역중개업자로서 외국으로부터 양도가능신용장을 받아 이를 완제품 공급업자에게 양도할 경우에 발생한다. 공급된 물품의 품질에 대한 클레임이 발생할 경우 제1수익자와 제2수익자 간에 책임소재를 놓고 다툼이 발생할 수 있기 때문에, 양도가능신용장을 이용하여 거래할 경우에는 수익자간에 품질하자에 대한 담보책임을 분명히 하는 것이 좋다.

양도가능신용장의 양도와 관련한 실무적 절차와 내용 등에 대해서는 제7장에서 상술하기로 한다.

Instance Type and Transmission
Original received form SWIFT
......................................Message Text......................................

27   : **Sequence of Total**
40A : **Form of Documentary Credit IRREVOCABLE TRANSFERABLE**
20   : **Documentary Credit Number** TRPSNK077281
31C : **Date of Issue** 20180216
31D : **Date and Place of Expiry** **20180325 UNITED KINGDOM**
50   : **Applicant GEOLOGISTICS**, UNIT 5 FLANDERS INDUSTRIAL PARK, HEDGE END, SOUTHAMPTON
       : **Beneficiary** JSK CORPORATION C.P.O. BOX: 1726, SEOUL KOREA.
       THIS L/C IS RESTRICTED TO STANDARD CHARTERED BANK
       SEOUL BRANCH FOR RENEGOTLATION OF DOCUMENT
32B : **Currency Code Amount**
       Currency   : USD (US DOLLAR)
       Amount   : 13,860.00
39A : **Percentage Credit Amt** Tolerance 05/05
41D : **Available With ... By...**-NAME/Addr
       NATWEST BANK IBC SOUTHAMPTON **BY ACCEPTANCE**
41P : **Deferred Payment Details** 90 DAYS SIGHT
43P : Partial Shipments PARTIAL SHIPMENTS ARE PROHIBITED
43T : **Transshipment** Transshipments ARE ALLOWED
44A : **On Board/disp/Taking** Charge PORT OF LOADING ANY KOREAN PORT
44B : **For Transportation to** PORT OF DISCHARGE SOUTHAMPTON PORT UK
44C : **Latest Date of Shipment** 2018
45A : **Descp of Goods and/or Services**
       3,300 MTRS OF 45 PERCENT POLY/55 PER CENT POLYNOSIC PLAIN DYED FABRIC
       PER SALES CONTRACT OF 27-1-99
       FOB ANY KOREAN PORT AT A TOTAL COST OF USD 13,860.00
46A : **Documents Required**
       +DRAFTS AT 90 DAYS SIGHT DRAWN ON NATIONAL WESTMINSTER
       BANK PLC, INTERNATIONAL BANKING CENTRE, SOUTHAMPTON, UK
       +INVOICES IN 5 COPIES EACH INDIVIDUALLY SIGNED(INCLUDING A
       COPY'S FOR OUR RECORDS)
       +WE UNDERSTAND THAT INSURANCE WILL BE CARED BY THE
       APPLICANT.
       +FULL SET CLEAN ON BOARD MARINE BILLS OF LADING ISSUED TO ORDER
       AND BLANK ENDORSED MARKED NOTIFY GEOLOGISTICS, UNIT 5 FLANDERS
       INDUSTRIAL PARK, HEDGE END, SOUTHAMPTON EVIDENCING FREIGHT
       COLLECT.
       +PACKING LIST IN 4 COPIES
       +CERTIFICATE OF ORIGIN
       +COPY OF EXPORT LICENCE SHOWING VISCOUNT TEXTILES LTD AS
       CONSIGNEE

+BENEFICIARYS CERTIFICATE STATING THAT THE ORIGINAL EXPORT LICENCE HAS BEEN SENT DIRECT TO THE VISCOUNT TEXTILES LTD BY COURIER AT THE TIME OF DESPATCH.

+THIS CREDIT IS TRANSFERABLE. THE TRANSFER OF THIS CREDIT IS RESTRICTED TO THE ADVISING BANK.
+NOTWITHSTANDING USANCE DRAFTS BEING STIPULATED AS A TERM OF THIS LETTER OF CREDIT, PAYMENT WILL BE EFFECTED AT SIGHT UPON RECEIPT BY OURSELVES OF DRAFTS. DOCUMENTS IN ORDER WITH DISCOUNT/INTEREST CHARGES FOR THE ACCOUNT OF THE APPLICANT. IN ORDER THAT DRAFTS ACCEPTED BY NAT' WEST BANK PLC MAY BE REGARDED AS ELIGIBLE FINANCE AS DEFINED BY THE BANK OF ENGLAND AND THEREBY ATTRACT THE FINEST POSSIBLE DISCOUNT RATES THE FOLLOWING CLAUSE MUST BE APPENDED TO SUCH DRAFTS-COVERING THE EXPORT OF ......(FOLLOWED BY A CONCISE DESCRIPTION OF) THE GOODS).
+SHIPMENT TO BE EFFECTED THROUGH GEOLOGISTICS, SEOUL, KOREA WHICH BILLS OF LADING MUST EVIDENCE.
+TOLERANCE OF PLUS OR MINUS 5 PERCENT IN BOTH CREDIT AMOUNT AND QUANTITY OF GOODS ACCEPTABLE.
+A SEPARATE BANK DRAFT IN THE SUM OF 5 PERCENT OF THE INVOICE VALUE (BEING COMMISSION)MADE PAYABLE TO J J PARK ACCOUNT NO 031-18-28083-0 AT KOREA EXCHANGE BANK MUST BE PRESENTED. NEGOTIATING BANK MUST STATE THIS ON THEIR COVERING SCHEDULE THIS INFORMATION IS GIVEN WITHOUT ENGAGEMENT OR RESPONSIBILITY ON THE PART OF NAT' WEST BANK PLC.

71B : **Charges**
ALL CHARGES OTHER THAN THOSE OF THE ISSUING BANK ARE FOR THE BENEFICIARY'S ACCOUNT

48 : **Period for Presentation**
DOCUMENTS MUST BE PRESENTED WITHIN 21 DAYS AFTER THE SHIPMENT DATE AS EVIDENCED ON THE TRANSPORT DOCUMENT

49 : **Confirmation Instructions**
WITHOUT

78 : **Instructs to Pay/Accept/Nego Bank**
WE HEREBY ENGAGE TO PAY, IN THE CURRENCY OF THE CREDIT, DOCUMENTS DRAWN IN CONFORMITY WITH ALL THE TERMS AND CONDITIONS OF THIS CREDIT SPECIAL INSTRUCTIONS FOR ANY BANK ELECTIING TO NEGOTIATE DRAFTS OR DOCUMENTS PRESENTED UNDER THIS LETTER OF CREDIT
– PLEASE NOTE THAT THIS CREDIT IS AVAILABLE FOR RENEGOTIATION WITH STANDARD CHARTERED BANK, SEOUL WHO HOLD SPECIAL INSTRUCTIONS WITH REGARD TO DISPOSAL OF DOCUMENTS AND REIMBURSEMENT HEREUNDER.

72 : **Sender to Receive Information**
EXCEPT SO FAR AS OTHERWISE EXPRESSLY STATED THIS CREDIT IS SUBJECT TO UNIFORM CUSTOMS AND PRACTICE FOR DOCUMENTARY CREDITS (2007 REVISION) I.C.C. PUBLICATION NO. 600.

9 내국신용장(Local Credit)

(1) 내국신용장의 의의

내국신용장은 수출신용장을 가진 수출업자가 국내에서 수출용원자재나 완제품을 조달하고자 할 때 사용되는 신용장으로 이미 도착한 수출신용장을 근거로 국내에서 개설된다고 하여 내국신용장이라 한다. 그리고 내국신용장의 발급근거가 되는 일반 신용장을 원신용장(master credit)이라 한다.

내국신용장의 개설의뢰인은 수출신용장을 받고 국내에서 수출용원자재 또는 완제품을 구매하는 수출업자이다. 내국신용장의 개설은행은 통상 수출업자의 거래은행으로서 수출업자의 요청과 지시에 따라 해외로부터 온 원신용장을 담보로 내국신용장을 개설하고 내국신용장의 수익자에 대해서 지급을 확약한다.

내국신용장의 수익자는 신용장에 명시된 기일 내에 수출업자에게 계약된 원자재나 완제품을 공급하고 물품수령증을 교부받아 이를 내국신용장 개설은행에 가서 매입을 의뢰하면 대금지급이 이루어진다. 만일 수익자가 내국신용장의 개설은행이 아닌 은행에 가서 서류의 매입을 의뢰하면 그 서류는 내국신용장 개설은행으로 추심되어 재매입(renegotiation) 된 후 대금지급이 이루어진다. 신용장의 독립·추상성에 따라서 내국신용장 수익자는 수출업자의 수출이행 여부나 원신용장에 의한 매입 여부에 상관없이 대금결제를 받을 수 있다.

그림 6-5 내국신용장의 결제

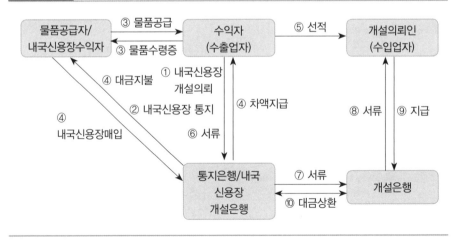

(2) 양도가능신용장과의 차이점

두 신용장은 수출업자가 물품을 조달하기 위해 이용한다는 점에서는 유사하지만 근본적으로 지급확약의 주체와 신용장의 발행근거에 있어 다음과 같은 차이가 있다.

우선 내국신용장에서는 수출국의 내국신용장 개설은행이 지급확약을 하는데 이러한 확약은 원신용장의 개설은행과는 아무 상관이 없다. 또한 원신용장의 개설은행은 자신이 개설한 신용장이 내국신용장의 담보가 된 사실을 알지도 못할 뿐더러 안다고 하더라도 내국신용장과는 아무런 의무관계가 성립되지 않는다.

신용장의 발행근거에 있어서도 내국신용장은 원래의 신용장과 별도로 수출국의 무역금융규정에 따라 개설된다. 반면에 양도가능신용장은 해외로부터 온 원 신용장 자체가 제2수익자에게 양도되는 것으로 원 신용장에 "transferable"이라는 양도허용문구가 있어야 한다.

⑩ 전대신용장(Red Clause Credit)

수출업자가 수출을 이행하기까지는 해당 상품의 생산·가공·집하·선적 등에 많은 자금이 필요하다. 이런 사정을 감안하여 수입업자가 신용장을 개설하면서 확인은행이나 특정은행으로 하여금 매입대금의 선불을 허용하는데 이런 신용장을 전대신용장 또는 "수출선수금" 신용장(Advance Payment Credit)이라 한다. 수출업자가 수입업자의 자금으로 계약물품을 한 곳으로 모아 선적한다는 의미에서 "Packing L/C", 수출대금을 선적 전에 찾을 수 있다는 신용장상의 문구가 전통적으로 붉은 색으로 인쇄되었기 때문에 "Red Clause L/C" 라고도 하는데 지금은 이러한 주서(朱書) 관행은 없어지고 보통 집하자금용도로 개설된다.[2]

---

2) Edward G. Hinkelman, *op. cit.*, p. 89.

서식 6-4   내국신용장

○○은행

취소불능내국신용장		신용장번호
발행신청인 (상호 · 주소 · 대표자 · 전화)	결제통화 및 금액 □ 원 화 ₩ (외화금액 US$ @US$) 다만, 환어음 매입 시 대고객 전신환매입률이 발행 시와 다를 경우 원화금액을 동 매입률로 환산한 금액으로 함. □ 외 화 다만, 발행신청인명의 거주자계정으로부터 수익자명의 거주자계정에 이체 지급할 것을 조건으로 함.	
수익자 (상호 · 주소 · 대표자 · 전화)	물품인도기일 Oct. 20, 20××	유효기일 Oct. 25, 20××

당행은 귀하(사)가 금액의 범위 내에서 다음의 서류를 첨부하여 당행을 지급장소로 하고 신청인을 지급인으로 한 송장금액 100% 해당액의 일람출급환어음을 발행할 수 있는 취소불능내국신용장을 발행합니다. 이 신용장에 의하여 발행된 환어음 "20××년 8월 20일 ○○은행 내국신용장번호에 의함"이라고 표시하여야 합니다.

제출서류 :
□ 물품수령증명서   1통
□ 공급자발행 세금계산서 사본 1통
□ 기 타

공급물품명세				
HS 부호	품명 및 규격	단위 및 수량	단가	금액

분할인도 □ 허용함 □ 불허함	서류제시기간 물품수령증명서 발급일로부터 3영업일 이내
기타	용도

원수출신용장 등의 내용

종류 □ 수출L/C   □ D/A,   □ D/P,   □ 외화표시 물품공급계약서,
    □ 내국신용장, □ 외화표시 건설 · 용역공급계약서

신용장(계약서)번호

1. 이 신용장에 의하여 발행된 환어음을 매입한 은행은 반드시 매입일자와 동 금액을 이 신용장 뒷면에 기재하여야 합니다. 2. 물품수령증명서상의 수령인의 서명 또는 인감은 이 신용장 뒷면에 표시(첨부)된 물품매도확약서상의 것과 일치하여야 합니다. 3. 이 신용장에 관한 사항은 다른 특별한 규정이 없는 한 국제상업회의소 제정 화환신용장통일 규칙 및 관례에 따릅니다.	당행은 이 신용장에 의하여 발행되고 또한 이 신용장조건에 일치하는 환어음이 당행에 제시된 때에는 이를 이의 없이 지급할 것을 환어음의 발행인 · 배서인 기타 정당한 소지인에 확약합니다. 책임자 서명날인 ○○은행 ××지점

전대신용장의 유래

　　전대신용장은 미국 상인들이 중국으로부터 모피를 구입하는데 필요한 매집자금을 조달하기 위해 고안된 금융수단이다. 즉 구매자의 현지 대리인들이 산간벽지에 다니며 모피를 수집하여 일정 물량이 되면 선적하였는데 이처럼 모피 수집을 하러 다니려면 현금이 필요했다. 이에 이들 현지대리인들이 물품수집자금을 사전에 조달할 수 있도록 선적이 끝나면 모든 선적서류를 전대은행에 제시하겠다는 단순한 각서(statement)나 영수증(receipt)을 받고 자금을 융통해 주도록 허용했다. 이러한 전대지시문구가 붉은색으로 되어 있어 "Red Clause" 신용장이란 명칭이 붙게 된 것이다.

　　전대신용장을 취급하는 은행으로서는 수익자에게 미리 자금을 전대해 주어도 신용장 개설은행이 지급을 보장하고 있을 뿐 아니라 전대금융에 따르는 이자수입도 있게 되므로 서로 이익이 된 제도라 할 수 있다. 그러나 전대신용장은 신용장을 개설하는 수입국과 수출국 간의 금리차이를 노리고 악이용될 수도 있기 때문에 제도적으로 선수금 비율을 일정 한도 이내로 제한하기도 한다.

　　전대신용장의 개설을 위해서는 개설은행으로부터 매입은행에 미리 송금되어 있어야 하고 그러기 위해서는 개설의뢰인이 대금을 미리 예치해야 한다. 전대신용장을 받은 수출업자는 선적이 끝나고 매입할 때에 선불금과 이자를 공제한 잔액에 대해서만 어음을 발행하여 매입은행에 제시하게 된다. 자금선불에 따르는 위험이 높아 개설은행이나 매입은행에서 기피하므로 전대신용장이 필요한 상황에서는 선금에 해당하는 만큼 선송금방식으로 결제하고 나머지 부분에 대해서는 신용장방식으로 결제하기도 한다.

　　전대신용장에는 자금전대시에 이 전대금이 신용장에서 요구하는 물품대금으로 사용될 것이라는 문구를 기재하고 있는 수익자의 수령증과, 신용장에서 요구하는 선적서류들을 전대은행에 제출하겠다는 약정서를 전대은행으로 하여금 징구하도록 하는 문구가 기재된다(〈서식 6-5〉 전대신용장 참조).

Bank of America

All drafts drawn must be marked:
Drawn under "B of A" Credit No. LA-53592

Gentlemen:

We confirm our cable dispatched an 6-4-2007 requesting you to advise XYZ Ind. Co., Ltd., C.o P. O. Box 123, Seoul, Korea, that we have established our irrevocable of credit in their favor for account of Cacopa International Inc., Granada Hills, California up to the aggregate amount of US$39,600.00(Thirty nine thousand six hundred and No/100 dollars)available by beneficiary's drafts drawn sight on Us and accompanied by documents specified below covering full invoice value of merchandise to be described in invoice as:

Zinc concentrates consisting approximately 47% of zinc 13% iron and 0.29% cadmium in the quantity of one hundred seventy metric tons at $225.00 per metric ton. F.O.B. Vessel Busan, Korea.

Documents required.

1. Commercial invoice in triplicate.
2. Special U.S. Customs invoice in duplicate.
3. Packing list in triplicate.
4. Full set of clean on board ocean bills of lading to order of shipper, bank endorsed Notify Cacopa International, Inc., 16852 San Fernando Mission Boulevard. Granada Hills, California.

Shipment form Busan Korea to Los Angeles, California. Shipment latest August 30, 2007.

Partial shipment permitted. Transhipment not permitted. Insurance to be effected by Buyer.

Special Instructions:

Negotiations are restricted to bank of America N.T.&.S.A., Seoul, Korea.

Red clause: Bank of America N.T.&.S.A., Seoul, Korea is hereby authorized to make advances to the beneficiary up to the aggregate amount of 100% of this letter of credit at the request of and against the beneficiary's receipt stating that the advances are to be used to pay for the purchase and shipment of the merchandise covered by this credit and beneficiary's undertaking to deliver to Bank of America N.T.&S.A., Soul Korea, the documents as outlined in this credit.

Interest are for account of the beneficiary.

The advance with interest are chargeable as withdrawals against this credit should they not be repaid by the beneficiary prior to the expiration of this credit It is imperative that all red clause advances are endorsed on reverse of the original letter of credit and that we are advised of any red clause drawing in writing.

The negotiating bank must forward all documents to us in one cover by airmail.

All bank charges outside of the United States are for account of the beneficiary.

We hereby agree with bona fide holders that all drafts drawn under and in compliance with the terms of this credit shall meet with due honor upon presentation and delivery of documents as specified to the drawee if drawn and presented for negotiation on or before September 10, 2007.

This credit is subject to the Uniform customs and Practiced for Documentary Credit(2007 Revision)International Chamber of Commerce, Publication No.600

11 회전신용장(Revolving Credit)

회전신용장은 일정 기간 동안, 일정한 금액의 범위 내에서 신용장이 자동적으로 갱신되는 신용장을 말한다. 보통의 신용장에서는 수출업자가 환어음을 발행하여 수출대금을 회수하게 되면 신용장은 그 효력을 상실하게 되는데, 회전신용장은 다시 원신용장이 갱신되어 새로운 신용장으로 사용될 수 있다.

같은 거래선 간에 같은 물품을 계속적으로 거래하는 단골이나 독점판매계약을 맺은 거래선 간에, 매 거래 시마다 비슷한 내용의 신용장을 개설하려면 많은 시간과 비용이 필요하게 되고, 그렇다고 일정 기간 예상되는 물품의 금액을 일시에 개설하게 되면 자금부담도 따르게 된다. 이 경우 반복적인 거래가 예상되는 기간 동안 하나의 신용장을 개설하고 매월 일정금액이 되살아날 수 있는 회전신용장이 유용하다.

예를 들어, 100MT의 석탄을 매달 한번씩 2년간 선적하기로 했다고 하자. 100MT에 대한 신용장금액이 1백만 달러로 발행되었다. 이 경우 매달 100MT의 석탄이 선적되고 이 금액에 대한 서류가 제시되면 지불이 이루어질 것이다. 이렇게 첫달에 일단 이 대금의 결제가 이루어지면 신용장금액은 다시 백만달러만큼 자동갱신되어 다음 달의 결제대금으로 사용될 수 있다.

회전신용장이 갱신되는 방법은 시기와 금액에 따라 다음과 같이 구분된다.

먼저 회전시기에 따라 구분해 보면 ① 환어음에 대한 지급통지가 있는 경우 회전되는 방법, ② 환어음이 결제되는 일정 일수를 정하여 그 기간 내 지급거절 통지가 없는 경우 회전되는 방법, ③ 일정 기간 후에 동일한 금액으로 회전되는 방법이 있다.

그리고 가액이 소진되어 회전되는 방법은 누적식 방법(cumulative method)과 비누적식 방법(non-cumulative method)이 있다. 전자는 갱신될 때 미사용 잔액이 있으면 그 잔액이 그대로 누적되는 방식이고 후자는 누적되지 않는 방식이다.

회전신용장을 개설하는 경우 개설은행은 일정 기간(대개 6~12개월) 동안 대금을 지급하기로 약정한 것이므로 어떤 경우에는 이미 매수인이 파산한 상태에서도 그 신용장하에서 대금을 결제할 의무를 부담할 수 있다. 이런 위험이 있으므로 회전신용장은 신용이나 재정상태가 매우 확실한 수입업자에 대해서만 개설한다.

일반적으로 회전신용장에 사용되는 문언은 다음과 같다.

> This amount of drawing made under this credit becomes automatically reinstated on payment by us. Drafts drawn under this credit must not exceed xxx in any calendar month.

12 구상무역신용장

구상무역(compensation trade)은 연계무역의 일종으로서, 양국 간 수출입의 균형을 맞추기 위하여 수출입물품의 대금을 그에 상응하는 수입 또는 수출로 상계하는 무역을 말한다. 이와 같은 특수한 무역거래에서는 다음과 같은 신용장이 이용된다.

(1) 동시개설신용장(Back to Back Credit)

동시개설신용장은 한 나라에서 일정액의 수입신용장을 발행할 경우 그 신용장은 수출국에서도 같은 금액의 수입신용장을 개설해 줄 경우에만 유효하다는 조건이 따르는 신용장이다. 수출업자와 수입업자가 동시에 신용장을 개설함으로써 양국 간 수출입의 균형을 이루게 하는 신용장으로 "countervailing credit"이라고도 한다.

그러나 'back to back'이란 용어가 '연계된 것, 서로 기댄 것' 등을 의미하듯이 넓은 의미에서는 이런 식으로 개설된 신용장을 총칭한다. 즉 전대신용장(Red Clause L/C) 개설을 위한 보증신용장(Standby L/C), 현지에 담보가 없는 국내회사 해외지점의 신용장개설을 위한 보증신용장, 해외에서 온 수출신용장을 담보로 국내의 공급자에게 개설해 주는 내국신용장, 해외의 원자재 공급업자에게 개설해주는 Baby L/C 등이 모두 동시개설신용장에 해당한다.

(2) 기탁신용장(Escrow Credit)

수출업자가 수출대금을 수익자 명의의 새로운 기탁계정(escrow account)에 입금해 두었다가, 수출한 지역으로부터 수입할 경우 이 입금액으로 지급할 것을 조건으로 하는 신용장을 말한다.

　'escrow'란 용어는 상거래에서 거래의 안전성을 확보하기 위해 판매자와 구매자의 사이에 신뢰할 수 있는 중립적인 제3자가 중개하여 금전 또는 물품을 거래하도록 하는 서비스를 말한다. 이러한 원리가 구상무역에서 사용하는 신용장에 도입된 것이다. 이 때 수익자명의의 기탁계정은 개설은행, 매입은행 또는 제3국의 환거래은행에 개설된다. 이 신용장은 동시개설신용장처럼 동일한 금액으로 동시에 개설되는 조건이 아니기 때문에 물품의 선택과 기일 등에서 자유롭다.

(3) 토마스 신용장(TOMAS L/C)

　수출업자가 운송서류를 매입할 때 수입업자 앞으로 일정 기일까지 대응수입을 위한 수입신용장을 개설하겠다는 보증서(각서)를 제출하도록 요구하고 있는 신용장을 말한다. 이 신용장은 과거 중국과 일본이 처음 교역할 때 사용되었던 것으로, 수출국에서 수출할 물품은 확정되었는데 그 대가로 수입할 물품이 결정되지 않았을 경우 보증서를 이용하여 먼저 수출하게 된다. 이러한 각서무역(memorandum trade)을 처음 시작한 일본 기업의 전신약어를 모방하여 "TOMAS L/C"라 한다.

⑬ 보증신용장(Standby Credit)

　보증신용장은 상품의 대금을 결제하기 위해서가 아니라 단순히 금융이나 보증용으로 사용되는 신용장이다. 지금까지 언급된 신용장은 모두 상품대금을 결제하기 위해 개설은행이 수입업자를 대신하여 지급을 확약하는 것이지만, 보증신용장은 개설은행이 어떤 상황에 대한 지급보증을 하기 위해서 개설하는 신용장이다. 따라서 보증신용장의 거래에서는 선하증권 등과 같은 운송서류가 필요 없기 때문에 보증신용장은 무화환(담보)신용장(clean credit)에 해당된다. 현행 신용장통일규칙에서는 보증신용장이 국제거래에서 널리 이용되고 있는 점을 감안하여, 비록 무화환신용장이지만 화환신용장통일규칙의 적용을 받도록 규정하고 있다(UCP 제1조).

　보증신용장은 주로 미국에서 발달했는데 미국에서는 일찍이 연방은행법(National Bank Act, 1864)에 의해 은행의 활동이 규정되었고, 이에 의하면 국립은행이 타인의 채무를 보증하는 것은 은행에게 주어진 권한을 남용하는 월권행위 (ultra vires)라 하여 금지되었다. 따라서 보증이 필요한 상황에서 은행들은 신용장 의 형식을 빌어서 일반적인 보증서보다 훨씬 강력한 지급보증 기능을 갖는 보증 신용장을 고안하여 담보수단으로 국제거래에 이용해 왔다.

보증신용장은 여러 가지 상황에 따라 사용되었기 때문에 그 명칭도 "Performance Bond", "Letter of Guarantee", "Standby Credit" 등과 같이 아주 다양하다. 그리고 화환신용장이 기본계약의 이행을 전제로 대금지급을 약정하는 데 반해, 보증신용장은 기본계약의 불이행이 대금지급의 사유가 된다는 점에서 서로 대조 를 이룬다. 따라서 보증신용장을 "불이행신용장"(non-performing letter of credit)이 라 부르기도 한다.[3]

보증신용장이 이용되는 형태는 다음의 몇 가지로 구분된다.

(1) 현지금융을 위한 보증

본사의 해외지점이 현지에서 금융을 일으킬 경우, 본국의 은행이 개설해 주 는 보증신용장을 담보제공용으로 이용할 수 있는데 〈그림 6-6〉에서와 같이 현 지의 은행은 상환에 대한 모든 책임을 지겠다는 지급확약서인 보증신용장을 토 대로 금융을 제공한다. 현지은행은 보증신용장의 수익자가 되며, 본국은행은 신 용장 개설은행 그리고 본사는 보증신용장의 개설의뢰인이 된다.

만약 해외지점이 금융을 기한 내에 상환하지 않게 되면 현지은행은 모든 책

그림 6-6   현지금융 보증신용장

3) Edward. G. Hinkelman, International Payments, San Rafael: World Trade Press, 1999, p.87.

임을 보증신용장의 개설은행에 부담시킨다. 따라서 본국은행은 보증신용장을 개설할 때 이에 상당하는 담보를 확보한다. 보증신용장이 개설되면 결과적으로 본사의 신용을 이용하여 해외에서 금융을 일으키는 결과가 된다.

(2) 계약이행보증서(Performance Bond)

국제적인 건설공사계약 등 대형거래에서는 계약이행에 대한 보장을 받고 계약조건대로 이행되지 않을 경우 이로 인한 손해를 보상받기 위해서 보증신용장이 많이 이용된다.

예컨대 아래의 그림에서처럼 사우디아라비아 정부가 우리나라의 코리아 건설에게 대형 발전소건설공사를 의뢰하였다고 하자. 이 경우 코리아건설은 거래은행인 퍼스트 뱅크에 의뢰하여 사우디정부를 수익자로 하는 계약이행보증서를 발행하여 제공한다. 그 내용은 계약서의 일정과 내용대로 공사가 이행되지 않을 경우 불이행했다는 진술서를 사우디 정부 측이 제시하면 은행이 지급하겠다는 약정이다.

그 후 어떤 사정에 의해 공사계약서에서 약정했던 기한 내에 공사를 못 마치게 되었다고 하자. 그러면 사우디 정부는 이행보증서에서 요구하는 불이행진술서(statement of default)를 작성하여 Global Bank에 제시하고 신용장에서 약속한 대금을 지급받게 된다.

이 이외에 큰 규모의 물자구입계약 등에도 계약이행보증서가 제공된다. 이러한 계약이행보증서들의 공통점은 기본계약의 불이행이 발생할 경우 보증서 발행은행이 손해액에 해당하는 일정 금액의 대금지급을 보장하는 것이다. 이들은

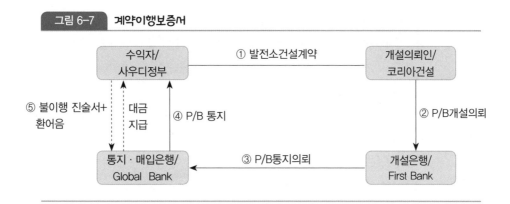

그림 6-7 계약이행보증서

모두 보증신용장의 일종으로 독립추상성을 비롯한 화환 신용장거래의 원칙이 모두 적용된다.

(3) 입찰보증서(Bid Bond)의 대체

국영기관에서의 대량의 물자도입이나 건설 공사 등 거래규모가 큰 계약은 대개 국제입찰을 통해 이루어진다. 이 경우 발주자 측에서는 어렵게 입찰과정을 거쳐 낙찰자를 선정했는데 낙찰자가 계약을 포기하면 다시 재공고를 해야 하는 등 시간, 비용의 손실이 커진다. 따라서 발주자는 응찰자가 공급자나 건설계약자로 선정된 후 실제 본 계약체결을 포기하는 경우의 손해를 방지하기 위하여 응찰자로 하여금 예상입찰금액의 5~10% 정도에 해당하는 금액을 보증금성격으로 발주자에게 기탁하게 한다.

만일 낙찰자가 본 계약을 포기하면 발주자는 이 보증금을 몰수하여 손실을 만회하는데 공사규모가 크기 때문에 이 입찰보증금도 상당히 큰 액수인 경우가 많다. 따라서 입찰보증금은 현금으로 납부할 수도 있으나 자금 부담이 크기 때문에 대부분 현금에 갈음하여 거래은행이 발행하는 입찰보증서로 대체하게 된다.

(4) 후불송금의 보증

신용장개설은 수입업자에게 신용장의 개설에 따른 담보를 요구하기 때문에 중소기업들은 이러한 부담을 피해서 송금 방식을 택하기도 한다. 그러나 후불송금의 경우 대금회수의 불안이 있기 때문에 수출업자는 보증신용장을 요구할 수 있다.

예컨대 후불송금조건으로 수출하면서 보증신용장을 수취한 수출업자는 만일 수입대전이 약정기일까지 송금되지 않으면 수입업자가 대금을 송금하지 않았다는 계약불이행진술서(statement)를 첨부하여 보증신용장을 제시함으로써 개설은행으로부터 대금을 지급받을 수 있다.

이 신용장은 일반 신용장에 비해 개설이 용이하며 개설수수료도 저렴하다는 장점이 있다. 또한 본 거래가 정상적으로 이행되면 사용할 필요가 없으므로 수입업자 편에서도 비교적 용이하게 제공할 수 있다.

추심방식처럼 환어음을 발행하는 경우에도 보증신용장을 이용할 수 있다.

예를 들어, 국내의 A사가 일본의 B사에게 매월 5만 달러의 의류를 수출하고 환어음을 발행하여 대금을 회수하는 조건으로 계약했다면 A사는 B사로부터 물품대금을 받을 수 있는 특별한 안전장치가 없기 때문에 불안할 것이다. 이 경우 B사가 자신의 거래은행에 의뢰하여 발행한 5만 달러짜리 보증신용장을 가지고 있다면 A사는 안심하고 선적할 수 있을 것이다. 만약 B사가 결제를 하지 않는 경우 보증신용장을 발행한 은행이 지급책임을 지게 되기 때문이다.

아래의 〈서식 6-6〉은 보증신용장의 예시이다. 화환신용장과 달리 요구하는 서류가 일람불환어음과 차주가 대여금과 이자를 상환하지 못했다는 내용을 기술한 수익자의 진술서(statement)뿐으로, 매우 간단함을 알 수 있다.

서식 6-6　Standby L/C

Korea Exchange Bank

To Bank of American, New York　　　　　　　　　　　　　　May 10, 2018
Stand-by Letter of Credit

Dear Sirs,
　We hereby issue our irrevocable stand-by letter of credit No. K123 up to an aggregate amount of US$2,000,000(US DOLLARS TWO MILLION ONLY) in your favor for account of ABC Co., Ltd., Seoul, Korea as security for your loan plus its interest extended to XYZ Inc., 110 Third Ave. New York, N.Y. 10001, U.S.A. for purchasing of Electronic Items as per Sales Contract No. 123.
　The interest rate of the loan extended under this credit shall not exceed the rate of zero point seventy five percent per annum over six month LIBO rate.
　This credit is available against your sight draft drawn on us accompanied by your signed statement certifying that the borrower have defaulted in the repayment of your loan plus its interest and that in consequence the amount drawn hereunder represents their unpaid indebtedness due to you.
　Your loan statement as of end of every month should be presented to us. We hereby agree with you that drafts drawn by virtue of this credit and in accordance with its stipulated terms will be duly honored provided they are presented to us on or before December 31, 2018.
　This credit shall expire on December 31, 2018, after which date shall be null and void.
　Except as otherwise expressly stated herein, this credit is subject to the "Uniform Customs and Practice for Documentary Credits(2007 Revision) International Chamber of Commerce, Publication No. 600."

　　　　　　　　　　　　　　　　　　　　　　　　　Very truly yours,
　　　　　　　　　　　　　　　　　　　　　　　　Korea Exchange Bank

　　　　　　　　　　　　　　　　　　　　　　　　Authorized Signature

14 스위프트 신용장

스위프트 신용장은 신용장의 종류라기보다는 전자통신시스템을 이용하여 신용장을 개설하는 방식에 따라 붙여진 명칭이다. 스위프트(SWIFT)는 국가 간의 대금결제 등 은행 간 업무를 데이터 통신망으로 연결하기 위해 1973년에 설립된 세계은행 간 금융데이터통신협회(Society for Worldwide Interbank Financial Telecommunication: SWIFT)를 말한다. 이 시스템은 기존의 은행 간 통신보다 효율성이 높기 때문에 국가 간 은행업무가 신속 정확하게 처리될 수 있다.

정보통신기술이 발달하기 전에는 우편을 이용해서 신용장을 개설·통지해 주었는데 시간이 많이 소요되고 도중에 분실되는 경우도 종종 발생하였으며 심지어 신용장을 위조하는 경우도 많아서 선의의 피해자가 생기기도 하였다. 그 후 통신기술이 발달함에 따라 전신으로 신용장을 개설하기 시작했는데 전신수수료가 많이 들어 신용장의 주요 내용만 전신으로 보내고 전체 신용장은 우편으로 별도 보내기도 하였다.

그러나 오늘날에는 고도화된 정보통신기술에 힘입어 과거에 비해 비용과 시간이 많이 절약돼 대부분의 신용장은 전신으로 개설되고 있다. 스위프트가 설립되면서부터는 주요 은행들이 이 협회에 가입함으로써 은행 간 통신 업무는 이 시스템에 의해 처리되고 있고 국제적인 은행 간의 신용장관련 업무도 자연히 이 시스템에 의하고 있다.

15 유사 신용장

다음과 같은 것들은 은행의 지급확약이 없기 때문에 엄밀한 의미에서 신용장은 아니지만 신용장과 유사한 기능을 가지고 있다.

(1) 어음매입수권서(Authority to Purchase: A/P)

어음매입수권서는 수입업자의 거래은행이 수입업자의 요청에 따라 수출국에 있는 자행의 본·지점 또는 환거래은행에 대해서 일정 조건의 운송서류와 함께 수입업자 앞으로 발행된 환어음을 제시하면 이를 매입하도록 지시한 통지서를 말한다.

여기서 은행은 지급확약을 하지 않고 단지 수입대금을 수출업자에게 전달해 주는 역할만 한다. 그리고 수출업자는 수입업자 앞으로 환어음을 발행하기 때문에 어음상의 지급인은 수입업자이다. 만약 관계 운송서류와 환어음이 수입업자에 의해서 지급거절이 되면 수출업자는 이미 받은 수출대금을 다시 되돌려 주어야 할 의무가 있다. 그리고 동일은행의 본·지점 간에는 어음매입수권서 대신 이와 똑같은 기능을 가진 어음매입지시서가 사용된다. 동일은행의 본·지점 간에는 환어음을 매입해 주도록 지시할 수 있기 때문이다.

어음매입수권서에는 다음과 같은 내용의 지시 문언이 나타난다.

> We hereby authorize you to purchase for our account draft(s) drawn by Korea Company C.P.O.Box 123, Seoul, Korea

(2) 어음지급수권서(Authority to Pay: A/P)

어음지급수권서는 수입국의 은행이 수입업자의 요청에 따라 수출국에 있는 자행의 본·지점이나 환거래은행에 대하여 수출업자가 발행한 일람불환어음을 지급하도록 지시하는 통지서이다. 발행은행이 어음의 인수와 지급을 보증하고 있지 않다는 점에서는 어음매입수권서와 같으나 다른 점은 환어음이 수입업자 앞으로 발행되는 것이 아니라 통지은행 앞으로 발행되는 일람불 은행어음이라는 점이다.

어음매입수권서와 어음지급수권서는 미국에서 취소가능신용장을 대신하여 이용되고 있다. 다만 일반적으로 취소가능하고 또 신용장과 달리 은행의 지급보증이 뒷받침되고 있지 않아 신용장에 비해 담보능력은 약하지만 수권서를 발행했다는 자체가 은행발행의 양호한 신용보고서 정도의 의미를 지니기 때문에 수출업자의 어음할인을 용이하게 해주는 효과가 있다.

어음지급수권서에는 다음과 같은 내용의 지시 문언이 나타난다.

> We are informed by (개설은행) that you will draw on us at (환어음의 기한) to the extent of (환어음금액) for account of (수입업자).

서식 6-7 스위프트 신용장

KOREA EXCHANGE BANK

Head Office : 181.2-ka Ulchi-ro, Chung-ku, Seoul, 100-793, Korea   TEL : (02) 729-8525
CPO BOX 2924, CABLE : KOEXBANK TLX NO : 23141-51   SWIFT : KOEXKRSE

※ Advice Br :   ※ Advice Date : 2018.12.29 (FAX/5402858)

....

Advice Of   ※ Advice No : A-0668-612-26291
Issue of Documentary Credit   ※ Credit No : 001/900/5804/DPU

....

※ Beneficiary : TEL. 042-870-1475   ※ Applicant;
KOREA MINTING AND SECURITY   PT. SELOGIRI SAMPURNA
PRINTING CO 35 GAJEONG-DONG,   JL. TENTARA PEI.AJAR NO. 21
YUSEONG-GU, DAEJEON 305-713,   PATAL SENAYAN JAKARTA
REPUBLIC OF KOREA

※ Amount : USD   6,046,712.80   ※ Issuing Bank : INDOIDJA
                                  BANK INDONESIA, JAKARTA
※ Expire Date : 2019. 10. 31   MENARA SJAFRUDDIN PRAWIRANEGARA
※ Receipt No : 20181229-7-0000023-00   FL. 7, JL. M. H. THAMRIN NO. 2
※ Sender's Bank : INDOIDJA   JAKARTA, INDONESIA

....

Gentlemen :
At the request of the issuing bank, and without any engagement or responsibility on our part, we are pleased to inform you that we have received the following AUTHENTICATED teletransmission dated 2018. 12. 28.

: 700 ISSUE OF A DOCUMENTARY CREDIT

: 27 Sequence of Total	: 1/1
: 40A Form of Documentary Credit	: IRREVOCABLE
: 20 Documentary Credit Number	: 001/900/5804/DPU
: 23 Reference to Pre-Advice	: NONE
: 31C Date of Issue	: 20181228
: 40E Applicable Rules	: UCP LATEST VERSION
: 31D Date and Place of Expiry	: 071031 IN SOUTH KOREA
: 50 Applicant	: PT. SELOGIRI SAMPURNA
	JL. TENTARA PELAJAR NO. 21
	PATAL SENAYAN JAKARTA
: 58 Beneficiary	: KOREA MINTING AND SECURITY PRINTING
	CORPORATION
	35 GAJEONG-DONG YUSEONG-GU,
	DAEJEON 305-713, KOREA
: 32B Currency Code, Amount	: USD6046, 712, 80

: 41A Available With...By...   : KOEXKRSE

                                                         BY NEGOTIATION

: 43P Partial Shipment   : ALLOWED

: 43T Transshipment   : ALLOWED

: 44E Port of Loading/Airport of   : SOUTH KOREA SEAPORT AND/OR

      Departure   AIRPORT

: 44F Port of Discharge/Airport of Destinati :

      TANJUNG PRIOK SEAPORT AND/OR SOEKARNO HATTA JAKARTA, AIRPORT

: 44C Latest Date of Shipment   : 20190915

: 45A Description of Goods and/or Services :

      71, 820 REAMS HIGH QUALITY BANKNOTE PAPER FOR S'00 DENOMINATION, WITH
      "CUT NYAK MEUTIA" WATERMARK, UNIT PRICE USD 112, 04 PER REAM

....

※※※※ This is a constituent and integral part of advice No : A066861226291 (OP)

....

      ALL IN BRAND NEW AND GOOD QUALITY AND PACKED IN
SEAWORTHY/AIRWORTHY EXPORT CONDITION

IMPORT REFERENCE NUMBER : 001/900/5804

COUNTRY OF ORIGIN : SOUTH KOREA

: 46A   Documents Required

      100PCT (ONE HUNDRED PERCENTS) OF THE CFR VALUE IS PAYABLE ON
      SHIPMENT AGAINST PRESENTATION OF THE FOLLOWING DOCUMENTS:

      1. SIGNED COMMERCIAL INVOICE IN 8 (EIGHT) FOLDS

      2. 2/3 OF "CLEAN ON BOARD", OCEAN BILL OF LADING PLUS 5(FIVE) COPIES
         MADE "TO ORDER", BLANK ENDORSED, DATED NOT LATER THAN SEPTEMBER
         15, 2007 FREIGHT PREPAID OR AIRWAY BILL 1(ONE) ORIGINAL PLUS 5(FIVE)
         COPIES CONSIGNED TO : "BANK INDONESIA JL. M. H. THAMRIN NO. 2
         JAKARTA-INDONESIA" DATED NOT LATER THAN SEPTEMBER 15, 2007 FREIGHT
         PREPAID. NOTIFY ADDRESS : BANK INDONESIA JL. M. H. THAMRIN NO. 2
         JAKARTA INDONESIA.,

      3. PACKING LIST IN 8(EIGHT) FOLDS

      4. CERTIFICATE OF ORIGIN IN 1(ONE) ORIGINAL PLUS 5(FIVE) COPIES.

      5. BENEFICIARY'S STATEMENT WHERE CONFIRMATION THAT 1(ONE) SET OF NON
         NEGOTIABLE COPY OF SHIPPING DOCUMENTS AND 1(ONE) ORIGINAL OF
         BILL OF LANDING/AIRWAY BILL(PLEASE CHOOSE) WERE SENT TO THE BUYER
         BY THE COURIER, IN 1(ONE) ORIGINAL PLUS 2(TWO) COPIES.

: 47A   Additional Conditions

      1. 1(ONE) SET OF NON NEGOTIABLE COPY OF SHIPPING DOCUMENTS AND
         1(ONE) ORIGINAL BILL OF LADING OR AIRWAY BILL TO BE SENT TO BUYER

      2. INSURANCE IS COVERED BY BUYER

      3. ALL DRAFTS AND DOCUMENTS MUST BE MARKED AS DRAWN UNDER THIS
         CREDIT AND MUST BEAR THE L/C NUMBER AND DATE.

: 71B   Charges   : ALL BANKING CHARGES OUTSIDE

                                                   INDONESIA ARE COVERED BY THE

                                                   BENEFICIARY'S ACCOUNT

＊＊＊＊ This is a constituent and integral part of advice No : A066861226291(OP)

: 49   Confirmation Instructions   : WITHOUT
: 78   Inst to the Pay/Accept/Negotiate Bank :
        FOR YOUR PAYMENT TO BE MADE UNDER THIS CREDIT, PRIOR SENDING
        DOCUMENTS TO US, PLEASE INFORM US BY AUTHENTICATED TELEX/SWIFT
        THE CONDITION OF THE DOCUMENTS WHETHER IT IS FULLY COMPLY WITH
        CREDIT TERMS OR DISCREPANCIES IF ANY. IF THE DOCUMENT FULLY COMPLY
        WITH CREDIT TERMS, OR THE DISCREPANCIES ALREADY APPROVED, WE SHALL
        REIMBURSE YOU BY CREDITING TO YOUR ACCOUNT
: 72   Sender to Receiver Information   : PLEASE ADVICE BENEFICIARY FOR THE
                                                   OPENING OF THIS LETTER OF THIS CREDIT

                                                BEST REGARDS
                                                FOREIGN DEBT SETTLEMENT DIVISION.

Please note that we reserve the right to make such corrections to this advice as may be
necessary upon receipt of the cable confirmation and assume no responsibility for any errors
and/or omissions in the transmission and/or translation of the teletransmission, and for any
forgery an/or alteration on the credit.

If the credit is available by negotiation, each presentation must be noted on the reverse of
this advice by the bank where the credit is available.

THIS ADVICE IS SUBJECT TO THE UNIFORM CUSTOMS AND PRACTICE FOR
DOCUMENTARY CREDITS (2007 REVISION, ICC PUBLICATION NO. 600).

                                                Yours very truly,

                                                ....
                                                Authorized Signature

판례 6-1 **연지급신용장에서의 매입**

연지급신용장은 일반적인 신용장이 아니라서 이와 관련된 판례도 많지 않다. 그러나 우리나라에서 이와 관련된 분쟁이 발생하여 연지급신용장의 사용에 주의할 점이 있음을 일깨워 주었다.

프랑스의 잘텍스(Sarl Jaltex)사는 한국의 일경교역으로부터 직물을 수입하기로 하고 비엔피파리바 은행에서 취소불능 연지급신용장을 개설하였다. 이 신용장의 지급만기일은 선적일로부터 90일이었고, 신용장조건 중에는 개설은행의 창구에서 연지급방식에 의하여 이용가능하다는 문구(available with at our counters by DEF payment)가 포함되어 있었다.

그런데 일경교역은 아주 저급한 물품을 선적하고는 신용장상의 물품과 동일한 물품을 선적한 것처럼 운송서류를 위조하여 중소기업은행에게 매입을 의뢰하였고, 동 은행은 서류를 매입한 후 이를 개설은행에 제시하고 인수를 요청하였다. 그리고 개설은행은 서류를 인수하였다는 내용의 다음과 같은 통보서를 매입은행인 중소기업은행에 보내왔다.

" …has accepted above shipping documents as follows: Accepted amount: USD 79,150.50, Maturity date: Oct. 23, 1997"

그 후 수입업자인 잘텍스사는 파리상사재판소에 개설은행에 대하여 신용장대금의 지급 금지를 명하는 가처분명령을 요청하였고, 이것이 받아들여졌다. 이에 중소기업은행은 개설은행을 상대로 매입대금반환청구소송을 제기하였다.

이 사건의 쟁점 가운데 하나는 연지급신용장도 과연 매입가능한가, 즉 기업은행에 의한 매입이 신용장통일규칙에서 의미하는 '매입'에 해당하는가였다. 이에 대해, 대법원은 대금의 지급이 특정기일로 지정되어 있는 연지급신용장의 경우에도, 개설은행에 의하여 대금지급은행이 지정된 때에는 특별한 반대의 약정이 없는 한, 만기일 전에 지정은행이 서류를 매입하더라도, 개설은행이 만기에 그 대금을 상환하겠다는 취지가 포함되어 있다고 판단하였다. 즉 연지급신용장하에서 비록 환어음은 발행되지 않지만 운송서류의 '매입'은 가능하다는 것이다.

이처럼 법원에서는 연지급신용장에 대해서도 만기 전 매입이 가능하다는 판단을 하였다. 다만 이 사건에서는 지정은행이 아닌 은행이 매입을 한 경우라서 중소기업은행이 대금상환을 받지는 못하였다. 이는 만일 중소기업은행이 연지급은행으로 지정되어 있었다면 매입이 정당한 것으로 판정될 수 있었음을 시사한다. 현재의 신용장통일규칙(UCP600)에서는 지정은행 이외의 은행도 매입이 가능하도록 허용하고 있어 이러한 문제가 다시 쟁점이 되지는 않을 것이다.

(대법원 2003. 1. 24. 선고 2001다68266 판결 참조)

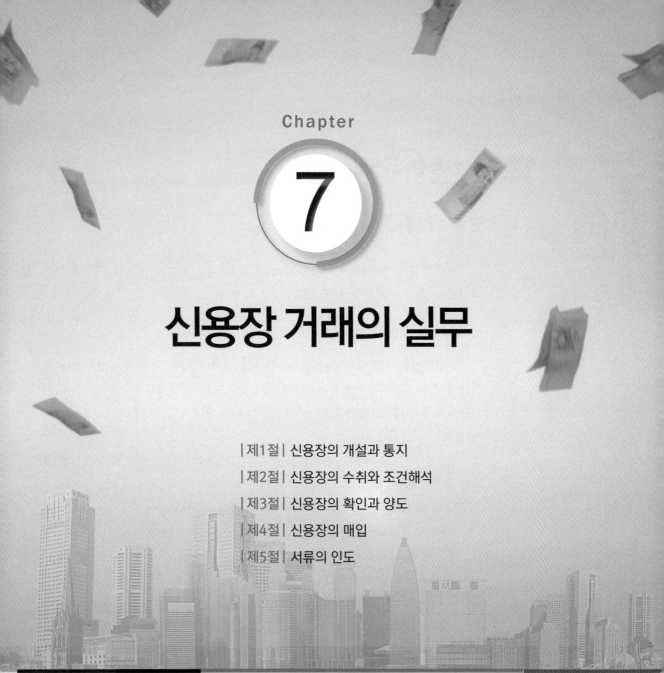

Chapter

7

신용장 거래의 실무

|제1절| 신용장의 개설과 통지
|제2절| 신용장의 수취와 조건해석
|제3절| 신용장의 확인과 양도
|제4절| 신용장의 매입
|제5절| 서류의 인도

신용장은 수출입업자 모두에게 거래의 안전을 담보하는 안전장치가 될 수 있는 반면에, 당사자 중 누군가 이를 나쁘게 이용할 경우 다른 당사자를 큰 곤란에 빠트리는 함정이 될 수 있다. 신용장 실무에서 수출입업자와 은행 등 관계당사자들이 주지해야 하는 대원칙은 신용장의 독립추상성과 엄격일치의 원칙이라 하겠다. 신용장과 관련한 많은 분쟁들은 당사자들이 이러한 원칙을 간과하기 때문에 발생한다.

제 1 절   신용장의 개설과 통지

1 신용장의 개설 신청

매매계약을 체결할 때 대금을 신용장 방식으로 결제할 것을 약정한 경우 수입업자는 먼저 거래은행에 수출업자 앞으로 신용장을 개설해 줄 것을 요청한다.

(1) 외국환거래의 약정

수입업자는 신용장 개설에 앞서 신용장 거래에 따른 약정을 개설은행과 체결해야 한다. 우리나라에서는 전국은행연합회가 작성한 "외국환거래약정서"가 사용되고 있는데, 인쇄된 약정서의 내용에 대해 개설의뢰인이 서명·날인함으로써 동의하는 형식을 취한다.

신용장 개설에 따른 약정내용은 주로 수입업자와 개설은행 간의 채권 및 채무관계인데, 주요 내용은 다음과 같다.

① 수입업자는 수입물품 및 관련 운송서류를 개설은행에 지급해야 하는 모든 채무, 수수료 등을 위한 담보로서 은행에 양도한다.

② 수입업자는 신용장 개설에 따른 수수료, 이자, 할인료, 지연배당금, 손해배상금 등을 부담한다.

③ 개설은행은 채권보전을 위해 필요한 경우 신용장 조건과 불일치하는 어음에 대해서 수입업자의 동의 없이 지급 또는 인수를 거절할 수 있다.

(2) 신용장개설신청서의 작성

수입업자는 신용장 개설은행과 외국환거래약정을 체결한 후 거래 시마다 신용장개설신청서(L/C Application)를 제출하여 신용장 개설을 의뢰한다. 신용장개설신청서에 기재된 사항은 그대로 신용장 조건이 되므로 모든 사항을 명료하고 정확하게 기재해야 한다.

신용장 개설에 필요한 서류는 외국환은행마다 다를 수도 있지만 일반적으로 다음과 같다.

1) 신용장개설신청서

신용장개설신청서를 바탕으로 신용장의 내용이 규정되므로 매우 신중하게 작성해야 한다. 특히 표현이나 용어를 정확히 사용해야 신용장을 받아보게 되는 수출업자나 대금결제를 위해 서류를 검토하게 될 은행에게 혼란을 주지 않을 수 있다(〈서식 7-1〉 취소불능화환신용장발행신청서 참조).

2) 물품매도확약서 또는 계약서

물품매도확약서(offer)[1]나 계약서는 매매계약의 내용을 그대로 담고 있는 문서로서, 특히 신용장상에 상품의 명세를 "As per our Offer Sheet(Contract) No. 123"과 같이 표시한 경우에는 중요한 참고서류가 된다.

3) 보험서류

수입업자가 적하보험계약을 체결하는 경우에는 보험서류를 제출해야 한다. 신용장이 개설되면 화물에 대해서 개설은행이 담보권을 행사할 수도 있으므로 이에 대한 대비를 하는 것이다.

4) 수입승인서

수출입공고나 통합공고에 따라 일정한 수입요령이 필요한 품목을 수입할 경우에는 해당 품목에 대해 관련 기관으로부터 발급된 수입승인(추천)서 등을 제출한다.[2]

5) 담보제공증서 등의 기타 문서

이 외에도 해당 은행에서 요구하는 담보제공증서 등을 제출한다.

---

1) 물품매도확약서, 즉 오퍼장(offer sheet)에는 거래조건이 기재되어 있기 때문에 별도의 계약서를 작성하지 않고 오퍼장을 그대로 계약서로서 이용하기도 한다.
2) 대외무역법에 따라 전략물자의 수출입 시에는 해당 기관으로부터 수출입 허가서를 발급받아야 한다.

서식 7-1 취소불능화환신용장발행신청서

고 객 용

취소불능화환신용장발행신청서
(APPLICATION FOR IRREVOCABLE DOCUMENTARY CREDIT)
(Reopen 구분 : □ 1차발행 □ 2차발행)

To : WOORI BANK   1. DATE:

※ Advising Bank : _____ (BIC CODE : _____

※ 2. Credit No. : _____ 용도구분 : (예시 : NS,ES,NU등)

3. Applicant : _____

4. Beneficiary : _____

5. Amount : 통화 _____ 금액 _____ (Tolerance : /)

6. Expiry Date : _____ 7. Latest date of shipment : _____

8. Tenor of Draft   □At Sight (□Reimburse   □Remittance)

     □Usance   days

9. For _____ % **of the invoice value (Usance L/C only** : □ Banker's   □ □ Domestic)
Shipper's

DOCUMENTS REQUIRED (46A :)

10. □   Full set of clean on board ocean bills of lading made out to the order of WOORI BANK mal "Freight_____and notify (□Accountee, □Other : _____
Air Waybills consigned to WOORI BANK marked "Freight _____ and "notify Accountee"

11. □   Insurance Policy or certificate in duplicate endorsed in blank for 110% of the invoice value, stipulating that claims are payble in the currency of the draft and also indicating a claim setting agent in Korea. Insurance must include : the institute Cargo Clause

12. □   Signed commercial invoice in_____   13. □ Certificate of analysis in_____

14. □   Packing list in   15. □Certificate of weight in_____

16. □   Certificate of origirn in   issued by _____

17. □   Inspection certificate in   issued by _____

18. □   Other documents(if any)

19. Description of goods and/or services(45A :)   (Price Term _____)

Commodity Description	Quantity	Unit Price	Amount
(H.S CODE :)			
Country of Origin		Total	

20. Shipment From : _____ Shipment To : _____

21. Partial Shipment : □Allowed   □Prohibited   2   2 **Transhipment** : □Allowed   □Prohibited

23. Confirmation : □

Confirmation charges : □Beneficiary,   □Applicant

24. Transfer :   □Allowed(Transfering Bank : _____)

25. Documents must be presented within _____ days after the date of shipment of B/L or other transportation documents.

Additional Conditions(47A :)

□   All banking charges(including postage, advising and payment commission, negotiation and reimbursement commission) outside Korea are for account of   □Beneficiary   □Applicant

□   Stale B/L AWB acceptable   □Charter Party B/L is acceptable   □Third party B/L acceptable

□   Third party document acceptable   □Combined shipment B/L is acceptable

□   T/T Reimbursement :   □Allowed   □Prohibited

□   Bils of lading should be issued by _____

□   (House) Air Waybills should be issued by _____

□   ( ) % More or less in quantity and amount to be acceptable
The number of this credit must be indicated in all documents
Other conditions :

※ Drawee Bank (42A) : _____

※ Reimbursement Bank(53A) : _____

Except so far as otherwise expressly stated, This Documentary credit is subject to the Uniform Customs and Practice for Documentary Credits (2007 Revision) International Chamber of Commerce Publication No. 600

위외같이 신용장 발행을 신청함에 있어서 따로 제출한 외국환거래약정서의 해당 조항을 따를 것을 확약하며, 아울러 위 수입물품에 관한 모든 권리를 귀행에 양도하겠습니다.

		주 소		인감 및 원본확인
		신 청 인	(인)	

(3) 인터넷 뱅킹을 이용한 신용장 개설

우리나라의 수입업자들은 은행들이 제공하는 인터넷 뱅킹을 이용하여 수입신용장을 개설하거나 조건을 변경할 수 있다. 수입업자가 인터넷 뱅킹을 통해 수입신용장 개설을 신청하면 개설은행은 개설신청전문을 발송하고 발신전문사본은 수입업자에게 전송한다. 그리고 수입업자는 인터넷 뱅킹을 통해 처리결과를 조회할 수 있다.

인터넷 뱅킹을 이용하면 수입업무가 경감되고 수작업에 따른 오류를 방지할 수 있다. 개설신청서를 제출하기 위해 은행을 방문할 필요가 없으며 인터넷 뱅킹 이용에 따른 추가수수료를 부담할 필요도 없어 시간과 비용을 절약할 수 있다. 그리고 신용장의 개설, 처리결과 등을 인터넷으로 조회할 수 있고 기존의 자료를 저장하거나 복사할 수도 있기 때문에 최근에는 인터넷 뱅킹을 이용해서 신용장이 많이 개설되고 있다.

② 신용장 개설담보 및 수수료

신용장 개설은행은 수입업자를 대신하여 수출업자, 매입은행 등에게 수입대금의 지급을 확약하므로 수입업자로 하여금 신용장금액에 상응하는 담보를 제공하도록 하고, 수입업자의 담보 제공에 따라 수입업자별로 신용장개설한도액을 설정하고 있다. 외화획득용 원료와 같이 순전히 개설은행의 자금으로 수입되는

표 7-1   수입신용장 개설수수료 (2018.11.30 기준)

은행	카테고리	수수료 리스트
IBK기업은행	수입신용장개설수수료	업체별 신용등급에 따라 연 요율 0.92%~1.40% (최저 10,000원)
KB국민은행	수입신용장개설수수료	일람불개설수수료(신용등급별 연 0.72%~1.40%) 최저 10,000원 / 기한부 개설수수료(신용등급별 연 0.76%~1.44%) 최저 10,000원
KEB하나은행	수입신용장개설수수료	신용등급별 연 0.8%~1.4%(최저: 10,000원)
스탠다드차타드은행	수입신용장개설수수료	신용등급별 연 0.35%~1.75%(최저: 15,000원)
우리은행	수입신용장개설수수료	신용등급별 연 0.7%~1.5%(최저: 20,000원)

자료:전국은행연합회.

경우에는 수입물품 자체를 담보로 개설은행에 양도해야 한다.

그리고 개설은행은 신용장개설수수료, 전신료 등 신용장 개설에 필요한 일체의 비용을 수입업자로부터 징수하는데 신용장개설수수료, 전신료 등의 외국환수수료는 은행별로 자율적으로 결정되고 있다. 신용장개설과 관련된 수수료의 예를 보면 〈표 7-1〉과 같다.

③ 신용장의 개설방식

신용장은 우편, 전신, 스위프트 방식으로 개설되는데 오늘날은 대부분 스위프트 방식으로 개설되고 있다.

(1) 우편신용장(Mail Credit)

우편신용장은 소정의 양식에 따라 신용장을 개설하여 우편으로 수출업자에게 전달해주는 신용장이다. 개설은행과 통지은행 간에는 서로 서명감을 교환하여 신용장의 진위 여부를 확인한다. 우편신용장은 오늘날에는 잘 사용되지 않고 통신수단이 발달되지 않은 국가와의 거래에서 간혹 사용된다.

(2) 전신신용장(Cable Credit)

전신신용장은 신용장의 내용을 모두 전송하는 "Full Cable(full teletransmission)" 방식과 주요 내용만 간결하게 전송하는 "Short Cable(short teletransmission)" 방식이 있다.

"Full Cable"에는 "This is an operative credit."(이것은 유효한 신용장 증서임)이라는 표시가 있어 전신신용장이 곧 유효한 신용장이 된다. "Short Cable" 방식은 수출업자에게 신용장이 개설되었다는 사실과 주요 내용을 미리 알려주기 위해서 이용된다. 이러한 예비통지 성격의 신용장에는 "full details to follow"(상세한 사항은 추후 통지함)와 같은 표현이 있어 그 자체는 유효한 신용장으로 간주되지 않고 반드시 신용장 원본(mail confirmation)이 다시 수출업자에게 통지된다.

"Short Cable" 방식을 이용하면 전신 및 우편으로 신용장이 두 번 개설되는 번거로움이 있고, 오늘날에는 전신료도 저렴하므로 이 방식보다는 신용장 내용의 전부를 전신으로 보내는 "Full Cable" 방식이 대부분 이용되고 있다. 그리고 전신으로 개설되는 신용장은 사전에 개설은행과 통지은행 간에 암호(test key)가 교환되어 있어 신용장의 위조를 방지한다.

(3) SWIFT신용장

스위프트(SWIFT)신용장은 전신신용장으로 전자문서교환(electronic data interchange: EDI) 방식에 의한 신용장을 의미하는데 전신신용장을 암호로 개설하는 것과 비슷하며 신용장의 표준양식이 코드화 되어 있다. SWIFT신용장은 인증키(authenticator key)로 신용장의 진위 여부를 확인하는데 신용장금액, 통화종류, 거래일자 등 신용장의 주요 조건들이 모두 암호화되어 있어 위조가 불가능하다.

4 신용장의 통지

무역계약이 체결되면 수입업자는 자신이 거래하는 은행을 통해 수출업자 앞으로 신용장을 개설 · 통지해 준다. 대개 신용장은 개설은행의 요청에 따라 수출업자 주소지에 소재하는 은행이 통지한다. 신용장 통지은행은 수출업자에게 신용장을 통지할 때 통지번호를 부여하고 신용장 조건이 변경되는 경우에는 통지번호의 맨 끝에 변경되는 누적회수를 표시한다.

통지은행은 상당한 주의를 가지고 신용장의 진위 여부를 검토해야 할 의무가 있다. 만약 진위 여부를 확인할 수 없을 경우에는 그러한 사실을 개설은행 및 수출업자에게 통지해야 한다. 수익자가 신용장의 위조 여부를 판단할 기능이 없기 때문에 신용장통일규칙(제9조)에서는 통지해주는 은행에게 합리적인 주의를 기울여 신용장의 진위 여부를 가리도록 의무를 부여하고 있다.

신용장의 통지는 개설은행의 본 · 지점 간 또는 환거래은행을 통해서 이루어지는데, 이들 은행 간에는 서로 간에 등록된 서명감(authorized signature list)[3]과 암호 해독표를 교환해 보유하고 있다. 통지은행은 미리 확보해 둔 개설은행의 서명과 신용장의 서명을 대조하여 우편신용장의 진위 여부를 가릴 수 있고, 전신신용장의 경우에는 암호를 해독표의 지시대로 해독함으로써 위조 여부를 판단할 수 있다.

---

3) 환거래은행 간의 모든 왕복문서, 지급수단 등의 진위판별을 위하여 환거래은행 간에 서명권이 있는 임직원의 서명을 수록한 책자를 발간하여 서로 교환하게 되는데, 이를 서명감이라 한다.

사례 7-1   가짜 신용장에 의한 피해

브라질 교포 무역업자인 K는 우루과이에 소재하고 있는 국적불명의 무허가 유령은행(Hong Kong Private Bankers Ltd)이 고액의 커미션을 받고 위조 신용장을 원하는 대로 개설해주고 있다는 정보를 입수했다. 1997년 5월경, K는 국내 I무역을 접촉, 1백만불 규모의 수입계약을 체결한 후, 브라질 내에서는 신용장 개설이 어렵다는 이유로 우루과이 은행을 통해 개설하겠다는 통보를 보냈다. 그로부터 얼마 지나지 않아, 총 1백만불 규모의 180일 유전스(Usance) 신용장이 국내 D은행을 통해 I무역에 통지되었다.

신용장은 의혹투성이였다. 개설은행은 Hong Kong Private Bankers Ltd(이하 HKPB로 칭함)이었으나, 신용장은 나우르공화국(남태평양상에 있는 작은 섬나라)의 DOM MITRA National Bank를 경유하여 텔렉스로 내도되었다. 또한 신용장 개설의뢰인(applicant)은 수입상 K가 아닌, 우루과이의 FINDEMAR사 명의였고, 신용장상에는 개설은행인 HKPB의 소재지나 연락처도 없을 뿐 아니라, 선적서류의 송부처가 개설의뢰인인 FINDEMAR 사와 동일주소로 되어 있었다.

HKPB는 은행명부에도 등재되어 있지 않은 정체불명의 은행이었다. 또한 신용장을 국내 통지은행인 D은행에 통지해 준, 나우르공화국 DOM MITRA은행은 D은행과 아무런 환거래협정이 체결되어 있지 않은 은행이었다. 그럼에도 불구하고 D은행은 국내 수출업자에게 신용장을 그대로 통지해주었다.

I무역은 선적후 국내 D은행에 네고서류를 제시하였고, 은행은 수출대금이 미입금될 경우 책임을 지겠다는 각서를 I업체로부터 징구하고 수출대금을 지급해주었다. D은행은 6개월 뒤 만기 결제일에 맞추어 환어음 서류를 우루과이로 보냈지만, 애당초 이름조차 없는 유령은행에서 대금이 결제될 리 만무했다. 결국, 이 사기 건으로 국내의 I무역은 부도가 났고, 네고를 해준 D은행도 막대한 부실채권을 떠맡게 되었다.

출처: ecplaza.net

서식 7-2   취소불능화환신용장조건변경신청서

취소불능화환신용장조건변경신청서

(Application for Amendment to Irrevocable Documentary Credit)

(□취소인 경우 **V표시**)

고 객 용

TO : **WOORI BANK**   Date :

Documentary Credit Number :   EDI-NO :

Currency :   Amount :

Beneficiary :   Expiry date :

Advising Bank :

We request you to amend by (TELECOMMUNICATION AIRMAIL) the captioned Documentary Credit

---

◆   New date of expiry :   (YY-MM-DD)

◆   Amount increased By _____ TO _____
◆   Amount decreased By _____ TO _____
◆   All banking charges _____
◆   Credit is cancelled subject to beneficiary's concent
◆   Latest date for shipment to   (YY-MM-DD)
◆   Other amendments

All other terms and conditions remain unchanged

위 기재사항이 틀림없음을 확인하고 신용장조건변경을 의뢰합니다.			년 월 일	
지급보증 확 인	담 당	결 재	주소 신청인 (인)	인감 및 원본확인

TO: JSK CORP.

> Standard Chartered Bank
> 13th Floor, Nae wei Bulding
> 6, 2-Ka, Ulchi-Ro, Chung-Ku
> P.O. BOX Kwangwhamun 259
> SEOUL, KOREA

ADVICE OF ORIGINAL LETTER OF CREDIT

LC NO.	: TFPSNK0771218	**DATED 2018, February 16**
FOR	: USD 13,860.00	
OUR REF.	: A5601-902-12878	**DATED 2018, February 18**

OPENDED BY: NAT'L WESTMINSTER BANK SOUTHAMPTON

DEAR SIRS,
WITHOUT ANY RESPONSIBILITY OR ENGAGEMENT ON OUT PART FOR
POSSIBLE ERRORS, OMISSIONS, OR DELAYS IN THE TRANSMISSION THEREOF,
WE ENCLOSE AN AUTHENTICATED MESSAGE ADVISING THE ISSUANCE OF
THE CAPTIONED CREDIT.

YOU ARE REQUIRED TO EXAMINE THE CONTENTS OF THE CREDIT. IF ANY
OF THE TERMS/CONDITIONS DO NOT COMPLY WITH YOUR EXPECTATION
PLEASE CONTACT DIRECTLY WITH THE APPLICANT AS WE ARE NOT
AUTHORIZED TO VARY THE CREDIT WITHOUT INSTRUCTIONS FROM THE
ISSUING BANK.

THIS ADVICE IS SUBJECT TO THE UNIFORM CUSTOMS AND PRACTICE FOR
DOCUMENTARY CREDITS. (2007 REVISION, INTERNATIONAL CHAMBER OF
COMMERCE. PARIS, FRANCE, PUBLICATION NO. 600)

> YOURS FAITHFULLY,
> STANDARD CHARTERED BANK
> SEOUL BRANCH

제 2 절 신용장의 수취와 조건해석

1 신용장의 수취와 검토

신용장은 개설은행의 조건부 지급확약서이기 때문에 수출업자가 수출대금을 결제받기 위해서는 신용장에서 요구하고 있는 모든 요건을 충족해야 한다. 따라서 수출업자는 신용장을 수취하면 즉시 신용장상의 제반 요건이 매매계약의 내용과 일치하는지, 각 조건들이 이행 가능한 것인지 등을 면밀히 검토해야 한다.

(1) 신용장의 진위 여부

수출업자는 먼저 통지된 신용장이 진짜인지 여부를 검토해야 한다. 물론 통지은행이 신용장을 통지할 때 그 진위 여부를 확인하고 애매모호한 경우에는 그러한 사실도 통지하지만 수출업자는 신용장을 실제 사용하는 직접적인 당사자이므로 그 진위 여부를 다시 한 번 검토할 필요가 있다.

특히 다음과 같은 경우의 신용장에 대해서는 주의를 기울여야 한다.

첫째, 개설은행이 환거래약정을 체결하지 않은 은행이고 잘 모르는 은행인 경우이다. 신용장 거래에서는 개설은행의 지급확약을 토대로 모든 거래가 일어나므로 개설은행의 신용도는 매우 중요하다. 현재 우리나라의 외국환은행들은 환거래 취결을 맺고 있지 않은 은행이 개설한 신용장에 대해서는 매입에 응하지 않는다.

둘째, 신용장이 우편에 의해 수출업자에게 직접 우송된 경우이다. 신용장의 개설은행과 통지은행은 사전에 서명감부 교환하고 있어 통지은행을 통할 경우 신용장의 진위 여부가 쉽게 확인되지만, 우편신용장이 수출업자에게 직접 전달되면 신용장의 진위 여부를 판단할 수 없게 된다. 우리나라의 무역금융규정에서는 외국환은행들로 하여금 신용장에 반드시 통지번호를 부여하도록 하여 은행경유의 통지를 의무화하고 있다.

셋째, 선하증권 등 운송서류의 수취인이 수입업자로 되어 있는 경우이다. 신용장 거래에서 운송서류는 매입은행을 경유하여 최종 개설은행으로 전달된다. 개설은행은 수입대금과 상환하여 운송서류를 수입업자에게 인도해야 하는데 만약 수입업자가 직접 운송서류를 수취하도록 되어 있으면 개설은행은 매입은행에 지급한 상환대금을 확보할 수 없게 된다.

(2) 개설은행의 신용상태

신용장 거래에서 개설은행의 신용도는 아주 중요하므로 신용장 개설은행의 신용상태를 면밀히 분석해야 한다. 신용장을 받는 것에만 급급하여 은행의 신용을 확인하지 않고 수출함으로써 대금을 받지 못하는 경우가 종종 발생한다. 그리고 개설은행도 간혹 파산하는 경우도 있고 개설은행 국가의 외환사정이 악화되어 대외지급이 중지되거나 연기될 수도 있다. 또한 개설은행이 속한 국가의 전쟁으로 인해 운송서류를 송달할 수 없어 결제가 불가능한 경우도 있다.

따라서 수출업자는 신용장을 수취하면 개설은행의 신용상태와 더불어 개설은행이 속한 국가의 비상위험이 발생할 가능성을 분석해야 한다. 만약 개설은행의 신용에 문제가 있거나 국가의 비상위험이 발생할 가능성이 높으면 확인은행을 개입시켜 추가로 확인을 받거나, 수출보험에 가입한 후 수출을 이행하는 것이 안전하다.

(3) 신용장 형식 요건의 구비 확인

신용장의 형식 요건과 관련해서는 취소불능신용장인지의 여부, 지급확약문언의 존재 여부, 신용장통일규칙 준수문언의 존재 여부 등을 검토한다.

첫째, 우리나라에서 취소가능신용장은 신용장으로서 인정되지 않으므로 무엇보다 이를 먼저 검토해야 한다. 취소가능 여부에 대해서 신용장상에 아무런 언급이 없으면 취소불능신용장으로 간주되므로 신용장상에 "revocable"이라는 문언이 있는지 확인해야 한다.

둘째, 신용장에는 반드시 개설은행의 지급확약문언이 있어야 한다. 신용장이라는 것은 개설은행의 지급확약서를 의미하므로 이 문언이 있어야만 신용장으로서 효력이 발생한다. 특히 개설은행의 지급확약을 받는 당사자가 수출업자로 제한되어 있는지 여부를 검토해야 한다. 만약 수출업자 한 당사자에게만 지급이 확약되어 있으면 지급은행이 지정되어 있어야 결제가 가능하다.

마지막으로 신용장에는 신용장통일규칙의 준수문언이 있어야 한다. 신용장 거래는 2개국 이상의 거래이므로 준거법에 대한 분명한 명시가 있어야 사후분쟁에 대비할 수 있다. 신용장통일규칙은 국제적인 표준 규칙이나 분쟁시 신용장거래와 관련하여 당사자들의 행동이 적정했는지를 판단하는데 가장 직접적인 해석 기준이 되므로 반드시 신용장에 준거법규도 포함시켜야 한다.

Midland Bank Singapore Branch
21 Collyer Quay #03-06 Singapore 0104

Date and place : 7 September 2017, Singapore   (ORIGINAL for BENEFICIARY)

IRREVOCABLE DOCUMENTARY CREDIT	Credit Number	
	of Issuing Bank IC771187	of Advising Bank A8801-712-00872

Advising Bank	Applicant
Korea Exchange Bank Seoul, Korea	Spring Field Co., Ltd. Singapore

Beneficiary	Amount
Doori Silup Co., Ltd. CPO Box 1234 Seoul, S. Korea	USD 43,000.00
	Expiry Date 10 Jan. 2018 in beneficiary's country for negotiation

Dear Sir(s),

We hereby issue in your favour this documentary credit which is available by negotiation with any bank of your draft at sight drawn on us accompanied by the following documents : --

1) Signed Commercial Invoice in triplicate
2) Full set of clean ON BOARD ocean Bill of Lading made out to our order marked "Freight Prepaid"   and notify applicant.
3) Packing List in duplicate
4) Insurance Policy or Certificate in negoiable form, in duplicate, endorsed in blank, covering I.C.C.(A). Institute War Clauses(Cargo) for full invoice value plus 10% with claims payable in Singapore in the currency of the draft.

Evidencing shipment of 5,000kgs of dried cuttlefish at 8.60/kg CIF Singapore

Shipment from Korea to Singapore latest 31 Dec. 2017	Partial Shipment not allowed	Transhipment not allowed

Special condition(s) :
- Documents to be presented within 10 days after the date of issuance of the transport document but wihin the validity of the credit
- All banking charges outside Singapore are for account of beneficiary
- All documents to be sent to us by registered airmail in 2 consecutive lots.
- Proceeds drawn under this credit will be remitted as per instruction of the negotiating bank upon receipt of the documents in compliance with the terms and conditions of the credit.

We hereby engage with drawer and/or bona fide holders that drafts drawn under and negotiated in conformity with the terms and conditions of this credit will be duly honoured on presentation and that drafts accepted within the terms of this credit will be duly honoured at maturity.	Advising Bank's notification

This credit is issued subjcet to "Uniform Customs and Practice for Documentary Credits", 2007 revision, ICC Publication No. 600.

162 제2부 | 신용장 방식에 의한 결제

(4) 신용장의 조건해석

1) 신용장해석의 우선순위

신용장에 신용장통일규칙(UCP)에 따른다고 명시적으로 표시하고 있는 경우 UCP는 화환신용장 및 보증신용장에 적용되는 규칙이라고 동 규칙 제1조는 명시하고 있다. 즉 UCP는 당사자 간의 합의에 의하여 그 적용, 수정 또는 배제가 가능하게 되는 규칙으로, 당사자 간에 합의가 없었더라도 강제적으로 적용되는 법률이나 조약과는 다르다.

신용장의 해석과 관련하여 법규정을 적용함에 있어 우선순위는 다음과 같다.

① 매매당사국의 국내 강행법규(어음법 또는 섭외사법 등)
② 당사자 간의 특약(신용장상의 기재내용)
③ 신용장통일규칙
④ 국제상관행

2) 신용장의 기간 및 기일

신용장을 수취하면 특히 주의해야 할 일자가 있는데 바로 신용장의 유효기일(Expiry Date)과 선적기일(Shipping date)이며, 이 둘 간의 관계도 잘 이해해야 한다. 신용장상에 유효기일은 정해져 있으나 최종 선적일(Latest Shipping Date)이 정해져 있지 않을 경우에는 유효기일을 최종 선적일과 같은 날짜로 간주한다.

3) 수량 및 금액의 해석

① About, Approximately 등의 해석

신용장에 표시되어 있는 금액, 수량, 단가 등에 위 용어가 사용되었을 때에는 10%의 상하 편차가 허용되는 것으로 해석한다(UCP 제30조 a항). 예를 들면, 신용장 금액을 "about USD100,000"라고 표시한 때에는 상한액 USD110,000, 하한액 USD 90,000까지 허용된다.

② 상품 수량의 과부족 허용한도

신용장에 상품의 수량(Quantity)에 관한 과부족 문언(more or less clause)이 없고, 분할선적(Partial Shipment)이 허용되지 않은 경우에 신용장금액을 초과하지 않은 범위 내에서 About 등의 용어를 사용하지 않았더라도 벌크화물과 같이 상

품의 성질상 정확한 양을 선적하기가 곤란한 경우에는 5%의 상하편차가 허용
된다(UCP 제30조 c항). 예를 들면, 상품의 명세를 "Chemicals in bulk", "Ore in
barrels" 등으로 기재한 경우이다. 그러나 pc, dozen, bag, box 등과 같이 수량을
포장단위 또는 개개 품목으로 숫자를 명시하고 있는 경우에는 편차가 허용되지
않는다.

4) 기간의 해석

신용장의 유효기일란에 특정일자가 표시되지 않고 'for one month', 'for six
months'와 같이 월만 표시되어 있는 경우에는 신용장 개설일자를 기산일로부터
계산하여 해당기간의 종료일 하루전까지를 유효기간 만료일로 해석한다. 예를
들어, 신용장 개설일이 8월 6일인 경우 'for one month'라면 마감일은 9월 5일이
된다.

신용장에서 선적과 관련한 기일/기간에 'to, until, till, from' 등의 용어가 사
용되었을 경우에는 그 당해일을 포함하고 'after'라는 용어는 당해일이 포함되지
않는다.

어느 월의 전반기, 후반기는 'first half of a month', 'second half of a month'
로 표시하고 어느 월의 초, 중, 하순은 'biginning of a month', 'middle', 'end'로
표시한다.

한편 수입화물 선취보증서 (L/G)에 의해 서류도착전에 화물을 미리 찾은 경
우에는 'at sight'의 기산일은 개설은행에 서류가 도착한 때가 아닌 L/G발급일로
소급된다. 따라서 기한부(usance)신용장인 경우에는 외상기간을 L/G 발급일로부
터 계산하여야 하고 일람출급신용장인 경우에는 L/G 발급 시에 수입업자가 개설
은행에 수입대금을 결제하여야 한다.

5) 운송서류 발행일자

해상운송에서의 선적일은 화물을 운송할 선박에 실제로 적재한 날로서 선하
증권의 발행일자와 같다. 이 선하증권은 선적선하증권으로 수취선하증권의 경
우에는 선장의 선적부기(on board notation) 표시일자가 선적일이 된다. 컨테이너
화물의 경우에는 컨테이너야드(CY)에서 컨테이너운영인이 발급하는 부두수취증
(D/R)의 발행일이 본선선적일로 간주된다.

항공운송 및 우편발송 시의 선적일은 수출상이 화물을 항공회사나 우체국에

맡긴 날 항공화물운송장이나 우편수취증을 받게 되는데 운송서류에 표시된 일자가 선적일로 간주된다. 복합운송의 선적일은 화물을 컨테이너에 적입한 날(FCL화물) 또는 CFS에서 화물을 수취한 날(LCL화물) 운송서류가 발행되며 이 발행일자를 운송일자로 취급한다.

6) 분할선적, 환적, 할부선적

신용장에 분할선적의 허용유무에 대한 표시가 없는 경우에는 허용되는 것으로 간주한다. 분할선적을 금지하는 주된 목적은 선적할 때 별도로 선적되는 것을 방지하기 위해서라기보다는 상품의 도착이 다른 경우를 방지하기 위해서이다. 따라서 문면상 선적이 동일한 항로를 따라 동일한 운송수단으로 이루어지고 그 운송서류에 동일한 목적지를 표시하고 있는 경우에는 비록 그 운송서류가 다른 선적일자 또는 다른 선적항, 인수지 또는 적송지를 표시하고 있을지라도 분할선적으로 간주하지 않는다.

환적과 관련해서는 비록 신용장에서 환적을 금지하고 있어도 전체 운송이 동일한 복합운송 서류로 커버되면 환적되거나, 환적될 수 있다는 표시가 있는 서류는 수리된다.

할부선적에 대하여는 개설의뢰인의 입장을 고려하여 신용장통일규칙에서는 수출업자가 어느 한 달의 선적기일을 지키지 못하면 그 달뿐 아니라 그 이후의 모든 할부선적분에 대하여도 신용장이 무효가 되도록 규정하고 있다(UCP 제32조).

(5) 조건부문언의 검토

신용장조건을 이행하는데 지장을 초래할 수 있는 특수한 조건이 있는지를 검토해야 한다. 신용장에 특수한 조건을 붙여 그 조건이 이행되어야만 신용장이 유효하게 되는 조건부신용장이 있는데 이러한 조건부신용장은 조건을 이행하는데 많은 어려움이 발생할 수 있으므로 각별한 주의를 기울여야 한다.

조건부신용장에서 주의해야 할 대표적인 조건들을 보면 다음과 같다.

① 수출국에 주재하고 있지 않은 수입국 공관장의 확인을 요청하는 경우
② 개설의뢰인이 지정하는 자의 확인서명을 받은 물품검사증명서를 매입서류에 첨부하도록 요구하는 경우

표 7-2   신용장 특수 조건의 예

- Certificate issued by Owner, Master or Agents stating that the vessel will not call at or pass through any Lebanese port during its voyage to Saudi Arabia.

- Certificate issued by Owner, Master or Agents stating that the Shipping Company is the member of Conference Line and evidencing that the carrying vessel is not exceeding 15 years at the date of loading and that its cargo gear are suitable to discharge at Saudi Arabian Ports or OTHERWISE.

- Shipment must be effected by MAERSK, HAPAG LIOYD, P&O NED LLOYD, NYK, SCANDUTCH, EVERGREEN, OSK, NATIONAL SHIPPING CO., UNITED ARAB SHIPPING CO..

③ 선적 전에 견본에 대해 수입업자의 검사를 받은 후 그 검사증을 매입서류에 첨부하도록 요구하는 경우

④ FOB 거래조건인데도 수출업자에게 해상보험계약의 체결을 요구하거나, 선하증권상에 운임선불을 요청한 경우

2 신용장의 조건분석

신용장은 국제상업회의소가 권고한 화환신용장 발행을 위한 표준서식(Standard Forms for Issuing of Documentary Credit)에 기본을 두어 각 은행의 실정에 적합한 형식으로 발행되고 있다. 우리나라의 주요 은행들은 모두 스위프트에 가입되어 있어 금융통신망이 미비된 일부 저개발국과의 거래를 제외하고 신용장 거래는 일반적으로 스위프트 시스템을 이용하여 발행되는 형식의 신용장을 이용하고 있다.[4] 무역거래에서 많이 사용되고 있는 취소불능 화환신용장을 중심으로 신용장의 주요 내용을 살펴보면 다음과 같다.

---

4) 스위프트(SWIFT)는 국가 간의 은행 업무를 효율적으로 처리하기 위해 설립된 세계은행 간 금융데이터 통신협회를 말한다. 화환신용장 거래와 관련하여 스위프트가 제공하는 서비스는 신용장의 발행ㆍ예비통지ㆍ조건변경ㆍ양도, 상환수권서, 대금상환청구, 상환수권서의 조건변경 등이다.

(1) 신용장 자체에 관한 내용

1) 개설은행의 표시

신용장이 우편으로 개설될 경우에는 개설은행의 양식이 사용되기 때문에 신용장 맨 상단 서두에 개설은행명과 주소가 표시되어 있다. 그러나 전신으로 통지되는 신용장은 통지은행 소정의 양식을 이용하기 때문에 서두는 통지은행이 되고 개설은행은 전문의 내용이나 통지은행의 신용장 양식 속에 별도로 명시되어 있다.

그리고 신용장은 개설은행이 수익자에게 지급을 약속하는 편지의 형식으로 발행되기 때문에 대개 다음과 같은 문언으로 시작된다. 아래의 예문에서 일인칭 표현인 "we", "our", "us" 등은 모두 개설은행을 지칭한다. 마지막 예문은 개설은행이 수익자에게 환어음발행의 권한을 부여하는 내용이다.

We hereby open ⋯.
We hereby open issue ⋯.
We hereby authorize you to value on ⋯.

2) 신용장의 개설일자

신용장이 개설된 일자는 보통 신용장 상단에 표시되며, 이 일자는 개설은행의 지급확약이 시작되는 날을 의미한다.

3) 신용장의 종류

신용장의 종류에 대해서는 취소불능화환(irrevocable documentary), 취소불능확인(irrevocable confirmed) 등과 같이 표기된다. 이와 같이 간결하게 표기되는 것은 신용장통일규칙이나 신용장의 내용을 통해서 그 종류의 성격을 알 수 있기 때문이다.

예를 들어, 취소불능 또는 취소가능의 표시가 없으면 취소불능으로 간주되고, 화환이라는 표시가 없어도 신용장상에 수익자가 구비해야 할 운송서류가 명시되어 있으면 그 신용장은 자동으로 화환신용장이 된다. 그리고 환어음의 만기일 표시를 보고 일람출급신용장(sight credit)인지, 기한부신용장(usance credit)인지를 알 수 있다.

4) 신용장의 유효기일 및 장소

모든 신용장은 지급, 연지급, 인수 또는 매입을 위하여 서류가 제시되어야 할 최종기일과 장소를 명시해야 한다. 신용장의 유효기일은 개설은행의 지급확약이 유효한 기간을 의미한다. 만약 신용장상에 서류제시의 장소가 지정되어 있으면 그 장소에서, 그 외에는 수익자가 통상 거래하는 은행에 관계 서류가 제시되어야 할 최종일이 된다.

신용장의 유효기일은 다음과 같이 여러 가지 형태로 표시된다. 세번째 예문은 그날까지 뉴욕에서 매입되어야 함을 나타낸다.

This credit expires on xxx.
Drafts must be presented for negotiation not later than xxx.
This credit expires on xxx for negotiation in New York.

만약 신용장 유효기일이 "1개월간"(for one month), "6개월간"(for six months) 등 기간으로 표시되고 기산일이 없으면 신용장 개설일자를 기산일자로 간주한다.

그리고 신용장 유효기일은 그 최종일이 공휴일이면 그 다음의 첫 은행영업일까지로 연장된다. 그러나 이런 사유로 연장된 날에 지급된 어음이나 서류에는 "신용장통일규칙 제29조 a항의 규정에 의하여 연장된 기한 내에 제시되었음"이라는 문언의 은행증명을 부기해야 한다.

만일 은행이 파업을 하는 바람에 유효기일에 매입을 하지 못했다면 수익자는 억울하지만 은행의 휴업으로 인하여 그 기간에 만료한 신용장에 대하여 은행은 책임을 지지 않는다. 예기치 않은 이러한 사태와 함께 천재지변, 폭동, 전쟁 등 은행이 통제할 수 없는 상황으로 은행영업이 중단되어도 이로 인하여 발생하는 신용장의 만료에 대하여 은행은 책임이 없으므로 그러한 사태가 예견되는 경우 수익자는 매입을 서두르거나 미리 유효기간 연장으로 조건변경을 받아야 한다.

5) 신용장 개설의뢰인

신용장 거래에서 궁극적으로 수입대금을 지급하는 자는 수입업자인 개설의뢰인이기 때문에 아래와 같은 표현 방식으로 신용장 개설의뢰인의 상호, 주소 등이 기재된다.

> for account of xxx
> by order of xxx
> accountee xxx

6) 수익자

대부분의 신용장에는 수익자의 표시란이 별도로 있어 여기에 수익자의 상호와 주소가 기재된다. 그리고 수익자는 신용장을 받아보는 수신인(addressee)이기 때문에 신용장상의 2인칭 "you"는 수익자를 가리킨다.

수익자의 표현과 관련된 예는 다음과 같다.

> We open our irrevocable L/C in your favor …,
> We hereby issue our irrevocable credit in favor of xxx,

7) 통지은행

통지은행은 개설은행에서 보내는 신용장을 수익자에게 전달해 주는 은행이며, 통상 수익자가 소재하는 지역에 있는 개설은행의 환거래은행이 된다. 대개의 신용장에는 통지은행의 표시란이 지정되어 있지만 경우에 따라서 다음과 같은 표현이 사용된다.

> Via air mail through xxx Bank,
> This credit being advised by air mail through xxx Bank,

8) 신용장 금액

신용장 금액은 수익자가 사용할 수 있는 최대 한도액이다. 이 금액은 숫자와 문자로 표시되며 "US$ 300,000(US. Dollars Three Hundred Thousand Only)"처럼 표시된다. 신용장금액과 관련해서는 대개 다음과 같은 표현이 사용된다.

> for an amount of xxx
> up to an aggregate amount of xxx
> for a sum or sums not exceeding a total of xxx

신용장 금액 앞에 "about", "circa", "approximately"란 표시가 있으면 10%의 과부족이 허용된다. 이 10%의 허용한도는 "about"이나 "circa"란 용어가 사용된 분에만 효력을 가지므로 상품수량에는 "about"이 표시되었으나 신용장 금액에는 표시가 없으면 수량면에서는 10% 증량이 가능하지만 신용장 금액이 10% 증액되지는 않는다.

(2) 환어음에 관한 사항

1) 신용장의 이용가능 은행

신용장상에는 수익자가 발행한 환어음의 지급, 인수 또는 매입은행이 명시된다. 그러나 자유이용신용장에서는 매입은행이 지정되어 있지 않기 때문에 지정은행 표시가 없으며 수익자는 보통 자기가 거래하는 은행에 가서 환어음의 매입을 의뢰한다.

2) 신용장 대금의 결제방식

신용장 대금을 결제하기 위해 일람지급, 연지급, 인수 또는 매입 방식 중에서 허용되는 방식을 기재한다.

> available with/by…

3) 지급인

환어음상의 지급인은 대개 다음과 같이 표시되며 'on' 다음에 은행명이 기재된다. 신용장하에서 발행되는 환어음의 지급인은 개설은행이나 지정된 은행이다.

> … to draw on xxx
> … to value on xxx

4) 만기일 및 금액

환어음의 만기일과 금액에 관한 예시는 다음과 같다. 기한부 신용장의 경우에는 "at" 다음에 만기일이 표시되며, 예문에서와 같이 송장금액이 환어음 금액의 기준이 된다. 환어음은 신용장금액을 초과하여 발행될 수 없다.

> at sight for 100% of invoice value …
> at 30 days sight for full invoice value …

(3) 상품 명세에 관한 사항

거래 상품에 대해서는 상품명, 수량, 단가, 가격조건, 원산지 등을 표시하고 관련 매매계약서의 번호, 계약일자 등을 간결하게 표시한다. 신용장에 기재되는 상품의 명세는 상업송장상의 상품 명세와 일치해야 한다. 그러나 그 외의 모든 서류에서는 신용장상의 상품 명세와 모순되지 않는 일반적인 용어로 표시할 수 있다.

> 4,000 pcs of 71,820 Reams High Quality Banknote Paper as per Sales Note No. 123 dated May 10, 2018 @ US$2,500 CIF Busan.

(4) 서류에 관한 사항

신용장 거래는 서류상의 거래이기 때문에 신용장에는 수익자가 구비해야 할 서류가 명시되어 있다. 상업송장과 선하증권(운송증권)은 신용장 거래에서 반드시 요구되는 필수서류이며 그 외 보험증권, 포장명세서 등을 비롯한 여러 가지 서류가 사용된다.

1) 상업송장(Commercial Invoice)

상업송장은 선적후 매도인이 매수인 앞으로 작성하는 대금청구서로서 모든 상거래에 반드시 필요한 서류이다. 신용장상에 별도의 지시가 없는 한 상업송장은 신용장 개설의뢰인 앞으로 작성되어야 한다. 그리고 신용장 금액을 초과한 금액으로 발행된 상업송장은 수리되지 않는다. 상업송장에 관한 조건은 비교적 단순하게 다음과 같이 기술된다.

> Signed Commercial Invoice in triplicate

2) 선하증권(Bill of Lading)

계약물품의 운송방법에 따라 선하증권, 항공화물운송장, 복합운송증권 등이 요구되는데 선하증권에 관한 조건을 예시하면 다음과 같다.

> Full set of clean on board ocean Bill of Lading made out to the order of ABC Bank(issuing bank) marked freight prepaid and notify accountee.

① 전통(full set)

일반적으로 선하증권은 original, duplicate, triplicate 3통을 1조(set)로 하여 발행된다. 선박회사가 수입지에서 화물의 인도 시 요구하는 것은 발행된 선하증권 중 1통이며 또한 각 선하증권은 독립적으로 효력을 갖는다. 따라서 신용장 거래에 관여하는 매입은행 등에서는 선박회사가 발행한 3통의 선하증권 모두를 제시받아야 물품에 대한 담보권을 확보할 수 있기 때문에 신용장 조건으로 전통(3통)의 제시를 요구한다.

이와 같이 대부분의 신용장에서는 선하증권 전통을 요구하는데 이는 오래 전부터 무역거래에서 운송중의 분실에 대비하기 위한 관행이던 것이 오늘날까지도 이어져오고 있는 것이다. 도착지에서는 1통의 원본만으로도 화물인도가 가능하므로 운송인이 최초에 제시되는 원본과 상환으로 화물을 인도했다면 그 후에 제시되는 다른 원본들은 모두 무효이다.

② 무사고(clean)

화물이나 포장상태에 어떤 하자가 있음을 기재한 단서조항이 없는 무하자의 완전한 선하증권을 의미한다.

③ 선적(on board)

화물이 선적된 후 발급되는 선적선하증권을 의미한다. 선적되었다는 사실은 미리 인쇄된 문언에 의해 증명될 수 있고, 스탬프 등을 이용한 추가기재(이를 '선적부기' 또는 '본선 적재부기'라 한다)에 의해서도 가능하다.

④ 해양(ocean)

국제해상운송에서 발행되는 해양선하증권을 뜻한다. 즉 선하증권상에 선적항과 양륙항이 기재되어 있는 "port to port" 선하증권을 의미한다.

⑤ 지시식(the order)

이는 화물을 받아 보는 수하인을 표시하는 것이다. 수하인을 표시하는 방법으로는 특정인을 명기하는 기명식(straight) 방법과 누구의 지시인으로 표기하는 지시식(order) 방법 두 가지가 있다. 기명식인 경우에는 기명된 자가 배서해야만 유통되기 때문에 만약 수입업자의 이름이 기재되어 있으면 수출업자는 수입업자에게 직접 대금을 청구해야 한다. 그리고 지시식으로 발행되면 지시된 자의 서명으로 선하증권이 유통될 수 있다. 무역거래에서는 주로 지시식이 이용되는데 수하인란에 은행명(개설은행)이 나타나는 은행지시식 선하증권과 은행명이 나타나지 않고 "to order"의 문구로만 표시되는 송화인지시식 선하증권이 있다. 예문에서는 ABC은행(개설은행)의 지시식으로 발행할 것을 요구하고 있다.

⑥ 운임선불(freight prepaid)

운임포함조건(Cost and Freight: CFR)이나 운임 및 보험료포함조건(Cost Insurance and Freight: CIF) 등에서는 수출업자가 운송계약을 체결하고 운임을 지불해야 하기 때문에 운임이 선불로 나타나지만, 본선인도조건(Free on Board: FOB) 등의 경우에는 수입업자가 운송계약을 체결하고 도착지에서 운임을 지불하기 때문에 운임도착지불(freight collect)로 표시된다.

⑦ 통지선(notify)

선박이 수입항에 입항할 때쯤 선박회사는 수입화물이 도착했다는 통지서를 발송하여 화물을 찾아갈 준비를 하도록 하는데 이런 화물도착통지서(arrival notice)를 받아 보는 당사자를 통지선이라 한다. 보통 수입업자 또는 수입업자가 지정한 통관사가 통지선이 되는데 예문에서는 통지선을 수입업자(accountee)로 하고 있다.

3) 항공화물운송장 및 복합운송증권

항공운송의 경우에는 항공화물운송장(air waybill)이 요구된다. 이 운송장은 비유통(non negotiable) 운송서류이기 때문에 기명식으로 발급되고, 개설은행을 수하인으로 하여 발행되는 경우에는 개설은행이 운송장에 배서를 해야만 화물을 찾을 수 있다. 그 외의 사항은 선하증권의 경우와 유사하다.

복합운송증권은 대부분 선하증권의 형태를 변형한 것이기 때문에 신용장에서 요구하는 복합운송증권은 선하증권과 그 내용이 비슷하다. 그러나 선하증권은 선적 후 발급되는 선적선하증권이지만, 복합운송증권은 화물이 운송인의 보관하에 있을 때 발행되는 수취식(received)의 형태를 띠고 있다.

4) 보험서류

수출업자가 의무적으로 보험계약을 체결해야 하는 운임 및 보험료포함조건(CIF) 또는 운송비 및 보험료 지급인도조건(Carriage and Insurance Paid To: CIP)일 경우 수익자는 반드시 신용장에 명시된 보험서류를 구비해야 하는데 이에 관한 예시는 다음과 같다.

> Insurance policy or certificate in duplicate, endorsed in blank for 110% of the invoice value covering Institute Cargo Clauses(C).

① 보험증권과 보험증명서

보험증권(policy)은 일반적으로 보험계약의 성립과 그 내용을 증명하기 위하여 계약의 내용을 기재하고 보험자가 기명 · 날인하여 보험계약자에게 교부하는 증권을 말한다. 매 건마다 해상보험계약을 체결할 경우 보험자는 보험증권을 발급하지만 유사한 물품을 장기간 거래할 경우 개별적으로 보험계약을 체결하지 않고 포괄보험계약을 체결하는데, 이 때 발행되는 보험증권을 포괄보험증권(open policy)이라 하며 이 포괄보험증권에 의해 개개의 화물이 부보되어 있음을 증명하는 약식 보험서류를 보험증명서(certificate of insurance)라 한다. 보험증권 및 보험증명서 모두 보험서류로서 인정된다.

② 배서에 의한 양도

이는 백지배서(endorsed in blank)로 보험증권을 양도할 수 있도록 요구하는 표현이다. 무역거래조건이 CIF 혹은 CIP 조건일 경우에는 수출업자가 수입업자를 위해 보험계약을 체결하는데 이 때 수출업자는 자신을 피보험자로 하여 보험계약을 체결하고 이 보험증권을 수입업자에게 양도하여 나중에 수입업자가 보상받는 형식을 취한다.

③ 보험가입금액

보험가입금액(insured amount)은 보험계약자가 보험에 실제 가입한 금액을 말하는데 보험자는 이 금액의 범위 내에서 보상한다. 예문에서는 10%의 희망이익(expected profit)을 더하여 송장금액의 110%를 보험금액으로 하고 있다.

④ 보험조건

통상 보험조건은 협회적하약관(Institute Cargo Clauses)의 A · B · C 조건 중 어느 한 가지를 기본으로 택하는데 여기서는 최저 담보조건인 ICC · C조건을 기본으로 요구하는 것이다. CIF 조건에서는 최저보험조건인 C약관이 기본이며 만약 수입업자가 더 많은 담보위험을 커버하는 조건 이상을 원한다면 그에 상응하는 추가보험료를 수익자에게 지불해야 한다. 복합운송에서 사용되는 CIP조건일 경우 보험조건은 매매당사자 간에 별도로 합의한다.

보험조건과 관련해서 "통상의 위험"(usual risks), "관습적 위험"(customary risks)과 같이 불명확한 용어는 사용되어서는 안 된다. 그리고 "전 위험에 대한 보험"(insurance against all risks)과 같이 애매한 표시를 하면 은행은 "전 위험(all risks)"의 표시만 있으면 보험서류를 수리하며, 비록 특수한 위험에 부보되어 있지 않아도 전혀 책임을 지지 않는다.

5) 포장명세서(Packing List)

포장명세서는 운송화물의 포장상태에 대해서 자세히 명시한 서류이다. 주로 포장단위별 순중량, 총중량, 용적, 화인(marks), 일련번호 등이 기재되어 있다. 포장명세서에 관한 표시는 대개 다음과 같다.

> Packing List in quadruplicate(4 copies)

6) 기타 서류

이 외에도 원산지증명서, 검사증명서, 중량 및 용적증명서 등이 거래 물품의 성질에 따라 요구되기도 하는데 이에 관한 표현들은 다음과 같다.

Certificate of Origin in duplicate
Inspection Certificate in triplicate
Certificate of Weight and Measurement in quadruplicate

(5) 운송에 관한 사항

1) 분할선적(Partial Shipment)

분할선적이란 선적할 화물량을 둘 이상으로 나누어 서로 다른 항로를 이용하거나 서로 다른 운송수단에 적재하는 것을 말한다. 분할선적의 허용 여부는 아래 예문에서와 같이 허용(allowed, permitted) 또는 금지(not allowed, prohibited)로 표시하며, 이에 대하여 아무런 표시가 없으면 분할선적이 허용되는 것으로 간주한다. 이에 대한 예시는 다음과 같다.

Partial Shipments are ☑ allowed ☐ not allowed

동일한 항로와 동일한 선박에 의한 선적은 본선선적을 증명하는 운송서류에 비록 다른 일자나 선적지가 표시되어 있어도 분할선적으로 간주하지 않는다. 예를 들어, 부산을 출항하여 홍콩을 거쳐 목적지인 캘커타로 가는 선박에 부산항에서 계약물품을 절반만 선적하고 나머지는 며칠 후 홍콩서 선적하더라도 동일항로 및 동일선박에 의한 선적이기 때문에 분할선적으로 간주되지 않는다.

한편 할부선적(shipment by installments)은 계약된 물품의 일정수량을 일정기간동안 나누어 주기적으로 선적하는 것을 의미한다. 예를 들어, 600개의 물품을 5월~7월까지 3개월에 나누어 선적하는 경우이다. 이처럼 일정 기간의 할부선적이 규정된 신용장인 경우 그 중 어느 한 선적분이 허용된 기간 내에 선적되지 않았을 경우에는 신용장에 별도의 명시가 없는 한 당해 할부 선적분은 물론 그 이후의 모든 선적분에 대해서도 그 신용장은 무효가 된다.

2) 환적(Transshipment)

환적이란 화물을 운송 도중에 한 운송수단에서 다른 운송수단으로 양하 및 재적재하는 것을 의미하는데 이처럼 환적이 이루어지면 분실이나 도난 등의 위험이 높아지므로 수입업자는 기피하지만 필요한 시기에 직항선이 없다거나 복합운송 등의 경우에는 불가피하게 환적이 일어날 수밖에 없다. 따라서 이와 관련하여 매매계약시 분명하게 합의하고 신용장상에도 이에 대한 조건을 표시하는 것이 바람직하다.

환적의 경우 다음과 같이 허용 또는 금지로 표시된다. 신용장에 환적이 금지되어 있더라도 운송인이 환적할 수 있는 권리를 유보한다는 뜻의 약관이 인쇄되어 있는 운송서류는 수리된다.

Transshipment are ☐ allowed ☑ not allowed

3) 선적기일

선적기일은 다음과 같이 표시된다.

Shipment must be made on or before ….
Shipment must be effected not later than … at the latest.

선적기일의 표시가 없으면 신용장의 유효기일을 최종선적일로 한다. 그리고 선적해야 할 최종일이 공휴일이라도 선적기일은 연장되지 않는다. 선적일의 기준은 선하증권의 발급일자 또는 본선적재일자로 한다.

본선적재(loading on board), 발송(dispatch), 운송을 위한 인수(accepted for carriage), 우편수령일(date of post receipt), 접수일(date of pick-up), 수탁(taking in charge) 등으로 선적기일을 표시해도 선적과 같은 뜻으로 간주한다.

그리고 선적에 관해서 신속히(prompt), 즉시(immediately), 가능한 빨리(as soon as possible) 등과 같은 표현을 사용해서는 안 된다. 만약 선적일 앞에 "on or about"라는 표현이 사용된 경우에는 은행은 지정일의 5일 이전부터 지정일의 5일 이후까지 총 11일간의 선적기간을 갖는 것으로 해석한다.

선적기일의 표시에 사용되는 "to", "until", "till", "from"은 해당 일을 포함하는 것으로 해석되지만, "after"란 용어가 사용되면 기재된 일자는 제외된다.

(6) 기타 지시사항

1) 이중매입 방지문언

신용장에 의하여 환어음을 매입하였을 때는 같은 신용장을 가지고 이중으로 매입하는 것을 방지하기 위해 매입은행으로 하여금 신용장 원본의 뒷면에 매입 사실을 기재하도록 다음과 같은 지시사항이 명시된다.

> The amount and date of negotiation of each drafts must be endorsed on the reverse hereof by the negotiating bank.

2) 은행수수료의 부담

신용장이 개설된 국가 이외에서 은행업무와 관련된 수수료와 요금을 부담하는 자를 명시한다. 통상 수익자가 이를 부담하기 때문에 다음과 같은 문언이 기재된다.

> Unless otherwise expressly stated, banking commissions and charges outside issuing country are for account of beneficiary.

3) 서류의 송달방법

이는 신용장하에서 발행된 서류를 개설은행으로 송부하는 방법에 관한 지시 사항이다. 통상 분실 등에 대비해서 항공등기우편으로 두 번 나누어 송부되는데 이에 대한 지시는 다음과 같이 나타난다.

> All documents must be forwarded to the issuing bank in two lots by registered airmail.

4) 개설은행의 지급확약 문언

모든 신용장의 하단에는 개설은행이 신용장조건에 일치하여 발행하는 환어음에 대해서 지급, 인수 또는 매입할 것을 확약하는 문언이 인쇄되어 있다. 지급 신용장일 경우 이러한 확약을 받는 당사자가 수익자뿐이지만, 매입신용장의 경우에는 수익자를 포함한 모든 선의의 환어음 소지인이다.

지급신용장과 매입신용장에서 개설은행의 지급확약문언은 통상 다음과 같다.

> 지급신용장 : Upon receipt of relative documents confirmed in conformity with the terms and conditions of the credit we shall reimburse you as per your instructions.
> Funds would be covered after receiving your swift confirming that the documents have been negotiated in conformity with the L/C terms.
> 매입신용장 : We hereby agree with the drawers, endorsers, and bona-fide holders of drafts drawn under and in compliance with the terms of this credit that the same shall be duly honored on due presentation.

5) 신용장통일규칙 준거문언

모든 신용장에는 달리 합의된 사항이 없으면 신용장 거래에서 야기되는 문제는 현행 신용장통일규칙에 준한다는 내용의 문언이 다음과 같이 인쇄되어 있다.

> Unless otherwise expressly stated herein, this credit is subject to the "Uniform Customs and Practice for Documentary Credits" (2007 Revision), International Chamber of Commerce Publication No.600.

거래의 성격에 따라 특별히 지시할 사항이 있으면 특별 지시사항으로 신용장상에 표시된다. 보통 신용장의 양도, 매입은행의 지정, 특정 선박의 지정 등에 관한 사항이 지시된다.

> This credit is transferable.
> Negotiations under this credit are restricted to the advising bank.
> Shipment must be effected by S.S. Golden Bear of Hanjin Line Only.

제 3 절   신용장의 확인과 양도

1 신용장의 확인

(1) 확인의 의의

제1차 세계대전 이전에 영국이 국제금융시장의 중심지를 이루고 있을 때는 확인신용장(confirmed credit)이라고 하면 오늘날의 취소불능신용장과 동일한 개념이었으며 이는 영국뿐 아니라 독일, 프랑스 등 유럽대륙의 여러 나라에서 통용되었다. 그러나 제2차 세계대전 후 미국이 국제무역과 금융의 중심지가 되면서부터 확인이란 개설은행이 발행한 취소불능신용장에 부가되는 제3은행의 확약(confirm)이라는 의미로 바뀌게 되었다.[5]

즉 '확인'이란 취소불능신용장에 대한 제3의 은행이 지급이나 연지급, 인수 또는 매입을 확약하는 것이다. 이러한 확약은 개설은행의 지급약속에 대한 이차적인 보증이 아니라 개설은행의 확약과는 별개의 독립된 것으로 수익자에 대한 직접적인 확약이므로 수익자로서는 개설은행과 확인은행의 양쪽으로부터 별개의 독립된 확약을 받고 있어 이중으로 보호받는 입장에 있게 된다. 확인은행은 개설은행과는 별도의 확약을 하였기 때문에 개설은행이 지급불능이 되었을 경우에도 대금지급에 응해야 한다.

취소불능신용장의 개설은행이 자산 및 신용이 충분하여 국제적으로 명성있는 은행일 경우 수익자는 굳이 확인의 필요성을 느끼지 않는다. 그러나 개설은행의 자산이나 신용에 대해 불안을 느끼거나 혹은 수입업자 소재국가의 정치, 경제적 위험이 있는 경우 수익자는 자기가 믿을 수 있는 개설은행 이외의 제3의 은행이 지급약속을 해줄 것을 바라게 되고 자산과 신용상태가 튼튼한 제3의 은행의 확인이 추가된 'Irrevocable and Confirmed Credit'을 개설하도록 요구하게 된다.

또한 대체로 수익자는 자기 소재지의 통지은행이 신용장의 확인은행이 되어 주기를 바라는데 그 이유는 확인은행이 수익자와 가까이 있고 또 수익자가 잘 알 수 있는 은행이어서 안심할 수 있기 때문이다.

---

5) 박대위, 신용장, 법문사, 1994, p.432.

(2) 확인의 실행

개설의뢰인으로부터 신용장의 확인신청을 받은 개설은행은 환거래은행에 자행이 개설한 취소불능신용장에 대한 확인을 요청하게 되는데, 개설은행으로부터 확인요청을 받는 은행은 이것이 개설은행에 대한 여신이라는 점에서 개설은행의 지급능력에 대한 이상 여부와 개설은행 소재국에 불가항력적인 사태가 발생하여 개설은행의 지급의무를 곤란하게 하는 위험성의 존재 여부를 고려하게 된다.

일반적으로 개설은행과 확인은행 간의 환거래취결(corres)계약 중에는 신용장의 확인에 대한 사항이 약정되어 있으며 신용장확인에 대한 한도(credit line)를 설정하고 있으므로 그 한도 내의 금액인지 여부, 한도금액초과의 경우에는 임시허용의 가부 등을 검토하게 된다. 확인의 실행은 신용장상에 확인문언을 부기하거나 별도의 확인통지서에 확인문언을 기재하여 수익자에게 통지한다.

1) 지급확인문언

We confirm this credit and hereby undertake that payment will be duly made against documents presented in conformity with the terms and conditions of this credit.

2) 연지급확인문언

We confirm this credit and hereby undertake to pay on the maturity date determinable in accordance with the stipulation of this credit against documents presented in conformity with the terms and conditions of this credit.

3) 인수확인문언

We confirm this credit and hereby engage with you that drafts drawn in conformity with the terms and conditions of this credit will be duly accepted on presentation and duly honored at maturity.

4) 매입확인문언

We have been requested to add our confirmation to this credit and we therefore undertake that any drafts drawn by you in accordance with the terms of the credit will be duly negotiated by us without recourse.

(3) 확인신용장의 유의점

① 확인신용장 발행후의 조건변경

확인은행은 신용장에 확인을 추가한 경우 확인을 추가한 시점의 신용장 조건에 대해서만 확인을 한 것이므로 확인후 신용장의 조건변경이 있을 경우 반드시 그 변경에 대해서도 확인은행의 동의를 얻어 다시 확인을 추가해야 한다. 확인은행은 원신용장에 확인을 추가하였다는 이유로 조건변경서에도 반드시 확인을 해야 할 의무는 없으며 조건변경서의 확인추가 여부는 어디까지나 확인은행의 권리이다. 조건변경에 대한 확인을 거절한 경우 확인은행은 개설은행과 수익자에게 그 사실을 지체없이 통지해야 한다.

② 확인은행 이외의 은행에 서류제출한 경우의 효력

수익자나 매입은행이 확인은행에 대해 권리를 주장하기 위해서는 선적완료후 문면상 신용장조건과 일치하는 서류를 확인은행에 제시해야 한다. 서류를 개설은행이나 제3의 지정은행에 송부하라는 확인은행의 특별한 지시가 없는 한, 확인은행이 아닌 이들 은행에서 매입을 하면 확인에 따른 권리가 상실되므로 수익자가 확인은행을 통해 대금을 받으려 한다면 반드시 확인은행에 서류를 제출해야 한다.

2 신용장의 양도

(1) 신용장 양도의 의의

신용장의 양도는 신용장의 전부나 일부를 원래의 수익자가 아닌 제3자에게 양도하는 것을 말한다. 양도가 이루어지기 위해서는 반드시 해외에서 통지되는 원 신용장이 양도가능신용장이어야 한다. 즉 신용장상에 "transferable"이라는 표현이 있어야 한다. 신용장을 양도하는 수익자를 원수익자 혹은 제1수익자라 하며 양도받는 자를 제2수익자라 한다.

대부분의 신용장은 수출업자인 수익자가 선적을 하고 대금을 회수하는데 오늘날 무역이 다각화하면서 물품 공급업자와 대외적인 수출업자가 다르거나,

해외에서 물품을 조달해야 하는 경우 양도가능신용장이 이용되고 있다. 구체적으로 양도가능신용장이 이용되는 경우를 보면 다음과 같다.

첫째, 원래의 제1수익자가 제조시설을 갖추지 않은 중개업자로서 직접 물품을 공급하지 않고 물품생산자로부터 공급계약을 받아서 수출하는 경우이다. 이 경우 매수인이 중간상을 수익자로 하여 신용장을 개설하고 중간상은 물품공급의무와 대금회수권리를 모두 실제의 공급자에게 양도한다. 그리고 제1수익자는 해외로부터 자기가 받은 신용장을 양도하고 수수료를 받거나 원신용장 금액과 양도신용장 금액과의 차액을 수취한다.

둘째, 원수익자가 생산시설을 갖춘 제조업자인 경우라도 원료공급업자에게 원료구입대금을 지불하기 위한 담보물로 이용한다. 즉 원신용장이 금융수단이 되는 것이다.

셋째, 원수익자가 자신의 명의로 수출하지 않고 제2수익자의 명의를 빌려 수출을 대행하는 경우이다.

양도가능신용장은 중계무역에서도 많이 이용되고 있다. 예를 들어, 우리나라 기업이 물품을 중국에서 조달하여 이를 미국으로 수출하는 경우, 미국의 수입업자가 양도가능신용장을 개설해주면 수출업자는 이를 중국의 제조업자에게 양도한다. 중국의 제조업자는 우리나라 수출업자와의 공급계약에 따라 제2수익자

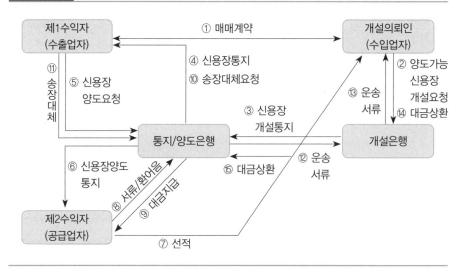

그림 7-1 양도가능신용장의 결제구조

가 되어 물품을 수입업자에게 직접 선적하고 현지은행에서 매입을 한다. 중국의 현지은행은 매입한 서류를 한국의 통지은행(양도은행)으로 송부하고 한국의 양도은행은 수익자에게 이 사실을 통보한다. 그러면 우리나라의 원 수출업자는 제1수익자로서 환어음을 자기가 발행한 것과 대체하고 그 차액을 수취한다.

3 신용장 양도의 요건

신용장의 양도는 개설의뢰인의 양도요청에 의해 개설당시부터 양도가능신용장으로 개설되어야 한다. 양도가능신용장이 개설되는 경우 물품의 공급업자와 매매계약상의 수출업자가 다르기 때문에 일반적으로 수입업자인 개설의뢰인은 향후 물품의 품질 등과 관련하여 분쟁관계가 복잡해질 수 있기 때문에 기피할 수 있다. 따라서 반드시 개설의뢰인의 동의가 전제되어야 한다.

신용장상에는 분명하게 신용장이 양도 가능함을 의미하는 "transferable"의 문구가 나타나야 한다. 이때 유사한 용어로서 "divisible", "fractional", "assignable", "transmissible" 등의 용어를 사용하면 안 된다. 그런데도 이러한 표현들이 사용되면 은행은 이를 무시하고 양도불능으로 취급한다.

원수익자의 양도요청에 따라 양도를 실행하는 은행을 양도은행이라 한다. 신용장에 의한 대금결제를 특정은행에서 하도록 지정하고 있는 경우에는 그 은행이 양도은행이 된다. 일반적인 매입신용장의 경우에는 특별히 한정하지 않으므로 매입할 권한이 있는 은행이면 양도은행이 될 수 있어 수익자가 선택할 수 있다. 원수익자가 은행에 양도를 요청한 경우 은행은 양도 여부를 선택할 수 있고 무조건 양도에 응할 의무가 있는 것은 아니다. 이는 양도은행이 확인은행인 경우에도 마찬가지이다. 즉 은행은 자신이 명백하게 동의한 한도와 방법에 의해서만 양도를 실행하면 된다.

판례 7-1 양도가능신용장하에서 개설은행의 양도거부

> 야자유(crude palm oil)에 대한 매매계약에서 양도가능신용장이 개설되었다. 원수익자가 공급업자에게 이 신용장을 양도하고자 개설은행에게 양도를 요청하였으나 거절당해 결국 원수익자는 공급업자에게 계약불이행에 따르는 손해배상책임을 지게 되었다.
>
> 이에 원수익자는 신용장 개설은행을 상대로 양도의무를 이행하지 않은 책임을 물어 손해배상을 청구하였다. 1심에서는 신용장 개설은행에게 양도의무가 없다고 판단하였으나 2심에서는 양도의무가 있다면서 이를 번복하였다. 최종심이었던 싱가포르의 추밀원(Privy Council)은 신용장 통일규칙에 양도요청을 받은 은행이 명백히 동의한 범위와 방법에 의하지 않고는 양도를 행할 의무가 없다고 명시한 점을 들어 개설은행의 주장을 지지하였다.
>
> Lariza, Singapore, Private Ltd. v. Bank Negara Indonesia(1988), 1. Lloyd's Rep. 407.

④ 신용장 양도의 실행

(1) 양도의 횟수와 비용

신용장에 특별히 허용하고 있지 않는 한 원칙적으로 양도는 1회에 한하여 양도할 수 있다. 그러므로 2회 이상의 양도를 허용하는 문구가 없으면 일단 양도된 신용장이 제2수익자의 요청에 따라 제3수익자에게 또 양도될 수는 없다. 다만 제2수익자가 제1수익자에게 재양도하는 것은 양도회수에 산입되지 않는다. 그러므로 만일 당사자들이 2회 이상의 양도를 원할 경우에는 이 점을 분명히 신용장에 명시해야 한다.

신용장 양도에 따르는 제반 비용은 신용장에 별도의 지시가 없는 한 원칙적으로 원수익자가 부담해야 한다.

(2) 전부양도와 분할양도

전부양도(total transfer)는 양도인이 원신용장금액의 전부를 1인의 양수인에게 양도하는 경우로서 양도 이후부터는 양수인이 신용장상의 모든 권리를 행사하게 된다. 양도은행은 전부양도통지서(advice of total transfer)를 원신용장에 첨부하여 양도인에게 교부해주고 양수인에게는 양도신용장을 발급한다.

분할양도는 양도인이 원신용장금액 중 일부만을 양수인에게 양도해 주고 나

머지는 자기가 이행하든가, 원신용장금액을 분할하여 여러 명의 양수인에게 나누어주는 경우를 말한다.

분할양도의 특징은 다음과 같다.

첫째, 분할양도는 원신용장에서 분할선적 및 어음의 분할발행이 허용되어야 가능하다.

둘째, 신용장이 분할양도되더라도 조건변경의 당사자는 양도인이 되므로 양수인은 자기명의로 조건변경을 신청하거나 승낙할 수 없다.

마지막으로 하나의 신용장이 여러 사람에게 분할양도된 경우에 신용장의 조건이 변경되면 이를 승낙한 양수인에게는 변경된 신용장의 효력이 발생하지만 거절한 양수인에게는 원신용장의 조건이 그대로 존속하게 된다.

분할양도 시에는 분할양도통지서(advice of partial transfer)에 양도금액, 관계 상품 및 수량 등 원신용장조건을 명시한 후 양수인에게 교부하거나 원신용장 중 양수인에게 관계없는 곳을 삭제한 원신용장 사본을 통지서에 첨부하여 교부하기도 한다. 또한 이중 양도를 방지하기 위해 양도금액과 해당 상품명, 수량 등을 원신용장의 이면에 기재하고 원수익자에게 반환한다.

5 양도시의 변경내용

(1) 개설의뢰인의 명의

양도신용장에서 제1수익자는 원신용장의 개설의뢰인 대신에 자신의 명의를 개설의뢰인으로 할 수 있다. 그러나 신용장이 송장을 제외한 다른 서류에 개설의뢰인의 이름이 표기되도록 명시적으로 요구하는 경우에는, 그러한 요건이 양도된 신용장에 반영되어야 한다. (UCP 제 38조 g항)

(2) 신용장 금액과 단가

양도신용장의 금액이나 단가는 원신용장의 금액이나 단가보다 감액할 수 있다.

특히 중개 차익을 목적으로 하는 경우 제1수익자는 신용장의 금액이나 단가를 감액하여 양도하고 그 차액을 이익으로 할 수 있게 되는 것이다. 예를 들어, 원신용장에서 개당 10달러로 받았다면 개당 8달러로 양도하여 2달러의 중간 차익을 실현할 수 있다.

(3) 신용장의 유효기일과 선적기일

신용장의 유효기일, 서류제시기간의 최종일 및 선적일은 원신용장에 명시된 기일보다 단축될 수 있다. 제1수익자가 중간 차익을 보기 위해서는 선적기일, 유효기일 및 서류제시기일의 단축이 필요하므로 이를 인정한 것이다.

(4) 부보비율의 인상

신용장을 양도하는 경우 금액이 감액되면 신용장에서 지시하는 원래의 비율대로 부보해도 원신용장금액의 부보금액이 나오지 않는다. 예를 들어, 원신용장금액이 100,000달러이고 부보비율이 110%라면, 부보금액은 110,000달러가 되어야 한다. 그런데 90,000달러로 감액양도한 경우 원신용장에서 요구하는 부보비율대로 하면 99,000달러(90,000달러×110%)로서 원래 부보되어야 할 110,000달러보다 부족하게 된다.

따라서 이 경우 110,000달러를 맞추기 위해서는 약 122.22%의 인상된 비율로 부보해야 한다. 이처럼 양도금액과 원신용장금액과의 차이가 클수록 부보비율이 높아져야 할 것이다.

(5) 양도 후의 신용장조건 변경

양도된 신용장의 취소나 조건변경에 대하여는 관계당사자인 개설은행, 수익자 및 확인은행 전원이 동의해야 가능하다. 신용장이 분할 양도된 경우에는 특정의 수익자에 대한 조건변경이 가능하다.

⑥ 양도인의 권리

양도가능신용장이 개설된 경우 원수익자는 양도권한을 갖지만 이를 반드시 행사할 필요는 없고 만약 양도할 의사가 없으면 자신이 수익자로서 신용장을 이용할 수 있다. 그러나 양도가능신용장에서 양도인은 다음과 같은 권리를 가질 수 있다.

(1) 개설의뢰인의 성명 대체권

신용장이 양도될 때 양도통지서에 제1수익자는 개설의뢰인의 이름을 자신의 것으로 대체할 수 있다. 왜냐하면 제2수익자가 수입업자의 이름과 주소를 알게 되면 향후 거래에서는 제1수익자를 거치지 않고 직접 거래하려고 할 수 있기 때문이다. 그러나 원신용장상에 반드시 개설의뢰인의 성명을 밝혀야 한다고 명시되어 있으면 송장 이외의 서류에는 반드시 그렇게 해야 한다.

(2) 송장 대체권

양도가능신용장을 양도할 때 제1수익자가 수입업자인 개설의뢰인의 이름을 자신의 이름으로 대체하여 신용장을 양도한 경우 제2수익자는 송장을 제1수익자 앞으로 작성하게 된다. 이 경우 양도인은 자기 앞으로 작성된 송장 및 환어음을 자신이 작성한 송장 및 환어음으로 대체할 수 있다. 만일 신용장금액이나 단가를 낮추어 양도했다면 차액이 생기게 되는데 이 차액에 대하여 양도인은 환어음을 발행하여 양도차익을 가질 수 있다.

(3) 매입은행 등의 제한

양도인은 양도차익을 확실하게 보장받기 위해서 제2수익자인 양수인의 매입은행을 자신이 원하는 특정 은행으로 지정하거나 양도신용장의 매입기간을 제한 또는 사전 통보해 줄 것을 양수인에게 요구할 권리를 가진다. 그리고 양도인은 양도지역에서 환어음의 매입을 요구할 수 있다.

(4) 주요 내용의 은폐

양도인은 신용장의 양도와 관련된 제반 사항을 은폐할 수 있다. 특히 수입업자에게 중요한 양도사항을 알리지 않도록 매입은행 등 관련 은행에 요청할 수 있다. 만약 양수인, 양도금액 등 양도에 관한 사항이 원신용장의 개설의뢰인(수입업자)에게 밝혀지면 양수인과 개설의뢰인이 서로 연락하여 다음 거래시부터 양도인을 배제하고 직접 거래할 수 있기 때문이다.

7 신용장대금의 양도

양도가능신용장이 아닌 일반 신용장하에서도 신용장대금을 제3자에게 양도하는 것은 가능하다. 예를 들어, 수출업자에게 일정 채무가 있을 경우 수출업자는 자신이 발행한 환어음과 운송서류를 제3자인 채권자에게 양도하고 그로 하여금 매입에 응하도록 하여 채무액을 변제할 수 있다. 제3자는 신용장 거래와 무관한 당사자라도 상관없고 매입은행은 환어음 소지인에게 대금을 지급한다.

서식 7-5   신용장 전부/분할양도신청서

	담당	검토자	결재권자

APPLICATION FOR □Total   □Partial   Transfer

To : WOORI BANK

Date :

Re : L/C No.
     Dated
     Issuing Bank
     Amount
     Beneficiary
     Accountee

Gentlemen :
  We hereby request you to transfer irrevocably all of our rights of the above mentioned credit to the transferee under the same terms and conditions of the original credit with exceptions indicated hereunder :

    Amount to be transferred :
    Lastest shipping date :
    Expiry date :
    Description of commodities and other conditions

Any amendment to the credit hereafter made is to be advised to □ the first beneficiary
                                    □ the second beneficiary
  The original credit(including amendments to this date, if any) is attached herewith for your endorsement.
  We agree to indemnify and hold you harmless against any and all losses, damages and expenses arising from your actions on this transfer.
  This application is subject to the Uniform Customs and Practice for Documentary Credit. 1993 Revision. International Chamber of Commerce Publication No. 500.

Accepted by   Your very truly

인감 및 원본확인

_____   _____
   Name and Signature   Name and Signature
   of Second Beneficiary   of First Beneficiary

제 4 절 신용장의 매입

신용장에 의한 결제유형은 앞에서 살펴 본 바와 같이 지급, 연지급, 인수 및 매입의 형태로 구분되지만 여기에서는 우리나라 신용장거래의 대부분을 차지하고 있는 매입방식에 의한 결제 실무를 설명하기로 한다.

1 운송서류 매입의 의의

수출업자는 물품을 선적한 후 환어음과 운송서류의 매입을 거래은행에게 의뢰하여 수출대금을 찾아가는데, 이 때 매입(negotiation)은 수출업자가 발행한 환어음과 운송서류를 은행이 자기자금으로 매수하는 것을 말한다. UCP에 따르면 매입(Negotiation)은 신용장조건에 일치하는 서류제시에 대하여 지정은행이, 지정은행에 상환하여야 하는 은행영업일 또는 그 전에 대금을 지급함으로써 또는 대금지급에 동의함으로써, 자행이 아닌 타은행 앞으로 발행된 환어음 및 또는 서류를 매수(purchase)하는 것을 의미한다. (UCP 제2조, 정의)

이 과정을 수출업자의 입장에서 보면 수출대금을 회수하는 과정이지만, 매입은행의 입장에서는 환어음과 운송서류를 개설은행으로 보내면 대금을 상환받을 수 있다는 가정하에 자기 자금을 미리 지급하는 것이다. 매입은행은 환어음과 운송서류를 신용장 개설은행 혹은 별도의 상환은행에게 송부하여 매입자금을 회수한다.

그림 7-2   운송서류 매입의 개념

② 운송서류 매입 의뢰

(1) 외국환거래약정 체결

수출업자가 처음으로 외국환은행과 매입거래를 하려면 먼저 매입은행과 외국환거래약정을 체결해야 한다. 외국환거래약정은 수출업자와 매입은행 간의 계약으로서 매입에 따른 제반 사항을 약정하는 것이지만 수출거래와 관련된 주요 약정사항은 매입은행의 담보확보, 은행의 면책사항 등이다.

외국환거래약정 중 수출거래와 관련된 주요 사항은 다음과 같다.

① 수출업자는 수출물품 및 관련 서류를 매입과 관련된 모든 채무를 위한 담보로서 은행에 양도한다.

② 수출업자는 매입은행의 채권보전을 위해 백지로 된 약속어음을 연대보증인과 공동 발행하여 매입은행에 제공한다.

③ 수출업자는 매입과 관련하여 발생하는 모든 수수료, 이자, 할인료, 지연배상금, 손해배상금 등을 부담한다.

④ 수출업자는 환어음의 지급이 이루어지지 않으면 매입대금의 상환의무를 지고 곧 매입은행에 변제한다.

(2) 운송서류의 구비

매입은행과 외국환거래약정이 이루어지면 수출업자는 운송서류를 매입은행에 제출하고 매입을 의뢰한다. 신용장 거래에서는 개설은행이 수출대금의 지급을 확약하고 있으므로, 매입은행은 환어음에 대한 실제 지급이 이루어지기 전에 미리 수출업자의 환어음을 매입하고 수출대금을 결제하는데 이를 "추심 전 매입"이라고 한다. 매입의뢰 시 수출업자가 구비해야 할 서류는 대략 다음과 같다.

① 수출환어음 매입신청서
② 수출신용장 원본
③ 수출환어음
④ 신용장 또는 선수출계약서에서 요구하는 운송서류 전통(full set)
⑤ 수출신고필증(대금결제용), 기타 은행요구서류

③ 운송서류의 매입완료

(1) 일람출급환어음의 매입

매입은행은 수출업자가 제출한 환어음 및 운송서류 등이 신용장조건과 일치하는지, 운송서류 상호 간의 모순은 없는지 등의 여부를 면밀히 검토하여 매입을 결정한다. 일단 매입이 결정되면 매입은행은 신용장 뒷면에 매입일자, 매입번호, 금액, 은행명 등을 기재한 후 신용장과 함께 매입대금을 지급한다. 매입대금은 매입당일의 전신환 매입률(T/T buying rate)로 환산한 원화에서 환가료, 대체료, 우편료, 전신료, 무역금융 융자액 등을 공제한 잔액이다.

환가료(maildays interest)는 우송기간의 이자를 말하는데 매입은행이 수출업자에게 매입대금을 지급하면 환어음과 운송서류가 개설은행으로 송부되어야 그 대금을 상환받을 수 있기 때문에 매입시점과 개설은행의 상환시점 사이에 환어음이 우송되는 기간에 대한 이자이다.

그리고 대체료는 수출대금을 외화로 인출할 때 매입은행에서 징수하는 수수료를 말하는데, 동종 통화로 매입하면 외화 매매율 차에 따른 수수료가 없기 때문에 대체료를 징수한다.

(2) 기한부환어음의 매입

수출업자가 일정 기간 후 수출대금을 받기로 약정한 경우 기한부환어음을 발행하는데 이때 만기일에 해당하는 이자를 수출업자와 은행 중 누가 부담하는가에 따라 공급자유전스와 은행유전스로 나뉜다.

1) 공급자유전스(Shipper's Usance)

이는 수출업자가 외상기간 동안 자금회수를 보류함으로써 신용을 공여하는 방식이다. 기한부환어음 발행을 조건으로 하는 대부분의 매입신용장은 이 방식을 규정하고 있다. 매입은행은 수출업자가 개설은행 앞으로 발행한 기한부환어음을 매입하는데 통상 수출업자는 만기일까지 기다리기보다는 매입은행에 어음 만기일까지의 이자와 수수료를 공제한 후 할인 매입해줄 것을 요청한다.[6] 이렇게 됨으로써 수출업자는 수입업자에게 외상기간을 허용하면서도 만기까지의 외상기간에 대한 이자를 공제하고 선적 후 바로 대금회수를 할 수 있게 된다.

6) 만일 수출업자가 할인을 하지 않으면 만기까지 기다렸다가 대금을 받게 된다.

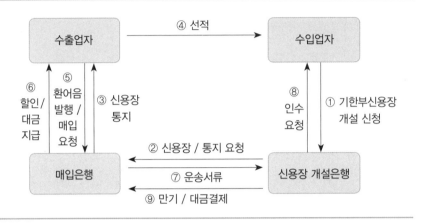

그림 7-3 공급자 유전스

2) 은행유전스(Banker's Usance)[7]

이는 은행이 기한부환어음의 지급을 유예시키고 외상기간 동안의 자금부담을 지므로 수익자는 일람출급방식으로 매입을 한다. 은행유전스에는 신용장개설은행이 신용을 제공하는 '내국수입유전스'와 해외의 환거래은행이 제공하는 '해외은행인수'가 있다.

① 내국수입유전스(Domestic Usance)

국내 개설은행이 외상기한 동안의 수입업자에 대한 신용공여를 하는 것으로 국내은행인수라고도 한다. 개설은행은 매입은행으로부터 서류를 수취하는 대로 매입은행에게 대금을 즉시 상환하지만 개설의뢰인으로부터는 만기에 대금을 받는다. 이 경우 매입은행은 일람출급조건으로 매입을 하기 때문에 수출업자로서는 일람출급방식의 매입과 똑같다(〈그림 7-4〉 참조).

신용장에는 매입은행에게 일람출급의 매입을 지시하는 다음과 같은 문구가 나타난다.

> • You must negotiate the drafts on at sight basis since discount charges are for account of buyer.
> • Negotiation under this credit may be effected on at sight basis.
> • Beneficiary's usance drafts must be negotiated on at sight basis.
> • Acceptance Commission and discount charge are for buyer's account.

---

7) 이를 Buyer's Usance, Banker's Acceptance라고도 한다.

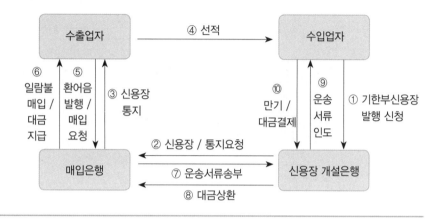

그림 7-4   은행유전스(내국수입유전스)

② 해외은행인수(Overseas banker's usance)

해외은행인수란 개설은행과 환거래계약이 체결된 외국의 특정 은행이 외상기한 동안의 신용을 공여하는 형태로 수입업자는 유전스기간만큼 지급이 유예된다. 이 경우 개설은행은 해외의 이 환거래은행을 지급인, 즉 환어음 인수은행으로 지정하고 인수수수료와 할인료를 개설은행이 부담한다.

은행이 유전스기간만큼 신용을 공여하므로 수출업자는 일람출급방식으로 매입하게 되고 신용장에는 위에서 설명한 바와 같이 일람출급 조건의 매입지시 문구가 표시된다. 또한 매입은행에 대하여도 다음과 같이 매입방식을 지시한다.

> Acceptance commission and discount charges are for buyer's account. Payment under this L/C is to be made on at sight basis regardless of drafts tenor. In reimbursement, please present beneficiary's drafts to the drawee bank for acceptance.

일람출급조건으로 매입한 매입은행이 지정된 인수은행에 매입서류를 제시하면 인수은행은 매입대금을 상환해주고 자신은 만기일까지 기다렸다가 개설은행으로부터 상환받는다. 결국 외상기한에 대한 자금부담은 인수은행이 부담하며 개설의뢰인은 외상기한에 대한 이자만 지불하고 수입대금은 만기에 가서 결제하게 된다(〈그림 7-5〉 참조).

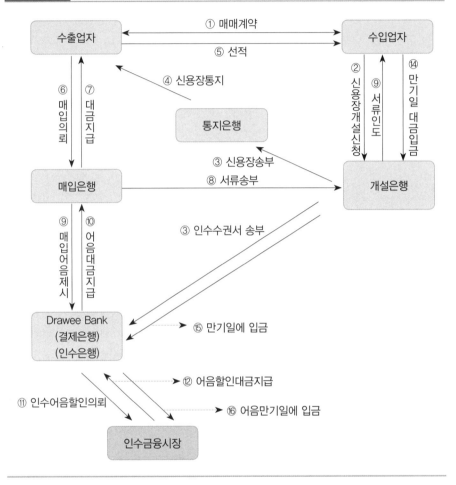

그림 7-5   은행유전스(해외은행인수)

(3) 불일치 운송서류의 조건부 매입

수출업자가 매입 의뢰한 운송서류에 신용장 조건과의 불일치 사항이 발견되면 매입은행은 원칙적으로 매입을 거절하지만 수출업자의 신용상태, 거래관계 등을 감안하여 일정 조건하에서 매입을 하기도 한다.

① 불일치 사항의 정정

이 방법은 매입은행이나 수익자에게는 가장 안전한 방법이나 특히 매입은행은 서류에 불일치가 없어야 개설은행으로부터 상환을 받을 수 있기 때문에 시간

서식 7-6　매입신청서

매 입 신 청 서

매입번호	
CMF번호	

계	대 리	차 장	부 점 장

(1)및 운송서류내용(DESCRIPTION)　　　　　(2) 매입대금처리내역

BENEFICIARY:		처 리 내 역		확 인 인	
				계	대리
ASSIGNED FROM		NEGO AMOUNT			
L/C NO.		외화 계정대체			
COMMODITY			A		
ADVICE NO.			B		
EXPORT		무역어음 대 출	C		
LICENCE NO.					
ISSUING BANK			D		
ACCOUNTEE		수 입 보 증 금			
INVOICE VALUE		우 편 료			
SHIPPING		환 가 료			
EXPIRY					
CREDIT EXPIRY		대 체 료			
B/L DATE		대체지정계좌입금			

위 내용의 수출하부환어음(또는 운송서류)를 기 약정한바에 의하
여 매입하여 주시고 동 수출어음 대금을 위와 같이 처리하여 주시기
바랍니다.
년 월 일
상호(인)
　　대표이사

인감대조

AT Sight
년 월 일

확 인 서

앞　　　　　　　20 년 월 일

수 입 인 지

위 신용장(계약서)에 의한 수출환어음 또는 선적서류 매입과 관련하여 본인은 귀행에 아래와 같은 신용장(계약서)조건과
의 불일치 또는 기타 사유로 인한 하자사항을 확인하며 이로 말미암은 비용 및 손해는 수출거래약정서에 따라 부담하겠습
니다.
(운송서류 매입일부터 Nego대금이 귀행 내규 소정일수를 경과하여 입금되는 경우에는 그 초과 일수에 대한 소정이자를
지급하겠습니다.)

※ DISCREPANCIES
1) _____
2) _____
3) _____ 상호
4) _____ 대표이사　　　　　(인)

인감대조

※은행사용란

1	CMF.NO		9	우편요금	*	16	자사실적	*	23	기산기준일	
2	재매입여부	*	10	기타공제	*	17	타사실적	*	24	확정일코드	
3	매입통화		11	가격조건	*	18	선물환율		25	확인구분	
4	매입금액		12	우대요율		19	선물환금액		26	COMM.율	
5	하자여부	*	13	수출상대국	*	20	기 산 일	*	27	COMMISSON	
6	외화대체		14	수출형태		21	추심수수료	*	28	INTEREST율	
7	TENOR	*	15	HS. NO.	*	22	USANCE기간	*	29	INTEREST	
8	본지사구분										

◎추심시에는 *표 항목만사용

911120 B5-159 13(X) B-1A (210×297) KSM7102특급인쇄용 70g/㎡

적 여유가 있다면 수익자로 하여금 불일치 사항을 정정하도록 하여 매입하는 것
이 바람직하다.

② 추심 후 매입

매입은행이 매입을 할 때 대금을 먼저 지급하는 것이 아니라 개설은행에게
일단 운송서류를 보내고 개설은행으로부터 상환이 이루어지면 수출업자에게 대
금을 지급하는 방법이다.

③ 조회 후 매입

매입은행이 개설은행에 전신으로 서류상의 하자사항을 문의한 후 개설은행
의 동의가 있을 경우 매입한다.

④ 조건변경 후 매입

신용장의 조건을 준비된 서류에 맞도록 변경하여 매입한다. 이 경우의 매입
은 정상적인 매입이므로 시간적인 여유만 있다면 가장 바람직한 방법이다. 개설
은행이 수락한다는 회신은 신용장의 조건변경과 동일한 효과를 발휘하기 때문이
다. 그러나 이 방법은 조회에 대한 회신을 받기까지 시간이 많이 소요될 수 있다.

⑤ 하자부 매입

불일치 사항에 대한 모든 책임을 수출업자가 부담한다는 일종의 보증각서
(Letter of Indemnity)를 첨부하여 매입하는 방법이다. 하자부 매입에 따른 모든 책
임과 비용은 수출업자가 부담한다. 주로 신용장 유효기일이 얼마 남지 않거나 자
금이 급히 필요한 경우 이용된다.

4 운송서류의 발송

매입절차가 끝나면 매입은행은 "Covering Letter"를 작성하여 운송서류 및 환
어음과 함께 신용장개설은행으로 신속히 송부하여 매입대금의 상환을 청구한다.
"Covering Letter"는 개설은행 앞으로 개설은행의 신용장을 자기 은행에서 매입
하였다는 뜻과 발송서류의 명세, 상환에 관한 지시사항 등을 기재하여 작성한다.
그리고 운송서류는 분실에 대비하여 통상 2조(set)로 나누어 송부한다. 개설은행
은 운송서류가 신용장요건과 일치하면 상환대금을 개설은행에 예치된 매입은행

의 계정으로 입금시켜 준다.

만약 개설은행으로부터 지급거절 통지를 받았거나 상당한 기간이 경과되어도 상환되지 않으면 매입은행은 해당 매입거래를 부도처리하게 된다. 매입은행은 부도등록과 동시에 수출업자에게 부도사실을 통지하고 해당 매입대금과 부도이자를 상환 청구한다. 수출업자가 이를 거부할 경우에는 매입은행은 수출화물에 대한 채권보전절차를 취하여 대출 규정에 따라 처리한다.

5 국제표준은행관행에 따른 서류검토의 기준

(1) 국제표준은행관행(ISBP)의 의의

신용장 거래에서 은행의 서류검토원칙은 국제표준은행관행에 따른다고 하면서도 국제표준은행관행에 대한 개념이 분명하지 않아 서류의 불일치에 대한 논란이 계속되었다. 이에 2002년 10월 ICC의 은행기술실무위원회에서 국제표준은행관행(International Standard Banking Practice; ISBP)을 제정하였다.

국제표준은행관행은 현행 UCP와 ICC 은행위원회에 제기되었던 많은 질문들에 대한 은행위원회의 의견 등을 토대로 정리된 것인데, 신용장거래에서 서류검토기준의 지침으로 활용되고 있다. ISBP의 구성내용은 국제표준은행관행의 일반원칙, 환어음, 상업송장, 운송서류, 보험서류 및 원산지 증명서에 대하여 200항목의 조문으로 방대한 지침을 제시하고 있다.

(2) 서류검토은행의 면책

은행은 서류가 일반적으로 요구되는 형식을 갖추고 신용장에서 요구하는 기재사항을 전부 갖추었으면 신용장조건과 일치하는 것으로 본다. 즉 은행은 제출된 서류의 진정성, 위조 또는 법적효력에 대하여 책임을 지지 않는다.

또한 제출된 서류에 기재되어 있는 상품의 명칭, 수량, 품질상태 및 표시된 사항들이 사실인지의 여부에 대해서도 책임지지 않는다. 이런 서류를 작성할 때 은행 측에서 같이 확인한 것이 아니며 또 그럴 의무도 없기 때문이다. 극단적으로는 그런 물품이 실제로 존재하는지에 대하여도 은행이 책임질 필요는 없다. 그러나 이는 사기(fraud)라는 심증이 확실히 가는 경우에까지 지급해야 한다는 의미는 아니다.

은행은 신용장 거래에서 독립·추상성에 의하여 서류만을 가지고 다루는 것이지 실제 상품거래에 대하여 관계하는 것이 아니므로 상품을 둘러싼 실물거래부분에 대해서는 어떤 의무나 담보책임을 지지 않도록 하려는 것이다(UCP 제34조).

6 신용장 거래에서의 상환

상환은 매입은행이 수익자에 대하여 지급한 매입대금을 개설은행이나 개설은행이 지정한 다른 은행으로부터 보상을 받는 것을 말하며, 상환을 해주는 은행을 상환은행(reimbursing bank)이라 한다.

(1) 개설은행의 상환

개설은행이 신용장의 조건과 일치하는 서류를 받은 후 서류를 송부한 매입은행에게 매입대금을 직접 송금해주는 방식이다. 개설은행이 직접 서류를 검토한 후 서류가 일치하면 대금을 지급하므로 매입은행에서 개설은행까지의 서류송부일수와 개설은행에서의 서류검토일만큼의 시간이 소요된다. 이 방식으로 송금이 이루어지는 경우 신용장에는 다음과 같이 상환방법을 지시하고 있다.

> Upon receipt of documents in compliance with the terms and conditions of the credit, we will reimburse you as per your instructions.

> REIMBURSEMENT UNDER THE DOCUMENTARY CREDIT ISSUED IS, IF APPLICABLE, SUBJECT TO ICC URR 525.

(2) 상환은행에 의한 상환

만일 개설은행이 자신이 직접 상환하지 않고 제3국의 다른 은행을 통해 상환하도록 하는 경우에는 신용장개설 즉시 상환수권서(reimbursement authorization) 또는 상환지시서(reimbursement instruction)를 다른 국가의 상환은행에 보내게 된다. 이 경우 신용장에는 다음과 같은 상환지시 문언이 나타난다.

> Please claim reimbursement from XXX Bank provided all terms and conditions of the credit have been complied with.

개설은행이 아닌 다른 은행이 상환은행이 되는 경우 매입은행은 수익자로부터 매입한 운송서류는 개설은행으로 보내고 상환은행에 대해서는 대금만 청구한다. 상환요구에 따라 상환은행은 개설은행의 예금계정에서 인출하여 지급하게 된다.

상환은행에서 발생하게 되는 수수료의 부담에 대해서는 신용장 및 상환수권서의 조건에 따르게 된다. 만일 신용장에 이 비용을 수익자가 부담하도록 되어 있으면 상환대금을 지급할 때 수수료를 공제하고 매입은행으로 입금한다. 그러나 상환수수료에 대한 최종적인 책임부담은 개설은행에게 있다.

판례 7-2 엄격한 서류일치의 원칙에 의한 상환거절

이란의 매수인이 영국의 매도인으로부터 미국산 트럭을 매입하였는데 그 대금지급을 위하여 양 당사자는 매도인을 수익자로 하는 신용장을 개설하기로 하였다. 신용장상 상품명세에는 "100 new Chevrolet trucks"로 되어 있었다. 나아가 신용장은 상품이 "new"라는 미국정부의 증명서(American Government Certificate to the effect that goods were new)를 요구하고 있었다.

그러나 매입은행(피고)에 제시된 선적서류중 상업송장에는 수출트럭이 "in a new condition"으로 묘사되어 있었으며, 미국 정부증명서에는 'new, good', 화물인도지시서(delivery order)에도 "new, good"이라 기재되어 있었다. 그럼에도 불구하고 매입은행은 선적서류를 매입하고 개설은행에 대금상환을 청구하였다. 이에 개설은행은 대금지급을 거절하였는데 사건을 담당한 McNair판사는 "new"와 "new good"은 분명히 같은 것이 아니며 또한 신용장은 특정한 트럭을 명시하지 않았는데 제시된 서류에는 특정한 트럭, 즉 제한된 트럭을 언급하였으므로 수익자는 신용장조건을 엄격히 이행하지 않았다고 판시하였다.

Bank Melli Iran v. Barclays Bank(1951) 2 Lloyd's Rep. 367.

제 5 절 서류의 인도[8]

매입은행에서 매입한 선적서류를 개설은행에 송부하면 개설은행은 환어음과 운송서류를 접수하여 자신이 개설한 신용장의 조건들과 일치하는지 심사하고 수입업자로부터 대금을 상환 받은 뒤 수입업자에게 서류를 인도하게 된다.

1 운송서류의 심사

개설은행은 운송서류가 도착하면 즉시 이 사실을 수입업자에게 알리고 운송서류가 신용장상의 요건과 일치하는가의 여부를 검토하여 수리할 것인지 또는 거절할 것인지를 결정한다. 이 때 개설은행은 운송서류가 문면상 신용장조건과 일치하는지의 여부에 대해서 상당한 주의를 가지고 심사해야 한다. 그리고 신용장에 명시되지 않은 일반조건은 신용장통일규칙에 따라 심사한다.

개설은행은 은행영업일(banking day)로부터 5일 이내에 수리 여부를 결정해야 하며 만약 모든 운송서류가 신용장조건과 일치하면 즉시 서류를 수리하고 매입은행에 대금을 상환해야 한다. 개설은행은 신용장의 독립·추상성에 따라 신용장조건과 일치하는 서류에 대해서는 무조건 신용장대금을 상환해야 할 의무가 있다.

만약 운송서류를 심사한 결과, 서류 상호 간에 모순이 있거나 신용장상의 요건과 일치하지 않을 경우, 개설은행은 전신 또는 신속한 방법으로 운송서류의 수리거절을 매입은행에 통보해야 한다. 개설은행은 독자적 판단에 따라 수리 여부를 결정해야 하지만 일단 수입업자에게 서류상의 하자에도 불구하고 운송서류를 인수할지의 여부를 문의하는 것이 바람직하다. 왜냐하면 수입업자는 시장상황에 따라 꼭 필요한 수입인 경우 서류상의 어느 정도 하자에도 불구하고 인수할 수 있기 때문이다.

일반적으로 개설은행과 수입업자는 환어음 및 운송서류에 대해서 다음과 같은 사항을 검토한다.

---

8) 신용장 거래의 서류는 물품의 선적을 증명하는 성격의 운송서류들이므로 운송서류를 중심으로 서류 인도과정을 설명하기로 한다.

- 신용장에서 요구하고 있는 운송서류가 모두 제시되었는지 여부
- 신용장에서 요구하고 있는 통수대로 운송서류가 제시되었는지 여부
- 운송서류가 신용장의 요구사항과 일치하는지 여부
- 운송서류 상호 간에 모순이 있는지 여부
- 서류 발행자의 자격이 충족되었는지 여부
- 운송서류가 소정의 형식을 갖추었는지 여부
- 환어음, 선하증권, 보험증권 등 유가증권의 권리가 정당하게 양도되었는지 여부

② 수입대금의 지급절차

수입업자는 운송서류가 상호 모순이 없고 신용장의 내용과 일치하면 개설은 행에 수입대금을 지급하고 운송서류를 인수한다. 만약 신용장조건이 일람출급이 면 수입업자는 대금을 지급하는 즉시 운송서류를 인수할 수 있다. 그러나 기한부 조건으로 수입한 경우에는 수입대금을 당장 지급할 필요가 없기 때문에 운송서 류 인수증만 제출하고 운송서류를 인수할 수 있다. 수입업자는 환어음의 만기일 에 이자를 추가하여 결제해야 한다.

그러나 수입업자가 정해진 기간 내에 운송서류를 찾아가지 않으면 개설은행 은 별도의 이자를 징수한다. 예를 들어, 일람출급신용장일 경우 수입업자가 운송 서류 도착일로부터 3일 이내에 수입대금을 결제하면 추가이자를 부담하지 않지 만, 4일 이후 7일 이내에 결제하면 10일간의 환가료를 부담해야 한다. 그리고 수 입업자가 이 기간도 초과하면 개설은행은 수입대금의 변제시점까지 외화연체이 자를 징수하고 운송서류를 인도하지 않는다.

대부분의 경우 수입업자는 수입대금을 지급하고 운송서류를 찾아가지만, 우 리나라에서는 수출용 원자재를 해외에서 수입할 경우에는 수입대금을 지급하지 않고 대도(貸渡: trust receipt)[9]를 개설은행에 제출하고 운송서류를 찾아가는 제도 가 있다. 이 제도는 개설은행이 수입업자(완제품 수출업자)를 지원하기 위해 운송 서류를 빌려주고 이 운송서류로서 원자재를 입수하여 완제품을 수출하도록 하기 위한 것이다.

---

9) 대도에 관한 자세한 내용은 제13장의 무역금융에 설명되어 있다.

❸ 수입결제환율

수입업자가 운송서류를 인수하기 위해 수입대금을 지급할 때 적용하는 환율은 신용장대금의 상환방식에 따라 달라진다.

(1) 송금방식에 의한 상환

송금방식의 상환은 개설은행이 수입업자로부터 받은 수입대금을 매입은행에 송금해주는 방식이다. 따라서 개설은행은 자기 자금의 부담이 전혀 따르지 않고 단지 수입업자로부터 수입대금을 받아 이를 매입은행에 상환해주는 결과가 된다. 반면 매입은행은 수출업자에게 수출대금을 지급한 후 일정 기간이 지난 뒤에 대금을 회수하므로 이 기간에 해당하는 이자를 수출업자로부터 징수한다.

따라서 이 방식에서 수입업자가 결제할 때 적용하는 환율은 전신환매도율이 된다. 전신환매도율은 외국환은행이 일반 고객(수입업자)에게 전신환을 매도할 때 적용하는 율을 말한다. 개설은행은 수출지의 매입은행이 송부해 준 외화표시의 수입환어음을 수입업자에게 제시하는 것은 곧 외국환을 매도하는 것과 마찬가지이므로 전신환매도율을 적용하는 것이다.

(2) 차기방식에 의한 상환

차기방식(debit basis)또는 상환방식(reimbursement basis)으로 매입대금을 상환할 경우에는 수출업자가 매입은행으로부터 수출대금을 찾아가면 매입은행은 자행에 예치되어 있는 개설은행의 계정에서 이 대금을 즉시 인출한다. 그러나 개설은행은 매입은행으로부터 운송서류가 송부되어 와야 수입업자로부터 대금을 받을 수 있으므로 서류운송기간의 이자에 해당하는 환가료를 수입업자로부터 받는다. 최근의 신용장 거래에서는 차기방식으로 상환하는 경우가 대부분이다.

기한부 수입신용장일 경우에는 그 기한에 해당하는 이자를 수입업자가 추가로 부담해야 한다. 따라서 이때는 기한부기간이 끝나는 만기일의 전신환매도율에 기한부기간에 해당하는 이자를 추가한 연지급어음결제율이 적용된다.

표 7-3	수입대금 결제금액 산정방식

① 송금방식인 경우
　　전신환매도율(T.T Selling Rate) × 수입금액 = 결제금액

② 차기 또는 상환방식인 경우
　　전신환매도율 + 환가료(지역일수/360 × 연환가료율 × 매매기준율) = 수입어음결제율

③ 기한부(일람 후 30일 · 60일 · 90일 · 120일 · 150일 등과 같은 환어음의 지급기간)인 경우
　　물품대금 = 신용장금액 × 유전스(usance)상환일기준 전신환매도율
　　유전스이자 = 수입금액 × 유전스이자율 × 유전스기간/360 × 수입어음결제율

4 수입화물선취보증서(L/G)의 활용

　　일반적인 신용장 거래는 개설은행이 수출지 매입은행으로부터 송부되어 온 운송서류를 수입업자에게 제시하고 수입대금을 회수함으로써 사실상 종결된다. 그리고 수입업자는 선하증권으로 화물을 찾아 수입통관절차를 필하고 해당 관세 등 세금을 납부하면 수입거래도 끝난다. 이런 일반적 거래가 성사되기 위해서는 수입화물이 수입항에 도착할 때 혹은 그 전에 이미 운송서류가 개설은행에 도착하고 수입업자나 제3자가 선하증권을 소지하고 있어 수입화물을 곧 찾을 수 있어야 한다.

　　그런데 우리나라와 일본, 우리나라와 중국 간의 거래에서는 항해일수가 너무 짧아 수입화물은 이미 수입항에 도착했는데, 이를 찾을 수 있는 선하증권 등의 운송서류는 아직 목적지, 즉 개설은행에 도착하지 않은 경우가 많다. 따라서 수입업자는 수입화물을 찾고 싶어도 선하증권이 없어 찾지 못하고, 선박회사나 항구 등의 창고는 이런 화물로 포화상태에 이르게 된다. 즉, 항해일수가 짧은 근거리 지역에서나 항공수송인 경우 화물이 먼저 도착해 있지만 관계서류가 없어 화물을 찾지 못하는 상황이 되는 것이다.

　　이런 근거리 무역거래에서 발생하는 화물 선(先) 도착 현상을 해결하기 위해서는 수출지에서 선하증권 등 운송서류를 빨리 보내주거나[10] 수입지에서 선하

---

10) 간혹 수출업자가 수출대금을 확보했으면 선하증권 상에 "surrender"라는 양도 서명을 하고 본선과 함께 수입항구에 전달하기도 한다. 이런 선하증권을 실무에서 'Surrender B/L'이라고 부른다. (제8장 신용장거래의 서류 참조)

증권 없이 화물을 찾을 수 있는 방안을 강구해야 하는데 실무에서 많이 사용되는 것이 선하증권 대신 화물을 찾을 수 있는 수입화물선취보증서(letter of guarantee)를 이용하는 것이다. 이는 선하증권의 원본 대신에 수입업자가 화물을 인수하기 위해 선박회사에 제출하는 일종의 보증각서이다.

그런데 선박회사는 법적으로 선하증권과 상환하여 화물을 인도해야 할 의무가 있으며 수입 화물선취보증서와 교환하여 화물을 인도하는 것은 어디까지나 근거리무역에서 화물을 빨리 찾기 위한 편법에 불과하다.[11] 만약 화물선취보증서와 상환으로 화물을 인도한 후, 또다시 동일 화물에 대해 정식으로 선하증권을 제시하고 화물 인도를 요구하면 선박회사는 그에 대한 책임이 있다.

따라서 선박회사는 수입 화물선취보증서와 교환으로 화물을 인도할 때 선하증권이 더 이상 사용되지 않을 것과 보증도에 따르는 모든 책임을 부담한다는 개설은행의 보증을 요구하므로, 화물선취보증서는 반드시 개설은행이 발행하거나 개설은행의 보증이 첨부되어야 한다. 미국계 은행들은 화물선취보증서를 "Letter of Indemnity", "Steamship Guarantee"라 부르기도 한다.

판례 7-3   수입화물선취보증서와 운송인의 책임

중소기업인 알루미늄합금 제조업체인 동원실업의 대표는 1987년 2월 이후 수입화물선취보증서에 의하여 수입화물을 인도하는 제도의 단점을 악용, 국내 시중은행의 수입화물선취보증서 용지에 각종 인장을 만들어 수입 신용장 개설은행이 수입화물선취보증서를 발급한 것처럼 수입화물선취보증서를 위조하여 국내 약 20개 해운회사에 제출하고 총 74회에 걸쳐 약 900만 달러 상당의 수입화물을 불법적으로 가져간 뒤 매각 · 처분하고 도주하였다.

그러자 1988년 6월 이 사건에 연루된 중소기업은행이 7개 해운회사를 상대로 손해배상 청구 소송을 제기하였다.

동원실업 대표의 사기수법은 다음과 같이 이루어졌다.

1) 1987년 7월 동남해운이 홍콩으로부터 부산으로 운송한 구리 봉(약 18만 달러)을 수입신용장 개설은행인 중소기업은행의 수입화물선취보증서를 위조하여 해운회사에 제출하고 수입화물 총 49건을 불법적으로 가져간 뒤 매각하였다.

2) 1987년 7월 CNC LINE이 홍콩으로부터 부산으로 운송한 구리봉(약 17만 달러)을

---

11) 신용이 확실하거나 담보가 충분하면 수입업자는 수입대금을 결제하지 않은 채 이 제도를 이용해서 미리 수입할 수 있다. 특히 외국의 수출업자로 하여금 고의로 운송서류를 늦게 제시하도록 하고 수입업자는 빨리 화물을 찾게 되면 상당 기간 수입자금 없이 국내 영업을 할 수 있다.

　　삼성물산으로부터 매입하고 화물매도확약서 등이 첨부된 위조 수입화물선취보증
서를 악용하여 총 23건을 불법적으로 가져갔다.

3) 1987년 8월 KIENHUNG LINE과 JAPAN LINE이 운송해온 알루미늄 합금원료
　　(76,000달러)를 보세 운송하여 동원실업의 정부 공장의 보세 창고로 반입한 후 화
　　물인도지시서도 교부받지 않고 불법적으로 유용하였다.

대법원은 이 사건을 판결하면서 보증도가 국제해운업계에서 일반적으로 행하여지는
세계적인 상관습이긴 하나 이로 인하여 정당한 선하증권 소지인이 손해를 입게 되
는 경우 해상운송인 또는 선박대리점 등이 그 손해를 배상하는 것을 전제로 하고 있
는 것이므로 과실에 의한 손해배상 책임이 있다고 판결함으로써 보증도를 일반적인
관행으로 여겨왔던 해운업계의 커다란 반발을 불러 일으켰다. 또한편 대법원은 운송
인에게 70%의 과실은 인정하면서도 은행에 대해서도 1) 수입화물선취보증서 양식을
철저히 관리하지 못한 점, 2) 신용상태가 매우 나쁜 회사에게 연지급 신용장 및 Stale
선하증권 수리가능조건을 부여한 점, 3) 수입화물 선인도와 수입대금 결제기간 장기
간(180일)허용으로 불법행위를 유도한 과실 등이 있다 하여 불법행위에 기한 손해배
상책임을 30% 인정하였다.

　　　　　　　　　　대법원 1991.12.10 선고 91다14123 판결

수입화물 선취보증서

수입화물선취보증신청서
(Application For Letter of Guarantee)

	계	결재

(□수입물품대도(T/R) 신청   □EDI형 서비스 신청)

①선박회사명 (Shipping Co)	⑥신용장(계약서)번호(L/C NO.) :	⑦L/G번호(L/G NO.)
	⑧선하증권번호 (B/L NO.)	
②송하인(Shipper)	⑨선박명 (Vessel Name)	
	⑩도착(예정)일 (Arrival Date)	
	⑪항해번호 (Voyage No.)	
③상업송장금액(Invoice Value)	⑫선적항 (Port of Loading)	
	⑬도착항 (Port of Discharge)	

④화물표시 및 번호 (Nos. & Marks)	⑤포장수(Packages)	⑭상품명세(Description of Goods)

본인은 위 신용장의 수입물품을 대도(T/R) 신청함에 있어 따로 제출한 외국환거래약정서 및 양도담보계약서의 모든 조항에 따를 것을 확약합니다.
　□ 본인은 EDI 방식에 의한 수입물품선취보증서(L/G) 발급의 경우 소정의 서비스 이용료를 납부하고 본건이 발급된 후에는 변경 또는 취소가 불가능 함을 확인합니다.
　본인은 위 신용장등에 의한 관계 선적서류가 귀행에 도착하기 전에 수입화물을 인도받기 위해 수입화물 선취보증을 신청하며 본인이 따로 제출한 수입화물 선취보증서(LETTER OF GUARANTEE)에 귀행이 서명함에 있어 다음 사항에 따를 것을 확약합니다.

1. 귀행이 수입화물 선취보증서에 서명함으로써 발생하는 위험과 책임 및 비용은 모두 본인이 부담하겠습니다.
2. 본인은 위 수입화물에 대하여는 귀행이 소유권이 있음을 확인하며 귀행이 수입화물선취보증서에 따른 보증채무를 이행하여야 할 것이 예상될 경우 또는 본인에 대하여 은행여신거래 기본약관 제7조의 사유가 발생할 경우에는 귀행의 청구를 받는 즉시 위 수입화물을 귀행에 인도하겠으며, 수입화물의 인도가 불가능할 경우에는 위 수입물품에 상당하는 대금으로 상환하겠습니다.
3. 본인은 위 수입화물에 관한 관계 선적서류를 제3자에게 담보로 제공하지 않았음을 확인하며, 또한 귀행의 서면동의없이 이를 담보로 제공하지 않겠습니다.
4. 본인은 위 수입화물에 관한 관계 선적서류가 도착할 때에는 신용장 조건과의 불일치 등 어떠한 흠에도 불구하고 이들 서류를 반드시 인수하겠습니다.

　　　　　　　　　　　　　　　　　　　　　　　　　　　년　　　월　　　일

신청인

주 소

TEL.

인감 및 원본확인		

수입(4040051, 210×297) NCR 2매 1조(2002. 12 개정)

서식 7-8 수입화물대도(T/R) 신청서

수입화물대도(T/R) 신청서

계	대 리	차 장	부점장

주식회사   은행 앞

　　본인은 아래 신용장 등에 의하여 도착된 수입화물을 대도 신청함에 있어서 은행여신거래 기본약관, 따로 제출한 수입거래약정서 및 양도담보 계약서의 모든 조항에 따를 것을 확약합니다.

①선하증권 기 타	번 호 : 발행인 :		발행일 :				
②대 도 (T/R)금액	금 액 :		(원화 : @) ④이율 :　　　　%				
신용장등	⑤번 호 : ⑥금 액 :		발행일 :				
⑦물 품 명 세	물품명 : 수량 : 단가 : ③금 액 :		화물표시 및 번호:				
	선적항 : 도착항 : 도착(예정일) :		선 명:				

⑧선적서류	선하증권	항공화물운송장등	상업송장	보험서류	포장명세서	원산지증명서	중량용적증명서	검사증명서	기타
통 수									

　　　　　　　　　　　　　　　　　　　　　　년 월 일

신청인
주 소

인감대조

87921B6-63 13(L)B-10(210×297)

계	대 리	차 장	부부점장	부점장

외국환거래 약정서

(수출 · 수입 · 내국신용장발행 · 내국신용장환어음매입(추심)거래)

년　　월　　일

주식회사 ○ ○ 은 행 앞

본 인 _____
주 소

　본인은 우리은행(이하 "은행"이라 한다)과 수출 · 수입 · 내국신용장발행 · 내국신용장환어음매입(추심)거래를 함에 있어 "은행여신거래기본약관"이 적용됨을 승인하고 다음 각 조항을 확약한다.

제 1 장　공통사항

제1조 적용범위
이 약정은 다음 각 호의 현재 및 장래의 모든 거래에 적용하기로 한다.
1. 수출거래
(1) 화환어음(환어음이 첨부되지 않은 선적서류를 포함한다. 이하 같음)의 매입 및 추심
(2) 보증신용장 등에 의한 무화환어음(Clean Bill)의 매입
(3) 기타 전 각호에 준하는 거래
2. 수입거래
(1) 신용장 발행
(2) 화환어음의 인도 및 결제
(3) 보증신용장에 의한 무화환어음의 인도 및 결제
(4) 기타 전 각호에 준하는 거래
3. 내국신용장발행거래
4. 내국신용장환어음매입(추심)거래

제2조 권리의 행사
① 수출화환어음 및 내국신용장환어음 매입대금(은행의 매입대금을 말한다. 이하 같음)의 경우에는 은행은 환매채권에 의하여 청구하거나 금전소비대차에 의한 대출금으로 보아 어음채권 또는 여신채권 중 어느 것에 의하여도 청구할 수 있다.
② 수입화환어음 및 내국신용장환어음 결제를 위한 대지급금의 경우에는 은행은 어음채권 또는 여신채권 중 어느 것에 의하여도 청구할 수 있다.

제3조 담 보
본인은 제1조의 거래에 수반하는 물품 및 관련서류를 당해거래와 관련하여 은행에 부담하는 모든 채무와 이에 부수하는 이자, 할인료, 수수료, 지연배상금, 기타 부대비용 등의 지급을 위한 담보로서 은행에 양도한다.

제4조 적용환율
적용환율은 신청서 등을 접수한 날과 관계없이 실제로 지급받거나 지급하는 날의 은행이 정한 해당 환율로 한다.

제5조 수수료, 비용 및 손해의 부담
① 본인은 은행의 책임 있는 사유로 인하여 추가로 발행한 것이 아닌 한 제1조의 거래에 따른 이자, 할인료, 수수료, 지연배상금, 손해배상금, 기타 부대비용 및 은행의 권리행사, 권리보전, 담보의 취득 및 처분에 따른 비용, 운임, 보험료, 기타 모든 비용 및 손해를 부담하며, 은행이 계산근거를 명시하여 청구하는 바에 따라 곧 지급한다. 다만, 본인이 계산방법 등에 관하여 이의를 제기하는 경우에는 은행은 이를 심사하여 그 결과를 통보한다.
② 은행은 제①항의 이자, 할인료, 수수료 등 제반비용의 효율 및 계산방법을 성질상 고시하기 어려운 것을 제외하고는 고시토록 한다.
③ 제①항의 수수료 등을 본인 이외의 자가 부담하기로 되어 있는 경우에 본인의 비용으로 은행이 본인 이외의 부담자에게 청구하였으나 입금되지 아니하여 본인에게 청구한 때는 본인이 이는 곧 지급한다. 다만, 은행이 본인 이외의 부담자로부터 이를 지급받은 경우에는 반환한다.

제6조 백지어음 제공의무와 보증권 수요
본인은 은행의 채권보전을 위해 제1조 각호의 거래별로 액면과 지급기일이 백지로 된 약속어음을 연대보증인과 공동 발행하여 은행에 제공하겠으며 은행은 필요 없다고 인정하는 경우 백지어음을 보충하여 행사할 수 있다.

제7조 적용기간
이 약정의 적용기간은 정하지 않기로 한다. 다만 부득이한 사유가 있는 경우 은행이나 본인은 이 약정을 해지할 수 있으며 이 경우 해지 전에 이루어진 거래에 대하여는 이 약정을 계속 적용한다.

제8조 준용규정
본인과 은행은 약정되지 아니한 사항에 대하여 따로 정함이 없는 한 「신용장통일규칙」, 「추심에 관한 통일규칙」, 「은행 간 신용장대금상환에 관한 통일규칙」, 기타 국제 규약, 「무역업무자동화처리약관」 및 은행의 관련규정에 따르기로 한다.

제 2 장 수출거래에 대한 특약

제9조 환거래은행 및 송달방법의 선정
신용장 또는 계약서, 매입신청서 등에 명시되어 있지 않은 경우 환거래은행 및 화환어음의 송달방법은 은행이 선정하기로 한다.

제10조 결제기간의 연장
지급의무자가 결제기간의 연장을 요청한 경우 은행은 본인의 동의를 얻어 승낙할 수 있다. 다만 은행이 부득이하다고 인정하는 때는 본인의 동의 없이 승낙할 수 있다. 이 경우 은행은 승낙한 사실을 곧 본인에게 통지한다.

제11조 매입대금상환
① 다음 각 호에서 정한 사유중 하나라도 발생한 경우 본인은 은행으로부터 독촉, 통지 등이 없어도 당연히 다음 각 호에서 정한 화환어음 매입대금의 상환의무를 지고 곧 변제하기로 한다.
1. 본인에 대하여 은행여신거래기본약관 제7조 제①항(당연 기한 전 채무변제의무) 각호에서 정한 사유중 하나라도 발생한 경우에는 모든 화환어음
2. 화환어음의 지급의무자에 대하여 은행여신거래기본약관 제7조 1항(당연 기한 전 채무변제의무) 각호에서 정한 사유중 하나라도 발생한 경우에는 그 자가 지급의무자로 되어 있는 모든 화환어음
3. 은행의 관련규정이 정하는 기간까지 은행의 매입대금이 입금되지 아니하거나 화환어음의 인수가 이루어지지 아니하는 경우와 그 화환어음
4. 환거래은행 등으로부터 지급 또는 인수 거절된 경우의 그 화환어음
5. 본인이 화환어음 만기일 이전에 매입대금을 상환하고자 하는 경우의 그 화환어음
② 본인에 대하여 은행여신거래기본약관 제7조 제④항 및 제⑤항(은행의 서면독촉에 의한 기한 전 채무변제 의무) 각호에서 정한 사유중 하나라도 발생한 경우 본인은 은행의 서면독촉통지 도달일로부터 10일 이상으로 은행이 정한 기간이 경과하면 모든 화환어음 매입대금의 상환의무를 지고 곧 변제하기로 한다.
③ 제①항 및 제②항과 관련하여 본인은 매입당시의 외화여신 연체이율로 매입일로부터 지급일까지 계산한 손해배상금을 지급한다. 이 경우 은행은 매입당시 징수한 환가료를 환급한다.
④ 제①항 및 제②항과 관련하여 본인은 매입신청 시 제출한 화환어음 또는 매입신청서에 근거하여 매입대금을 상환하여 은행은 본인이 매입대금과 이에 부수하는 손해배상금, 수수료, 비용 등을 변제할 때까지 화환어음 및 수출물품에 대하여 모든 권리를 행사한다.

제12조 화환어음 등의 반환
① 이 약정에 의하여 은행에 대한 채무의 변제 또는 은행여신거래기본약관 제9조(은행으로부터의 상계 등)에 의한 상계 등의 경우 은행은 본인에게 화환어음 및 수출물품을 채무변제 등의 시점에 반환하지 아니하여도 된다.
② 본인은 은행이 반환하는 화환어음을 은행에서 수령한다. 다만, 수출물품은 화환어음을 수령함으로써 반환받은 것으로 한다.
③ 은행의 책임 없는 사유로 인하여 화환어음 및 수출물품의 반환이 불가능한 경우 은행의 반환의무는 없는 것으로 한다.

제 3 장 수입거래에 대한 특약

제13조 신용장의 발행, 통지 및 환거래은행 등의 선정
① 은행은 본인이 제출하는 신용장발생신청서(조건변경신청서 포함) 등의 기재사항에 따라 신용장을 발행, 통지한다.
② 신용장발행신청서에 명시되어 있지 않은 경우 환거래은행(통지은행, 매입은행, 지급은행, 인수은행, 확인은행, 기타 관련은행을 말한다. 이하 같음) 및 통지방법은 은행이 선정하기로 한다.

제14조 대도물품의 처분
① 본인은 대도물품을 입고, 운반, 출고, 가공, 매도 이외의 목적으로 사용하거나 제3자에게 담보로

제공할 수 없으며, 또한 기타 은행의 권리를 해하는 행위도 할 수 없다.

② 본인은 대도물품을 매도할 경우 금액, 물품의 인도, 대금의 영수방법 등에 관하여 미리 은행의 동의를 받는다.

③ 본인은 대도물품의 매도대금 영수 후 곧 은행에 지급하며 매도대금을 어음, 기타 유가증권 등으로 받은 경우에는 이를 곧 은행에 양도한다.

제15조 신용장조건과 불일치하는 화환어음
① 은행이 채권보전을 위하여, 필요하다고 인정하는 경우 은행은 신용장조건과 불일치하는 화환어음에 대하여 본인의 동의 없이 지급 또는 인수를 거절할 수 있다. 이 경우 은행은 본인에게 사후통지하기로 한다.

② 화환어음이 은행에 도착하기 전 신용장조건과의 불일치를 사유로 환거래은행 등으로부터 지급 또는 인수 등의 동의여부에 대한 조회를 받은 경우에도 제①항과 같다.

③ 은행이 본인에게 신용장조건 불일치에 관한 조회를 하였으나 본인의 회보가 은행의 관련규정이 정한 기간 내에 도착하지 않는 경우 은행은 화환어음의 지급 또는 인수에 대한 동의 또는 거절여부를 결정할 수 있다.

제16조 결제일
본인은 대금의 결제조건이 일람출급인 경우에는 화환어음(차기통지서가 먼저 도착하는 경우에는 그 차기통지서) 도착 후 은행의 관련규정이 정한 기일 이내에 결제하고, 기한부 출급인 경우에는 만기일에 결제한다.

제17조 수입물품선취보증서에 의한 수입물품 인도
① 본인은 화환어음 도착 전에 운송회사로부터 수입물품을 인도받고자 하는 경우 은행에 수입물품선취보증서(항공화물운송장에 의한 수입물품 인도 승락서를 포함한다. 이하 같음) 발급을 신청하여 은행의 사전승낙을 받아야 한다.

② 본인은 수입물품선취보증서의 발급을 신청하는 경우 은행의 관련 규정이 정하는 바에 따라 수입결제대금을 적립한다.

제18조 신용장의 최소 및 조건변경
① 은행은 본인이 신청한 경우에 한하여 신용장을 취소 또는 조건 변경할 수 있다. 다만, 그 효력은 신용장의 최소 또는 조건변경의 당사자(개설은행, 수익자, 확인신용장의 경우는 확인은행) 전원의 도의가 있어야 비로소 발생한다.

② 제①항 본문에 불구하고 유효기일 경과 등 상당히 사유가 있는 경우 은행은 신용장을 취소할 수 있다. 이때 은행은 본인에게 사후 통지한다.

제19조 제3자 명의의 신용장발행
본인이 제3자 명의의 신용장발행을 은행에 본인명의로 신청한 경우에는 모든 부분에 있어서 이 약정이 적용된다.

제 4 장 내국신용장발행에 대한 특약

제20조 지급금액
본인이 은행의 내국신용장 발행에 따라 은행에 지급할 원화금액은 발행 당시의 내국신용장 원화금액에 불구하고 내국신용장 부기외화금액에 매입(추심)은행이 환어음을 매입(추심)하는 날의 해당 환율을 곱하여 청구한 금액으로 한다.

제21조 구매물품의 처분
구매물품 처분에 관하여는 제14조를 준용한다.

제22조 신용장의 취소 및 조건변경
은행은 본인이 관계당사자의 동의를 얻어 신청한 경우에 한하여 내국신용장을 취소 또는 조건 변경할 수 있다. 다만 유효기일 경과 등 상당한 사유가 있는 경우에는 은행이 신용장을 취소할 수 있다. 이 때 은행은 본인에게 사후 통지한다.

제 5 장 내국신용장환어음매입(추심)에 대한 특약

제23조 매입대금상환
① 다음 각 호에서 정한 사유중 하나라도 발생한 경우 본인은 은행으로부터의 독촉, 통지 등이 없어도 당연히 다음 각 호에서 정한 환어음 매입대금의 상환의무를 지고 곧 변제하기로 한다.
1. 본인에 대하여 은행여신거래기본약관 제7조 제①항(당연 기한 전 채무변제의무) 각호에서 정한 사유유지중 하나라도 발생한 경우의 모든 환어음
2. 내국신용장 발행은행에 의하여 지급 거절되는 경우의 그 환어음
② 본인에 대하여 은행여신거래기본약관 제7조 제④항 및 제⑤항(은행의 서면독촉에 의한 기한 전 채무변제 의무) 각호에서 정한 사유중 하나라도 발생한 경우 본인은 은행의 서면독촉통지 도달일로부터 10일 이상으로 은행이 정한 기간이 경과하면 모든 환어음 매입대금의 상환의무를 지고 곧 변제하기로 한다.
③ 제①항 및 제②항과 관련하여 본인은 매입 당시 원화여신연체이율로 매입일로부터 지급일까지 계산한 손해배상금을 지급한다. 이 경우 은행은 매입당시 징수한 매입이자를 환급한다.
④ 제①항 및 제②항과 관련하여 본인이 매입대금과 이에 부수하는 손해배상금, 수수료, 비용 등을 변제할 때까지 은행은 매도물품에 대하여 모든 권리를 행사한다.

제24조 환어음 등의 반환
① 이 약정에 의하여 은행에 대한 채무의 변제 또는 은행여신거래기본약관 제9조(은행으로부터의 상계 등)에 의한 상계 등의 경우 은행은 환어음 및 이에 첨부된 서류를 채무변제 등의 시점에 반환하지 아니하여도 된다.
② 본인은 은행이 반환하는 환어음 및 이에 첨부된 서류를 은행에서 수령한다.
③ 은행의 책임 없는 사유로 인하여 환어음 및 이에 첨부된 서류의 반환이 불가능한 경우 은행의 반환의무는 없는 것으로 한다.

본인은 은행여신거래기본약관 및 이 약정서 사본을 확실히 수령하고, 주요내용에 대하여 충분한 설명을 듣고 이해하였음	
본 인	(인)

Chapter

8

신용장 거래의 서류

|제1절| 서류의 개요
|제2절| 서류의 종류

흔히 무역거래는 서류거래라고 한다. 특히 대금결제가 신용장으로 이루어질 경우 서류의 중요성은 아무리 강조해도 지나치지 않다. 많은 수출업자들이 계약화물을 인도하고도 서류가 미비하여 대금회수를 못하는 경우가 있으며 관련 은행들도 서류취급을 잘못하여 분쟁에 휘말리고 어떤 경우 막대한 손실을 입기도 한다.

신용장 거래에서 서류가 얼마나 중요한가는 서류의 일치성과 관련해 법정 다툼이 있었던 한 사건에서 Summer경이 남긴 유명한 문구로 요약될 수 있다.

"There is no room for documents which are almost the same, or which will do just as well."

(Equitable Trust Co of New York v. Dawson Partners Ltd. [1927]

제 1 절 서류의 개요

1 서류의 의의[1)]

신용장 거래에서는 많은 서류들이 이용되고 있는데 일반적으로 화환신용장 (documentary credit)이라고 할 때의 "화환"(documentary)이라는 용어는 선하증권 등과 같은 서류가 담보로서 첨부된다는 것을 의미한다. 선하증권은 화물을 대표하는 권리증권이기 때문에 선하증권의 담보는 곧 화물의 담보를 의미한다. 개설은행은 화물을 대표하는 선하증권 등을 비롯한 운송서류와 상환하여 대금을 지급할 수밖에 없어 신용장 거래에서는 서류가 아주 중요하게 취급되고 있다.

신용장상에는 수출업자가 구비해야 할 서류의 종류와 통수가 명시되어 있는데 수출업자는 이를 정확히 구비해야 수출대금을 받을 수 있다. 그리고 서류는 현행 신용장통일규칙에서 규정하고 있는 수리요건에 맞게, 적합하게 작성되어야 한다. 신용장 거래는 곧 서류상의 거래이기 때문에 독립·추상성의 원칙에 따라 서류상의 불일치는 대금결제의 거부사유가 된다.

〈표 8-1〉의 항목들은 대부분의 서류에 공통으로 기재되는 내용으로서 수출업자, 수입업자, 은행 등 관계당사자들이 서류의 적합성을 판단함에 있어 확인해야 할 주요 요소들이다.

표 8-1 운송서류 검토 항목

송화인 명 및 주소	수화인 명 및 주소
발행지 이름 및 주소	물품의 명세, 수량, 단위
원산지	목적지
송장번호, 신용장번호	서류 작성자의 확인서명
서류의 형식	하인(marks) 및 번호
총중량, 순중량 등	컨테이너 혹은 포장 단위의 개수

---

1) 화환신용장에서 요구하는 서류는 물품의 선적을 증명하는 운송서류이다. 따라서 이하에서는 운송서류를 중심으로 신용장의 서류조건을 설명하기로 한다.

② 서류의 원본과 부본

신용장상에는 서류의 종류와 함께 제시될 서류의 통수가 명시되어 있다. 예를 들어, "Commercial Invoices in two copies"와 같이 표현하는데 이는 수출업자가 상업송장 2통을 구비해야 함을 의미하는 것이다. 그런데 "two copies"(in duplicate, in two folds와 같이 표현되기도 한다)는 복사본 2통이 아니라 원본 1통과 복사본 1통을 말한다. 즉 표현상으로는 사본으로 명시하지만 반드시 원본 1통이 포함되어야 한다. 그리고 원본은 서류 자체에 원본이 아니라는 명시가 없는 한 외관상 서류발행자의 원 서명, 하인, 스탬프, 라벨 등이 있으면 원본으로 간주된다(UCP 제17조).

제 2 절 서류의 종류

신용장 거래에서 사용되는 운송서류는 상업송장 및 선하증권과 같이 모든 거래에 반드시 필요한 필수서류와 그 밖에 부속서류로 구분된다.

① 상업송장(Commercial Invoice)

송장(invoice)은 매도인이 매수인 앞으로 작성해 보내는 매매거래의 명세서인데 그 용도에 따라 상업송장과 공용송장으로 구분된다. 그러나 일반적으로 말하는 송장은 곧 상업송장을 의미한다.

(1) 상업송장의 의의

상업송장은 수출업자가 특정 수출거래의 구체적 내용을 기재하여 수입업자 앞으로 보내는 매매거래의 명세서이다. 수출업자는 이 명세서를 근거로 수출대금을 청구하기 때문에 수출업자의 입장에서 보면 상업송장은 곧 대금청구서의 역할을 하게 된다. 특히 송금방식 등의 거래에서는 상업송장 외에 달리 단가, 금액 등이 나타나는 서류가 없으므로 상업송장은 계산서로서 매우 중요한 기능을 갖는다.

반면 수입업자는 상업송장을 통해서 선적화물에 관해서 자세히 알 수 있고 화물이 도착하기 전에 상업송장에 근거하여 수입화물을 판매할 수도 있게 된다. 수입화물이 도착하면 상업송장의 명세와 대조하여 계약한 화물이 실제로 도착되었는지의 여부를 조사할 수 있다. 그리고 상업송장은 관세를 산정하기 위한 세관 신고의 증빙자료가 된다.

상업송장은 요식서류가 아니기 때문에 법적으로 반드시 기재되어야 할 사항은 없지만 송장 그 자체가 거래에 관한 자세한 내용이 기재된 서류이기 때문에 가급적 자세히 기재하는 것이 좋다. 일반적으로 상업송장에 기재되는 사항은 〈표 8–2〉와 같다.

표 8–2　상업송장의 기재사항

수출업자의 상호	수입업자의 상호
발행일	상업송장번호
주문서 및 계약서번호	물품의 수량 및 명세
단가, 총액, 수수료	물품의 중량, 포장개수
화인	인도조건, 결제조건 등

(2) 상업송장 작성상의 주의점

상업송장은 양도가능신용장 거래와 같은 특수한 경우를 제외하고는 신용장상임 수익자, 즉 매도자가 신용장 개설의뢰인인 매수인 앞으로 발행해야 한다. 그리고 신용장상의 통화와 송장상의 통화는 반드시 일치해야 한다. 만약 신용장 금액이 미 달러로 표시되어 있는데 송장금액을 우리나라 원화로 표시하게 되면 환율변동으로 신용장금액과 송장금액이 정확히 일치하지 않을 수 있기 때문이다.

신용장통일규칙에서는 상업송장에 수익자의 서명은 필요로 하지 않는다고 규정되어 있지만(UCP 18조, a)-iv) 실무상으로는 대부분의 신용장에서 'manually signed commercial invoice'와 같이 수익자의 수기사인을 요구하고 있다.

은행은 신용장이 허용한 금액을 초과하여 발행된 상업송장을 수리할 수 있고 이들의 결정은 모든 당사자를 구속하지만 이는 은행이 신용장이 허용한 금액을 초과한 금액에 대하여 결제나 매입하지 않았을 경우에 한한다(UCP 제18조).

특히 신용장 거래에서는 상업송장상의 명세는 신용장상의 표현과 완전하게 일치해야 한다. 서류의 일치성과 관련하여 분쟁이 발생하는 경우 법원은 선하증권 등의 다른 서류에 비해 상업송장에 대해서는 엄격하게 일치할 것을 요구한다. 왜냐하면 선하증권 등과 같은 서류들의 발급당사자들은 신용장의 조건을 직접 보지 못하는 제3자이지만 상업송장은 신용장을 수취한 수익자가 직접 발행하므로 얼마든지 신용장의 조건에 일치시킬 수 있기 때문이다.

판례 8-1   상업송장이 신용장조건과 불일치한 경우

이 사건은 개설은행과 매입은행간에 발생했던 분쟁이다. 신용장상에서는 계약상품으로 "Dried Grapes"라고 기재되어 있었으나 상업송장에는 "Raisin"이라 기재되어 있었다. 담당재판부는 비록 두 용어가 상품분류상 동일 상품인 건포도를 의미하나, '이런 기술적 용어에 대해서 모든 사람들이 다 익숙해 있다고 말할 수 없다'며 상업송장상의 상품명은 엄격일치의 원칙에 합치하지 않는다고 판시하였다. ;

"When there is a question of fact as to whether the terms used in the guaranty and in the B/L are truth identical, the risk of determining for itself this question is not to be placed upon the guarantor. 'Raisin' and 'Dried grapes may or may not be the same article. We do not know."

Bank of Italy v. Merchants National Bank, [1923] 26, N.Y 106, 140 N.E 211

판례 8-2   상업송장과 신용장조건이 불일치한 경우

이 사건도 재판부가 엄격일치의 입장을 보였던 대표적인 사례로 수익자와 개설은행 간에 발생한 분쟁이었다.

신용장상에 기술된 상품명세는 '100 percent Acrylic Yarn'으로 기술되어 있었다. 수익자는 선적을 완료하고 서류를 구비하여 이를 개설은행에 제시하면서 지급을 요구하였다. 상품의 명세와 관련하여 제시된 상업송장에는 'Imported Acrylic Yarn'이라고 기술되어 있었고, 포장명세서상에는 '100 percent Acrylic'라고 기재되어 있었다. 그런데 이를 접수한 개설은행은 상업송장상의 상품명세가 신용장상의 명세와 일치하지 않는다는 이유로 지급을 거절하였다. 그러자 수익자가 개설은행을 상대로 제소하였다.

이 사건을 담당한 미국의 제1심 법원은 서류의 일치성 여부를 판단함에 있어서는 개별서류가 아닌 제시된 서류전체로 보아야 한다는 서류세트(Set of Documents)의 원칙을 적용하여 "상업송장상에 기술되어 있는 'Imported Acrylic Yarn'과 포장명세서상의 '100 percent Acrylic'이라는 기재를 종합하여 볼 때 상품명세는 신용장상의 명세와 일치하는 것으로 판단된다."면서 원고인 수익자의 승소판결을 내렸다.

그러나 패소한 개설은행은 이에 불복하고 항소하였다. 이에 대해 항소심법원은 "신용장거래에 있어서 상업송장이란 말 그대로 그 명칭이 상업송장(Commercial Invoice)이라고 표시된 것만을 지칭하므로 포장명세서가 이를 대신할 수 없듯이 포장명세서상에 기재된 상품명세가 상업송장상에 기재되어 있는 상품명세의 하자를 대신하여 치유할 수 없다."면서 원고승소의 원심을 파기하고 피고인 개설은행의 승소판결을 내렸다.

Countlands North America Inc. v. North Corolina National Bank(1975) 528 F. 2d 802.

판례 8-3 상업송장은 일치하지만 반출지시서(Bank Release)가 불일치한 경우

이 사건은 위의 두 사례와 달리 법원이 상당일치의 원칙을 택했던 사례이다.

2009년, T사는 P사와 신용장조건으로 유류 수출계약을 체결하였다. P사는 신한은행에게 신용장 개설을 요청하였고 이에 신한은행은 9월 신한은행을 지급인, SC은행을 매입은행, T사를 수익자로 표기해 미화 80만 달러짜리 신용장을 9장 개설하였다. 이후 신한은행은 P사에 유류를 수출한 T사가 차례로 신용장대금을 청구함에 따라 290만 달러를 지급하고 난 뒤 일부 보내온 서류가 신용장 조건과 일치하지 않는 점을 인지하고, 나머지 신용장대금에 대해 지급을 거절하였다.

신용장에는 물품명이 'gasoil origin Taiwan or Japan'이라고 기재되어 있었는데 상업송장의 상품명세와 원산지는 모두 신용장기재와 일치했으나 T사가 제출한 반출지시서에는 'Korean gasoil Sulphur 0.043%'라고 기재되어 있었다. 이에 대해 신한은행은 신용장조건과의 불일치라는 명목으로 지급을 거절하고, 신한은행은 SC은행을 상대로 이미 지급한 미화 290만 달러를 반환하고 나머지 606만 달러의 신용장대금을 지급할 채무가 없음을 확인해 달라는 소송을 제기하였다.

이에 대해 법원은 반출지시서의 기재는 신용장의 상품명세와 모순되지 않는 일반용어로 표시된 것으로 신용장조건과 일치한다고 판시하였다.

Countlands North America Inc. v. North Corolina National Bank
대법원 2009.10.29. 선고 2007다52911, 52928

COMMERCIAL INVOICE

Shipper/Exporter	Invoice No. & date
TRADE-ZONE CO., LTD. 216 8DONG TAEJON INDUSTRIAL DIST. 289-1 TAEWHA TAEDUCK TAEJON, KOREA TEL :	TRZ-01001 JUNE 05, 2018

L/C No. & date

MAY 22, 2018

For Account & Risk of Messrs.
YANBIAN NATIONAL TRADE IMP.AND EXP. CO., LTD.
NO.12, CHANGBAI ROAD YANJI CITY,
JILIN PROV. CHINA (TEL:)

L/C issuing bank
BANK OF CHINA(JINLIN BRANCH) CHANGCHUN
YINMAO DASHA 1-9 LOU 14 XINMIN DAJI E.CHANGCHUN, CHINA

Remarks:

Notify Party
YANBIAN NATIONAL TRADE IMP.AND EXP. CO., LTD.
NO.12, CHANGBAI ROAD YANJI CITY,
JILIN PROV. CHINA (TEL:)

* L/C : US$3,600.00 T/T : US$8,760.00

AS PER CONTRACT NO. : YBMM0115
PACKING IN EXPORT STANDARD

Port of loading	Final destination
BUSAN, KOREA	YANJI VIA RAJIN

Carrier	Sailing on or about
CHUXING 175	JUNE 11, 2018

Marks	Description of Goods	Quantity	Price/Roll	Amount
				C&F YANJI, CHINA
	MODEL NO. PVC FLOORING 1AG 400ROLL 0.6MM X 72" X 30M/ROLL	400ROLL	US$30.90	US$12,360.00
	TOTAL	400ROLL	US$30.90	US$12,360.00

TRADE-ZONE CO., LTD

2 선하증권(Bill of Lading: B/L)

(1) 선하증권의 의의

선하증권은 선주와 화주 간의 운송계약에 의해 선주가 발행하는 일종의 유가증권을 말한다. 즉, 선하증권은 선주가 화주로부터 화물운송을 위탁받은 사실과 화물을 목적지까지 운송하여 이를 선하증권의 소지자에게 인도할 것을 약속하는 증권이다. 선하증권은 무역거래에서 반드시 요구되는 운송서류로서 다음과 같은 기능을 수행한다.[2]

첫째, 선하증권은 선주와 화주 간에 운송계약이 체결되었다는 사실을 증명하는 증거서류이다. 해상운송에서 선하증권 그 자체가 운송계약을 뜻하는 것은 아니지만, 일반적으로 운송계약이 체결되었다는 가장 믿을 만한 증거는 선하증권이다. 따라서 선주가 선하증권을 발행하면 선주와 화주 간에 운송계약이 존재하는 것으로 간주된다.

둘째, 선하증권은 선적된 화물의 수취증이면서, 선적화물의 수량과 상태에 관한 명세서의 역할을 한다. 선하증권은 선주가 화주로부터 운송을 위탁받은 화물을 수취하거나, 또는 본선상에 선적하게 되면 발급된다. 따라서 선하증권은 선주가 선하증권상에 표기된 화물을 영수하였다고 인정하는 서류의 역할을 수행한다. 또한 선하증권에는 운송화물의 수량, 중량, 상태 등이 기재되기 때문에 선하증권은 곧 화물에 대한 명세서이기도 하다. 선주는 선하증권상에 기재된 명세의 내용 그대로 화물을 선하증권의 소지인에게 인도할 의무가 있다.

셋째, 선하증권은 화물에 대한 권리를 주장할 수 있는 권리증권이다. 선하증권이 국제무역거래에서 필수운송서류로서 사용되는 이유는 선하증권이 바로 운송화물에 대한 권리를 주장할 수 있는 권리증권이기 때문이다. 선하증권의 소지인은 곧 화물을 소유할 수 있는 법적 권리를 갖게 되며, 선주도 반드시 선하증권과 상환하여 화물을 인도하게 된다.

이와 같이 선하증권은 곧 화물을 대표하기 때문에 무역거래에서 수출업자는 수입업자에게 화물을 인도하는 대신 선하증권을 인도함으로써 자신의 의무를 다할 수 있다. 또한 선하증권의 양도는 곧 화물을 양도하는 것과 같기 때문에 수입업자는 운송 중인 화물을 매매할 수 있을 뿐만 아니라 담보수단으로도 활용할 수

---

2) Leo D'arcy, et al., *op.cit.*, pp. 284-289.

있다.

　　선하증권은 법률적으로 요식증권이기 때문에 법에서 규정하고 있는 사항들은 반드시 선하증권상에 기재되어 있어야 하는데 우리나라 상법에서 규정하고 있는 기재사항은 〈표 8-3〉과 같다.

표 8-3　선하증권의 기재사항

선박의 명칭 · 국적 · 톤수	운송물의 종류 · 중량/용적, 포장명세
운송물의 외관상태	용선자 또는 송화인의 성명 또는 상호
수화인 또는 통지선의 성명 또는 상호	선적항 · 양륙항
운임	발행지 · 발행연월일 · 발행통수

(2) 선하증권의 종류

1) 선적선하증권과 수취선하증권

　　선적선하증권(shipped B/L, on board B/L)은 운송물품이 본선에 적재된 후 발급되는 선하증권이다. 따라서 증권상에 선적이 완료되었음을 나타내는 'shipped' 또는 'laden on board' 등과 같은 표현이 있다. 선적선하증권의 발행일자는 곧 화물이 본선에 적재된 일자로 간주된다.

　　그리고 운송선박이 아직 부두에 정박하지 않았거나 입항조차 하지 않았을 경우 화물은 일단 선박회사의 부두창고 혹은 지정 장소에 보관되어 선적순서를 기다리게 되는데 이 때 선박회사는 화물을 수취하였음을 나타내는 수취선하증권(received B/L)을 발급한다.[3] 그리고 수취선하증권이 발행된 후 선적이 실제로 이루어지는 날을 기입하여 선박회사 또는 그의 대리인이 서명하면 선적선하증권과 동일한 효력을 갖는다.[4]

　　무역거래에서는 선적선하증권이 사용되고 수취선하증권은 특별히 허용되고

---

3) 미국의 원면거래에 사용되는 'Custody B/L'과 'Port B/L'은 대표적인 수취선하증권의 일종이다. 'Custody B/L'은 운송선박이 아직 지정항구에 도착하지 않은 상태에서 화물이 운송인에게 인도될 때 발급되는 수취선하증권이며, 'Port B/L'은 운송선박은 입항되어 있으나 화물이 본선에 적재되지 않은 경우 발행되는 수취선하증권을 말한다. 따라서 시기적으로 보면 먼저 'Custody B/L'이 발급되고, 운송선박이 입항하면 'Port B/L'이 되고, 그리고 실제 선적이 이루어지면 선적선하증권이 된다. 원면거래가 일시에 대량으로 거래되기 때문에 하루라도 빨리 자금을 회전시키기 위해 이러한 수취선하증권이 사용된다. 지금 당장 자금은 급한데 운송선박은 아직 입항조차 하지 않았을 경우 선박회사로부터 'Custody B/L'을 먼저 발급 받아 이를 유통시킬 수 있다.

4) 이런 선하증권을 선적배서선하증권(on board endorsement B/L)이라 한다.

있지 않는 한 거절된다. 왜냐하면 화물을 받아보는 수화인, 즉 수입업자는 자신의 화물을 보다 확실하게 인수하기 위해서 선적 완료된 후 발급되는 선적선하증권을 선호하기 때문이다.

2) 무사고 선하증권과 사고부 선하증권

화물을 본선상에 선적할 때 화물의 상태가 외관상 양호하고 수량이 정확하여 선하증권의 비고기재 난에 아무런 표시가 없는 선하증권을 무사고 선하증권(clean B/L)이라 한다. 그런데 일반 포장화물(Break bulk cargo)의 경우 포장상태가 불완전하거나 수량이 부족할 경우에는 '5 상자의 포장이 느슨함(5 cases loose strap)', '5 카톤 부족분에 대해 현재 논의 중임(5 cartons short in dispute)' 등과 같은 문구가 선하증권면에 기재될 수 있는데 이런 선하증권을 사고부 선하증권(dirty B/L, foul B/L)이라 한다.

사고부 선하증권은 유통이 되지 못할뿐더러 은행에서도 별다른 지시사항이 없는 한 수리를 거절한다. 따라서 수출업자는 반드시 무사고 선하증권을 발급 받도록 노력해야 한다. 그러나 항구까지 운송해 오는 과정에서 포장상태가 느슨해질 수도 있고, 부주의로 인해 수량이 부족할 수도 있다. 물론 재포장을 하거나 부족한 수량을 채우면 아무런 문제가 되지 않지만 운송선박이 곧 출항하여 시간적 여유가 없다든지 또는 그럴 형편이 못되는 경우에는 사고부 선하증권을 감수해야 한다.

이런 경우에 대비해서 수출업자는 파손화물보상장(letter of indemnity)을 선박회사에 제시하고 사고부 선하증권 대신 무사고 선하증권을 발급받을 수 있다. 파손화물보상장은 수출업자가 파손된 화물에 대해서 모든 책임을 질 것을 선박회사에 약속하는 일종의 보증장이다. 선박회사가 사고부 선하증권을 발급하는 이유는 사고부 화물에 대해서 자신의 책임을 면하기 위한 것인데 이제 수출업자가 여기에 대해서 모든 책임을 지겠다는 각서를 제출했기 때문에 무사고 선하증권을 발급해 주는 것이다.

그러나 수출업자는 이런 사실을 수입업자에게 사전에 알리고 파손화물에 대한 보상조치를 사전에 취해야 한다. 그리고 보험회사도 파손화물에 대하여 보상책임이 없기 때문에 이런 사실을 보험회사에게 고지해야 한다.

3) 기명식 선하증권과 지시식 선하증권

기명식 선하증권(straight B/L)은 화물을 받아보는 수화인의 이름이 증권상에 구체적으로 표시된 선하증권을 말하는데 통상 수입업자의 이름이 기재된다. 기명식 선하증권은 기명된 수화인이 배서를 해야만 유통될 수 있다. 기명식 선하증권은 널리 이용되지는 않지만 유럽 국가들 간의 무역거래 또는 수입국에 수출업자의 대리인이 있을 경우에 국한하여 사용된다.[5]

지시식 선하증권(order B/L)은 수화인에 대한 표시가 'to order' 또는 'to order of shipper' 등과 같이 표시되어 있는 선하증권을 말하는데 송화인인 수출업자가 선하증권의 뒷면에 배서만 하면 이 선하증권은 자유롭게 유통된다. 오늘날의 무역거래에서는 대부분 지시식 선하증권이 사용되고 있다.

4) 해양선하증권 및 내국선하증권

국제해상운송인 경우에는 해양선하증권(ocean B/L)이 발행되고, 국내의 해상운송인 경우는 내국선하증권(local B/L)이 발행된다. 무역거래에서는 해양선하증권이 이용된다.

5) 약식선하증권

선하증권의 앞면에는 기재사항을 기입할 난이 인쇄되어 있고 뒷면에는 운송약관이 인쇄되어 있다. 선하증권의 법정기재사항은 한정되어 있는데 반해, 뒷면의 약관은 운송환경이 변함에 따라서 계속 제·개정되어 왔다. 모든 운송약관을 인쇄하려면 선하증권의 양식이 길어지기 때문에 운송약관이 인쇄되어 있지 않더라도 동일한 효과를 갖도록 한다.[6] 이와 같이 발행수속을 간소화하기 위해 운송약관이 인쇄되어 있지 않은 선하증권을 약식 또는 간이 선하증권(short form B/L)이라 하며 별도의 명시가 없는 한 은행은 이러한 서류를 수리한다.

---

5) 유럽 인접국가들 간의 거래에서는 수출업자가 굳이 은행을 통하지 않고 수입업자에게 직접 기명식 선하증권을 제시하고 수출대금을 받을 수 있다. 또 수입지에 수출업자의 대리인이 있으면 수출업자는 선하증권을 대리인에게 보내어 그로 하여금 수입업자에게 제시하여 배서를 받도록 한다.

6) 보통 다음과 같은 문구를 인쇄하여 운송약관이 인쇄되어 있지 않더라도 마치 인쇄되어 있는 것과 동일한 효과를 나타내도록 한다.
"All the terms of the carrier's regular long form of Bill of Lading are incorporated herein with like force and effect as if they were written at length herein. A copy of such Bill of Lading may be obtained from the carrier, its agent, or the master."

6) 환적선하증권

목적항까지 직접 가는 직항선박이 없을 경우에는 중간 항구에서 다른 선박에 화물을 환적하여 운송한다. 이런 경우 구간마다 각각 다른 선하증권이 발급되지 않고 처음 발행된 선하증권을 목적항까지 그대로 사용하는데 이러한 선하증권을 환적선하증권(transshipment B/L)이라 한다.

송화인과 처음 운송계약을 체결한 선박회사는 자기 책임 하에 환적을 전제로 하는 환적선하증권을 발행한다. 그리고 환적항 이후의 구간을 운송하는 선박을 수배하고 환적항에서 소요되는 하역비 등 모든 비용을 부담한다.

중간항에서 환적을 하게 되면 화물의 양륙과 재선적에 시간이 많이 소요되고, 화물의 도난이나 파손 등이 빈번히 발생하기 때문에 대부분의 수입업자들은 환적을 꺼려한다. 이런 경우 신용장에 환적금지라는 표현을 삽입하면 환적선하증권은 사용되지 못한다. 그러나 환적에 대한 별다른 지시사항이 없으면 은행은 이러한 환적선하증권을 수리한다.

7) 통과선하증권

목적지까지 해상운송과 육상운송을 동시에 이용할 경우 발행되는 선하증권을 통과선하증권 또는 통선하증권(through B/L)이라 한다. 해상운송을 연장하여 내륙지점까지 운송하고자 할 경우 선박회사는 자기 책임하에 양륙항에서 내륙지점까지의 육상운송을 수배하고 전 운송구간에 대해서 책임을 지는 통과선하증권을 발급한다.[7]

8) Stale B/L

선하증권이 발급되면 수출업자는 관계은행에 가서 운송서류를 제시하고 수출대금을 찾는데 만약 선하증권이 발행일로부터 21일이 지난 뒤 관계은행에 제시하게 되면 별다른 지시사항이 없는 한 은행은 지체된 선하증권을 수리하지 않는다. 이와 같이 선하증권이 발행된 후 21일이 지난 뒤 은행에 제시되는 선하증권을 'Stale B/L'이라 하고, 수리가능이라는 허용조항이 없는 한 은행에서 수리하지 않는다.

---

7) 미국에서는 이러한 선하증권을 'overland B/L' 또는 'overland common point B/L'이라 한다. overland common point(OCP)는 북미대륙 내에서 공통운임이 부과되는 록키 산맥의 동쪽 지역을 말한다. 태평양연안의 항구에 도착한 화물 중에서 화주가 OCP 목적지까지의 운송을 의뢰하면 OCP 화물은 철도나 트럭에 의해 내륙지역의 목적지까지 일관 운송된다.

9) 제3자 선하증권(Third Party B/L)

선하증권상의 송화인은 보통 수출업자의 이름으로 기재되는데 수출업자가 아닌 제3자 특히 선사나 운송주선인(freight forwarder) 명을 기재한 것을 제3자 선하증권(third party B/L)이라 한다. 일반적으로 선하증권의 유통과정에서 수입업자가 선하증권을 제3자에게 양도하거나 혹은 중계무역의 경우 최종 수입업자는 선하증권을 통해 실제 수출업자의 이름을 알 수 있게 된다. 이렇게 되면 앞으로는 실제 수출업자와 직접 거래할 수도 있기 때문에 중간 무역업자의 이익을 보호해 주기 위해 송화인의 이름을 숨기는 데 은행은 별도의 언급이 없는 한 이러한 선하증권도 수리한다.[8]

10) 집단 선하증권과 혼재선하증권

집단 선하증권(groupage B/L, master B/L)은 한 컨테이너의 분량이 안 되는 소량화물을 운송주선인이 목적지별로 혼재하여 컨테이너 단위화물로 만들어 선적할 때 선사가 운송주선인에게 발행하는 선하증권을 말한다.

운송주선인은 개별 화주에 대해서는 일종의 선적증명서인 혼재선하증권(house B/L 또는 'forwarder's B/L')을 발급해 준다. 이는 권리증권이 아니어서 수화인이나 양수인에게 운송인을 상대로 물품을 청구할 수 있는 권리를 주지 못한다. 이런 이유로 신용장에 명시적으로 'House forwarder's, B/L acceptable'이라는 문구가 있어야 은행이 수리한다.

11) 부서부 선하증권

선하증권상에 운임, 수수료 등 선박회사에 지불할 채무가 표시된 경우가 있다. 예를 들어, 운임은 선적지에서 지불되었다 하더라도 만약 양륙항에서 컨테이너 장비를 사용하는 수수료는 수화인이 부담할 경우 이런 수수료는 도착지불로 기재된다. 따라서 수화인은 반드시 이런 비용을 선박회사에 지급해야만 화물을 찾을 수 있다. 선사에 대한 지급이 완료되면, 선사의 책임자가 이를 증명하기 위해 선하증권상에 서명을 하는데, 이런 선하증권을 부서부 선하증권(countersign B/L)이라 한다.

---

8) 중계무역에서는 제3자 선하증권과 더불어 'Switch B/L'을 사용하기도 하는데 이는 실제 수출업자와 실제 수입업자 간에 직접 노출되는 것을 막기 위해 중계무역업자가 최초의 선하증권을 회수하고 다시 선하증권을 발행하는 경우를 말한다. 그러나 선하증권을 스위치 하더라도 송화인, 수화인 및 통지선 정도만 스위치 할 수 있고, 선적에 대한 내용은 스위치 할 수 없다.

12) 용선계약 선하증권

① 용선계약 선하증권의 개념

용선계약 선하증권(charter party B/L)은 용선계약에 기초하여 발행되고, 상세한 운송조건이 기재되는 대신에 "As per Charter Party' 또는 'all other conditions and exceptions as per charter party' 라는 내용이 기재되어 모든 것이 용선계약 조건에 따르게 된다.

원유, 석탄, 비료, 곡물, 시멘트 등 1차산품의 운송에서 용선한 선박을 이용하여 화물을 운송하는 경우 용선자인 선사가 발행하는 선하증권이다. 기명운송인(named carrier) 혹은 선박회사가 발행하는 선하증권과 달리 선주와 용선자 사이의 계약관계에 영향을 받는다. 예컨대 만일 용선자가 용선료를 체불하는 경우 선주가 유치권을 행사하여 본선에 적재된 화물을 몰수할 수 있기 때문에 이런 사실을 모르는 선하증권 소지인도 예기치 않은 분쟁에 휘말릴 수 있다.

일반 선하증권은 1924년의 선하증권 통일조약(International Convention for the Unification of Certain Rules of Law Relating to Bills of Lading, 일명 Vienna협약이라고도 한다) 및 각국의 해상법에 의해 지위를 인정받는 유가증권이지만 용선계약 선하증

| 그림 8-1 | 부정기선운송과 용선계약 선하증권 |

▲ 원자재를 비롯하여 벌크화물은 보통 전용선을 이용하여 화물운송이 이루어지고 용선계약 선하증권이 발행된다. 사진은 사우댐프톤항에서 전용선에 곡물을 선적하는 모습.

자료: Farmer's weekly(http://www.fwi.co.uk)

권은 어느 특정인이 선박을 용선한 후 용선자가 송화인을 상대로 발행하는 것이 므로 법적 지위가 불안정하다. 따라서 용선계약선하증권은 원칙적으로 수리거절 된다. 그러나 원유나 철광석, 곡물 등 기초 원자재들은 대부분 용선운송이 이루 어지고 있으므로 이 경우 발행되는 용선계약 선하증권은 일정한 조건하에 수리 되고 있다.

② 수리요건

신용장이 용선운송계약 선하증권을 요구하는 경우 은행은 그 명칭에 상관없 이 다음의 경우 운송서류를 수리한다(UCP 제22조).

ⅰ) 용선계약을 조건으로 한다는 표시가 되어 있는 선하증권.

ⅱ) 선장·선주·용선자 또는 그 대리인이 서명한 서류로 서명은 각 선장, 선주, 용선자 당자의 것으로 확인되어야 하며 대리인이 서명하는 경우에는 누구 의 대리인인가 그 자격이 입증되어야 한다. 그리고 선주나 용선자를 대리하여 서 명하는 대리인은 당해 선주나 용선자의 명의를 표시해야 한다.

ⅲ) 물품이 사전에 인쇄된 문언이나 물품이 본선 적재된 날짜를 표시하고 있 는 본선적재부기에 의해 기명선박에 본선 적재되어 있음을 나타내고 있어야 한 다. 용선계약 선하증권의 발행일자는 선적일로 간주되지만 용선계약 선하증권이 본선적재부기를 포함하고 있으면 부기에 표시된 날짜가 선적일로 간주된다.

ⅳ) 신용장에 명시된 선적항으로부터 양륙항까지의 선적을 표시하고 있어야 한다.

ⅴ) 원본이 여러 통으로 발행된 경우 용선계약 선하증권에 표시된 전통.

ⅵ) 신용장조건으로 용선운송계약에 관한 용선계약서를 요구하고 있어도 은 행은 그 용선계약서를 심사하지 않고 그대로 전달한다. 서류거래인 신용장거래 의 특성에 비추어 은행이 용선계약의 내용까지 검토할 필요는 없기 때문에 제시 된 용선운송계약서를 그대로 수리한다.

13) 선일자 선하증권(Backdated B/L)

선일자 선하증권은 실제 선적일보다 앞선 일자로 발행된 선하증권을 말한 다. 이렇게 실제 선적일이 아니라 소급하여 일자를 기재하는 이유는 신용장의 매 입과 관련이 있다. 어떤 사정으로 인해 신용장에서 요구하는 최종 선적일을 맞추 지 못하는 상황에서 실제 선적일이 기재된 선하증권을 발급받으면 신용장조건에 불일치하는 선하증권이 되어 은행에서 매입을 거절하게 된다. 이에 따라 신용장 조건에 일치하도록 선하증권의 선적일(on board date)을 소급하여 발행하는 것인데 이러한 실무관행은 위법한 것이어서 법적분쟁시 책임이 따른다.

14) Switch B/L

스위치선하증권은 중계무역에 주로 사용되는 선하증권으로 처음에 수출한 지역의 선사나 운송주선인이 발행한 선하증권을 중계무역업자가 받아 반납하고 Shipper를 중계무역업자로 교체하여 발행한 선하증권을 말한다. 중계무역업자는 자신이 수입업자에게 판매한 가격을 공급업자에게 노출시키지 않기 위해 Switch B/L을 발행하게 된다.

예를 들어, 한국의 A가 싱가폴의 중계무역업자 B에게 수출하고 B는 독일의 C에게 수출한다고 하자. 한국에서 최초 선적할때의 B/L상 Shipper는 A사, Consignee는 B사로 해서 B/L이 발행된다. A사가 원본선하증권(original B/L)을 발급 받았다면 선사나 운송주선인에게 반납하여 선하증권에 대한 권리포기(Surrender)를 하거나 혹은 원본을 싱가폴의 B사로 발송했다면 B사가 선하증권 원본을 받아 현지의 선사대리점이나 운송주선인에게 돌려준다. 그리고 나서 B사는 상업송장, 포장명세서 등의 관련서류에서 Shipper를 B사, Buyer를 C사가 되도록 교체하여 선적요청서(S/R)를 운송주선인에게 제출한다. 이 과정에서 상업송장상의 가격을 B사가 C사와 계약한 단가로 수정한다. 선적요청서를 근거로 Switch B/L이 발행되면 이로서 Switch B/L에는 Shipper가 B사이고 Consignee는 C사, Notify Party는 C사가 지정한 Notify Party로 교체된다.

15) Surrender B/L

"surrender"가 권리를 포기한다라는 의미에서도 알 수 있듯이 Surrender B/L은 선하증권의 한 종류라기보다는 선하증권상의 권리가 포기된 선하증권을 말한다. 화물의 도착지에서 선하증권의 원본없이 팩스 등을 통해 전송받은 사본으로 화물을 인수할 수 있도록 선하증권에 "Surrendered"란 스탬프를 찍어 선사에 돌려주면 선하증권의 유통성이 소멸된다. 선사는 수입지의 선사에게 이 사실을 통보하여 수화인이 선하증권을 제시하지 않더라도 물품을 인수할 수 있도록 한다.

한 · 중 간이나 한 · 일 간, 또는 동남아처럼 근거리 무역에서는 화물이 선하증권보다 먼저 도착하게 되는데 이렇게 선하증권을 권리포기함으로써 수입업자는 화물의 보세구역장치에 따른 비용을 절감할 수 있고 신속한 통관절차를 밟을 수 있게 된다.

(3) 선하증권의 수리요건

선하증권은 신용장에서 요구하는 서류 중 가장 중요한 것으로서 그 내용은 신용장의 조건 및 신용장통일규칙과 일치해야 한다. 신용장통일규칙에서 선하증권에 대하여 요구하고 있는 수리요건은 다음과 같다(UCP 제20조).

1) 발행인과 서명

선하증권은 운송인의 명칭이 나타나야 하고 운송인 혹은 당해 운송인을 대리하여 행동하는 기명대리인, 선장이나 그 선장을 대리하여 행동하는 기명대리인에 의한 서명이 나타나야 한다. 만일 대리인이 서명한 경우에는 그 대리인이 운송인 혹은 선장을 대리하여 서명한 것이라는 점을 표시해야 한다.

2) 선적문구

선하증권에는 미리 양식에 인쇄되어 있는 문언이나 부기(on board notation)된 문언에 의해 기명선박에 화물이 선적되어 있음을 나타내고 있어야 한다. 그리고 선하증권의 발행일자는 선적일로 간주된다. 만일 선하증권이 선적부기를 포함하고 있는 경우에는 부기에 표시된 날짜가 선적일로 간주된다.

선하증권이 "예정된 선박(intended vessel)"이란 표시를 포함하고 있거나 선박명과 관련하여 이와 유사한 제한조건을 포함하고 있는 경우에는 선적일과 함께 실제 선박명을 표시하는 선적부기가 있어야 한다.

3) 통수

여러 통의 원본으로 된 선하증권이 발급된 경우에는 전통(全通)이 제시되어야 한다. 관행적으로 선하증권은 3통의 원본이 발행되며 사본은 관계당사자들의 참고, 보관용으로 여러 통이 발행된다. 선하증권의 원본이 복수로 발행되는 것은 통신이 발달하지 못했던 시대에 분실에 대비하기 위해 발행되었던 데서 비롯되었다. 선하증권은 다른 서류와 달리 유가증권이자 화물을 처분할 수 있는 효력이 있으므로 신용장매입 시에 발행된 전통이 제시될 수 있도록 함으로써 일부가 잘못 유통될 소지를 없애려는 것이다.

4) 환적문구

환적은 신용장에 명시된 선적항으로부터 양륙항까지의 운송도중에 한 선박으로부터 양륙하여 다른 선박으로 재적재하는 것을 의미한다. 화물을 같은 운송수단에 의해서 운송하면 운항기간도 짧아지고 안전하게 운송될 수 있는 반면에 환적이 일어나게 되면 화물의 분실이나 파손위험이 있으며 그에 따른 추가비용도 발생하므로 수입업자는 환적을 꺼리게 된다.

그러나 경우에 따라서는 두 국가 간에 직항선(direct line)이 없어 환적이 불가피할 수 있다. 이런 경우 수입업자는 환적을 금지시킬 수는 없으므로 신용장에 이에 대한 언급을 하지 않거나 환적을 허용하는 조건을 삽입시킨다. 따라서 특별히 환적을 금지하는 규정이 명시되어 있지 않으면 전 운송구간에 대하여 동일한 한 개의 선하증권이 발급된 경우에 한하여 운송중에 환적될 것이라는 기재가 있어도 수리가능하다.

그러나 신용장에 명시적으로 환적을 금지하고 있는 경우라 하더라도 다음과 같은 선하증권은 수리된다.

① 물품이 컨테이너나 트레일러 혹은 라쉬바지에 선적되어 있고 전 해상운송과정이 단일의 혹은 동일운송서류에 의해서 커버되는 경우

예를 들어, 중국의 칭다오에서 북미의 LA까지 운송할 화물이 있는데 광양에는 기항하지만 칭다오에 기항하는 선박이 없으면 칭다오에서 광양까지 피더운송[9]을 하여 광양에서 LA로 가는 모선에 환적할 수 있다. 이 경우 전 구간이 하나의 선하증권으로 커버된다면 신용장에 환적금지문언이 있더라도 문제되지 않는다.

② 운송인이 환적할 권리를 유보한다는 문구가 선하증권에 인쇄되어 있는 경우

선사가 발행하는 원본 선하증권의 이면에는 운송약관이 인쇄되어 있는데 선사가 필요에 따라 임의로 환적할 수 있다는 환적약관이 인쇄되어 있는 경우가 대부분이다. 이러한 약관은 일반 운송조건에 속하는 것으로 개개의 환적을 미리 약정하고 있는 환적조항과는 별개의 것으로 취급한다. 선하증권에서 환적을 할 수 있다고 표시했다고 하여 환적을 실제로 꼭 하는 것은 아니고 필요한 경우에 환적

---

9) 피더서비스(feeder service)란 간선항로(main line, trunk line)와 여기에서 떨어져 있는 국내 또는 외국항 사이의 컨테이너 지선(支線) 서비스를 말한다. 통상적으로 대형 컨테이너선은 수송의 신속성·경제성 확보를 위하여 대형의 중추항만(hub port)에만 기항하게 된다. 이에 따라 이들 중추항만과 중소형 항만 간을 연결하는 피더서비스가 이루어지게 된다.

그림 8-2   한·중 간 피더서비스

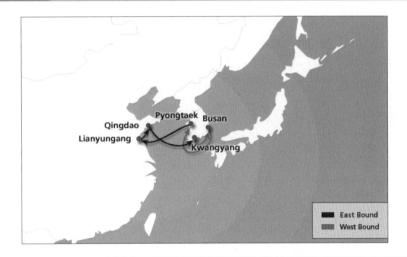

할 수 있다는 일반적인 약관을 인쇄해 넣은 것이므로 이 약관만으로 은행이 수리 거절하지는 않는다.

서식 8-2   선하증권

▲HYUNDAI
MERCHANT MARINE CO., LTD.   **BILL OF LADING**

Shipper / Exporter (complete name and address)	Document No NAOC	B/L No. HDMU KGDI4235
PAIK KWANG INDUSTRIAL CO. LTD NO.55-1, GOCHEOK-DONG, GURO-GU SEOUL-152080, KOREA	Export References	
Consignee (complete name and address)	Forwarding Agent References	
TO ORDER		
	Point and Country of Origin	
Notify Party (complete name and address)	Domestic Routing / Export Instructions	
BANK OF BARODA, CAMAC STREET BRANCH,KOLKATA AND PEEKAY AGENCIES PVT LTD. 7/1,LORD SINHA ROAD, LORDS 506,KOLKATA 700 071,INDIA		
Pre-Carriage by	Place of Receipt* KWANGYANG, KOREA	
Ocean Vessel / Voyage / Flag V#521W HYUNDAI GENERAL	Port of Loading KWANGYANG PORT, KOREA	Onward Inland Routing
Port of Discharge HALDIA PORT, INDIA	For Transshipment to	Place of Delivery* HALDIA PORT, INDIA Final Destination (For the Merchant Ref.)

PARTICULARS FURNISHED BY SHIPPER

Container No. - Seal No Marks and Numbers.	No. of Containers or Other Pkgs	Description of Packages and Goods	Gross Weight	Measurement
 N/M	2CNTRS (1,480 BAGS)	"SHIPPER'S LOAD,COUNT & WEIGHT,S.T.B :" KGS CY / CY 1,480 BAGS SEWON L-LYSINE H.S.CODE NO.29224100	KGS 37,390.720	CBM 55.0000
		* LETTER OF CREDIT NUMBER AND DATE : 0902IMPLC0001810 AND MAR.08,2010 FREIGHT PREPAID		
	HDMU2158276/019473 DC 20 HDMU2616949/019481 DC 20			
Total Number of Containers or Packages(in words)	TWO(2) CONTAINERS ONLY			

Freight & Charges	Rate	Unit	Prepaid	Collect
FREIGHT AS ARRANGED				

Declared Value : USD (Optional)	PACKAGE LIMITATION CLAUSE Section 4 (5) of U. S. Carriage of Goods By Sea Act-1936 . Neither the	Total		

carrier nor the ship shall in any event be or become liable for any loss or damage to or in connection with the transportation of goods in an amount exceeding $ 500 per package lawful money of the United States, or in case of goods not shipped in packages, per customary freight unit or the equivalent of that sum in other currency, unless the nature and value of such goods have been declared by the shipper before shipment and inserted in the Bill of Lading and additional freight has been paid as required. This declaration, if embodied in the Bill of Lading shall be prima facie evidence, but shall not be conclusive on the carrier. THIS CLAUSE SHALL APPLY ONLY TO GOODS MOVING TO OR FROM PORTS OF UNITED STATES.

IN ACCEPTING THIS BILL OF LADING, the shipper, owner and consignee of the goods, and the holder of the Bill of Lading expressly accept and agree to all its stipulations, exceptions and conditions whether written, stamped or printed, as fully as if signed by such shipper, owner, consignee and/or holder. No agent is authorized to waive any of the provisions of the clauses.

IN WITNESS WHEREOF, the master or agent of the said ship has affirmed to Bill of Lading , all of this tenor and date. ONE of which being accomplished, the others to stand void.

* Applicable only when this document is used as an intermodal transport Bill of Lading

Number of Original B (s) / L	On Board Date
THREE(3)	MAR. 25, 2010
	(OBD:MARCH TWENTY FIFTH,2010)
Dated at SEOUL, KOREA MAR. 25, 2010	
HYUNDAI MERCHANT MARINE CO., LTD. AS CARRIER	
By	

③ 항공운송서류(Air Waybill, Air Consignment Note)

(1) 항공운송서류의 기능

항공운송이 발달하면서 첨단 IT제품이나 긴급을 요하는 물품 등 항공운송되는 화물이 증가하고 있다. 화물이 항공운송되는 경우에는 송화인과 항공사간에 화물운송 계약체결을 증명하는 기본적인 운송서류로서 항공화물운송장이 발급되는데 'Air Waybill(AWB)' 또는 'Air Consignment Note'라고 한다. 항공화물운송장은 해상운송에서의 선하증권과 비교될 수 있는데 이 서류가 갖는 기능을 살펴보면 다음과 같다.

첫째, 항공화물운송장은 송화인과 운송인 간에 운송계약이 체결되었다는 사실을 나타내는 증거서류이다. 항공화물운송장에는 당사자 간에 체결된 운송계약의 내용이 기재되어 있으며, 또한 운송약관이 인쇄되어 있어, 운송계약서로서의 기능을 수행한다.

그림 8-3   **항공화물의 탑재**

▲ 공항에서 항공화물용 탑재용기에 실린 화물을 적재하는 모습. 로드마스터(Loadmaster)라 불리는 탑재관리사가 항공기내 적재공간, 위치 등을 결정하여 화물의 탑재를 관리한다. 항공화물도 컨테이너, 팔렛트, 이글루와 같은 단위탑재용기(ULD)를 사용하며 선박과 달리 적재작업이 신속하게 끝난다.

둘째, 항공화물운송장은 운송인이 화물을 운송하기 위해 이를 수령했다는 증거서류이다. 송화인이 화물을 항공사에 인도하면 항공기에 적재하기 전에 운송장을 발급하여 화물을 인수했음을 나타낸다.

셋째, 항공화물운송장은 운임청구서의 기능을 수행한다. 항공사가 운송장을 발급하면 송화인은 운송장에 기재된 운임 및 기타 수수료를 지불해야 하기 때문에 운송장은 항공사가 송화인에게 운임을 청구하는 운임청구서(freight bill)이기도 하다.

넷째, 항공화물운송장은 보험증명서가 되기도 한다. 항공운송의 신속성으로 말미암아 보험기간이 3~4일 정도에 불과하기 때문에 항공화물은 항공사에서 제공하는 하주보험에 부보되는 경우가 많다. 이런 사실이 운송장에 기재되면 이 운송장은 화물이 보험에 가입하였다는 사실을 증명하는 보험증명서가 될 수 있다.

항공화물운송장은 국제항공운송협회(IATA)에서 그 양식과 발행방식을 세부적으로 통일하고 표준화하여 전 세계 항공사가 동일한 양식의 운송장을 사용하도록 의무화하고 있다. 항공운송에서는 목적지에 도착하기까지 연계운송이 이루어지는 경우가 많기 때문에 양식을 표준화하지 않으면 많은 문제점이 야기될 수 있기 때문이다. 또한 항공사 간의 운임정산, 운송조건, 취급방식, 사고처리에 대한 표준화와 통일을 기하기 위하여 1통의 운송장으로 출발지에서 도착지까지의 원활한 운송을 보장하고 있다.

항공화물운송장은 원본 3장과 부본(dummy air waybill) 6장으로 구성되는 것을 원칙으로 하고 항공사에 따라 부본을 5장까지 추가할 수 있다. 대한항공이 발행하는 항공화물운송장은 원본 3장과 부본 9장, 합계 12장으로 구성되어 있다.

원본 1은 항공사용으로 운임정산용, 운송계약의 증거서류로 사용된다. 원본 2는 수화인용으로 화물과 함께 목적지로 보내져 수화인에게 전달되고 원본 3은 송화인용으로 화물수령증 및 운송계약의 증거서류로 출발지에서 송화인에게 교부된다. 이와 같이 운송장은 각각의 용도가 있으므로 신용장상에 "Full Set of Original Air Waybill"과 같은 식으로 서류를 요구하는 것은 잘못된 것이다.

(2) 수리요건

신용장이 항공화물운송장을 요구하고 있고 달리 이에 반하는 규정이 없으면 명칭에 상관없이 은행은 다음과 같은 서류를 수리한다(UCP 제23조).

서식 8-3 항공화물운송장

406	-	508145					HAWB:AZLA2011

Shipper's Name and Address	Shipper's Account Number	Not negotiable
LAI LONG ELECTRONICS (SHENZHEN) CO.,LTD ADDRESS:HUANGSHENG INDUSTRIAL PARK POLAO VILLAGE KUKENG GUANLAN TOWN BAOAN DISSTRICT SHENZHEN CITY GUANG DONG PROVICE.P.R CHINA SHENZHEN CITY GUANG DONG		**Air Waybill** Issued by DONGWOO WORLD AIR & SEA CO.,LTD

Copies 1, 2 and 3 of this Air Waybill are originals and have the same validity.

Consignee's Name and Address	Consignee's Account Number
NATIONAL AGRUCULTUTAL COO PERATIVE FEDERATION(NH BANK)	

It is agreed that the goods described herein are accepted in apparent good order and condition (except as noted) for carriage SUBJECT TO THE CONDITIONS OF CONTRACT ON THE REVERSE HEREOF. ALL GOODS MAY BE CARRIED BY ANY OTHER MEANS INCLUDING ROAD OR ANY OTHER CARRIER UNLESS SPECIFIC CONTRARY INSTRUCTIONS ARE GIVEN HEREON BY THE SHIPPER, AND SHIPPER AGREES THAT THE SHIPMENT MAY BE CARRIED VIA INTERMEDIATE STOPPING PLACES WHICH THE CARRIER DEEMS APPROPRIATE. THE SHIPPER'S ATTENTION IS DRAWN TO THE NOTICE CONCERNING CARRIER'S LIMITATION OF LIABILITY. Shipper may increase such limitation of liability by declaring a higher value for carriage and paying a supplemental charge if required.

Issuing Carrier's Agent Name and City	Accounting Information
DONGWOO WORLD AIR & SEA CO.,LTD	NOTIFY:OPENTECH INC. 13F., SJ-TECHNOVILLE 60-19,GASAN DONG,GEUMCHEON-GU, SEOUL,KOREA, 153-801 +82-2-3397-0629

Agent's IATA Code	Account No.

Airport of Departure(Addr. of First Carrier)and Requested Routing	Reference Number	Optional Shipping Information
SHENZHEN AIRPORT		

to	By first Carrier	Routing and Destination	to	by	to	by	Currency	CHGS Code	WT/VAL PPD COLL	Other PPD COLL	Declared Value for Carriage	Declared Value for Customs
ICN	UPS						CNY				N.V.D	N.V.D

Airport of Destination	Requested Flight/Date		Amount of Insurance	INSURANCE-If Carrier offers insurance and such insurance is requested in accordance with conditions on reverse hereof, indicate amount to be insured in figures in box marked "Amount of insurance"
INCHEON AIRPORT	5X0196	2011-11-11	NIL	

Handling Information
TOTAL: 6PALLET ONLY

SCI

No. of Pieces RCP	Gross Weight	kg lb	Rate Class Commodity Item No.	Chargeable Weight	Rate / Charge	Total	Nature and Quantity of Goods (incl. Dimensions or Volume)
6	917.0	k		1128.0KG		AS ARRANGED	1.ORDER DESCRIPTION LA-201 7,100PCS USD19,525.00 2.H.S CODE:8504.40-1400 TERMS OF PRICE CIF PLACE OF TERMS OF PRICE FOB HONGKONG/CFR INCHEON COUNTRY OF ORIGIN CHINA L/C NO.: M03VL111NU00032

Prepaid	Weight Charge	Collect	Other Charges
AS ARRANGED			

	Valuation Charge	

	Tax	

Total Other Charges Due Agent

Total Other Charges Due Carrier

Shipper certifies that the particulars on the face hereof are correct and that insofar as any part of the consignment containe dangerous goods such part is properly described by name and is in proper condition for carriage by air according to the applicable Dangerous Goods Regulations.

DONGWOO WORLD AIR & SEA CO.,LTD

Signature of Shipper or his Agent

Total Prepaid	Total Collect
AS ARRANGED	

Currency Conversion Rates	CC Charges in Dest. Currency

AS AGENT FOR THE CARRIER:KOREAN AIRLINE
10.NOV. 2011   SHENZHEN, CHINA   IRIS

For Carriers Use Only at Destination	Charges at Destination	Total collect charges

Executed on(Date)   at(Place)   Signature of Issuing Carrier or its Agent

CASS - Korea

ORIGINAL 3 (FOR SHIPPER)

① 'Korean Air', 'ASIANA AIRLINES'와 같이 운송인의 이름을 표시하고 있고 당해 운송인 혹은 당해 운송을 대리하는 기명대리인에 의한 서명이 나타나야 한다. 이 경우 운송인이나 대리인에 의한 일체의 서명은 당해 운송인이나 대리인의 것으로 확인되어야 하며, 대리인이 서명한 경우 'As agent for carrier'와 같이 그 대리인이 운송인을 위하여 서명한 것이라는 점을 표시해야 한다.

② 물품이 운송을 위하여 인수되었음을 표시하고 있을 것.

③ 발행일을 표시하고 있을 것. 이 일자는 항공운송서류가 실제 선적일에 대한 특정부기를 포함하고 있지 않는 한 선적일로 간주된다. 항공운송서류는 본래 수취운송서류이므로 특별히 선적일을 표시하지 않지만 실제 선적일에 대한 표시를 포함하고 있는 경우에는 그 일자가 선적일로 간주된다. 그러나 운항번호 및 일자와 관련하여 항공운송서류에 나타나는 일체의 다른 정보는 선적일을 결정하는데 고려되지 않는다.

④ 신용장에 기재된 출발공항 및 목적공항을 표시하고 있을 것.

⑤ 신용장이 원본 전통을 명시하고 있는 경우라 하더라도 송화인용 원본일 것.

⑥ 환적은 신용장에 명시된 출발공항에서 목적공항까지의 운송도중에 한 항공기에서 양하하여 다른 항공기로 재적재하는 것을 의미한다. 일반적으로 국제 항공노선에서 출발공항에서 목적공항까지 직접 운송되는 경우는 많지 않은 것이 현실이다. 따라서 신용장이 환적을 금지하고 있다 하더라도, 전 운송구간이 하나의 동일한 항공운송서류에 의해 커버되는 경우 은행은 환적이 일어날 것이라거나 일어날 수 있다고 표시하고 있는 항공운송서류를 수리한다.

그러나 신용장에서 특별히 환적을 금지하고 있으면 항공화물운송장에 제1운송인 외에 또다른 운송인과 경유지가 기재되어 환적이 이루어진다는 명확한 근거가 있으면 하자있는 서류로 간주된다. 따라서 항공운송되는 수출화물인 경우 수입업자에게 신용장개설 시 환적금지조항을 넣지 않도록 요구하는 것이 바람직하다. 그러나 이미 수령한 신용장에 환적금지조항이 있다면 운송의뢰시 운송인란에 제1운송인만 표기된 항공화물운송장을 발행해주도록 요청하거나 아예 수입업자에게 신용장조건변경(amend)을 요청하는 것이 환적조항으로 인한 분쟁을 예방하는 길이다.

(3) 복합운송서류(Multimodal/Combined Transport Documents)

1) 복합운송서류의 기능

복합운송(Multimodal/Combined Transport)이란 출발지에서 최종목적지까지 복합운송인이 전체 운송구간에 대해서 책임을 지고 육상, 해상, 항공 중 두 가지 이상의 운송형태를 결합하여 운송하는 방식을 한다. 복합운송은 오늘날 해상과 육상을 연결하는 형태와 해상과 항공을 연결하는 형태로 이용되고 있다.

복합운송서류는 복합운송에서 복합운송인이 화물을 수탁지점으로부터 목적지까지 운송하기 위해 이를 자기의 지배하에 수령하였음을 증명하는 공식적인 수취증이다.

현재 사용되고 있는 복합운송서류는 선하증권을 복합운송에 알맞도록 변경한 것으로 예를 들어, Multimodal Transport B/L, Combined Transport B/L 등의 형식을 갖고 있다.

복합운송서류는 일반적으로 비유통성증권이지만 만약 유통성 복합운송서류가 발급되면 수취인의 배서 또는 인도에 의하여 화물에 대한 처분권이 주어지는 권리증권으로서 유가증권의 성질을 띠게 된다. 그리고 신용장이 명시적으로 "Marine Bill of Lading"을 요구하고 있지 않는 한 운송주선인(freight forwarder)이 발행한 복합운송서류는 수리가능하다. 이때의 포워더는 전 운송구간에 대하여 운송계약상의 운송인의 책임을 부담한다.

복합운송계약에서의 운송책임은 선적 장소로부터 인도 장소까지의 복합운송구간에 대해서이다. 즉 복합운송서류는 물품의 수취를 증명하는 것이지, 본선적재를 증명하는 서류가 아니다. 따라서 서류발행일자는 명시된 발송, 인수, 적재일자가 있지 않는 한 발송일자로 간주된다.

2) 수리요건

신용장이 두 가지 이상의 운송수단을 이용하는 복합운송서류를 요구하는 경우 은행은 그 명칭에 관계없이 다음과 같은 요건을 충족한 서류를 수리한다(UCP 제19조).

① 서류상에 운송인명이 명시되어 있는 다음과 같은 서류
  • 당해 운송인 혹은 당해 운송인을 대리하는 기명대리인이 서명한 서류

• 선장 혹은 선장을 대리하는 기명대리인이 서명한 서류

이 때 운송서류상에 운송인, 선장이 서명한 경우에는 그 자격이 입증되어야 하며 대리인이 서명한 경우에는 본인의 명칭 및 누구의 대리인인가를 밝혀야 한다.

② 물품이 발송, 수취 혹은 본선 선적되었음을 표시하고 있는 서류

이 사실은 사전 인쇄문구나 발송, 인수 혹은 본선 적재된 날짜의 부기에 의해 나타나야 하며 그렇게 표시된 일자가 선적일로 간주된다.

③ 신용장에 명시된 인수장소와 다른 발송, 인수, 혹은 선적지 및 최종목적지를 나타내고 있는 서류

이는 복합운송의 특성상 인수지(place of receipt)와 선적지(port of loading), 양륙지(place of destination)와 최종 목적지(place of delivery)가 다를 수 있기 때문이다.

④ 선박, 선적항 혹은 양륙항과 관련하여 "예정된" 혹은 유사한 표현을 사용하고 있는 서류

예를 들어, 복합운송에서 화물의 발송지가 내륙에 있는 경우 컨테이너 단위 화물(FCL화물)이면 화물이 송화인의 공장이나 창고에서 컨테이너에 적재되어 내륙의 ICD에 반입된 후 항만터미널로 이동하여 선적이 이루어진다. 컨테이너단위가 안되는 소량화물(LCL화물)은 컨테이너터미널의 CFS에서 다른 화물과 혼재되어 트럭이나 컨테이너 전용열차(Unit Train) 등에 의해 항만터미널로 운송되어 선적이 이루어진다. 이러한 상황에서는 내륙의 ICD에서 화물이 인수되는 당시에 그 화물을 운송할 선박명을 명시할 수 없는 것이 현실이므로 예정되었던 선박명과 실제 선적한 선박명이 다르게 기재된 서류라도 수리될 수 있도록 하고 있다.

⑤ 단일 원본으로 발행되었거나 복수로 발행된 경우의 전통(full set).

⑥ 약식선하증권이나 백지위임된 선하증권처럼 별도의 운송조건을 참조하도록 한 경우 은행은 그런 별도의 조건을 검토하지 않는다.

⑦ 용선계약에 따른다는 표시를 포함하고 있지 않을 것.

⑧ 신용장이 환적을 금지하고 있다 하더라도, 은행은 전 운송구간이 한 개의 동일운송서류에 의해 커버되는 경우에는 환적이 발생할 것이라거나 발생할 수 있다는 내용을 표시하고 있는 운송서류를 수리한다.

(4) 비유통성 해상화물운송장(Non-Negotiable Sea Waybill)

비유통성 해상화물운송장은 운송환경의 변화에 따라 이용이 증가하고 있는

서식 8-4   비유통성 해상화물운송장

See website for large version of the reverse | Ver página Web para términos y condiciones | Смотрите веб-сайт для ознакомления с условиями и положениями | 關於條款與條件請訪問本網站 www.mscmedshipco.com

msc MEDITERRANEAN SHIPPING COMPANY S.A. Website : www.mscmedshipco.com SCAC Code: MSCU	**SEA WAYBILL No.** **NOT NEGOTIABLE - COPY**	"Port-to-Port" or "Combined Transport" (see Clause 1)
	NO. & SEQUENCE OF SEA WAYBILLS	NO. OF RIDER PAGES

SHIPPER:

CARRIER'S AGENTS ENDORSEMENTS: (Include Agent(s) at POD)

CONSIGNEE:

NOTIFY PARTIES: (No responsibility shall attach to the Carrier or to his Agent for failure to notify - see Clause 20)

VESSEL & VOYAGE NO. (see Clauses 8 & 9)	PORT OF LOADING	PLACE OF RECEIPT: (Combined Transport ONLY - see Clauses 1 & 5.2)
BOOKING REF. (or) SHIPPER'S REF.	PORT OF DISCHARGE	PLACE OF DELIVERY: (Combined Transport ONLY - see Clauses 1 & 5.2)

PARTICULARS FURNISHED BY THE SHIPPER - NOT CHECKED BY CARRIER - CARRIER NOT RESPONSIBLE (see Clause 14)

Container Numbers, Seal Numbers and Marks	Description of Packages and Goods (Continued on attached Sea Waybill Rider page(s), if applicable)	Gross Cargo Weight	Measurement

SPECIMEN

FREIGHT & CHARGES Cargo shall not be delivered unless Freight & Charges are paid (see Clause 16).	RECEIVED by the Carrier from the Shipper in apparent good order and condition unless otherwise stated herein the total number or quantity of containers or other packages or units indicated in the box entitled "Carrier's Receipt" for carriage subject to all the terms hereof from the Place of Receipt or the Port of Loading, to the Port of Discharge or Place of Delivery, whichever is applicable. IN ACCEPTING THIS SEA WAYBILL THE SHIPPER EXPRESSLY ACCEPTS AND AGREES TO, ON HIS OWN BEHALF AND ON BEHALF OF THE CONSIGNEE, THE OWNER OF THE GOODS AND THE MERCHANT, AND WARRANTS HE HAS AUTHORITY TO DO SO, ALL THE TERMS AND CONDITIONS WHETHER PRINTED, STAMPED OR OTHERWISE INCORPORATED ON THIS AND ON THE REVERSE SIDE AND THE TERMS AND THE CONDITIONS OF THE CARRIER'S APPLICABLE TARIFF AS IF THEY WERE ALL SIGNED BY THE SHIPPER.
	Unless instructed otherwise in writing by the Shipper delivery of the Goods will be made only to the Consignee or his authorised representatives. This Sea Waybill is not a document of title to the Goods and delivery will be made, after payment of any outstanding Freight and charges, only on provision of proper proof of identity and of authorisation at the Port of Discharge or Place of Delivery, as appropriate, without the need to produce or surrender a copy of this Sea Waybill. IN WITNESS WHEREOF the Carrier, Master or their Agent has signed this Sea Waybill.
DECLARED VALUE (only applicable if Ad Valorem Charges paid - see Clause 7.3)	CARRIER'S RECEIPT (No. of Cntrs or Pkgs rcvd by Carrier - see Clause 14.1)	SIGNED on behalf of the Carrier MSC Mediterranean Shipping Company S.A.
PLACE AND DATE OF ISSUE	SHIPPED ON BOARD DATE	

Sea Waybill Standard Edition - 08/2009   TERMS CONTINUED ON REVERSE

서류 중 하나이다. 이 서류는 항구 간 선적을 증명하는 운송서류로서 외관은 선하증권과 매우 유사하지만 선하증권과 달리 권리증권이 아니기 때문에 유통불능증권이며 배서를 필요로 하지 않는다. 우리나라에서는 아직 일반화되어 있지 않으나 기명된 수화인만 확인되면 신속하게 화물을 인도할 수 있도록 하기 위해 1930년대 중반 이후부터 대서양 항로에서 사용되기 시작하여 유럽에서는 많이 이용되고 있다.

해상화물운송장의 장점은 선하증권 자체에 의존하지 않고 반드시 수화인 본인임을 확인하므로 운송서류 사기의 위험을 훨씬 줄일 수 있으며 화물이 선적서류보다 먼저 도착해도 본인 확인 후에는 물품인도가 이루어질 수 있다는 점이다. 따라서 운송 중 전매가 필요하지 않고 대금결제의 담보물로서 선하증권이 필요하지 않은 다국적 기업의 본지사 간 거래, 후불송금조건의 거래 등에는 해상화물운송장을 활용할 수 있다.

신용장이 특별히 유통성선하증권을 요구하지 않는 한 비유통성 해상화물운송장도 수리가능하며 수리요건은 선하증권과 같다(UCP제21조).

(5) 도로 · 철도 · 내수로 운송서류(Road, Rail, Inland Waterway Transport Document)

도로, 철도, 내수로 운송선하증권은 서류에 나타난 특정지점으로부터 도로, 철도 혹은 내수로 운송방식을 이용하여 이루어지는 화물운송을 커버하는 운송서류이다.

유럽의 인접한 내륙국가 간이나 미국과 캐나다, 중남미지역 등과 같이 큰 대륙에 여러 국가가 있어 트럭이나 철도로 국경을 넘나들 수 있거나 큰 강이 여러 국가를 관통하여 흐르는 경우에는 내수로 운송이 발달되어 있다. 이러한 육상 및 내수로 운송 시 발급되는 운송서류 역시 신용장에서는 일정한 요건을 갖춰 수리하도록 하고 있다. 그러나 우리나라는 도로를 이용한 무역거래가 이루어질 수 없어 현실적으로 이 운송서류가 발급될 수 없다.

(6) 특송수령증(Courier Receipt) 및 우편수취증(Post Receipt)

특송수령증은 특송업자(courier)가 지정된 수화인에게 물품을 인도하기 위해 수령했음을 증명하는 서류이다. 최근 택배업이 발달하여 "FedEX"나 "DHL",

---

그림 8-4 글로벌 특송업체 FedEX

▲ 견본이나 소량화물, 긴급화물, 무역서류 등은 대부분 DHL, FedEX, UPS 등의 국제특송업체를 이용하여 특송이 이루어진다. 이 가운데 페덱스는 미국 테네시주의 멤피스에 본사를 둔 글로벌 특송업체로 최대항공노선과 인프라를 기반으로 2018년 현재 자체보유한 650여대의 항공기를 이용하여 매일 220개 이상의 국가 및 지역에 화물을 배송하고 있다.

"UPS" 같은 특송업자들이 활발히 특송 활동을 하고 있다. 주로 소량화물을 송화인으로부터 수화인에게 "Door to Door" 방식으로 편리하고 신속하게 운송해주는 특송서비스는 글로벌 전자상거래의 발전과 함께 수요가 더욱 증가하고 있다.

특송서비스를 이용할 경우 송화인이 운송의뢰를 하면 즉시 송화인에게 가서 화물을 수취하고 그 증거로서 수취일자와 시간이 찍힌 수령증, 즉 'Courier's Receipt'를 교부해준다. 신용장에서 특별히 특정의 특송업자를 명기하고 있지 않는 한 은행은 어떤 특송업자가 발행한 서류이든 수리한다. 특송수령증에는 집하일이나 수령일 혹은 이와 유사한 취지의 문언이 나타나야 하며 이 날짜가 선적일로 간주된다. 또한 신용장이 특송요금이 선불될 것을 요구하고 있는 경우 은행은 특송요금이 수화인 이외의 당사자가 부담한다는 내용을 나타내고 있는 운송서류를 수리한다.

우편수취증은 한 국가의 우편기관에서 발행하는 서류로 지정수취인에게 인도를 위해 물품을 수령했음을 증명하는 서류이다. 소량의 견품이나 소액의 물품 등을 우편으로 보내줄 것을 요구하고 그 증명서류를 제시하여 대금결제를 받게 하는 경우로서 이러한 서류는 선하증권과 달리 단순한 영수증에 불과하다. 또한 우체국을 통해 송부하는 당해 우편화물이 꼭 계약상품이라는 보장이 없으므로 매수인으로서는 주의해야 한다. 우편수취증은 신용장에서 물품이 선적되도록 명시하고 있는 장소에서 날인, 서명 또는 기타 방식으로 인증되고 일자가 기재되어 있어야 하며 이 일자는 선적일로 간주된다.

판례 8-4 특송수령장의 서명이 문제된 경우

원고는 중국의 수산물 수출회사로 활꽃게와 활우럭을 수출하기로 하고, 피고는 신용장을 개설한 은행이었다. 피고는 신용장 금액을 미화 102,500달러로 하는 자유매입방식의 취소불능신용장을 개설하고, 중국의 통지은행을 통하여 원고에게 그 개설사실을 통지하였다. 신용장 조건으로는 모든 서류(ALL DOCUMENTS)에 신용장번호를 표시할 것과 수기로 서명(MANUALLY SIGNED)하도록 요구하였고, 1993년 제5차 개정신용장통일규칙이 적용된다고 명시하였다.

원고는 활우럭을 선적한 뒤 통지은행을 통하여 개설은행에게 신용장 대금의 지급을 구하였으나, 개설은행은 통지은행에 '(1)ORIGINAL DHL RECEIPT NOT SUBMITTED (2) ON THE DHL RECEIPT, STAMP OR SIGNATURE NOT MARKED BY DHL COMPANY' 등의 이유로 통지은행에 대금의 지급을 거절한다는 통지를 하였다.

이에 신용장대금의 지급을 구하는 소송이 제기된 것인데 법원에서는 신용장이 요구하는 것은 모든 서류가 신용장번호를 표시하고 작성자의 서명이 수기로 이루어져야 하며, 실제로 DHL의 업무처리 과정에서도 운송장의 'PICKED UP BY'란에 발송지(ORIGIN)의 수기자가 서명을 하는 것이 원칙이라는 점에 비추어 보면, 원고인 수출회사 대표의 서명만 되어 있을 뿐 운송기관인 DHL 직원의 수기 서명이 되어있지 않은 특송수령증은 신용장의 요구조건을 충족하지 못한 서류라고 보지 않을 수 없고, 따라서 피고인 개설은행이 특송수령증에 운송기관의 서명이 표시되어 있지 않다는 이유로 대금지급을 거절한 것은 정당하다고 판시하였다.

부산지법 2005. 9. 6선고 2004가단41374 판결

(7) 운송주선인 발행의 운송서류

운송주선인(freight forwarder)은 자신이 직접 운송수단을 보유하지 않고 송화인과 운송인의 중간에서 운송을 주선하는 자를 말하는데 주로 중소 화주들이 많이 이용한다. 운송주선인이 발행하는 화물수취증(Forwarder's Cargo Receipt: FCR)은 단순히 화물을 수취했다는 일종의 수취 선하증권이며 비유통성 증권이다. 이 화물수취증은 운송주선인이 물품을 인수하여 CFS(container freight station)에 입고한 날을 기준으로 발행되며 신용장상에 FCR을 수리하도록 명시조항을 넣어야 매입이 가능하다. 신용장 거래에서 운송주선인이 발행하는 운송서류는 다음과 같은 요건을 갖춰야 한다.

첫째, 운송주선인의 명의가 운송인 또는 복합운송인으로 표시되어 있으며

운송주선인이 운송인 또는 복합운송인으로서 서명하였거나 기타의 방법으로 인증한 서류이어야 한다.

　둘째, 운송인 또는 복합운송인의 명의를 표시하고 있으며 운송주선인이 운송인 또는 복합운송인의 지명된 대리인 또는 대행자로서 서명하였거나 기타의 방법으로 인증한 서류이어야 한다.

> **CFS(container freight station)**
>
> 　1개의 컨테이너를 채울 수 없는 소량의 화물을 여러 화주로부터 인수하여 목적지별로 선별하여 컨테이너에 적입(vanning)하거나, 각 화주에게 인도하기 위해 한 컨테이너로부터 적출(devanning)하는 컨테이너 화물 조작 장소를 CFS라 한다. CFS는 컨테이너 터미널에 설치되어 있으며, 내륙 컨테이너 기지에도 CFS가 설치된 경우도 있다.

서식 8-5 운송주선인(Fowarder) 선하증권

Consignor/Shipper	**Negotiable KIFFA**
	MULTIMODAL TRANSPORT BILL OF LADING
	B/L No. YOSP0607014ZAN
	Reg.No. 751
Consignee	**YOUNGONE SHIPPING CO.,LTD.**
	TEL:756-9600(REP.) FAX:756-5030
Notify Party	For delivery of goods please apply to:
	CARGOZONE, INC
	19550 DOMINGUEZ HILLS DR.
	RANCHO DOMINGUEZ, CA 90220
Pre-carriage by / Place of Receipt	TEL : 1-310-635-0003 FAX : 1-310-635-6511
BUSAN, KOREA	ATTN : MAX CHOI
Vessel/Voyage No.	
HD. EMPEROR 145E	
Port of Loading / Port of Discharge	Place of Delivery / Final Destination(For the Merchant Ref.)
BUSAN, KOREA / LONG BEACH, U.S.A.	ZANESVILLE, OHIO U.S.A.

PARTICULARS FURNISHED BY CONSIGNOR/SHIPPER

Container No.& Seal No. Marks and No.	No. & Kinds of Containers or Pkgs	Description of Goods	Gross Weight	Measurement
NO MARK	41PKGS PART OF 20 DV x 1	"SHIPPER'S LOAD & COUNT" SAID TO CONTAIN 41 PACKAGES OF	853.000KGS	3.000CBM
NO5U2317547/1079875 ONE OF TWO PARTS		1.PIGMENT 2.OPP TAPE 60*100 3.RPM MITER SY-60 4.TIMING BELT 25*270L 5.VINYL BAG		
		*P.O.#J-069013/FL *SHIPMENT DOES NOT CONTAIN SOLID WOOD PACKAGING MATERIALS	ON BOARD DATE JUL. 11,2006	

CY/CY

"FREIGHT PREPAID"

Excess Value Declaration (Refer to § 1-4, D)

Total Number of Containers or Packages(in words)	Freight Payable at
SAY : PART OF ONE (20'X1) CONTAINER ONLY	SEOUL, KOREA

Freight & Charges	Prepaid	Collect	Received by the Carrier, the Goods specified herein in apparent good order and condition unless otherwise stated...
FREIGHT PREPAID AS ARRANGED			

Place and Date of Issue	No. of Original B/L	Signature
SEOUL, KOREA JUL. 11,2006	THREE(3)	ACTING AS A CARRIER
B/L No.		**YOUNGONE SHIPPING CO., LTD.**
YOSP0607014ZAN		Authorized by KIFFA 1997 (210 × 297mm)

4 보험서류

CIF 조건 및 CIP 조건에서는 수출업자가 수입업자를 위해 보험계약을 체결해야 하므로 보험서류가 필수서류가 된다(UCP 제28조).

(1) 수리 가능한 보험서류

신용장 거래에서 사용되는 보험서류는 보험증권(Marine Insurance Policy)과 보험증명서(certificate of insurance)이다. 수출업자가 보험회사와 개별적으로 적하보험계약을 체결하면 보험증권이 발급된다. 동일한 종류의 물품을 같은 지역에 되풀이해서 선적할 경우에는 포괄보험(open cover)이 이용된다. 포괄보험에서는 개별적으로 물품에 대해 보험계약을 체결하면 보험증명서가 발급되는데 이 보험서류도 은행에서 수리될 수 있다.

보험서류는 문면상 보험회사, 보험자 또는 그 대리인에 의해 발행되고 서명되어야 한다. 그리고 보험서류 원본이 두 통 이상 발행되면 모든 원본을 제시해야 한다.

그러나 보험중개업자가 발행하는 보험승낙서(cover note)는 일반적으로 보험서류로 인정되지 않는다. 영국의 로이드 보험시장에서는 반드시 보험중개업자를 통해서만 해상보험계약이 체결된다. 이 때 보험중개업자는 피보험자로부터 보험료를 징수할 경우 보험료를 받았다는 영수증으로서 그리고 반드시 보험자와 보험계약을 체결하겠다는 각서로서 보험승낙서(부보각서)를 발행한다.

이 보험승낙서는 피보험자와 보험중개업자 간에는 보험증권의 대용으로 사용될 수 있지만, 그 밖의 용도로서는 사용될 수 없다. 따라서 신용장통일규칙에서도 별도의 언급이 없는 한 보험승낙서는 보험서류로서 인정되지 않는다고 규정하고 있다.

(2) 부보일자와 보험금액

신용장상에 별도의 규정이 없는 한 선적일 이후에 부보된 보험서류는 수리되지 않는다. 선하증권에 나타나는 선적일자보다 보험서류의 일자가 늦어지면 그 기간 동안 이 화물이 보험으로 커버되어 있지 않고 위험에 노출되어 있었다고 볼 수 있다. 따라서 부보일자가 선적일 이후로 되어 있는 보험서류는 정당한

서식 8-6 **보험증권**

ACE American Fire and Marine Insurance Company Korea
10여1., Seoul City Tower, 581 Namdaemunro-5-ka,Chung-ku, Seoul 100-741, Korea
2127 2400 tel / 82 2 2127 2304 fax

대한민국정부
인 지 세
100원
남대문세무서
후납승인 제 2005-2호

Marine Cargo Insurance Policy

Assured(s), etc

Policy No. EKC1914520 - KOPY00080   YOUNGBO CHEMICAL CO., LTD.   "COPY"

Claim, if any, payable at   Ref. No.

ACE SEGUROS (MEXICO) S.A.
BOSQUE DE ALISOS NO, 47A PISO 1 COL. BOSQUES   INV NO. YBC-
DE LAS LOMAS, CODIGO, POSTAL 05120, MEXICO DF
TEL: +52 55 52585866   Amount insured hereunder
FAX: +52 55 52585899
Claims are payable in the

Survey should approved by

ACE SEGUROS (MEXICO) S.A.   @ 1,198.2000
BOSQUE DE ALISOS NO, 47A PISO 1 COL. BOSQUES   USD 17,508.68
DE LAS LOMAS, CODIGO, POSTAL 05120, MEXICO DF   USD 15,916.98 x 110 %
TEL: +52 55 52585866
FAX: +52 55 52585899

Local Vessel or Conveyance | From interior port or place of loading   Conditions and Warranties

Ship or Vessel called the | Sailing on or about

SANTA RUFINA UX051E   Oct. 07, 2011   INSTITUTE CARGO CLAUSE (ALL RISKS)

at and from | transhipped at

BUSAN, KOREA

arrived at | thence to

MEXICO

Subject-matter Insured

CROSSLINKED POLYETHYLENE FOAM   * EXCLUDING THE RISK OF SHORTAGE AND/OR
                                                  CONTAMINATION UNLESS PACKED IN DRUM, CAN
TOTAL 40 BUNS & 39 ROLLS   AND/OR CONTAINER.

This insurance is subject to the following Clauses current at time of
shipment. Institute Cargo Clauses (so far as applicable)
Institute Classification Clause
On-Deck Clause(applicable if not notice of on-deck shipment)
Special Replacement Clause(apply ing to machinery
Termination of Transit Clause(Terrorism)
Institute Extended Radioactive Contamination Chemical,
Biological, Bio-Chemical, Electromagnetic
Weapons Exclusion Clause
Institute Cyber Attack Exclusion Clause

Marks and Numbers as per Invoice No. specified above.

Place and Date Signed in   No. of Policies Issued

SOUTH KOREA / Oct. 06, 2011   2 (TWO)

For the use only with the Old Marine Policy Form

Be it known that

For **ACE American Fire and Marine Insurance Company Korea.**

In the event of loss or damage arising under this Policy, no claims will be
admitted unless a survey has been held with the approval of this Company's
officer or Agents specified in this Policy

In case of loss or damage, please follow the "IMPORTANT"
clause printed on the back hereof.

AUTHORIZED SIGNATURE

서류라고 볼 수 없는 것이다.

그러나 보험서류의 일자가 늦더라도 다음의 경우에는 수리한다.

① 소급약관(lost or not lost)이 명시되어 있는 경우

② 선적일 이전에 발행된 예정 보험증권에 의거하여 발행된 보험증명서인 경우

신용장에 별도의 명시가 없는 한 보험서류는 신용장에 표시된 통화와 동일한 통화로 표시되어야 한다. 또한 최저 보험금액은 관계 상품의 CIF 또는 CIP 가격이어야 하는데, 만일 이러한 가격이 결정될 수 없을 때는 신용장에 의하여 발행되는 어음금액 또는 당해 상업송장 금액 중 어느 쪽이든 큰 금액을 최저금액으로 간주한다. 보통 보험금액은 10%의 희망이익을 고려하여 송장금액의 110%로 한다.

보험서류는 최소한 신용장에 나타난 인수 혹은 선적장소와 신용장에 기재된 양하지 혹은 최종 목적지 간에 위험이 부보되었음을 기재하고 있어야 한다.

5 포장명세서(Packing List)

포장명세서는 특정 선적화물에 들어있는 상품의 종류와 수량을 열거하고 있는 것으로 송화인인 수출업자가 준비하는 서류이다. 포장명세서는 상업송장에 기재된 화물들에 대해 화물의 포장내역을 보다 상세히 기재하여 이 명세만 보면 포장을 풀어 보지 않더라도 한눈에 그 안의 포장상태를 알아볼 수 있게 한 것이다. 포장명세서 사본은 선적화물 자체에 첨부되기도 하며 또 다른 사본은 직접 수입업자인 수화인에게 보내져 수화인이 선적화물을 받았을 때 확인할 수 있도록 한다.

포장명세서의 기능을 보면 다음과 같다.

① 수출입통관절차에서의 심사 자료로서 활용되고, 양륙지에서 화물의 분류 · 판매단계에서도 이용된다.

② 검수 또는 검량업자가 실제 화물과 대조하는 참고자료로서 이용된다.

③ 개별 화물의 사고발생분에 대한 확인 자료로서 이용된다.

④ 선박회사와 운송계약을 체결할 때 운임산정 등의 기준이 된다.

서식 8-7 포장명세서

PACKING LIST

(1)Shipper/Exporter	(8)No & date of invoice	
KOREA		
RM# 909, E&C DREAM TOWER 8,327-27	DHK-091214	DEC.14,2009
GASAN-DONG,GEUM-CHEN-GU.	(9)Remarks	
SEOUL, KOREA.		

(2)For account & risk of Messers	
QINGDAO SEO-IL GARMENTS CO., LTD.	
QINGDAO JIMO HUAN XIU JIEDAO YAN QING LU53	T/T BASE
TEL:0532-8859-7672,7673 FAX:8859-7622	

(3)Notify party

SAME AS ABOVE

(4)Port of loading	(5)Port of discharge
INCHON,KOREA	SHIDAO,CHINA
(6)Carrier	(7)Sailing on or about
HUADONG PEARL VI 2323	DEC.14,2009

(10)Marks and numbers	(11) Description of goods	(12)Q'TY	(13)Net-weight	(14)Gross weight	(15)Measurement

◇ K ◇

S/NO:
COLOR:
LOT NO:
Q'TY:
C/T NO:
MADE IN KOREA

COMMODITY	PKGS	QUANTITY	WEIGHT
1.KNIT:SINGLE (POLY 95%,SPAN 5% 58/60)	50LORR	3256YDS	814KGS
TOTAL:	50LORR		814KGS

President W. Y. CHO

Signed by
DOOHARP KOREA

6 원산지 증명서(Certificate of Origin)

원산지 증명서는 수출입 물품의 실질적 원산지를 증명하는 자료로서, 당해 물품의 원산국 또는 선적국의 정부 및 정부가 인정하는 기관에서 발행한다.

최근에는 양자 간 또는 지역 간 자유무역협정에 의하여 지정된 양식에 수출기업이 자율적으로 작성하여 송부하기도 하며, 이 때 수출기업은 원산지발급에 관련된 근거서류 및 발급대장을 비치하여 보관, 관리해야 한다.

원산지 증명서는 크게 물품의 원산국을 식별하기 위한 목적으로 발급되는 일반원산지 증명서와 관세특혜용으로 발급되는 관세양허원산지증명서(특혜) 및 FTA 원산지 증명서가 있다.

원산지 증명서에는 다음 사항들이 기재된다.

① 선적과 관련한 명세, 예를 들어 송화인, 수화인, 물품의 명세 등. 이들 명세는 신용장은 물론 상업송장 등 다른 서류들과 일치하게 기재되어야 한다.

② 물품의 원산지에 대한 기재사항

③ 발급기관을 증명하는 서명/날인 혹은 증지(seal)

7 세관송장(Customs Invoice)

세관송장과 영사송장은 모두 공용송장(official invoice)인데 관계 관청으로부터 증명을 받는 특정 서식에 맞추어 작성된다.

세관송장은 수입국의 세관당국이 수입화물에 대하여 수입관세의 부과를 결정하고 수입물품의 통계조사, 쿼터 관련 통관액의 파악, 그리고 수입가격의 적정성을 파악하여 부당한 덤핑을 방지하기 위하여 요구하는 송장이다. 국가별로 양식이 다르기 때문에 소정의 양식에 따라 작성되어야 한다. 미국, 캐나다, 뉴질랜드 및 기타 영연방국가들이 주로 사용한다.

세관송장은 수입국의 세관을 통관할 때 수입품에 대한 합법성이나 관세 산정 등의 기초가 되는 것으로 그 내용이 다른 서류와 모순되거나 잘못 기재되면 수입통관과정에서 매수인이 애로를 겪거나 불이익을 보는 경우가 발생한다. 따라서 세관송장 역시 상업송장과 마찬가지로 상품 명세를 신용장의 명세와 정확히 일치시키는 것이 중요하다.

서식 8-8 원산지증명서

1. Seller	ORIGINAL **CERTIFICATE OF ORIGIN** issued by **THE KOREA CHAMBER OF COMMERCE & INDUSTRY** Seoul, Republic of Korea **원 산 지 증 명 서** 대한상공회의소
2. Consignee	4. Buyer(if other than consignee)
3. Particulars of Transport(where required)	5. Country of Origin
	6. Invoice Number and Date

7. Shipping Marks	8. Number and Kind of Packages; Description of Goods	9. Gross Weight or Other Quantity

10. Other Information	The Korea Chamber of Commerce & Industry hereby certifies, on the basis of relevant invoice and other documents, that the above mentioned goods originate in the country shown in column 5. THE KOREA CHAMBER OF COMMERCE & INDUSTRY

서식 8-9 세관송장

DEPARTMENT OF THE TREASURY
UNITED STATES CUSTOMS SERVICE
19 U.S.C 1481.1482.1484

SPECIAL CUSTOMS INVOICE

(Use separate invoice for purchased and non-purchased goods)

Form Approved.
O.M.B. No. 48--RC

1.SELLER	2.DOCUMENT NR.	3.INVOICE NR.AND DATE
	4.REFERENCES	
5.CONSIGNEE	6.BUYER(if other than consignee)	
	7.ORIGIN OF GOODS	
8.NOTIFY PARTY	9.TERMS OF SALE PAYMENT AND DISCOUNT	
10 ADDITIONAL TRANSPORTATION INFORMATION		
	11.CORRENCY USED	12.EXCH.RATE (if fixed or agreed) / 13.DATE ORDER ACCEPTED

14.MARKS AND NUMBERS ON SHIPPING PACKAGES	15.NUMBER OF PACKAGES	16.FULL DESCRIPTION OF GOODS	17.QUANTITY	UNIT PRICE 18.HOME MARKET	19. INVOICE	20. INVOICE TOTAL

21.☐ If the production of these goods involved furnishing goods or services to the seller (e.g. assists such as dies. molds, tools, engineering work) and the value is not included in the invoice price, check box (21) and explain below.

22.PACKING COSTS

27.DECLARATION OF SELLER/SHIPPER (OR AGENT)

I declare:

(A)☐ If there are any rebates, drawbacks or bounties allowed upon the exportation of goods, I have checked box(A) and itemized separately below.

(B)☐ If the goods were not sold or agreed to be sold,I have checked box (B) and have indicated in column 19 the price I would be willing to receive.

I further declare that there is no other invoice differing from this one(unless otherwise described below) and that all statements contained in this invoice and declaration are true and correct.

(C)SIGNATURE OF SELLER/SHIPPER (OR AGENT):

23.OCEAN OR INTERNATIONAL FREIGHT
24.DOMESTIC FREIGHT CHARGES
25.INSURANCE COSTS
26.OTHER COSTS (Specify Below)

28.THIS SPACE FOR CONTINUING ANSWERS

THIS FORM OF INVOICE REQUIRED GENERALLY IF RATE OF DUTY BASED UPON OR REGULATED BY VALUE OF GOODS AND PURCHASE PRICE OR VALUE OF SHIPMENT EXCEEDS $500. OTHERWISE USE COMMERCIAL INVOICE.

*Not necessary for U.S. Customs. Purposes.

Customs Form 5515 (

8 영사송장(Consular Invoice)

영사송장은 수출국주재 수입국영사가 증명하는 선적물품에 대한 송장으로 수입국의 세관에서 요구하는데 수입물품의 가액, 수량, 원산지, 특성 등을 파악하기 위해서이다. 수입국에 수입관세를 계산하는 기초가 되는 것이 상업송장인데 관세부담을 덜기 위해 고의로 실제 거래가격보다 낮추어 작성하거나(Under-invoicing) 외화도피를 하기 위해 실제가격보다 높여서 작성하는 경우(Over-invoicing)가 있을 수 있어 수입국측에서 수출국에 소재하는 자국 영사로 하여금 확인하게 하는 것이다.

상업송장과 겸용으로 사용하기도 하지만 일부 국가들은 자국의 고유한 양식을 사용하는데 이 양식들은 수출국에 소재하는 자국 영사관에서 발급받도록 하고 있다. 또 일부 국가들은 영사송장의 언어도 자국어로 작성하고 수출국소재의 자국영사로 하여금 공식확인하게 하는 국가도 있다.

영사송장은 주로 남미나 필리핀에서 요구하고 있다. 필리핀의 경우 출항 후 7일 이내에 제출하도록 명시하는 등 영사송장은 일정한 항해일수 내에 확보, 제출해야 한다. 송장 발급료는 무시할 수 없는 비용이 될 수 있으므로 영사송장을 요구할 때는 반드시 사전에 알아보고 가격에 반영해야 한다. 또한 경우에 따라서는 이러한 서류발급에 상당한 시간이 지체될 수도 있음을 염두에 두어야 한다.

서식 8-10　영사송장

Consular Invoice

The GOVERNMENT of BRAZIL	
Date: Invoice No: Issued At:	Port of Loading Port of Discharge Date of Departure Carrier

EXPORTER	CONSIGNEE

Marks arid Numbers	Quantity	Description of Goods	Value of Shipment
		Total(FOB, C&F, or CIF)	

Other Charges	Amount of Charges
	Total　　U.S.$
Certified Correct By: Witnessed By: Fee Paid: U.S.$	

9 검사증명서

물품이 선적 전에 검사되었음을 증명하는 서류로서 신용장에 명시된 기관이 발행한다. 검사증명서는 일반적으로 정부기관이나 독립적인 검사기관 등 중립적인 성격의 기관으로부터 입수하지만 신용장이나 매매계약에서 특별히 요구하는 발급기관이 있으면 그 요건에 맞춰 입수해야 한다.

특정 국가나 품목의 경우에는 검사증명서가 독립적인 정부기관에서만 발행하도록 하는 경우도 있다. 매수인은 검사기관을 지정할 때 "first class", "well-known", "qualified", "inspection", "official", "competent", 혹은 "local"과 같은 모호한 용어를 사용하지 않아야 한다. 가장 바람직한 것은 매매당사자가 사전에 특정 검사기관에 대하여 합의하고 매수인은 신용장에 그 합의된 검사기관을 지정하는 것이다.

판례 8-5 **검사증명서의 일치성**

대만으로부터 상품을 구입하는 계약에서 매도인인 피고 앞으로 신용장이 개설되었다. 이 신용장이 요구한 서류 가운데는 검사증명서(Certificate of Inspection)가 있었다. 이에 따라 매도인은 검사관(Surveyors)이 상품의 상태와 수량을 확인하고 또 이들 상품이 포장되는 과정도 감독하였다는 검사증명서를 제시하였고 은행은 이들 서류를 신용장 조건에 합치하는 것으로 받아들여 수리하였다. 그 후에 선적상품에서 육안검사로는 발견될 수 없고 전기검사로만 발견될 수 있는 결함이 발견되었다.

원고는 개설은행을 상대로 손해배상청구를 하였고 New South Wales의 대법원은 은행에 제시된 서류가 신용장조건과 일치하지 않는다고 판단하여 매수인 승소 판결을 내렸다. 이에 개설은행이 항소하였고 사건을 맡은 추밀원(Privy Council)은 "Certificate of Inspection'라는 용어의 일반적 의미에서 묵시적으로 요구하는 최소 요건은 검사의 목적물인 물품이 그 증명서를 발행한 자에 의하여 육안으로 검사하는 것으로 족하다고 했다. 그러므로 만일 특정 검사방법이 필요하였다면 그러한 사실을 명시하였어야 하며 은행이 검사증명서라고 명명되어 있는 서류를 인수하였다면 임무를 태만히 하였다고 할 수 없다"면서 은행의 주장을 지지하였다.

The Commercial Banking Co. of Sydney Ltd. v. Jalsard Pty. (1972) 2.

Lloyd's Rep. 529.

서식 8-11 **검사증명서**

INSPECTION CERTIFICATE

L/C NO.:

COMMODITY:

QUANTITY:

AMOUNT:

INVOICE NO.:

B/L NO.:

VASSEL NAME:

ON BOARD DATE:

SHIPPER:

THIS IS TO CERTIFY THAT GOODS HAVE BEEN INSPECTED AND THE SAME HAVE BEEN FOUND IN ORDER AND SOUND CONDITION FOR SHIPMENT.

THIS CERTIFY IS ISSUED IN GOOD FAITH, FOR THE PURPOSE OF SHIPMENT.
FOR ANY OTHER TECHNICAL OR OTHER DEFFECTS IN THE GOODS, THE FACTORY/MAKER OF GOODS IS RESPONSIBLE.

THANKING YOU.

YOUR'S FAITHFULLY.

NAVIN TRADING CO.

SEOUL, KOREA

JHAMAN PIRTHYANI

🔟 수익자 증명서(Beneficiary's Certificate)

어떤 신용장에서는 특정 사실에 대하여 수익자가 담보, 확인하는 수익자 증명서를 요구하는 경우가 있다. 이 서류는 수익자가 직접 작성하는 것으로 특정사실에 대해 수익자가 해당 사실을 보증하는 성격이 된다. 예를 들면, 특정 선박을 이용하도록 하면서 그 사실을 증명하는 수익자증명서를 요구한다거나 서류 중 일부를 특송 편으로 보내고 이 사실을 증명하는 수익자 증명서를 신용장 서류로 요구하는 경우 등이다.

수익자가 그 내용이나 형식을 작성하는 것이기 때문에 정해진 양식이나 형식이 없이 신용장에서 요구하는 내용을 포함하여 작성한다. 거래의 전반적인 내용을 파악할 수 있도록 매매당사자 및 화물명세, 선적관계 등 다른 서류들에 공통적으로 포함되는 내용과 함께 특별히 그 서류에 의해 증명을 요구하는 내용을 포함시킨다.

서식 8-12   수익자 증명서

BENEFICIARY'S CERTIFICATE

L/C NO   :

Q'TY   : 6,000 MTS

AMOUNT   : U$13,200.00

INVOICE NO   :

CARRIER   : HATTA 1143W

BILLS OF LADING NO. : 1000365/1

―――――――――――――――――――――――――――――――――――――――

WE CERTIFY THAT ONE SET OF NON-NEGOTIABLE SHIPPING DOCUMENT
HAVE BEEN SENT BY FAX TO APPLICANT BEFORE SHIPMENT.

ORIGINAL

XTILE CO., LTD.

KIM

KIM. / President

Chapter

9

신용장 거래의 법률관계

|제1절| 신용장통일규칙과 전자신용장통일규칙
|제2절| 신용장 거래 당사자 간의 법률관계

오랜 기간 무역거래의 당사자들 특히 신용장거래의 축을 이루는 은행들은 국제거래에서 신용장을 취급하면서 업무방식과 기술을 축적하고 발전시켰다. 이 기술과 방법들을 ICC가 표준화하여 1933년에 신용장의 발행과 사용에 관한 일련의 규칙으로 신용장통일규칙(UCP)을 제정하였고, 국제무역환경의 변화에 따라 개정하고 있다. 현재 적용되고 있는 것은 UCP 2007 Revision(ICC Publication no.600; 일명 UCP 600으로 불린다)으로 전 세계의 은행과 무역업자들이 신용장실무나 분쟁에 준거규칙으로 이용하고 있다.

제 1 절 신용장통일규칙과 전자신용장통일규칙

1 신용장통일규칙

(1) 신용장통일규칙의 의의

화환신용장을 규율할 국제적인 협약이나 협정은 없지만 대부분의 신용장은 국제상업회의소가 제정한 규범에 의해 규율되고 있다. 국제상업회의소는 1933년 그동안의 신용장관행에서 집적된 기준들을 표준화하여 신용장통일규칙(Uniform Customs and Practice for Documentary Credits; UCP)을 제정하였는데 그 후 상관습의 변화에 따라 몇 차례의 개정작업을 거쳐 현재는 제6차 개정 신용장통일규칙(UCP 600; ICC Publication No. 600)이 적용되고 있다.

신용장통일규칙은 신용장 거래의 준거법으로서 신용장의 기본원리와 각 당사자들 간의 권리와 의무를 규정하고 있다. 신용장통일규칙은 강행법규가 아니고 임의법규이기 때문에 관계당사자의 합의에 의해서 사용되고 만약 다른 특약이 있게 되면 그 특약에 따라야 한다. 그러나 오늘날 사용되는 대부분의 신용장에는 국제상업회의소가 제정한 신용장통일규칙이 신용장의 준거법임을 명백히 하고 있어 달리 명시적인 규정이 없으면, 신용장거래의 모든 당사자들은 이 규칙의 구속을 받게 된다.

(2) 신용장통일규칙의 구성

현행 제6차 신용장통일규칙은 총 39조항으로 구성되어 있는데 이를 내용에 따라 구분하면 〈표 9-1〉과 같다.

1) 총칙 및 정의

제1조부터 제5조까지는 신용장통일규칙의 적용범위, 매매계약 및 신용장과의 관계 등을 규정하고 있다. 제1조에서는 신용장통일규칙이 매매계약에 사용되는 화환신용장뿐만 아니라 금융이나 보증거래에 사용되는 보증신용장에 대해서도 적용될 수 있음을 명시하고 있다. 특히 제4조 및 제5조는 신용장의 독립성과 추상성을 규정하여 신용장 거래는 매매계약과 독립된 거래이고 서류상의 거래임을 강조하고 있다.

| 표 9-1 | 신용장통일규칙의 구성 |

관련 조항	내용
제1조 ~ 제5조	총칙 및 정의
제6조 ~ 제11조	신용장의 형식과 통지
제12조 ~제16조	은행의 서류검토의무와 책임
제17조 ~ 제28조	운송서류
제29조 ~ 제37조	기일, 용어 등의 해석기준
제38조 ~ 제39조	양도가능신용장과 대금의 양도

2) 신용장의 형식과 통지

제6조에서 제11조까지는 신용장의 이용형태, 유효기일 및 장소, 개설은행과 확인은행의 약정, 신용장의 통지와 조건변경 등에 대하여 규정하고 있다.

3) 은행의 서류검토의무와 책임

제12조에서 제16조까지는 신용장 거래에서 가장 핵심적인 내용이라 할 수 있는 은행의 서류검토와 관련한 내용을 다루고 있다. 매입은행, 개설은행 등의 서류를 취급하는 은행이 운송서류와 신용장조건의 일치 여부를 검토할 때 적용하는 원칙과 해석기준 등을 규정하고 있다.

4) 서류

제17조에서부터 제28조까지는 수출업자가 은행에 제시하는 서류에 대하여 규정하고 있다. 특히 단일 해상운송에서 복합운송에 이르기까지 다양한 운송형태에 따라 발급된 운송서류의 수리요건을 비교적 상세히 규정하고 있다.

5) 기타 조항

제29조에서 제37조까지는 과부족 허용문제, 서류의 유효성, 피지시은행의 행위 등에 대한 은행의 면책, 신용장 만기일 및 서류제시기일과 관련하여 실무적으로 혼란이 있을 수 있는 기일과 관련된 용어의 해석기준 등을 규정하고 있다.

6) 양도가능신용장과 대금의 양도

제38조 및 제39조는 양도가능신용장 및 대금의 양도에 대하여 규정하고 있다. 양도의 횟수, 제1수익자의 송장 대체권한, 양도불능신용장하에서의 신용장

대금의 양도권한 등을 규정하고 있다.

② 전자신용장통일규칙(eUCP)

(1) 전자신용장통일규칙의 의의

　　정보통신 기술의 발달로 신용장의 개설, 통지, 매입 등 관련 주요 업무가 점차 전자적으로 처리되고 전자신용장 시스템을 갖추려는 여러 가지 방법이 시도되고 있다. 그러나 신용장통일규칙은 주로 종이문서에 기반을 둔 전통적인 신용장을 위한 규정이기 때문에 이런 기술적 변화를 수용하는 데는 한계가 있다고 볼 수 있다.

　　이에 따라 신용장통일규칙을 보완하고 전자신용장에 관한 통일규칙을 마련하기 위해 국제상업회의소의 은행위원회에서는 전자적 제시를 위한 UCP의 보칙(Supplement to UCP 500 for Electronic Presentation-Version 1.0)으로 소위 eUCP를 제정하여 2002년 4월 1일부터 시행하였다. 그 후 제1차 개정으로 2007년 7월 1일부터 eUCP 1.1판을 시행하고 있다. 이 추록은 종이문서 위주의 신용장에 갈음하는 전자신용장의 처리에 관한 내용을 주로 규정하고 있으며 화환신용장통일규칙을 보완하고 있다.

> **eUCP Article e1-b**
>
> The eUCP shall apply as a supplement to the UCP where the Credit indicates that is subject to eUCP(eUCP는 신용장이 eUCP를 적용한다는 명시가 있는 경우 UCP의 보칙으로 적용된다).

　　신용장통일규칙은 강행법규가 아니고 당사자 간의 합의에 의해 사용되는 임의 규칙이기 때문에 법적 구속력을 갖기 위해서는 신용장 본문에 준거문언을 삽입해야 한다. 따라서 전자신용장통일규칙이 적용되기 위해서는 본 신용장은 전자신용장통일규칙에 따른다는 명시가 있어야 하고 이 경우에만 화환신용장통일규칙의 보칙으로 유효하다.

　　그리고 전자신용장통일규칙을 적용한다는 준거문언에는 반드시 적용 버전이 표시되어야 한다. 현행 전자신용장통일규칙은 버전이 1.1이기 때문에 "eUCP

Version 1.1"과 같은 명시가 있어야 한다. 만약 신용장에 버전이 명시되지 않을 경우에는 신용장이 개설된 일자에 시행되는 버전에 따르며, 수익자가 승낙한 조건변경이 전자신용장통일규칙에 따르도록 되어 있을 경우에는 조건변경일자에 시행되는 버전에 따른다.

　　전자신용장통일규칙은 화환신용장통일규칙을 보완하는 것이기 때문에 전자신용장에 전자신용장통일규칙에 따른다는 준거문언만 있고 화환신용장통일규칙의 적용 여부에 대해 아무런 언급이 없어도 자동으로 적용된다. 만약 전자신용장통일규칙과 화환신용장통일규칙이 적용과정에서 상충될 경우에는 전자신용장통일규칙을 우선 적용한다.

(2) 전자신용장통일규칙의 구성

　　전자신용장통일규칙은 〈표 9-2〉와 같이 총 12개 조항으로 구성되어 있다.

1) 적용범위와 UCP와의 관계
　　제1조와 제2조에서는 전자신용장통일규칙의 적용범위를 규정하고 있다. 이

표 9-2   **전자신용장통일규칙의 구성**

구분	해당조항	내용
eUCP의 배경	e1	신용장통일규칙(UCP)의 보충 및 적용조건
eUCP와 UCP의 관계정의	e2	eUCP의 적용을 받는 신용장은 UCP가 자동적으로 적용됨
정의	e3	UCP와 eUCP에 사용된 용어들의 정의
형식	e4	전자기록이 제시되어야 하는 형식
제시	e5	전자기록의 제시방법, 장소, 시간
서류심사	e6	전자기록의 서류심사방법
거절통지	e7	서류심사기간, 심사만료 통지기간
원본 및 사본	e8	전자기록의 제시형태
발행일	e9	전자기록의 발행일자 기준
운송	e10	전자적인 운송기록의 발행일자 기준
서류 제시 후 전자기록의 변형	e11	변조된 전자기록에 대한 처리 및 제시
eUCP하에서 전자기록의 제시에 대한 추가 면책사항	e12	전자기록심사에 대한 은행의 면책

규칙은 신용장 거래에서 종이서류 대신에 전자기록이 제시되는 경우 화환신용장 통일 규칙의 보충규칙으로 유효함을 명시하고 있다.

제3조에서는 본 규칙에 사용된 용어들의 의미에 대하여 설명하고 있다. "문면상", "서류", "제시장소", "서명", "전자기록", "전자서명", "종이서류" 등 본 규칙에 언급되는 주요 용어들의 정의가 규정되어 있다.

2) 형식

제4조에서는 전자신용장에서 제시되어야 할 모든 전자기록의 형식에 대하여 규정하고 있다. 전자신용장 거래에서는 수취인이 자신의 e-mail 프로그램에 접수되는 전자기록의 형식을 읽을 수 있도록 적합한 형식을 지정해야 한다. 만약 전자기록의 형식이 지정되어 있지 않으면 보내는 사람이 재량으로 형식을 정할 수 있다.

3) 서류 제시와 검토

제5조에서 제9조까지는 전자기록의 제시와 관련하여 제시장소, 제시방법 및 제시된 서류에 대한 검토방법, 하자서류에 대한 통지방법 등을 규정하고 있다. 이 조항들은 서류의 일치성 여부를 판단하는 기준 및 은행의 의무와 관련된 실질적인 조항들이다.

4) 운송서류

제10조는 운송일자의 판단기준을 규정하고 있는 조항으로 전자기록에 선적이나 발송일자가 표시되지 않은 경우 전자기록의 발행일자가 선적일자 혹은 발행일자로 간주됨을 규정하고 있다.

5) 전자기록의 변조

제11조는 전송과정에서 전자기록이 바이러스 등에 의해 훼손된 경우의 제시방법에 대하여 규정하고 있는 조항으로 은행이 제시인에게 해당 전자기록을 다시 제시하도록 요구할 수 있음을 규정하고 있다.

6) 은행의 면책

제12조에서는 지정은행이 전자기록을 송부한 자의 신원이나 정보원, 이들의 완전성에 대하여 면책됨을 규정하고 있다.

③ 국제표준은행관습(ISBP)

ISBP(International Standard Banking Practice)는 ICC 은행위원회가 '화환신용장 서류심사를 위한 국제표준은행관행'으로 도입한 UCP의 적용에 관한 실무상의 보완서(practical complement)이다. ICC는 2002년 10월 30일에 신용장거래에서 서류의 불일치로 인한 분쟁을 줄이고자 200개의 조항으로 이루어진 구체적인 표준(ICC Publication No.645)을 제정하여 2003년 1월부터 시행하였다. 이후 2007년에 UCP600의 개정과 함께 ISBP도 함께 적용될 수 있도록 185개 조항으로 축소된 ISBP 681을 추록으로 정비하였고, 2013년 ISBP 745로 다시 개정이 이루어졌다.

신용장 통일규칙에서는 상업송장, 운송서류, 보험서류에 관한 서류 심사기

표 9-3   ISBP의 구성

ISBP 681		ISBP 745	
예비적 고려사항	ISBP 1~5	예비적 고려사항	i~vii
일반원칙	ISBP 6~42	일반원칙	A1~41
환어음과 만기일 계산	ISBP 43~56	환어음과 만기일 계산	B1~18
송장	ISBP 57~67	송장	C1~15
적어도 두 가지 다른 운송방식을 표시하는 운송서류	ISBP 68~90	적어도 두 가지 다른 운송방식을 표시하는 운송서류	D1~32
선화증권	ISBP 91~114	선화증권	E1~28
		신설 비유통해상화물 운송장	F1~25
용선계약 선화증권	ISBP 115~133	용선계약 선화증권	G1~27
항공운송서류	ISBP 134~156	항공운송서류	H1~27
도로/철도/내수로 운송서류	ISBP 157~169	도로/철도/내수로 운송서류	J1~20
보험서류	ISBP 170~180	보험서류	K1~23
원산지증명서	ISBP 181~185	원산지증명서	L1~8
		신설 포장증명서	M1~6
		중량명세서	N1~6
		수익자증명서	P1~4
		기타 서류	Q1~11

준만 있으며, 그 외의 서류에 관한 내용은 ISBP에 기술되어 있다. ISBP는 간행물의 서두에서 밝히고 있듯이, 어디까지나 신용장조건과 UCP를 보다 정확히 이해하기 위해 UCP와의 연관 속에서 보충적으로 활용되어야 하며 단독으로 해석되어선 안 된다.

제 2 절 신용장 거래 당사자 간의 법률관계

1 매매당사자의 의무

(1) 매매계약과 대금결제조건

매매계약에서 대금결제를 신용장방식에 의하기로 한 경우 매도인은 신용장의 수익자로서 신용장에 의한 채권자의 지위에 놓이게 되고 매수인은 신용장을 제공할 의무를 지게 된다. 따라서 매매당사자 간에 신용장과 관련하여 매도인은 신용장에 의한 권리를 지니게 되며 매수인은 신용장의 개설 및 대금지급과 관련된 의무를 지게 된다.

매매계약에서 신용장에 의한 대금결제조건은 다음과 같이 나타난다.

> Payment: Draft at sight under irrevocable L/C
> Payment: Draft at 60 days under irrevocable L/C

(2) 매수인의 의무

신용장 거래에서 매수인의 의무는 신용장을 적기에 개설할 의무와 최종적으로 수입대금을 부담할 의무로 구분된다.

1) 신용장 개설 의무

매매계약에서 대금결제를 신용장조건으로 합의하였으면 계약이 체결된 후 수입업자는 거래은행에 신용장개설을 의뢰해야 한다. 신용장이 언제까지 개설되어야 하는가에 대한 명시적인 규정은 신용장통일규칙에 없지만, 수출업자는 신용장을 수취해야만 대금회수에 대한 확신을 갖게 되고, 최종 선적기일 등도 신용장 수취일자를 기준으로 하여 정해지는 경우가 많으므로 신용장개설은 신속히 이루어지는 것이 좋다. 따라서 매수인은 늦어도 매도인이 선적기간의 첫날에 신용장을 이용할 수 있도록 합리적인 기간 내에 개설해야 한다.

판례 9-1   **신용장의 개설기한**

1985년에 한국 유수의 두 사료업체와 축협은 홍콩의 한 무역회사로부터 입찰을 통해 중국산 옥수수를 FOB China Port 조건으로 수입하기로 하는 계약을 체결하였다. 이때는 아직 중국과 정식수교를 맺지 않았던 때라 홍콩을 경유한 우회무역을 하던 시기였다. 옥수수는 중국산이었고 1985년 4월 7일에서 22일 사이에 중국 대련 항에서 선적하기로 되어 있었다. 수출업자입장에서 이 계약의 이행을 보증하기 위해 홍콩의 무역회사는 한국의 위 업체들에 대하여 계약이행을 보증하기 위한 보증신용장(standby L/C)을 제공하였다.

그런데 당시 시행되고 있던 중국의 수출허가제가 변경되어 최저가격수출제(check price제)가 시행되면서 기존의 수출허가는 모두 무효가 되어 버렸다. 이러한 제도변경을 미리 예상했던 일본계 종합상사들을 중심으로 한 매집과 이로 인한 물량부족, 이미 급등해버린 옥수수 가격 등 여러 사정이 악화되어 결국 선적은 이루어지지 못했고 이에 축협 등 한국의 수입업자들은 보증신용장을 집행하여 이행보증금을 몰수하였다.

이에 홍콩의 수출회사는 수출허가제의 변경이라는 불가항력적 사태로 수출이 이행되지 못했고 그 주요 원인은 신용장개설이 늦어지는 바람에 필요한 수출허가를 제때 취득하지 못해 발생한 것이므로 책임이 없다고 항변하였다. 이에 대한 중재판정에서도 수입업자측이 신용장 개설을 제 때에 하지 못한 과실이 인정되었다.

이 사건에서는 신용장 개설이 4월 1일에 이루어져 4월 3일에 수출업자가 접수하였다. 선적개시일이 4월 7일이었으니 일반적인 상황에서라면 선적 하루 전날까지만 개설되어도 수출회사가 선적하고 대금을 회수하는데 지장이 없을 수도 있겠지만, 이 경우에는 수출업자가 중개무역상으로서 이 신용장을 담보로 다시 신용장 개설을 해야 하는 상황이었기 때문에, 결국 실제 공급업자에게 개설된 최종적인 Back to back 신용장이 늦어지게 됨으로써 수출허가와 선적에 차질이 생겼던 것이다.

2) 대금지급의무

매수인이 신용장 개설을 신청하여 신용장이 개설되었다 해도 이 신용장에 의해 대금이 완전히 결제될 때까지 매수인은 대금지급에 대한 책임에서 벗어나지 못한다. 신용장이 개설되면 매도인은 일차적으로 신용장에 의해 은행에 대금을 청구할 의무가 있지만, 만약 은행으로부터 회수가 안 될 경우에는 매수인에게 청구하게 된다. 즉 매매계약에서 대금지급은 오직 신용장에 의해서만 이루어진다는 합의를 하지 않는 한 신용장이 개설되었다 하여 매수인의 지급채무가 소멸하는 것은 아니고 매도인은 매수인에게 직접 매매대금을 청구할 수 있다.

신용장이 개설되었으나 후에 개설은행이 파산한 경우 매수인은 신용장대금을 은행에 납입하였다 해도 매도인이 은행으로부터 대금지급을 받지 못하면 매수인에게 지급의무가 있다. 은행이 매수인을 대신하여 대금지급을 위임받았던 것이지만 그 의무를 다하지 못하면 매수인의 지급의무가 다시 살아나는 것이다.

② 개설의뢰인과 개설은행

개설의뢰인과 개설은행 간에는 신용장개설 신청시에 "외국환거래약정서"를 교환하게 되는데 신용장 개설과 관련하여 주요한 내용은 이 약정서에 나타난다.[1]

(1) 개설의뢰인의 의무

개설의뢰인은 매매계약상의 매수인으로서 매매계약이 체결되면 바로 거래은행에 신용장 개설을 의뢰하게 된다.

1) 개설지시의 명확성

신용장 개설 전에 매수인은 매도인과 매매계약을 통해 신용장에 포함될 조건들, 즉 선적조건, 운송방식, 신용장 유효기일, 지불방법과 환어음, 요구서류 등 전반에 대하여 합의하고 이를 신용장을 개설할 때 신용장의 내용으로 포함되도록 지시하게 된다.

신용장 개설은행은 신용장을 개설할 때 고객인 개설의뢰인의 지시에 따라 신용장내용을 작성하게 되므로 신용장 개설의뢰인의 지시는 완전하고 명확하게

---

1) 현재 우리나라 은행들이 공동으로 이용하는 외국환거래약정서 원본은 제7장에 인용되어 있다.

이루어져야 한다. 즉 내용에 있어 모호한 표현으로 혼란을 주거나 지나치게 상세한 내용을 포함하여 다른 당사자들에게 혼동을 주거나 오해할 소지를 주면 안 된다.

신용장 개설의뢰인은 계약물품을 확실히 입수하기 위해 신용장상에 여러 가지 지시를 하고 싶을 수도 있지만 지나치게 까다로운 문구나 전문용어를 사용하는 경우 수출업자는 서류 준비 등에 어려움을 겪게 되며 관련은행도 역시 매입과정에서 서류를 판단하는데 어려움을 겪게 된다. 예컨대 매매계약서의 사본을 신용장에 첨부하고 이 조항을 이행했음을 증명하는 서류를 신용장조건으로 요구한다면 결국 매매계약의 이행 여부를 확인하도록 하는 부담을 은행에게 지우는 것이다. 이는 독립·추상성을 기본원리로 하는 신용장제도의 본래 취지에도 어긋난다.

이러한 일을 막으려면 신용장은 개설단계에서부터 명료하고 오해의 소지가 없어야 한다. 즉 신용장 개설의 지시, 신용장 내용, 신용장의 조건변경을 위한 지시 및 조건변경 내용 자체는 완전하고 정확하여야 하고 은행은 혼란과 오해를 방지하기 위하여 개설의뢰인이 신용장이나 조건 변경 시에 지나치게 상세한 사항을 포함시키려는 시도를 저지해야 한다.

2) 대금상환과 서류인수의무

개설의뢰인은 개설은행이 지급한 신용장대금에 대하여 은행에 상환할 의무를 진다. 신용장대금의 최종지급인은 개설의뢰인인 수입업자이며, 이러한 개설의뢰인의 상환의무는 신용장의 독립·추상성원칙에 따른다. 신용장에서 요구하는 서류가 완전하게 일치하면 물품의 품질이나 선적일 등 매매거래의 실질적인 불이행을 이유로 대금상환을 거부하지 못한다.

따라서 개설의뢰인이 대금상환을 거절할 수 있는 정당한 이유는 오직 서류가 신용장조건에 일치하지 않는 경우이다. 한편 하자있는 서류가 송부되어온 경우 개설은행은 이 서류의 인수 여부를 수입업자에게 문의하게 되는데 이때 수입업자가 서류상 하자가 있다 하더라도 이를 감수하겠다면 개설은행은 하자서류를 인수할 수 있다.

판례 9-2 개설의뢰인의 대금상환의무

혜림무역은 미국으로부터 태양집열판(solar collector)을 수입하고자 신한은행에 신용장 개설을 의뢰하여 신한은행이 LA의 한미은행을 통지은행, H사를 수익자로 하는 취소불능신용장을 개설하였다.

그 뒤 한미은행을 통하여 송부되어온 선적서류에 대해 혜림무역은 1) 검사증명서 상의 서명이 한미은행에 신고된 명판과 상이하고 2) 상업송장 5통 중 2통에서 수입 상품의 규격표시가 신용장조건상의 4×123과 달리 4×212로 잘못 표시되어 있으며 3) 선하증권이 운송주선인이 발행한 것이고 4) 포장명세서상에 혜림무역의 영문표기 인 Hyeleem Trading Co., Ltd.가 Heyleem Trading Co., Ltd.로 잘못 표기되어 있는 등 서류상의 하자를 이유로 개설은행인 신한은행에 대하여 선적서류의 인수를 거절 하였다.

그러나 신한은행은 개설의뢰인의 지급거절과 달리 한미은행 앞으로 대금을 상환 하였고 이에 혜림무역은 신용장대금지급행위가 신용장개설은행의 책임에 어긋난다 면서 자신들은 신한은행에 대금상환의무가 없다고 주장하였다.

법원은 이들 서류의 하자가 상당한 주의를 기울여 살펴보면 단순오타 및 경미한 하자임을 알 수 있는 것으로 정규성과 상태성을 갖춘 서류로서 매입은행의 서류매입 이 적법하게 이루어진 것이고 따라서 혜림무역은 개설은행에 대금상환의 의무가 있 다고 판결하였다.

혜림무역 v. 신한은행(1988.10.11. 제2부 판결 87 다카 90)

(2) 개설은행의 의무

신용장 거래에서 가장 핵심적인 역할을 하는 당사자는 개설은행이다. 통상 적으로 매수인은 이미 거래관계를 갖고 있는 거래은행에서 신용장개설의뢰를 하게 된다. 일단 매수인의 신용장개설요청을 은행이 수락하게 되면 개설은행은 매수인인 개설의뢰인에 대하여 다음과 같은 신용장거래상의 의무를 지게 된다.

1) 신용장개설의무

통상 개설은행은 매수인과 거래관계를 갖고 있다. 은행이 고객인 매수인의 요청에 의해 신용장개설에 동의하면 은행은 이제 매수인의 지급대리인으로서 고객이 요청하는 내용의 신용장을 요청한 기한 내에 발행할 것에 동의하고 신용장 과 일치하는 서류에 대하여 지불할 것을 약정하게 된다. 따라서 무엇보다도 개설 의뢰인에 대한 개설은행의 주된 의무는 유효한 신용장을 발행하는 것이다.

만일 개설은행이 유효한 신용장을 발행하는데 실패한다면 개설의뢰인은 그 과실에 대해 개설은행에 대하여 제소할 수 있다.

2) 신용장 개설지시의 준수의무

신용장 개설은행은 개설의뢰인의 지시를 엄격하게 준수하여 신용장을 작성해야 한다. 만일 신용장내용이 신용장의 개설지시서와 다른 내용으로 개설되었다면 나중에 개설의뢰인이 서류인수를 거절할 수 있는 합법적인 이유가 된다. 따라서 은행은 개설지시서의 내용을 기계적으로 받아들여 정확하게 그 내용으로 된 신용장을 개설해야 한다.

만일 불완전하거나 불명확한 지시가 이루어진 경우에는 은행은 독자적인 판단을 하지 말고 개설의뢰인으로부터 완전하고 명확한 지시를 다시 받아서 처리해야 한다. 또한 개설의뢰인의 지시문언이 신용장문구로 사용하기에 적당하지 않아 수정을 해야 할 필요가 있을 경우에도 반드시 개설의뢰인의 승낙을 받아 수정해야지 그렇지 않고 독자적으로 행동하여 손해가 발생하면 채무불이행으로 인한 손해배상책임을 지게 되는데 이 때 채무불이행 여부의 판단은 개설의뢰인의 지시문언이 그 기준이 된다.

이런 가능성에 대비해서 개설은행은 신용장의 개설 즉시 신용장의 사본을 개설의뢰인에게 교부하여 확인하도록 하고 만약 개설의뢰인의 지시사항과 상이한 점이 있으면 즉시 통보하여 수정이 이루어지도록 하는 것이 바람직하다.

판례 9-3   개설지시를 준수하지 못한 개설은행의 책임

개설의뢰인은 개설은행에 대하여 「전문가들(Experts)」이 서명하여 발급한 검사증명서(Inspection Certificate)를 선적서류의 하나로 요구하는 내용의 취소불능 화환신용장을 개설해 주도록 지시하였으나, 개설은행은 착오로 「전문가(Expert)」라고 명시한 신용장을 개설하였다.

수익자는 1인의 전문가를 속여 그 신용장조건에 맞게 검사증명서를 발급받은 다음 매입의뢰를 하였고, 개설은행은 매입은행에 대하여 신용장대금을 지급한 후 즉시 개설의뢰인에 대하여 대금 상환을 요구하였다. 이에 대해 매수인은 은행이 위임받은 대로 수행하지 않았으므로 대금상환을 받을 자격이 없다고 주장하였고 상원(House of Lords)에서도 한 명의 전문가에 의하여 제공된 증명서는 충분하지 않다면서 매수인의 입장을 지지하였다.

Equitable Trust Co. of New York v. Dawson Partners Ltd. (1927) Ll. Rep. 49.

3) 통지의무

개설은행은 자신이 개설한 신용장을 수익자에게 통지해줄 의무가 있다. 만일 개설은행의 태만으로 신용장이 제때에 수익자에게 통지되지 못하여 수익자가 불이익을 받는다면 개설은행이 책임을 지게 된다. 그런데 신용장의 통지는 개설은행이 수익자에게 직접 하는 것이 아니라 대개 수출지의 은행(통지은행)을 통해서 이루어진다. 이 경우 통지은행의 실수로 제대로 통지가 이루어지지 못한 것에 대해서는 개설은행이 면책된다.

4) 서류심사의무

개설은행은 신용장에서 지급확약한 대로 서류가 신용장조건에 엄격하게 일치하는지의 여부를 독립·추상성의 원칙에 입각하여 심사하고 일치하는 경우에는 대금지급을 해야 한다. 개설은행의 서류심사는 문면상의 형식적인 조사에만 국한되며, 그 서류의 진실성에 대한 실질적인 심사의무까지 부담하는 것은 아니다. 이는 개설은행의 심사의무를 서류심사에 국한시킴으로써 당사자 간 계약상의 분쟁으로부터 개설은행을 보호하는 동시에, 신용장에 지시한 조건과 엄격히 일치하는 서류에 대해서만 지급하게 하여 개설의뢰인을 보호하려는 것이다. 매도인이 제시한 서류가 신용장조건과 일치하는 경우 개설은행 및 개설의뢰인은 서류의 수리를 거부할 수 없고, 당연히 대금을 지급해야 하지만 개설은행이 불일치서류에 대하여 대금지불을 한 경우 개설의뢰인은 이를 거부할 수 있다.

5) 지급·연지급·인수·매입은행에 대한 대금상환의무

개설은행은 취소불능신용장하에서 일람지급, 연지급, 인수 혹은 매입의 형태로 이루어지는 대금지급의 최종적인 책임을 진다(UCP 제7조). 이러한 지급은 일차적으로 수출지의 은행에서 일어나고 개설은행은 수출지 은행에게 보상하는 형태로 이루어진다. 매입은행은 환어음의 선의의 소지인으로서 환어음대금이 결제되지 않은 경우 수익자에게 소구권을 행사할 수 있지만 개설은행은 신용장에서 직접적이고 최종적인 지급의무자이므로 소구권을 행사할 여지가 없다.

판례 9-4　사기서류의 경우

　　매수인인 원고는 인도의 TransSea Traders Co. Ltd와 강모(bristles)의 구매 계약을 체결하고 피고은행에게 취소불능신용장의 개설을 지시하였다. 신용장의 수익자는 Chartered Bank of India를 통하여 외관상 정당한 서류를 피고 은행에게 제시하였으나, 사실상 그는 강모 대신에 쓰레기(rubbish)를 채운 나무상자를 선적하였다. 그런 다음 운송서류는 신용장 조건과 일치하는 것을 발급받아 Chartered Bank에 제시하였고, 동 은행은 이들 서류를 개설은행에 송부하면서 상환을 요청하였다.

　　매수인은 TransSea측 직원의 제보로 이러한 사기를 사전에 인지하여 개설은행에 대금지급의 금지를 요청하였으나 개설은행은 신용장의 독립추상성을 이유로 이를 받아들이지 않았다. 그러자 개설의뢰인인 원고는 개설은행을 상대로 하는 신용장 대금의 지급 금지 명령을 법원으로부터 받아 내었다. 이 사건을 담당했던 Shientag판사는 판결에서 신용장에 따른 은행의무의 독립성에 대한 원칙이 파렴치한 매도인을 보호하는 데까지 확대되어서는 안 된다면서 개설은행은 매입은행의 대금지급 청구를 거절하라고 판결하였다.

　　　　　　Szteijn v. Henry Schroder Banking Corp. (1941) 31. N.V.S., 2d, p. 631,634. 28.

(3) 개설은행의 면책

1) 서류의 유효성에 대한 면책

　　개설은행은 개설의뢰인의 지급대리인으로서 제출된 모든 서류에 대해서 충분한 주의를 기울여 신중히 검토해야 한다. 그러나 은행은 어디까지나 서류의 문면상 일치만을 검토하면 되는 것이고 그 서류들의 진정성에 대하여는 면책이 된다.

　　또한 은행은 제시된 서류가 정상적으로 갖추어야 할 외관과 내용, 형식 등을 갖추고 있으면 되는 것이지, 그 내용의 진실성, 기재내용의 정확성 등을 담보할 의무는 없다. 예컨대, 신용장에 기재된 물품의 명세와 수출업자가 작성한 다른 서류상의 물품명세가 단가, 수량, 금액 등이 일치하는가를 심사하여야 하지만 그 계산내역이 정확한지까지 검토할 의무는 없다. 또한 서류의 법적효력에 대하여도 은행은 책임지지 않는다. (UCP 제34조)

2) 신용장의 통지과정에 대한 면책

　　개설은행은 자신이 개설한 신용장의 통지에 대하여 수익자에게 통지할 의무를 부담하지만, 신용장이 전달되는 과정에서 지연이나 분실이 발생하는 경우나 전기통신수단의 전달에 있어서의 지연, 훼손이나 기타의 오류에 대하여 개설은행은 책임이나 의무를 지지 않는다.

그리고 개설은행이 신용장을 개설하여 수익자에게 전달하는 과정에서 서류의 내용이 분실되거나 지연되어도 개설 은행은 면책된다. 또한 지급, 연지급, 인수 혹은 매입은행이 관계서류를 개설은행 앞으로 송부하였는데 도중에 지연, 훼손 또는 분실이 되어도 개설은행은 이들 은행에 대하여 책임을 지지 않는다(UCP 제35조).

3) 불가항력적 사태로 인한 업무 중단에 대한 면책

천재지변이 일어나거나, 폭동, 파업 등 불가항력적인 사태로 은행업무가 중단되는 경우 이 기간에 신용장이 만기가 되면 신용장의 유효기간도 종료된다. 상식적으로 볼때 불가항력이 수익자의 책임과는 무관한데도 그러한 사태로 인해 만기내 매입을 못한다면 수익자로서 억울할 수밖에 없지만 이는 신용장통일규칙에서 계속 고수되고 있는 원칙이다.

신용장의 개설통지가 우체국이나 통신기관의 파업으로 신용장에 관한 업무를 못 보게 되어 지연되거나 불가능하게 되어도 개설은행은 개설의뢰인에 대하여 면책이 되며, 매입한 선적서류의 발송이 지연되거나 불가능하여도 매입은행은 수익자나 개설은행에 대하여 면책된다.

이처럼 불가항력적인 사태가 수출업자의 통제범위를 넘어선 사태이지만 이로 인한 업무중단에 대해서는 은행의 면책이 인정되므로 매입 시기에 이러한 사태가 예견되는 경우 수출업자는 매입절차를 서두르든지 개설의뢰인과 협의하여 유효기일을 연장시켜야 할 것이다. (UCP 제36조)

(4) 개설은행의 파산

1991년에 있었던 BCCI은행의 파산[2]처럼 개설은행이 파산하는 경우 신용장 거래가 종결되지 않았다면 관련 당사자들도 영향을 받게 된다. 개설의뢰인의 일반예금을 개설담보로 하여 신용장이 개설되었는데 서류제시가 있기 전에 개설은행이 파산한 경우 개설의뢰인은 일반 채권자로서 일정 비율만큼 청산을 받는다. 그러나 예치된 자금이 특별히 당해신용장 결제대금으로 예치된 경우에는 은행이 파산하면 개설의뢰인은 그 금액을 돌려받을 수 있다.

---

2) 1991년 7월 룩셈부르크의 아랍계 은행 BCCI(Bank of Credit and Commerce International)가 장기간의 분식회계를 이유로 유럽 각국의 은행감독당국으로부터 자산동결이나 영업정지의 처분을 받았다.

(5) 불일치 서류에 대한 개설은행의 교섭권

신용장거래의 독립·추상성 원칙에 의하면 하자서류에 대하여 개설은행은 독자적인 판단으로 서류인수를 거절해야 한다. 그러나 그 경우 만일 서류의 상태와 상관없이 수입업자가 물품을 인수하고자 한다면 오히려 은행의 서류거절로 인해 원활한 무역거래가 지장을 받게되는 결과가 된다. 설사 서류에 불일치 사항이 있다 하더라도 수입업자가 인수하고 대금을 상환하겠다고 하면 이를 문제 삼지 않고 서류를 인수함으로써 거래의 효율을 높이고자 하는 것이 당사자들의 의사일 수 있다.

이런 점을 감안하여 신용장통일규칙에서는 하자있는 서류가 송부되어 온 경우 개설은행으로 하여금 거절에 앞서 개설의뢰인과 교섭할 수 있는 여지를 남겨놓고 있다(ucp 제14조). 즉 개설은행은 수입업자가 서류의 하자를 포기할지를 문의하여 이를 수락할 경우 서면으로 약정서를 받고 불일치서류를 인수하게 된다.

판례 9-5 **불일치서류에 대한 개설은행의 교섭권**

1991년에 피고이자 개설은행인 Northwest 은행은 신발매매계약에 대한 신용장을 개설하였다. 신용장에서는 선적서류로 무사고 해양선적선하증권(Clean on board ocean B/L)을 요구하였고 신용장에서 요구된 서류들은 1991년 3월 5일부터 20일 사이에 발행되어야 했다.

매입은행인 원고는 서류들을 피고 측에 제시하고 상환을 요구하였는데 제출된 서류 중에는 발행일이 2월 18일자로 된 운송주선업자 화물수령증(forwarder's cargo receipt)이 있었다. 1991년 2월 25일에 개설은행은 매입은행에게 선적일의 불일치 등 하자사항들에 대하여 텔렉스를 보내면서 이들 하자에 대하여 개설의뢰인의 승인을 받기 위해 접촉중이라는 문언도 포함하였다. 이와 함께 개설의뢰인에게는 신용장서류의 하자를 열거하면서 하자에 대한 권리포기(waiver)를 요청하였다.

이에 개설의뢰인은 권리포기를 승인하고 개설은행에게 신용장대금을 지급하게 하였으나 개설은행은 매입은행에게 개설의뢰인이 권리포기를 거절하였다면서 서류반환을 통보하였다. 그러자 매입은행은 개설의뢰인이 하자에 대한 권리포기를 하였음에도 개설은행이 서류인수를 거절한 것은 계약불이행이라면서 개설은행을 상대로 소송을 제기하였다.

이에 개설은행은 문면상 하자있는 서류에 대해 지급을 거절하는 것은 개설의뢰인의 권리포기를 위한 교섭과는 무관하게 개설은행의 독자적인 권리라고 주장하였고 법원도 이러한 개설은행의 주장을 지지하였다.

Bank of Seoul v. Northwest Bank of Minnesota(1995) 218 A.D.2d 542, 543, 630
N.Y.S.2d 520, 522.

판례 9-6   매수인이 불일치 서류를 인수한 경우

　　브라질의 수출업자인 원고 Panchaud사는 벨기에의 수입업자인 피고회사에 브라
질산 옥수수를 CIF Anterwerp 조건으로 판매계약을 체결하고 계약물품을 선적한 후
대금결제를 위하여 요구된 선적서류들을 제시하였으나 수입업자가 처음에는 화물포
장에 표시가 충분히 안되었다는 이유로, 그리고 나중에는 선하증권에 기재된 일자가
잘못되었다는 이유로 대금지급을 거절함으로써 중재에 회부되었다.

　　중재판정에서는 "매수인이 서류를 처음에 인수한 것은 B/L상에 기재된 허위일자
에 대한 권리포기로밖에 볼 수 없다. 왜냐하면 함께 제출된 다른 서류에 기재된 일자
를 보면 B/L상의 명시된 선적일자가 거짓이라는 것이 명확하기 때문이다."는 판단을
하였다. 즉 제출된 서류 상호 간에 모순이 있는 것을 알면서도 그러한 서류에 대하여
대금지급을 하고 나서 후에 그 서류 중 하나에 하자가 있었다고 이의를 제기하는 것
은 금반언(estoppel)의 행위라는 것이다.

Panchaud Freres S. A. v. Etablissements General Grain Company[1970] 1

Lloyd's Rep. 53.

③ 수익자와 개설은행

　　신용장 거래에서 개설은행이 수익자에 대하여 부담하는 주된 의무는 신용장
에서 요구하는 조건에 일치하는 서류가 제시되면 이를 인수하고 대금을 지급하
는 것이다. 신용장은 개설은행이 수익자에 대하여 지급을 약속하는 증서인만큼
수익자는 이러한 약정에 따라 직접적으로 개설은행과 법적 관계를 갖는다. 신용
장이 수취된 때부터 개설은행은 수익자에 대하여 다음과 같은 내용으로 법적인
의무를 진다.

(1) 취소가능신용장의 경우

　　취소가능신용장은 신용장개설 후 개설은행이 일방적으로 취소나 조건변경
을 할 수 있는 신용장으로 법적 효력을 갖지 못한다. 그러나 취소가능신용장도
취소가 이루어지기 전에 정당하게 지급, 인수 혹은 매입된 것에 대하여는 개설은
행이 상환의 의무를 진다.

(2) 취소불능신용장의 경우

신용장의 법적 관계 중 가장 중요한 것이 수익자와 개설은행 간의 법적문제라 할 수 있다. 신용장개설은행과 수익자와의 계약관계에 대한 이론적 근거는 명확하지 않은 측면이 있다. 개설은행은 직접적으로든 환거래은행을 통해서든 유효한 서류를 제공하는 매도인에게 지급할 계약의무가 있는 것으로 인정되지만 개설은행이 이렇게 하도록 의무를 부과하는 계약의 약인을 제공하는 것은 매수인이다. 따라서 매도인은 통상적으로 계약을 강제할 수 없는 계약에서의 수익자의 입장에 있는 것으로 보고 매도인에게 대금을 지급할 은행의 의무에 관한 법률적 기준을 찾으려고 하는 다양한 시도가 이루어졌다.[3]

한편 매도인에 대한 은행의 책임에 관한 중요한 특징은 그 이론적, 법률적 기준에 있는 것이 아니라 매수인, 매도인, 은행 및 법원에 의한 특수한 관행으로 인식되어야 하며 개설은행이 수익자에 대하여 부담하는 법적의무는 바로 신용장 그 자체에 의해서 성립한다고 볼 수도 있다. 즉 취소불능신용장을 개설하는 은행이 수익자에게 법적으로 구속받는 근거로 볼 수 있는 것은 신용장상에 명시되어 있는 다음의 확약이다.

"We undertake to honor such drafts on presentation provided that they are drawn and presented in conformity with the terms of this credit."

이러한 약정은 매매계약이나 다른 어떤 법 관계에 대한 일체의 언급이 없이 단순히 신용장의 조건에만 일치하는 서류와 상환으로 대금을 지급하겠다는 독립적인 약정이며 또 서류만에 의해서 판단한다는 점에서 추상적이다.

취소불능신용장에 있어 개설은행의 약정은 개설은행으로 하여금 수익자에 대해 독립적인 계약적 의무를 발생시킴으로써 절대적인 이행의무를 지게 하며 매수인과 매도인간 매매계약상의 어떤 분쟁과 하등의 관계없이 존속한다. 따라서 제시된 서류가 신용장조건과 일치하는 한 개설은행은 대금을 지급함으로써 자신의 계약적 의무를 이행하게 된다. 설사 매수인측에 물품의 인수를 거절할만한 정당한 이유가 있다 하더라도 개설은행은 매수인의 지시에 따라 일방적으로 지급을 거절할 수 없다. 예를 들어, 매수인이 도착한 상품을 서류인수전에 검사해보고 계약상품과 일치하지 않는다는 것을 주장하여도 개설은행은 이를 이유로 수익자에게 지급거절을 할 수 없다.

---

3) Gutteridge and Megrah, The Law of Banker's Commercial Credits(5th ed), 1976, p.24.

　　또한 개설은행은 개설의뢰인의 상환능력의 상실이나 개설의뢰인과의 계약 상의 하자 등을 이유로 수익자에게 항변할 수 없다. 신용장이 개설되면 신용장은 그것 자체로서 독립된 기능을 갖게 되어 다른 어떤 계약관계에 의해 영향을 받지 않기 때문이다.

　　개설은행은 일단 신용장이 개설된 후에는 엄정하게 중립적이고 독자적인 입장을 견지해야 한다. 즉 자기 고객인 개설의뢰인의 편익만을 생각해선 안 되며 서류의 수리 여부를 개설의뢰인의 이해관계에 영향을 받아 결정하면 안 된다. 신용장과 관련한 많은 분쟁들이 은행이 이러한 공정성 원칙을 소홀히 여긴 데서 비롯된 경우가 많다. 따라서 신용장조건에 합치하는 서류가 송부되어온 경우 개설은행은 물품의 실제 상태나 매수인의 자금 사정 등과 상관없이 대금을 지급해야 한다.

1) 개설은행의 지급확약의무

　　취소불능신용장하에서 개설은행은 수익자에 대하여 대금지급의 의무를 진다. 이는 신용장의 종류별로 다음과 같은 지급약속문구로 나타난다.

　　① 지급신용장의 경우: We hereby issue in your favor this documentary credit which is available by payment against presentation of the following documents.

　　② 연지급신용장의 경우: We hereby engage with you that the deferred paying bank will pay you on presentation and delivery of documents under and in compliance with the terms of this credit at maturity.

　　③ 인수신용장의 경우: We hereby engage that drafts drawn in conformity with the terms of this credit will be duly accepted on presentation and duly honoured at maturity.

　　④ 매입신용장의 경우: We hereby engage with the drawers, endorsers and bona fide holders of drafts drawn under and in compliance with the terms of the credit that the same shall be duly honored on due presentation and delivery of documents as specified.

판례 9-7 **불일치서류에 대한 개설은행의 지급거절**

원고인 Lamborn이 수익자로서 피고인 개설은행을 상대로 제소한 사건이다. 피고가 개설한 신용장조건에서는 상품을 "550 Bags of Java White Granuled Sugar"라고 되어 있는데, 수익자가 제시한 서류에는 "550 Bags of Java White Sugar"라고 기입되어 있었다. 개설은행이 서류 불일치를 이유로 지급거절을 하자, 수익자는 이에 대해 대금지급을 요구하는 소송을 제기하였다.

이 사건을 담당한 Smith판사는 원고인 수익자는 신용장조건을 엄밀히 따를 의무가 있고, 당사자가 신용장에서 규정한 조건에 따라 의무를 이행하지 않으면 개설은행은 서류에 대해 거절할 권리를 가지게 되며 수익자는 이에 대해 개설은행에 항소할 이유가 없다고 판시하였다.

Lamborn Et Al. v. Lake Shore Banking & Trust Co., Ltd. 196 App . Div. 504, affd.

231 N.Y. 616.

2) 개설은행의 부당한 서류인수 거부

개설은행은 수익자가 제시한 서류가 신용장조건과 일치하는 한 수익자에 대하여 지급의 책임을 진다. 개설은행의 이러한 의무는 신용장 거래의 독립추상성 원칙에 의한 것이며 가장 기본적이고 절대적인 것이다. 만일, 신용장조건과 일치하는 서류를 수익자가 제출했는데 은행이 지급거절했다면 개설은행은 수익자에 대하여 신용장 자체에 구현된 약속을 위반한 것이므로 계약위반을 하게 되어 지급을 거절한 대금에 관하여 손해배상을 해야 한다.

개설은행이 정당하게 제시된 서류를 부당하게 거부하는 것은 자신이 한 약속을 불이행하는 것이다. 신용장거래에서 개설은행의 약속은 요구된 서류와 상환으로 대금을 지급하는 것이다. 이러한 약속을 어긴 은행에 대해서 수익자는 지급거절한 날로부터 계산한 원금과 이자뿐만 아니라 부수적으로 생긴 손해에 대하여 지급을 받을 수 있다.

대금지급을 이행하지 않는 것은 어음을 부도내는 것과 같은 범주에 속하나 신용장 거래에서는 어음의 부도와는 그 내용에 있어 약간 차이가 있다. 단순한 어음거래에서는 채무자가 채권자에게 지급의무가 발생하고 은행은 중간에서 연락인의 노릇만 한다. 그러나 신용장 거래에서는 발행되는 환어음과 별도로 또 독자적으로 은행이 지급약속을 한 것이므로 은행은 이러한 약속을 이행하지 않으면 그에 따른다.

특히 수익자가 지급을 요구하는데 개설의뢰인인 고객이 지급거절을 주장하는 경우에는 수익자의 서류가 신용장조건에 엄격히 일치하는 경우에만 지급을 해야 고객에 대한 자신의 상환청구권을 보호할 수 있을 것이다. 또 한편 개설은행이 독자적인 판단에 의해 서류인수 여부를 결정하지 않고 고객인 개설의뢰인의 입장에 따르면 이번에는 수익자나 매입은행으로부터 소송을 당할 수 있다. 그러므로 어디까지나 개설은행은 고객인 개설의뢰인과 수익자 및 매입은행 등에 대하여 균형을 잃지 않고 공정한 입장에서 신용장 거래에 임해야 하는 것이다.

실제로 하자서류인지 여부를 판단함에 있어 법원이 취하는 기준에는 엄격일치(strict compliance)와 상당일치(substantial compliance)의 판단기준이 있음을 알 수 있다. 어떤 관점에서든 최종적으로 그것이 서류를 거부할 만한 하자가 되지 못하는 것으로 판정이 날 때에는 개설은행은 수익자에 대한 계약위반으로 그에 대한 책임을 져야 한다.

3) 개설은행이 파산한 경우

기본계약인 매매계약의 핵심적인 두 축은 매매당사자이지만 신용장 거래의 핵심적인 당사자는 개설은행과 수익자인데 특히 개설은행은 매수인의 지급대리인으로서 가장 중요한 역할을 한다. 따라서 개설은행이 파산하거나 지급불능사태에 이르게 되면 신용장 거래는 큰 혼란에 빠지게 된다. 이렇게 되면 수익자는 매매계약상의 본래 지급의무자인 매수인에게 직접 지급요청을 할 수 있다.

4 통지은행의 지위

현재의 국제결제구조상 개설은행이 수익자에게 신용장을 직접 통지하는 경우는 통상적인 관행이 아니고 일반적으로 수출국의 특정 은행을 통해서 통지된다. 만일 수출업자가 자신의 거래은행이나 특정 은행을 통해 신용장을 받고 싶은 경우에는 계약시에 지정함으로써 그 은행을 통해서 통지가 이루어진다.

계약에서 특별히 지정되지 않은 경우에는 개설은행이 선택하는데 편의상 개설은행의 본·지점 또는 상호 간에 외국환업무 협조계약을 맺은 환거래은행인 경우가 많다. 통지은행은 개설은행의 대리인으로서 위임받은 대로 신용장내용을 정확하고 신속하게 전달해야 한다. 대부분의 경우 통지은행은 단순히 통지만 하는데 그치지 않고 나중에 지급이나 매입을 하는 은행이 된다. 또한 개설은행의 요청에 따라 확인을 함으로써 확인은행을 겸하기도 한다.

어떤 경우에는 제2의 통지은행을 통해 신용장이 통지되는 경우가 있다. 이때 제2의 통지은행은 신용장이나 조건변경을 통지하는 데 있어서 외관상의 진정성을 확인하기 위하여 상당한 주의를 기울여야 하는 등 제1의 통지은행과 같은 의무를 부담한다(UCP 제9조).

통지은행이 확인 등의 의무를 지지 않고 단순히 신용장만 통지를 하는 경우에는 법적으로 큰 책임은 없다. 또한 통지의 실행 여부도 은행의 선택사항이다. 다만 통지하기로 결정한 경우 자신이 통지하는 신용장의 진위 여부를 확인할 의무를 진다. 은행을 통해서 통지되어온 신용장을 신뢰하게 되는 수익자를 보호할 필요가 있는 것이다.

통지은행들은 일반적으로 개설은행과 환거래약정을 하고 있으므로 전신암호(test key, cypher)에 의하여 진위 여부를 쉽게 확인하며 우편신용장의 경우에는 서로 교환된 서명감(signature book)에 의해서 진위 여부를 확인할 수 있다. 만일 개설은행으로부터 지시받은 내용이 불완전하고 불명확하여 해석상에 혼란을 줄 우려가 있는 경우에는 아무 책임 없이 단순한 정보사항으로 수익자에게 전달할 수 있다.

신용장의 통지와 관련하여 통지은행은 이처럼 진정성에 대한 확인 및 주의 의무가 있기 때문에 신용장 통지서에 보통 다음의 면책조항을 삽입하고 있다.

"We assume no responsibility in regard to this credit, since we have no correspondent relationship with the issuing bank and therefore, cannot verify the apparent authenticity of this credit."

또한 수익자에게도 전송과정에서 내용이 누락되거나 오류가 발생하는 경우 등에 대비하여 통지문에 다음과 같은 면책문구를 삽입하여 통지하고 있다.

We are pleased to inform you without any responsibility on our part, that we have received a telegraphic/mail message attached hereof dated 2018, OCT 31.

5 수익자와 매입은행

(1) 매입은행의 지위

매입은행은 자기 자금으로 선적서류를 담보로 하여 환어음을 구매하는 것이므로 수익자를 위해 금융을 제공하는 은행인데 통상 통지은행이 매입은행이 된다. 과거에 우편으로 신용장이 전달될 경우에는 위조되는 경우도 종종 있어 매입은행은 신용장의 진위 여부를 밝히는 데 많은 시간을 보냈다. 그런데 만약 수익자가 신용장을 통지해 주었던 은행에 가서 매입을 의뢰하면 매입은행은 자기가 이미 통지해 준 신용장임을 알고 매입에 쉽게 응해준다. 그리고 신용장 거래에서 여러 은행을 개입시키게 되면 그만큼 복잡해지기 때문에 관습적으로 통지은행에 가서 매입의뢰를 하게 되는 것이다.

(2) 수익자와 매입은행의 법적 관계

수익자와 매입은행의 법률관계는 신용장 거래 관계 외에도 어음법의 지배를 받게 되어 환어음거래의 계약관계로 보아야 한다. 확인은행이 아닌 이상 매입은행은 매입에 응할 의무는 없으며 이는 매입이 특정은행에 제한되는 매입제한신용장(restricted credit)의 경우에도 마찬가지이다.

매입된 환어음이 어떤 이유에서이든 최종적으로 지급 또는 인수거절된 경우 매입은행은 어음법에 의하여 선의의 소지자로서 발행자인 수익자에게 상환청구를 할 수 있고 수익자는 이에 응할 의무가 있다. 어음거래에서 부도가 나는 경우 어음매입자는 자기가 그 어음을 매입한 자기 앞의 배서인이나 발행인 중에서 누구에 대해서든 대금을 환불해달라고 요구할 수 있다.

신용장 거래에서 매입은행이 자기 자금으로 선뜻 매입에 나설 수 있는 것은 바로 신용장에서 발행되는 환어음은 단순한 융통어음이 아니라 실물거래의 결제수단으로 발행된 어음인데다 개설은행이 지급을 보장하고 있어 부도의 위험이 적기 때문이다. 또한 만일 개설은행이 지급을 거절할 경우 매입은행은 환어음발행자인 수익자에게 매입대전을 돌려달라고 요구할 수 있는 권리, 즉 소구권을 행사할 수 있기 때문이다.

이처럼 환어음이 부도가 날 경우 수출업자가 다시 환매해야 할 의무를 약정함으로써 매입은행은 안심하고 매입에 응할 수 있는 것이다. 다만 매입은행이 확인은행으로서 매입을 할 때는 자신이 최종적인 지급의무를 부담하므로 소구권이 인정되지 않는다.

1) 외국환거래약정에 따른 의무

수익자는 매입을 위하여 외국환은행과 외국환거래약정을 체결한다. 따라서 매입에 따른 제반 법적 내용은 주로 이 약정서에 기초를 둔다. 약정서에 포함되는 주요 내용은 앞에서 설명한 바와 같이 다음과 같다. 제7장 4절 운송서류의 매입을 참고하기 바람.

① 수출환어음 및 선적서류의 매입에 따른 은행의 권리
② 수익자의 담보제공
③ 매입, 추심비용 등의 부담
④ 매입대금상환의무

2) 매입은행의 서류검토의무

매입은행의 가장 중요한 의무는 바로 매입시의 서류검토의무라고 할 수 있다. 은행은 제시된 서류에 대하여 이들 서류가 신용장조건과 일치하는지를 상당한 주의를 기울여 검토해야 한다. 물론 이때 일치성의 판단기준은 어디까지나 문면상이다. 즉 서류에 기재된 내용의 진위성이나 서류의 실질적인 상태 등에 대해서는 은행이 책임지지 않는 것이다. 이 원칙을 충실히 이행하면 은행은 선의의 소지자로서 설령 서류가 위조되었다 해도 개설은행으로부터 상환 받을 권리가 있지만 서류검토를 소홀히 하여 잘못된 서류를 매입하면 개설은행으로부터 상환 받을 권리를 상실한다.

서류검토를 하는 은행이 반드시 염두에 두어야 하는 원칙은 "상당한 주의"와 "문면상" 일치라는 개념이다.

상당한 주의(reasonable care)란 보편적인 자질을 갖춘 상당히 근면한 은행원이 서류를 검토함에 있어 기울여야 할 합리적인 수준의 주의를 의미한다. 그리고 문면상 일치란 서류의 실질상태가 아니라 어디까지나 서류만을 근거로 하여 서류에 기재되어 있는 문언이 신용장의 조건과 일치하면 된다는 뜻이다.

판례 9-8 엄격일치의 원칙 (1)

　피고인 Hambros은행이 Rayner사를 수익자로 하는 취소불능일람출급신용장을 개설하였다. 이 신용장에는 물품명이 Coromandel groundnuts로 되어 있었다. 물품선적후 Rayner사는 Hambros은행에게 선하증권과 환어음을 제시했는데, 그 선하증권상에는 "O.T.C. C.R.S. Aarhus"라는 표현과 함께 "bags machine-shelled groundnuts kernels"라고 되어 있었다. Hambros은행이 선하증권과 신용장조건과의 불일치를 이유로 환어음의 지급을 거절하자 Rayner사는 은행의 지급거절은 잘못된 것이며 이는 신용장상의 확약을 위반한 것이라고 주장하면서 소송을 제기하였다.

　이에 대해 1심에서는 "'Machine-shelled groundnuts kernels'가 'Coromandel groundnuts'와 실질적으로 동일한 물품이고 또 이와 같은 사실이 런던의 실무거래에서는 널리 인정되고 있으며, 더구나 선하증권에 기재된 C.R.S는 Coros 또는 Coromandel의 약자임이 거래상 널리 알려진 사실이다."라고 판시하면서 원고패소의 판결을 내렸다.

　그러자 Hambros은행은 항소하였고 항소심에서는 "Rayner측은 'Coromandel groundnuts'와 'Machine-shelled groundnuts kernels'라는 두 표현이 이 업종에 종사하고 있는 사람은 누구나 다 똑같은 상품이라는 것을 알고 있다고 주장하나, 대금결제를 해주는 은행은 당해 은행이 취급하는 수천가지 업종에 대해서 각기 그 업종에서 사용하는 전문용어들을 다 알고 있을 수는 없는 것이고, 특히 이 사건의 경우에는 영국의 상인과 덴마크상인 간의 거래인데, 두 나라에서 사용하는 상품명이 서로 다를 수도 있는 것이다. 또한 매수인이 특별히 'Coromandel Groundnuts'라는 표기가 꼭 필요한 어떠한 이유가 있었을지도 모른다."고 판시하면서 원심을 깨고 원고 패소 판결을 내렸다.

J.H. Rayner and Co., Ltd v. Hambros Bank Ltd(1943) K.B. 37 : (1942) 2 All. E.R. 694.

판례 9-9 엄격일치의 원칙 (2)

외환은행 대 광주은행 사건

　한국의 Lami상사는 일본의 Crown사로부터 Sketch Paper를 수입하기 위하여 광주은행 서울지점을 통하여 Roll당 C&F Seoul 가격으로 US $ 40씩 하는 Sketch Paper 7,560Roll에 상당하는 $302,400의 신용장을 1981년 9월 30일에 개설하였고, 외환은행 본점을 통하여 외환은행 Osaka지점을 경유해 1981년 10월 2일 Osaka의 Crown상사에 통지하였다.

　이 신용장은 수하인을 광주은행, 통지선을 Lami상사, 지급은행을 New York의

Bankers Trust Co.로 하고 부대서류로는 항공운송장, 상업송장 및 포장명세서를 요구하고 있었고 또 이들 서류는 선적 후 10일 내에 은행에 제시하도록 되어 있었다.

그 후 Crown사는 상품을 선적하고 1981년 10월 5일, 신용장에서 요구하고 있는 부대서류와 함께 외환은행 Osaka지점을 통하여 대금결제를 받았고 외환은행 Osaka지점은 이 서류들을 외환은행 본점을 통하여 1981년 10월 12일 광주은행에 송부하여 상환(Reimbursement)을 요구하였다.

그러나 광주은행은 송부되어온 서류가 다음과 같은 점에서 신용장의 조건과 일치하지 않는다는 이유로 대금의 결제를 거부하였다.

① 항공운송장의 통지선 및 수하인의 주소가 신용장의 주소와 다르고 또 항공운송장 발급일자의 표시가 없음
② 항공운송장에는 송하인의 서명이 되어 있으나 상업송장에는 도장이 찍혀있음
③ 상업송장상의 상품의 명세가 신용장상의 명세와 문면상 일치하지 않음. 예를 들어, 신용장에는 단순히 7,560Roll의 Sketch Paper로 되어 있는데 상업송장에서는 이를 제한하는 "55×40cm"라는 규격표시가 있고 또 신용장에서는 "Origin Japan"을 요구하고 있었으나 상업송장상에는 이러한 원산지표시가 누락되어 있었고 하인(Marks)란에 "Made in Japan"으로 기재되어 있었다.

한편 Lami상사는 결제자금을 충당하기 전에 도산해버렸고 이에 대금충당을 받지 못한 외환은행이 대금의 반환을 요구하는 소송을 법원에 제소하였다. 이에 대한 법원의 판단요지는 다음과 같다.

"상업송장에 첨가된 규격표시는 신용장에 기재된 상품의 개념을 확장하거나 그 품질을 저하시키는 성질의 표시가 아닐 뿐 아니라 단가 등 다른 상품명세의 기재에 의하여 문면상 품질의 동일성이 뒷받침되고 있다고 보여지므로, 상업송장에 위와 같은 정도의 규격표시가 첨가된 것을 가지고 상품명세에 관한 문언의 의미에 차이를 가져오거나 신용장조건을 해하는 기재라고 볼 수 없다고 할 것이다.

그러나 원산지 표시에 관하여 보건대 상업송장의 하인(荷印)란은 송하물의 외장(外裝)에 표시할 하인을 기재한 것으로서 하인은 송하물을 선적지나 양륙지 등에서 다른 화물과 용이하게 식별할 수 있도록 하기 위하여 특정한 기호, 목적지 및 원산지들을 송하물의 외장에 표시한 것에 지나지 않으므로 하인란에 기재된 원산지 표시는 이를 상업송장의 상품명세에 관한 기술(desciption)에 포함된다고 볼 수 없다.

결국 이 사건의 신용장에서는 원산지가 일본인 "Sketch Paper"를 요구하고 있음에도 불구하고 상업송장에 기술된 상품명세에는 원산지 표시가 누락되어 있어 이러한 상품명세는 신용장기재와 일치한다고 볼 수 없다."

대법원 1985. 5. 28. 선고 84다카 696판결

무신용장 방식에 의한 결제

제10장   추심방식에 의한 결제

제11장   송금방식에 의한 결제

제12장   국제팩토링과 포페이팅

Chapter

10

추심방식에 의한 결제

| 제1절 | 추심방식(D/A·D/P)의 개요
| 제2절 | 추심에 관한 통일규칙
| 제3절 | 추심방식거래의 실무

허망한 도시에서

겨울 한 낮의 누런 안개아래서

스미르나의 상인, 유게니데스씨는 면도도 않고 주머니엔 CIF London 가격

건포도를 가득 담고, 일람불어음을 갖고 나에게 속된 불어로 요청했다.

캐논 스트리트 호텔에서 점심식사 하자고!

주말은 메트로폴에서 지내자고.

T.S. Eliot, 황무지(The Waste Land, '불의 설교' 중에서)

　지중해에 풍요의식을 퍼트린 고대 도시국가 스미르나(Smyrna; 현재 터키의 이즈미르)상인의 현대판 모습을 묘사하고 있다. 이탈리아를 비롯하여 중세시대 상업의 중심지였던 지중해 도시들에서는 환어음이 결제수단으로 널리 유통되면서 교역을 촉진시켰다.

제 1 절 추심방식(D/A·D/P)의 개요

1 추심방식의 의의

추심(推尋)이란 은행이 선적서류를 이용하여 채무자로부터 대금을 회수하는 것을 말한다. 대외무역법에서는 이 방식의 거래를 선수출계약서에 의한 거래라고 한다. 채권·채무관계를 청산하는 과정은 자금의 흐름방향에 따라 송금(remittance) 방식과 추심(collection) 방식으로 구분되는데 송금방식은 채무자가 채권자에게 채무대금을 보내는 경우를 말하고 추심은 그와 반대로 채권자가 채무자에게 지급을 요청하는 것을 말한다. 즉 송금의 경우는 채무자로부터 결제 행위가 시작되고 추심의 경우는 채권자로부터 결제와 관련된 절차가 시작된다.

신용장에 의한 결제방식도 수출업자인 채권자가 채무자 앞으로 환어음을 발행하기 때문에 채권·채무의 청산과정을 보면 추심에 해당된다. 그러나 무역거래에서 일반적으로 의미하는 추심방식에 의한 결제는 은행의 지급확약 없이 당사자들 간의 매매계약(선수출계약서)에 의해서 수출업자가 화환추심어음(bill of documentary collection)을 발행하여 수입업자로부터 수출대금을 회수하는 경우를 말한다.

추심에 관한 통일규칙(Uniform Rules for Collections: URC)[1] 제2조에서는 추심에 대해서 "은행이 첫째, 지급 및/혹은 인수를 하거나, 둘째, 지급 및/혹은 인수와 상환하여 서류를 인도하거나, 셋째, 다른 조건에 의해 서류를 인도하기 위해 고객으로부터 지시받은 대로 서류를 취급하는 것"으로 규정하고 있다. 이 규정에서와 같이 추심 관련 은행은 지시받은 대로 서류만 취급할 뿐이지 대금지급에 대해서는 아무런 책임을 지지 않는다.

여기서 의미하는 서류는 금융서류 혹은 상업서류를 의미하는데, 금융서류(financial documents)는 환어음, 약속어음, 수표 혹은 금전을 받기 위하여 사용되는 기타 증서를 말한다. 그리고 상업서류(commercial documents)는 송장, 운송서류, 권리증권 또는 이와 유사한 서류, 그 밖에 금융서류가 아닌 일체의 서류를 말한다.

---

1) ICC Publication No. 522

추심에 관한 통일규칙에서는 서류의 종류에 따라 추심을 구분하고 있는데 상업서류가 첨부되지 않고 금융서류만 가지고 추심하는 경우를 무화환추심(clean collection)이라 하고 상업서류가 첨부될 경우에는 화환추심(documentary collection)이라 한다. 무역거래에서의 추심은 상품 대금을 결제하기 위한 송장, 운송서류 등 상업서류가 반드시 필요하므로 화환추심에 해당된다.

2 추심방식의 유형

추심방식에 의한 결제는 운송서류의 인도조건에 따라 인수도조건과 지급도조건으로 구분된다.

(1) 인수도조건(Documents against Acceptance: D/A)

인수도조건은 수입업자가 환어음에 대한 인수(acceptance)만으로 운송서류를 수취할 수 있는 조건이다. 이 조건에서 수출업자가 매매계약에 따라 계약물품을 선적한 후 기한부환어음을 발행하여 제반 운송서류를 은행을 통해 수입업자에게 교부하면 수입업자는 기한부환어음에 대한 지급의 약속으로 "accepted"라고 쓰고 서명날인만 함으로써 운송서류를 인도받는다. 수입업자는 기한부환어음의 만기일에 수입대금을 수출업자에게 은행을 통해 송부한다.

인수도조건은 외상거래에 해당한다. 수입업자는 인도받은 운송서류로 화물을 찾아 판매한 후 그 대금으로 어음 만기일 내에 결제할 수 있다. 따라서 수입업자는 자신의 신용을 이용해 기한부조건으로 물품을 수입하여 이를 판매한 후 수입대금을 지급하기 때문에 자기자금 없이도 수입할 수 있다. 반면 수출업자는 만기일 후 수출대금을 지급받는데 만약 수입업자가 부도, 파산 등으로 결제를 하지 않게 되면 수출대금을 받지 못하게 된다.

(2) 지급도조건(Documents against Payment: D/P)

지급도조건은 수출대금의 지급과 상환하여 운송서류를 수입업자에게 인도하는 조건이다. 이 조건은 수출업자가 매매계약에 따라서 선적을 완료한 후 일람불 환어음을 발행하여 운송서류와 함께 수입업자의 거래은행(추심은행)으로 하여금 수출대금을 추심하도록 의뢰하면 추심은행은 수입업자에게 어음을 제시하여 어음금액의 일람지급을 받고 운송서류를 인도하는 방식을 말한다. 즉 수입업자가 운송서류를 찾기 위해서는 반드시 어음에 대한 실제의 지급을 해야만 한다.

수입업자는 대금지급을 완료해야 운송서류를 찾을 수 있고 화물을 인도받을 수 있으며 대금은 관련은행을 거쳐 수출업자에게 전달된다. 만약 수입업자가 환어음에 대한 지급을 거절하면 운송서류는 수출업자에게 반송된다. 그러므로 지급도조건에서 수출업자가 화물의 반송없이 수출대금을 받지 못하는 경우는 없지만 반송에 따른 비용과 화물을 처분할 대체시장을 찾지 못했을 경우의 손실 등이 발생하게 된다.

3 추심방식의 결제과정

D/A 또는 D/P에 의한 결제과정을 살펴보면 〈그림 10-1〉과 같다.

1) 선(先)수출계약서에 의한 무역계약의 체결

수출업자와 수입업자는 무역계약을 체결하면서 대금결제방법은 D/A 또는 D/P 조건으로 하기로 한다. 수입업자는 환어음에 첨부되는 운송서류를 수출업자에게 지시하는데 서류에는 반드시 계약물품을 대표하는 선하증권 등이 포함된다.

2) 계약물품의 선적과 선하증권의 입수

수출업자는 수입업자의 선적 지시에 따라 계약물품을 선적하고 선박회사로부터 선하증권을 교부 받는다(계약물품을 해상 운송할 경우이다).

3) 화환어음의 추심의뢰

수출업자는 계약에서 약정된 운송서류와 환어음을 발행하여 거래은행(추심의뢰은행)으로 하여금 수입업자로부터 수출대금을 추심해 줄 것을 요청한다.

4) 추심의뢰은행의 서류송부

추심의뢰은행은 어떤 책임부담없이 수입업자가 소재하는 곳에 있는 은행(추심은행) 앞으로 운송서류와 환어음을 송부하면서 추심을 의뢰한다.

5) 추심통지

추심은행은 수입업자에게 운송서류와 환어음이 도착한 사실을 통지한다.

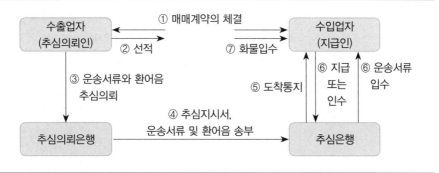

그림 10-1 D/A 및 D/P 방식에 의한 결제과정

6) 추심완료 및 수출대금의 상환

지급인인 수입업자는 매매계약서에서 만약 D/P 조건으로 약정하였다면 대금을 지급하고 운송서류를 입수한다. 그러나 D/A 조건으로 약정하였다면, 일정기간(만기일)후 대금을 지급할 것을 약속하는 서명행위(인수)와 상환으로 운송서류를 입수한다.

7) 계약물품의 입수

수입업자는 추심은행으로부터 입수한 운송서류 중 선하증권을 운송회사에 제시하고 계약물품을 찾는다.

4 추심방식의 주요 당사자

추심방식에 관여하는 주요 당사자는 〈그림 10-1〉과 같이 추심의뢰인, 추심의뢰은행, 추심은행, 지급인 등으로 구분된다.

(1) 추심의뢰인

추심의뢰인(principal)은 거래하는 은행에 수출대금의 추심을 의뢰하는 수출업자를 말한다. 수출업자는 추심을 의뢰하면서 화환어음을 발행하기 때문에 발행인(drawer)이며 또한 수입업자에 대해서 채권을 주장할 수 있는 채권자(creditor)이기도 하다. 이 밖에 매도인, 송화인(consignor), 고객(customer) 등으로 불린다.

The American Trading Co., Ltd.
75 Liberty St., New York
N. Y. 10005 U.S.A

KD Trading Co., Ltd.

KWPO Box 2573   P/O No. : p/v 141005

Seoul, Korea   Date : Oct. 31. 2018

Gentlemen:

Please deliver us the following goods under the terms and conditions as belows:

 1. **Commodities:** KD Computer Model No.2

 2. **Quantity:** 1,000 sets

 3. **Unit Price:** US$ 1,000 per set CIF New York

 4. **Total Amount:** US$ 1,000,000 CIF New York

 5. **Origin:** Republic of Korea

 6. **Shipping Port:** Korean port(s)

 7. **Destination:** New York, U.S.A

 8. **Latest Shipment Date:** Dec. 30, 2018

 9. **Partial Shipment & Transshipment:** not allowed

10. **Payment:** Document Against Payment by Collection of at sight Bill of Exchange

11. **Insurance:** to be covered here

12. **Packing:** Export standard packing

Documents required are:

1. Signed Commercial Invoice in quadruplicate

2. Packing List in quadruplicate

3. Full set of clean on board ocean bills of lading made out to order of The American Trading Co. Ltd. marked "freight prepaid"

Sincerely Yours,

The American Trading Co. Ltd.

President

추심의뢰인의 지시시항을 이행하기 위하여 타 은행의 서비스를 이용할 때 소요되는 비용과 위험은 추심의뢰인이 부담한다. 그리고 추심의뢰인은 외국의 법률 및 관습에서 오는 모든 의무와 책임을 부담해야 하며 이로 인하여 은행이 손실을 당했을 때에는 이를 보상해야 한다.

(2) 추심의뢰은행

추심의뢰은행(remitting bank)은 수출업자로부터 추심을 의뢰받은 수출국의 은행을 말한다. 이 은행은 수출엄자가 의뢰한 내용에 따라 추심지시서를 작성하여 수출업자가 제시한 화환어음과 운송서류와 함께 수입업자가 소재하는 추심은 행 앞으로 송부하면서 수출대금의 추심을 의뢰한다.

(3) 추심은행과 제시은행

추심은행(collecting bank)은 추심의뢰은행으로부터 송부되어 온 운송서류와 추심지시서를 수입업자에게 제시하여 수입대금을 징수하는 등 추심과정에 관여하는 모든 은행을 말한다. 특히 수입업자에게 직접 운송서류를 제시하는 추심은 행을 제시은행(presenting bank)이라고 한다. 추심은행은 추심의뢰은행을 제외한 어떠한 은행이라도 상관없지만 이 은행은 어디까지나 추심의뢰은행의 지시에만 따르며 어음의 지급에 대해서는 전혀 책임을 지지 않는다.

제시은행은 수입업자(지급인)에게 금융서류와 상업서류를 제시하는 은행으로 추심은행이 제시은행이 되는 경우가 일반적이지만 수입업자가 추심은행과 다른 지역에 존재하는 경우 별도로 수출자소재지의 제시은행을 지정하기도 한다.

추심에 관여하는 은행은 ① 통보, 서신 또는 서류송달의 지연 또는 멸실로 발생하는 결과, ② 전신의 송달 중에 일어나는 지연, 훼손 또는 기타 오류, ③ 전문용어의 번역 또는 해석상의 오류 등에 대해서는 책임을 지지 않는다.

(4) 지급인

지급인(drawee)은 수입업자를 말한다. 수입업자는 추심지시서에 따라 어음이 자기에게 제시되면 채무자로서 수출업자가 발행한 환어음에 대해서 지급할 의무가 있다.

5 추심방식의 특성

D/A · D/P 거래는 신용장방식의 거래와 비교하여 다음과 같은 특성을 지니고 있다.

첫째, 신용장 거래에서는 수입업자를 대신하여 개설은행이 지급을 확약하지만 D/A · D/P 거래에서 추심의뢰은행 및 추심은행은 단지 수출대금을 추심할 뿐 지급상의 책임은 지지 않는다. 따라서 D/A · D/P 거래는 수입업자의 신용을 바탕으로 모든 거래가 이루어진다고 볼 수 있다.

둘째, 신용장 거래에서는 신용장의 독립 · 추상성의 원칙에 따라 수입업자는 개설은행이 제시한 관계 운송서류의 인수를 거절할 수 없지만 D/A · D/P 거래의 수입업자는 추심은행이 제시한 환어음과 운송서류의 인수를 거절할 수 있다.

이런 점에서 D/A · D/P 거래는 수출업자에게 불리한 결제방식이다. 지급도 조건에서 만약 수입업자가 대금지급을 거절하면 운송서류는 수출업자에게 반송되고 경우에 따라서는 수입항에 도착한 화물을 반송 처리해야 하는 경우도 발생한다. 더구나 인수도 조건에서는 수입업자가 어음상의 인수만으로 운송서류와 화물을 찾을 수 있어 수출업자가 대금을 받지 못하는 경우도 생긴다.

셋째, 신용장 거래에서 발행되는 화환어음은 개설은행이 지급인이지만 D/A · D/P 거래의 화환추심어음은 수입업자가 지급인이 된다. 즉 신용장하에서 발행된 화환어음은 개설은행을 지급인으로 하는 은행어음(bank bill)으로서 개설은행이 지급을 보증하지만 D/A · D/P 거래의 화환추심어음은 개인어음(private bill)으로서 지급상의 모든 책임은 수입업자에게 있다.

마지막으로, 신용장거래에서는 개설은행의 지급확약에 의해 매입은행이 수출업자로부터 운송서류를 매입할 때 수출대금의 지급이 이루어진다. 그러나 D/A · D/P 거래에서는 수입업자가 운송서류의 인수를 거절할 수 있기 때문에 추심이 완료되어야만 대금이 수출업자의 계정에 입금된다.

추심 전 매입

우리나라는 수출업자의 자금 부담을 덜어주고 D/A · D/P에 의한 수출을 장려하기 위해서 추심 전 매입을 허용하고 있기 때문에 수출업자는 운송서류를 추심의뢰은행에 제시할 때 수출대금을 찾을 수 있게 된다. 그리고 수출보험에서 수출업자가 제시한 환어음을 추심 전에 매입한 외국환은행이 입을 수 있는 손실을 보상해 주고 있기 때문에 외국환은행도 D/A · D/P하에서 발행된 환어음에 대해서 적극적으로 매입을 해 주고 있다.

　　이러한 특성으로 인해 D/A · D/P 거래는 수출업자의 입장에서 보면 결제방식이 쉽고 비교적 비용이 저렴한 장점이 있는 반면에 대금회수불능의 위험이 높아 신용장방식에 비해 불리한 방식이다. 반면 수입업자의 측면에서는 신용장의 개설에 따른 담보를 제시할 필요가 없고 서류를 검토하거나 경우에 따라서는 보세창고(bonded warehouse)에 장치된 물품을 검사하기 전까지 대금지급의무가 없기 때문에 신용장방식보다 이 방식이 유리할 수도 있다.

　　이에 따라 이 방식의 수출거래는 본 · 지사 간의 거래나 상호 신용상태를 확실히 믿을 수 있는 단골 거래선 간에 많이 이루어진다. 또한 수출업자가 새로운 수출시장을 개척하기 위해 보다 유리한 조건을 제시할 필요가 있을 때에도 이 방식이 사용된다.

　　수출업자는 이 방식에 합의할 때 수입업자가 서류와 상환으로 지급할 것을 확신할 수 있는지 또는 수입업자가 서류인수를 거절할 경우, 선적물품을 쉽게 다른 거래처에게 판매할 수 있는지를 고려함은 물론 수출업자 자신이 서류를 정확히 준비할 수 있겠는지 검토해야 한다. 특히 추심방식 중에서도 D/A 조건으로 거래할 때는 대금회수 시까지의 금융비용도 단가에 충분히 포함시켜야 한다.

　　참고로 신용장 방식과 D/A · D/P 방식의 성격을 비교 · 요약하면 〈표 10-1〉과 같다.

표 10-1　신용장과 D/A · D/P의 비교

신용장	D/A · D/P
• 은행의 신용	• 수입업자의 신용
• 개설은행의 지급확약	• 은행의 지급확약 없음
• 신용장 개설 담보금(수입업자)	• 담보금 없음
• 은행어음(지급인 : 개설은행이나 지정은행)	• 개인어음(지급인 : 수입업자)
• 추심 전 매입	• 추심 후 지급
• 수출업자에게 유리	• 수입업자에게 유리
• 신용장통일규칙(UCP) 적용	• 추심에 관한 통일규칙(URC) 적용

D/P, usance를 D/A로 오인한 경우

외국의 A은행으로부터 추심서류를 받았는데 추심조건이 'D/P, at 30days after B/L date'로 되어 있었다. 추심은행 담당자는 D/P에 Usance 조건이 있는 것은 이상하다고 생각하여 이것은 'D/A, at 30days after B/L date'의 실수임이 틀림없다고 임의로 판단하고 수입업자로부터 환어음을 인수받은 다음 선적서류를 수입업자에게 인도하였다. 이 경우 은행은 어떤 책임을 부담해야 하는가?

추심서류가 D/P인가 D/A인가는 추심의뢰은행이 추심지시서에 명시하고 있다. D/P를 D/A로 해석하는 잘못을 저지른 것은 치명적인 것으로 수입업자가 만기일에 대금을 결제하면 결과적으로 은행이 면책되지만 수입업자가 서류를 인수하고 도산하거나 어떤 이유로 대금결제를 하지 않는 경우에는 잘못 판단한 은행이 책임을 부담하게 된다. 즉 수입업자 대신에 그 은행이 추심의뢰은행에 어음금액을 배상해야 한다.

출처: KITA.NET

제 2 절 추심에 관한 통일규칙

1 추심에 관한 통일규칙(Uniform Rules for Collection)의 적용

현재 추심방식의 거래는 당사자 간에 달리 합의된 사항이 없으면 국제상업회의소가 제정한 추심에 관한 통일규칙(URC)의 적용을 받는다. 국제상업회의소는 1956년 처음으로 추심거래에 공통으로 적용될 수 있는 "상업어음 추심을 위한 통일규칙"을 제정했는데 이 규칙이 1967년, 1978년 및 1995년에 개정되어 오늘에 이르고 있다. 특히 2차 개정 시 통일규칙의 명칭을 지금의 '추심에 관한 통일규칙'으로 바꾸었다.

이 규칙은 모두 7장 26조로 구성되어 있는데 어음의 제시, 지급, 인수, 거절증서 작성, 추심경과의 통지, 수수료 등에 대한 은행의 의무 및 책임 범위 등을 규정하고 있다. 이 규칙은 국제 추심거래에서 발생할 수 있는 해석상의 차이, 분쟁 등을 방지하는 준거법의 역할을 하고 있다.

추심에 관한 통일규칙 제1조에서는 "본 규칙의 준거문언이 추심지시서에 삽입된 경우, 모든 추심에 적용되며, 별도의 명시적 합의가 없거나 또는 국가, 주,

표 10-2   URC 522(추심에 관한 통일규칙)의 조항 및 내용

장 및 명칭	해당 조항 및 내용
A. 총칙 및 정의	1 통일규칙의 적용
	2. 추심의 정의
	3. 추심 당사자
B. 추심의 형식과 구조	4. 추심 지시서
C. 제시의 형식	5. 제시
	6. 일람출급/인수
	7. 상업서류의 인도 – 인수인도(D/A) vs. 지급인도(D/P)
	8. 서류의 작성
D. 의무 및 책임	9. 신의성실과 상당한 주의
	10. 서류 vs. 물품/용역/이행
	11. 지시받은 당사자의 행동에 대한 면책
	12. 접수된 서류에 대한 면책
	13. 서류의 유효성에 대한 면책
	14. 송달 및 번역 중의 지연, 멸실에 대한 면책
	15. 불가항력
E. 지급	16. 지체없이 지급
	17. 내국통화에 의한 지급
	18. 외국통화에 의한 지급
	19. 분할 지급
F. 이자, 수수료, 비용	20. 이자
	21. 수수료 및 비용
G. 기타 규정	22. 인수
	23. 약속어음 및 기타 증서
	24. 거절증서
	25. 예비지급인
	26. 통지

또는 지방의 법률 및 규칙의 규정에 위배되지 아니하는 한 모든 관계당사자를 구속한다."라고 그 적용범위를 규정하고 있다. 실제 추심거래에서는 별도의 추심지시서가 반드시 첨부되어야 하고 준거문언이 기재되어 있기 때문에 추심방식의 거래에서는 사실상 추심에 관한 통일규칙이 적용되고 있다. 우리나라는 1968년 5월 15일 단체로 이 규칙을 채택했기 때문에 우리나라에서 일어나는 추심거래는 자동으로 이 규칙의 적용을 받는다.

② 추심에 관한 통일규칙의 주요 내용

(1) 추심 행위에 관한 내용

1) 추심지시서

추심의뢰은행은 추심서류와 함께 추심지시서(collection instruction)를 작성하여 추심을 의뢰해야 한다. 은행들은 추심지시서에 기재된 지시에 따라 업무를 수행하므로 지시의 내용은 완전하고 정확해야 한다. 추심지시서에는 추심의뢰은행, 추심의뢰인, 제시은행 등의 명세, 추심금액 및 통화, 동봉서류의 목록 및 통수, 지급 및/혹은 인수받는 조건, 추심수수료 등이 기재된다(URC 제4조).

2) 제시

제시(presentation)는 제시은행이 지시받은 대로 서류를 지급인이 취득할 수 있도록 하는 추심상의 절차를 말하는데 서류는 접수한 원형 그대로 지급인에게 제시되어야 한다. 그러나 관련 은행은 별도의 지시가 없으면 추심의뢰인의 비용 부담으로 필요한 인지를 첨부할 수 있고, 배서의 권한을 위임을 받았을 경우에는 배서도 할 수 있으며 또한 관례적인 고무인의 날인 등을 할 수도 있다(URC 제5조).

그리고 제시은행은 환어음의 인수의 형식, 환어음, 약속어음, 영수증 등의 증서가 외견상 완전하고 정확한가를 확인해야 한다. 그러나 서명의 진실 여부, 인수에 대한 서명인의 권한 유무를 조사할 책임은 부담하지 않는다(URC 제22조 및 23조).

3) 지급

추심금액은 추심지시서의 조건에 따라 추심지시서를 송부한 당사자에게 지체 없이 지급되어야 한다(URC 제16조). 그리고 지급은 내국통화(지급지의 통화) 혹은 외국통화(지급지통화 이외의 통화)로 지급이 가능한데, 내국통화로 지급할 수 있는 서류의 경우 제시은행은 추심지시서에 별도의 지시가 없는 한 내국통화에 의한 지급도조건에 한하여 서류를 지급인에게 인도한다(URC 제17조). 그리고 외국통화로 지급할 수 있는 서류의 경우에는 추심지시서에 별도의 지시가 없는 한 즉시 송금할 수 있는 외국통화에 의한 지급도조건에 한하여 서류를 지급인에게 인도해야 한다(URC 제18조).

무화환추심의 경우에는 지급지의 법률에 의하여 허용되는 범위와 조건에 따라 분할지급이 인정된다. 그러나 화환추심의 경우에는 추심지시서에 특별히 수권되어 있는 경우에만 분할지급이 가능하다(URC 제19조).

4) 거절증서에 관한 지시

추심거래에서는 지급인이 서류인수를 거절하거나 지급을 거절하는 경우가 발생할 수 있는데 이 때 인수거절 혹은 지급거절의 사실을 증명하는 공증인이 작성하는 증서를 거절증서(protest)라 한다. 추심지시서에는 거절증서를 작성하거나 작성의무를 면제하는 지시가 명시되어 있어야 한다. 만약 이런 명시가 없으면 은행은 이를 작성할 의무를 부담하지 않는다(URC 제24조).

(2) 추심 관련 은행의 의무

추심에 관여하는 은행은 추심의뢰은행, 추심은행 등인데 이들 은행들은 지급확약 및 서류검토의무는 없지만 신의성실의 원칙에 입각해서 서류를 확인할 의무는 있다.

1) 신의성실의 의무

추심에 관여하는 은행은 모든 조치를 성실하게 이행해야 하며 또한 상당한 주의를 기울여야 한다. 이 때 어떤 것이 신의성실(good faith)에 입각한 행동인가에 대한 구체적인 해석은 상황에 따른 사실문제라고 할 수 있다(URC 제9조).

2) 서류 확인 의무

추심 관련 은행은 접수된 서류가 추심지시서상의 내용과 일치하는가를 확인해야 하고 누락사항이 있을 경우에는 추심을 의뢰한 상대방에게 이를 즉시 통지해야 한다. 그러나 은행은 서류를 심사할 의무는 없다(URC 제12조).

(3) 추심 관련 은행의 면책

추심에 관여하는 은행에 대해서는 다음과 같은 면책이 인정된다.

1) 지시받은 당사자의 행위에 대한 면책

추심의뢰를 받은 은행은 수입지의 은행에게 추심을 의뢰하게 되는데 여기에는 비용과 위험이 따른다. 은행은 어디까지나 고객을 위해서 추심에 관여하는 것이기 때문에 이러한 비용이나 위험부담은 고객인 수출업자가 부담하게 된다(URC 제11조).

2) 접수된 서류에 대한 면책

은행은 접수한 서류와 추심지시서를 대조하여 누락된 서류가 있거나 서류목록과 기재된 것과 다른 서류가 있으면 이 사실을 지체 없이 전신과 같은 신속한 수단으로 추심지시서를 송부한 당사자에게 알릴 의무가 있으나 그 이상 어떤 조치를 취할 의무는 없다.

추심은행은 송부되어온 서류에 대하여 추심지시서와 실제 서류에 대하여 검토하고 이상이 있으면 추심의뢰은행에게 이 사실을 알려야 하지만 그 서류에 대하여 더 이상 문제 삼을 필요 없이 그대로 지급인에게 제시하면 된다(URC 12).

3) 서류의 효력에 대한 면책

서류검토의 의무를 엄격히 요구하는 신용장거래에서도 은행에게 서류의 유효성이나 진실성에 대해서는 책임을 부과하지 않고 있다. 더욱이 대금지급에 대한 아무런 책임을 지지 않는 추심은행에게 서류의 효력에 대한 보장을 요구하지 않는 것은 어찌보면 당연한 일이다. 즉 추심에 관여하는 은행은 서류의 형식성, 충분성, 정확성, 진정성, 위조나 법적 효력에 대하여, 또는 서류에 명시되거나 부가되어진 일반조건 및 특별조건에 대하여 어떠한 의무나 책임을 부담하지 않는다.

또한 어떠한 서류에 의하여 표시된 물품의 명세, 수량, 중량, 품질, 상태, 포장, 인도, 가치 또는 존재에 대하여, 또는 물품의 송하인, 운송인, 운송주선인, 수하인, 보험자나 기타 어떠한 사람의 성실성, 작위 및 부작위, 지급능력, 이행이나 신용상태에 대하여 어떠한 의무나 책임을 부담하지 않는다(URC 제13조).

    4) 서류송달 중의 지연, 분실 및 번역에 대한 면책

    은행은 통보나 서신, 서류송달 과정에서의 지연 및 분실로부터 발생하는 결과나 전신문의 전송과정에서의 지연이나 훼손, 전문용어의 번역이나 해석상의 오류에 대하여 어떤 의무나 책임도 부담하지 않는다.

    5) 불가항력에 대한 면책

    신용장통일규칙에서도 천재지변을 비롯한 불가항력적 사태로 인한 결과나 그 기간 중에 유효기간이 경과한 신용장의 지급이나 결제에 대한 은행의 면책을 규정하고 있듯이 추심업무를 하는 과정에서 천재지변, 폭동, 소요, 반란, 전쟁 또는 파업이나 직장폐쇄 등의 불가항력적 사태가 발생하여 업무가 중단된 경우 발생하는 결과에 대하여 은행은 어떤 의무나 책임도 부담하지 않는다(URC 제14조).

제 3 절 추심방식거래의 실무

    추심방식(D/A 및 D/P)거래는 수출업자가 수입업자의 신용을 토대로 계약물품을 먼저 선적해 보내기로 하는 선수출계약(〈서식 10-1〉 참조)을 체결함으로써 시작되는데 구체적 실무 내용을 살펴보면 다음과 같다.

1 수출업자의 환어음 발행

    선수출계약에 따라 수출업자는 약정된 기일 내에 계약물품을 선적하고 선박회사로부터 선하증권을 입수해야 한다. 선하증권은 선수출계약서에 명시된 내용과 일치해야 하며, 만약 상업송장, 포장명세서, 원산지증명서 등과 같은 다른 운송서류의 구비가 명시되어 있으면 수출업자는 그러한 서류도 준비해야 한다. 계약서에 명시된 운송서류가 구비되면 수출업자는 환어음을 발행한다.

    수출업자가 발행하는 환어음은 다음과 같은 특징을 지닌다.

첫째, 환어음상의 지급인(drawee)은 수입업자가 된다. 따라서 추심조건부 환어음은 개인어음(private bill)이 되고, 이 점은 개설은행이 지급인으로 발행되는 신용장 조건부 환어음과 구분된다.

둘째, 환어음의 금액은 수출가액(물품가액)이 되는데 보통 계약서에는 "송장금액의 100%" 식으로 표시된다. 신용장 거래에서는 간혹 수입업자가 수입대금의 일부를 미리 송금하고 나머지를 신용장으로 결제하기 때문에 송장금액의 80% 혹은 90%만 환어음으로 찾아가는 경우도 있지만 선수출거래에서는 이런 경우가 없으므로 대부분 송장금액의 100%가 환어음상의 발행금액이 된다.

마지막으로 환어음의 만기일은 지급도방식인 경우에는 수입업자가 환어음을 일람하는 즉시 지급하는 일람출급(at sight)조건이고, 인수도방식인 경우에는 약정 기일이 경과한 후 지급하는 기한부(usance)조건이다.

② 수출업자의 추심 신청

선수출계약서에 명시된 조건에 따라 환어음을 발행하고 기타 운송서류를 구비한 수출업자는 통상적으로 자기가 거래하는 은행에 수출대금을 추심해 줄 것을 신청한다. 이에 따라 수출업자는 추심의뢰인이 되고, 추심의뢰요청을 받은 수출업자의 거래은행은 추심의뢰은행이 된다.

수출업자가 추심의뢰은행에 추심을 요청할 때 일반적으로 다음과 같은 서류를 제시한다.

① 화환어음(운송서류) 매입(추심)신청서
② 선수출(D/A, D/P)계약서
③ 환어음 및 운송서류
④ 외국환거래약정서

③ 추심의뢰은행의 추심 의뢰

추심의뢰은행은 주로 수입업자가 소재하는 지역에 있는 은행을 추심은행으로 선정하여 추심지시서와 함께 관련 서류를 송부하고 추심을 의뢰하는데 이때의 주요 업무과정을 구체적으로 살펴보면 다음과 같다.

(1) 추심신청서의 검토

추심의뢰은행은 추심의뢰인이 제출한 추심신청서의 내용과 제출한 운송서류가 일치하는지 등의 서류를 검토해야 한다. 신용장거래에서와 같이 엄격히 서류를 검토할 필요는 없지만 추심은행으로 송부하는 과정에서 서류가 분실될 수도 있으므로 사전에 제출서류를 명백히 해 둘 필요가 있다. 이제부터 추심의뢰은행은 자기 고객인 수출업자, 즉 추심의뢰인의 대리인(agent)으로서 행동하며, 수출업자가 발행한 환어음의 수취인이 된다.

(2) 추심은행의 선정

추심의뢰은행은 추심은행을 선정해야 하는데 수출업자가 추심은행을 지정했을 경우에는 그 은행을 추심은행으로 이용할 수 있다. 그러한 지정이 없는 경우에는 지급 또는 인수가 이루어지는 국가 또는 기타의 조건과 일치되는 국가 내에 있는 자행 또는 다른 은행이 선택한 은행을 이용할 수 있다(URC 제5조 d).

그러나 추심은행은 수입업자로부터 수입대금을 징수하여 이를 추심의뢰은행으로 송부해야 하기 때문에 두 은행 간에는 외환의 자유로운 이체가 가능한 예치환거래관계(depositary correspondent)를 맺고 있어야 한다. 만약 수입업자가 위치한 장소가 오지(奧地)인 경우에는 추심은행이 제시은행(presenting bank)을 선정하여 제시은행으로 하여금 수입업자에게 환어음과 운송서류를 제시하도록 한다. 제시은행은 추심은행의 지시에 따르며 추심의뢰은행과는 아무런 관련이 없다.

4 추심지시서의 작성

추심의뢰은행은 추심은행에 추심을 의뢰할 때 추심지시서(collection instruction or order)를 작성하고 이를 관련 운송서류와 함께 추심은행에 송부한다. 추심지시서와 서류는 추심의뢰은행이 추심은행으로 직접 송부할 수 있으며, 또는 다른 중개은행을 통하여 송부할 수도 있다(URC 제4조 e).

(1) 추심지시서 양식

추심지시서는 추심의뢰은행이 추심은행에게 추심을 지시할 때에 추심에 관한 여러 가지 지시사항을 기록한 첨부서류를 말한다. 추심지시서는 각국의 상관습이 달라 은행마다 매우 다양한 형태로 사용되어 왔으나, 1982년 12월 국제상업회의소가 국제표준화기구(International Standardization Organization: ISO)와 협조하여 "표준추심지시서"(standard collection order)를 제정하여 세계의 각 은행들에게 사용하도록 권고하였으며, 동 양식은 고객용(양식 A-D), 은행용(양식 E-G) 및 서류명세(양식 H)의 세 가지로 구분되어 있다.

(2) 추심에 관한 준거법 명시

추심거래에 적용되는 준거법으로 현행 추심에 관한 통일규칙이 활용되고 있기 때문에 보통 추심의뢰은행은 모든 추심서류에 "The collection is subject to Uniform Rules for Collections : ICC Publication No. 522"라는 문언을 삽입하여, 본 추심과 관련된 모든 업무에는 현행 추심에 관한 통일규칙이 적용됨을 명시한다.

(3) 추심지시서의 기재사항

추심지시서에는 주로 다음과 같은 사항이 기재된다(URC 제4조).

1) 추심의뢰은행에 대한 명세
추심의뢰은행을 분명히 알 수 있는 모든 사항 즉 정식명칭(full name), 우편주소 및 SWIFT주소, 텔렉스번호, 전화번호, 팩시밀리번호, 참조번호(reference number) 등

2) 추심의뢰인에 대한 명세
추심의뢰인을 분명히 알 수 있는 사항, 즉 정식명칭, 우편주소, 텔렉스, 전화 혹은 팩시밀리번호 등

3) 지급인에 대한 명세
지급인(수입업자)의 정식명칭, 우편주소 또는 제시가 이루어져야 될 장소, 텔렉스, 전화, 팩시밀리번호 등의 사항

4) 제시은행에 대한 명세

제시은행의 정식명칭, 우편주소, 그리고 텔렉스, 전화, 팩시밀리번호 사항 등

5) 추심금액과 통화

추심금액과 통화는 상업송장상의 금액과 통화와 일치하여야 한다.

6) 첨부서류의 목록과 각 서류의 통수

추심을 위하여 송부하는 서류들의 명칭과 통수

7) 지급 및 인수조건과 서류인도조건

추심은행의 서류인도에 대한 지시

8) 추심수수료(collecting changes)

추심수수료의 징수 포기 여부 명시

9) 추심이자

이자 징수의 포기 여부, 이자율, 이자기간, 해당되는 계산근거(예를 들어, 1년
을 365일 또는 360일로 할 것인지) 등

10) 지급방법 및 지급통지의 형식

11) 지급거절, 인수거절 및 다른 지시와 불일치한 경우에 대한 지시[2]

⑤ 추심은행의 서류검토와 제시

(1) 추심지시서 및 추심서류의 검토

추심은행은 송부되어 온 추심지시서를 면밀히 검토하고 추심지시서의 지시
에 따라 행동해야 한다. 만약 지시에 따라서 행동할 수 없는 사항이 있는 경우에
는 지체 없이 추심의뢰은행에 통지해야 한다.

추심지시서의 검토와 함께 추심은행은 송부되어 온 추심서류를 검토하여야

---

2) 이 외에도 실무적으로 추심지시서에는 ① 만기일, ② 어음지급인/수화인, ③ 수화인이 아닌 다른 지
급인이 있으면 그 지급인, ④ 어음지급장소, ⑤ 추심은행, ⑥ 물품운송에 대한 명세, ⑦ 상품의 명세,
⑧ 서류의 명세, ⑨ D/A, D/P의 표시, ⑩ 물품도착 시까지의 서류보류, ⑪ 현지통화예금, ⑫ 인수어
음의 처리, ⑬ 대금의 전신송금, ⑭ 추가지시사항 등이 기재되기도 한다.

한다. 그러나 추심은행은 신용장거래와는 달리 추심서류를 심사할 의무는 없기 때문에 제시된 서류가 추심지시서 및 수입승인서와 일치하는지의 여부를 점검함으로써 그 책임을 다한 것으로 본다.

(2) 추심서류의 도착통지 및 제시

추심은행은 서류와 추심지시서가 도착되면 지급인에게 지체 없이 도착통지와 함께 서류를 제시하여야 한다. 제시(presentation)는 제시은행이 추심지시서에 지시받은 대로 지급인이 서류를 입수할 수 있도록 하는 절차를 말한다(URC 제5조 a). 제시은행은 추심은행이 될 수 있고, 추심은행 외 제3의 은행이 될 수도 있는데 만약 추심의뢰은행이 특정 은행을 제시은행으로 지정했을 경우에는 지정된 은행이 제시은행이 되지만, 그렇지 않을 경우에는 추심은행이 선정한다(URC 제5조 f).

제시은행은 서류를 접수한 원형대로 지급인에게 제시하여야 한다. 다만 제시은행이 추심지시서에 별도의 지시가 없는 한, 추심을 의뢰한 당사자의 비용으로 필요한 인지를 붙이거나, 필요한 배서를 하거나, 고무 스탬프 또는 추심업무상 관례적이거나 요구되는 기타의 검인표시나 부호를 표시하도록 수권 받은 경우는 예외적으로 그러한 행위를 하여 제시한다(URC 제5조 c).

제시은행은 서류가 일람출급인 경우는 지체 없이 지급을 위한 제시를 하여야 하고, 서류가 기한부지급조건으로 인수가 요구되면 지체 없이 인수를 위한 제시를 행하고, 지급을 요구하는 경우에는 만기일 이전의 적절한 시점에 지급을 위한 제시를 하여야 한다(URC 제6조).

6 상업서류의 인도

(1) 서류인도의 기본원칙

제시은행은 추심지시서의 지시대로 수입업자에게 서류를 인도해야 하는데 그 기본원칙은 다음과 같다(URC 제7조).

첫째, 상업서류가 지급과 상환으로 인도되어야 한다는 지시와 함께 장래의 확정일 출급조건의 환어음을 포함시켜서는 안 된다. 이 두 가지 지시사항은 서로 성격이 정반대의 것으로 만약 장래의 특정 일자에 지급되는 환어음이 추심서류에 포함되어 있으면 현재 지급이 되지 않아 서류인도가 불가능하기 때문이다.

둘째, 추심지시서에는 상업서류가 지급인의 인수인도(D/A) 혹은 지급인도(D/P) 중 어느 조건으로 인도되는지를 명시해야 한다. 만약 그런 명시가 없으면 지급인도로 간주된다.

셋째, 장래의 확정일 출급조건의 기한부 환어음이 사용되면서 추심지시서에 상업서류는 지급과 상환으로 인도되어야 한다고 지시된 경우에는, 서류는 오직 지급에 대해서만 인도되어야 하고, 추심은행은 서류인도의 지연으로부터 발생하는 어떤 결과에 대해서 책임을 부담하지 않는다.

넷째, 추심의뢰은행이 추심은행 또는 지급인에게 추심에 포함되어 있지 않는 서류(환어음, 약속어음, 수입화물대도증서, 약속증서, 또는 기타 서류)를 작성할 것을 지시하는 경우, 그러한 서류의 형식과 문구는 추심의뢰은행에 의하여 제공되어야 한다(URC 제8조).

(2) 지급의 기본원칙

1) 내국통화 혹은 외국통화 지급

추심거래에서 지급인은 내국통화(지급국가의 통화) 혹은 외국통화(지급지 통화 이외의 통화)로 지급할 수 있다. 만약 추심서류상 내국통화의 지급이 가능하다면 제시은행은 추심지시서에 별도의 지시가 없는 한, 내국통화가 추심지시서에 명시된 방법대로의 처분이 즉시 가능한 경우에만 내국통화에 의한 지급인도에 대하여 지급인에게 서류를 인도하여야 한다(URC 제17조).

만약 서류에 외국통화로 지급이 가능하다고 되어 있으면, 제시은행은 추심지시서에 별도의 지시가 없는 한, 그러한 외국통화가 추심지시서의 지시에 따라 즉시 송금될 수 있는 경우에만 그 표시된 외국통화의 지급에 대하여 지급인에게 서류를 인도하여야 한다(URC 제18조).

2) 분할지급

무화환추심(clean collection)에 있어서 분할지급은 지급지의 유효한 법률에 의하여 허용되는 경우, 그러한 허용된 범위와 조건에 따라서 수락될 수 있다. 단 금융서류는 전액지급(full payment)을 받았을 경우에만 지급인에게 인도되어야 한다(URC 제19조 a).

화환추심에 있어서 분할지급은 추심지시서에 특별히 허용된 경우에만 수락되어야 한다. 그러나 별도의 지시가 없는 한, 제시은행은 전액지급을 받았을 경우에만 지급인에게 서류를 인도하고, 그리고 서류인도에 있어서의 어떠한 지연으로부터 발생하는 결과에 대하여 책임을 부담하지 않는다(URC 제19조 b).

그리고 모든 경우에 있어서 분할지급은 현행 추심에 관한 통일규칙 제17조(내국통화에 의한 지급) 또는 제18조(외국통화에 의한 지급)의 규정에 일치하는 조건으로 수락되어야 한다. 그리고 분할지급이 수락되는 경우에는 제16조(지연 없는 지급)의 규정에 따라서 처리되어야 한다(URC 제19조 c).

3) 이자

추심지시서에 이자가 추심되어져야 한다고 명시되어 있는 경우, 만약 지급인이 그러한 이자의 지급을 거절한다면, 제시은행은 제20조 c(추심지시서에 이자가 포기될 수 없다고 명확하게 기재되어 있는 경우)가 적용되지 않는 한, 그러한 이자를 추심하지 않고 경우에 따라 지급이나 인수, 또는 기타의 조건에 따라 서류를 인도할 수 있다(URC 제20조 a). 그런데 그러한 이자가 추심되어져야 하는 경우에는 추심지시서에 추심이자, 이자기간, 계산의 근거가 명시되어 있어야 한다(URC 제20조 b).

그리고 추심지시서에 이자는 포기될 수 없다고 명시적으로 규정되어 있는데, 만약 지급인이 그러한 이자의 지급을 거절하는 경우, 제시은행은 서류를 인도하지 않아야 하고, 그리고 서류인도의 지연으로부터 발생하는 어떠한 결과에 대하여 책임을 부담하지 않는다. 제시은행은 그러한 이자의 지급이 거절되었을 때, 그러한 사실을 추심지시를 송부한 은행에게 지체 없이 전신 또는 그러한 수단의 이용이 불가능한 경우에는 기타의 신속한 수단으로 통지해야 한다(URC 제20조 c).

4) 수수료 및 비용

추심지시서에 추심수수료(collection charges) 및 비용(collection expenses)이 지급인의 부담으로 명시되어 있는 경우, 만약 지급인이 지급을 거절하면, 제시은행은 제21조 b항(추심지시서에 수수료와 비용은 포기될 수 없음이 명확히 기재되어 있는 경우)에 해당되지 않는 한, 그러한 수수료와 비용을 추심하지 않고, 지급이나 인수, 또는 기타의 조건에 따라 서류를 인도할 수 있다. 그리고 추심수수료 및 비용이 포기되는 경우, 그것은 추심지시를 행한 당사자의 부담으로 하여 대금에서 공제될 수도 있다(URC 제21조 a).

그리고 추심지시서에 수수료 및 비용은 포기될 수 없다고 명시적으로 규정되어 있는데, 지급인이 수수료 및 비용의 지급을 거절하면, 제시은행은 서류를 인도하지 않아야 하며, 또한 서류인도의 지연으로부터 발생하는 어떠한 결과에 대해서도 책임을 부담하지 않는다. 그리고 제시은행은 그러한 수수료 및 비용 지급이 거절되었을 때, 추심지시를 송부한 은행에게 지체 없이 전신으로, 또는 전신이용이 불가능한 경우에는 기타의 신속한 수단으로 통지해야 한다(URC 제21조 b).

만약 추심지시서의 명시조건이나 URC의 규정에 따라 추심의뢰인(수출업자)이 지출금(disbursements), 비용(expenses) 및 추심수수료를 부담하는 경우, 추심은행은 추심지시서를 송부한 은행으로부터 그러한 지출금, 비용 및 추심수수료와 관련된 지출액을 즉시 회수할 권한을 가진다. 그리고 추심의뢰은행은 추심 결과에 관계없이 자신이 지급한 지출금, 비용 및 추심수수료를 추심의뢰인으로부터 즉시 회수할 권한을 가진다(URC 제21조 c).

그리고 추심은행이나 제시은행은 추심을 이행하는데 필요한 비용을 추심의뢰은행에 미리 지급해 줄 것을 요구할 수 있으며, 그러한 선지급을 받을 때까지 추심지시를 이행하지 않을 권한도 가진다(URC 제21조 d).

7 추심결과의 통지와 추심금액의 송금

(1) 추심결과의 통지

추심은행은 추심결과를 다음과 같은 형식과 방법으로 통지해야 한다.

1) 통지 형식

추심은행은 추심결과 등을 추심의뢰은행에 통보할 때, 항상 추심지시서에 기재된 대로 추심의뢰은행의 참조번호(banker's reference)를 포함한 적절한 명세가 기재되어 있어야 한다(URC 제26조 a).

2) 통지 방법

추심의뢰은행은 추심은행에게 추심결과의 통지 방법에 대하여 지시할 의무가 있다. 만약 추심결과의 통지에 대한 추심의뢰은행의 지시가 없는 경우, 추심은행은 추심지시서를 송부한 은행의 비용으로 자신이 선택한 방법에 의해 통지를 한다(URC 제26조 b).

지급통지의 경우 추심은행은 추심지시서를 송부한 은행에게 추심금액(collect ed amount), 공제된 수수료, 지출금 및 비용, 그리고 그 자금의 처분방법을 상세하게 기술하여 지체 없이 통지하여야 한다(URC 제26조 c 1).

그리고 인수의 경우 추심은행은 추심지시서를 송부한 은행에게 지체 없이 인수(acceptance)의 통지를 하여야 한다(URC 제21조 c 2).

(2) 추심금액의 송금

추심은행은 지급인으로부터 지급 받은 추심금액(해당되는 경우, 수수료, 지출금 또는 비용을 공제하고)을 추심지시서와 조건에 따라 추심지시서를 송부한 당사자에게 지체 없이 송금하여야 한다(URC 제16조 a). 따라서 추심은행이 정당한 기간 이내에 송금하지 못 하는 경우, 추심의뢰은행은 추심은행에게 지연이자(delay interest)를 청구할 수 있다. 만약 부당한 송금지연이 확인되는 경우에 추심은행은 지연이자를 부담하여야 한다.

그런데 직접추심(direct collection)의 경우에는 추심의뢰인이 추심은행에게 직접 추심서류를 송부한다. 따라서 추심은행은 원칙적으로 추심서류를 송부한 당사자에게 추심금액을 지급하여야 하나, 직접 추심의 경우에 별도의 합의가 없으면 추심은행은 추심의뢰은행 앞으로 추심금액의 지급을 행한다(URC 제16조 b). 그리고 추심의뢰은행 앞 지급통지서에 공제한 수수료, 지출금 또는 비용이 있으면 이러한 사실을 기재하여야 한다.

8 추심의뢰은행의 수출대금 지급

추심의뢰은행은 추심은행이 송금한 추심금액에서 추심수수료 등 관련 비용을 공제한 금액을 수출업자, 즉 추심의뢰인에게 지급한다. 추심의뢰은행의 입장에서는 추심이 완료된 것이며, 수출업자의 입장에서는 비로소 수출대금을 회수하게 된 것이다.

9 추심불능

추심거래는 수출업자가 수입업자를 믿고 대금을 받기 전에 먼저 물품을 선적하는 거래이지만 경우에 따라서는 수입업자의 신용상태가 악화되어 지급불이행이나 인수불이행 등 추심불능인 경우가 발생한다.

(1) 추심불능 통지방법과 서류처리

추심불능 사태가 발생하면 제시은행은 지급인의 지급불이행(non-payment) 및 인수불이행(non-acceptance)의 이유를 확인하기 위하여 노력하여야 하고, 그리고 그 결과에 대하여 추심지시서를 송부한 은행에게 지체 없이 적절하게 통지하여야 한다. 그리고 추심의뢰은행은 그러한 통지를 받은 즉시, 서류반송, 서류보관, 예비지급인에게 송부 등 향후의 서류처리에 대한 적절한 지시를 하여야 한다. 제시은행은 추심의뢰은행에게 지급인의 지급불이행 및 인수불이행을 통지한 후 60일 이내에 그러한 지시를 받지 못하면, 그러한 서류를 제시은행 측의 더 이상의 책임 없이 추심지시서를 송부한 추심의뢰은행으로 반송할 수 있다(URC 제26조 c 3).

(2) 예비지급인의 활용

예비지급인(case-of-need)은 어음이 인수거절 또는 지급거절되는 경우 어음소지인이 상의하도록 어음발행인 또는 배서인이 지정한 자를 말한다.

만일 추심의뢰인(수출업자)이 인수거절 및 지급거절에 대비하여 예비지급인으로 행동할 대리인을 지명한 경우에는, 추심지시서에 그러한 예비지급인의 권한에 대하여 명확하고 완전한 지시를 하여야 한다. 그러한 지시가 없으면 은행은 예비지급인으로부터의 어떠한 지시에도 응하지 않는다(URC 제25조).

(3) 거절증서의 작성

1) 거절증서의 개념

추심거래에서 지급거절이나 인수거절이 발생할 때 이런 사실을 증명하는 서류를 거절증서(protest)라 한다. 거절증서는 어음상의 권리의 행사 또는 보전에 필요한 행위를 증명하는 요식적인 공정증서이다.

일반적으로 어음의 소지인은 어음의 발행인이나 배서인으로부터 이 어음이 정상적인 상거래에 따라 발행된 것인 줄 알고 이를 소지하는 선의의 소지인(bona fide holder)이다. 그런데 선의로 소지한 어음이 지급거절되거나 인수거절되면, 발행인이나 어음을 양도해 준 배서인에게 어음대금의 상환을 청구할 수 있는데 이것이 상환청구권 또는 소구권(right of recourse)이다. 이런 상환청구권을 행사하기 위해서는 소지한 어음이 지급거절이 되었거나 인수거절이 되었다는 사실을 증명하는 거절증서가 있어야 한다.

2) 거절증서의 종류

거절증서에는 인수도조건(D/A)거래에서 지급인(수입업자)이 기한부 어음의 인수를 거절할 때 작성되는 인수거절증서와, 인수도조건의 거래에서 만기일에 지급이 거절될 때 혹은 지급도조건(D/P)거래에서 일람출급 어음의 지급이 거절될 때 작성되는 지급거절증서의 두 종류가 있다.

3) 거절증서의 작성 배경

일반적으로 신용장거래에서는 개설은행이 지급거절이나 인수거절 사실을 증명할 수 있지만, 추심거래에서 추심의뢰은행이나 추심은행은 단지 대금을 전달해주는 통로 역할만 할 뿐 지급거절 혹은 인수거절을 증명할 책임이나 의무가 없기 때문이다. 따라서 추심어음이 지급 또는 인수거절되는 경우, 어음발행인인 수출업자는 장래에 수입업자에게 물품대금청구를 위한 소송에 대비한 증거서류로서 거절증서를 확보해 두어야 할 필요성이 있다.

그러나 발행인, 배서인 등이 거절증서 작성을 면제할 것을 기입하여 서명한 때에는 그 어음의 소지인은 거절증서를 작성하지 않고도 상환청구권을 행사할 수 있다.

4) 추심지시서상의 거절증서에 관한 지시

추심의뢰은행은 추심지시서에 인수거절 또는 지급거절의 경우 거절증서 작성 여부에 대해 분명히 명시해야 한다. 만약 추심지시서에 지급인의 지급거절이나 인수거절 시 지급(인수)거절증서를 작성하도록 명시되어 있으면 추심은행은 거절증서를 작성해야 하지만, 추심지시서에 이러한 특정한 지시가 없는 경우에 추심에 관여하는 은행은 거절증서를 작성하여야 할 의무는 없다.

거절증서 또는 이에 갈음하는 기타 법적 절차와 관련하여 은행에게 발생하는 모든 수수료와 비용은 추심지시서를 송부한 당사자의 부담으로 한다(URC 제24조). 그리고 추심은행의 거절증서작성은 법에서 정한 기간 이내에 하여야 하고, 추심은행은 추심지시서에 따라서 거절증서를 작성한 후 그러한 사실을 추심의뢰은행에 통지하여야 한다.

(4) 거절증서 작성 요령

거절증서는 어음거래에서 소구권을 행사하기 위한 형식적 요건에 해당된다고 할 수 있는데 우리나라의 어음법에서도 지급 또는 인수의 거절은 공정증서(인수거절증서 또는 지급거절증서)에 의하여 증명되어야 한다고 규정하고 있다(어음법 제44조).

우리나라에서 거절증서를 작성할 수 있는 자는 공증인 또는 집달리(執達吏)이다(거절증서령 제2조). 그리고 작성위탁자는 어음의 소지인 또는 그 대리인으로 추심거래에서는 추심은행이다.

거절증서를 작성하는 장소는 지급인에게 어음을 제시한 장소이다(거절증서령 제8조). 그러나 지급인이나 지급담당자가 승낙했을 때에는 다른 장소에서도 작성될 수 있다.

인수거절증서는 인수를 위한 제시기간 내에 작성시켜야 하며, 확정일출급, 발행일자후정기출급 또는 일람후 정기출급의 환어음의 지급거절증서는 지급을 할 날(만기일)에 이은 2거래일 내에 작성되어야 한다. 그리고 일람출급어음의 지급거절증서는 지급거절 즉시 작성되어야 한다.

서식 10-2 거절증서

거절자의 성명 또는 명칭	
피거절자의 성명 또는 명칭	
거절자에 대하여 청구를 한 뜻 및 거절자가 그 청구에 응하지 아니하였거나 거절자와 면회할 수 없었던 것 또는 청구를 할 장소를 알 수 없었던 뜻	거절자가 그 청구에 응하지 아니함
청구를 하였거나 이를 할 수 없었던 장소 및 연월일	서울특별시 중구 을지로 2가 181 한국외환은행본점 서기 2018년 5월 10일
거절증서작성의 장소 및 연월일	서울특별시 중구 을지로 2가 50 OOO공증인합동사무소 서기 2018년 5월 12일
법정장소 이외의 지역에서 거절증서를 작성하는 때에는 거절자가 이를 승낙한 것	승낙하였음
지급인이 어음법 제24조 1항 전단의 규정에 의하여 제2의 제시를 할 것을 청구한 때에는 그 뜻	서기 2018년 6월 10일 내로 지불하겠음

서기 2018년 5월 12일
서울특별시 중구 을지로 2가 50

서울지방검찰청소속
공증인

성명   ㉙

추심은행의 책임

(1) A은행이 D/A 조건의 추심서류를 수입업자에게 인도하였는데 D/A 만기일에 수입업자가 대금을 지급하지 않아서 그 사실을 추심의뢰은행(remitting bank)에 통보하였다. 추심의뢰은행은 추심은행(A은행)의 보증하에 수입업자에게 서류를 인도하라는 특별조건이 추심지시서(collection instruction)에 있으므로 수입업자의 결제 여부에 관계없이 추심은행이 대금을 지급해야 한다고 주장하였다. A은행이 추심지시서를 다시 살펴보니 다음과 같은 특별조건이 기재되어 있었다.

"Release documents against drawee's acceptance with your guarantee"

이처럼 추심은행의 보증하에 수입업자에게 서류를 인도하라는 추심지시서의 특별조건은 적절하지 않은 지시이므로 추심은행은 이의 삭제를 추심의뢰은행에 요청했어야 했다. 추심은행이 이를 간과하고 서류를 수입업자에게 인도한 실수를 한 것이다.

이러한 특별조건이 있으면 추심은행은 신용장개설은행과 똑같은 책임을 지게 된다. 위의 경우 추심의뢰은행이 그와 같은 특별조건을 추심지시서에 기재할 때에는 사전에 추심은행의 동의를 밟아야 한다는 절차를 생략한 것이므로 추심은행은 이의 부당성을 주장하여야 한다.

(2) 또 다른 사례로서 우리나라의 한 추심은행이 자신의 보증하에 서류를 수입업자에게 인도하였다가 수입업자의 파산으로 이집트의 추심의뢰은행으로부터 추심대금의 지급을 요구받은 사건이 있었다. 이 사건에서 추심은행은 그와 같은 지시를 사전동의없이 추심지시서에 기재한 것은 부당한 것이라고 주장하여 추심의뢰은행의 주장을 묵살하였다. 다행히 추심의뢰은행이 이를 수긍하고 별도로 소송을 제기하지 않아 문제가 해결되었지만, 만일 그 의뢰은행이 소송을 제기하였다면 추심은행에도 일부 책임이 있는 것으로 판결이 날 가능성도 있었다.

이처럼 D/A, D/P조건에서는 은행의 책임이 없다는 원칙만 믿고 추심지시서의 내용을 소홀하게 검토하였다가 큰 어려움에 빠질 수 있다.

출처: KITA.NET

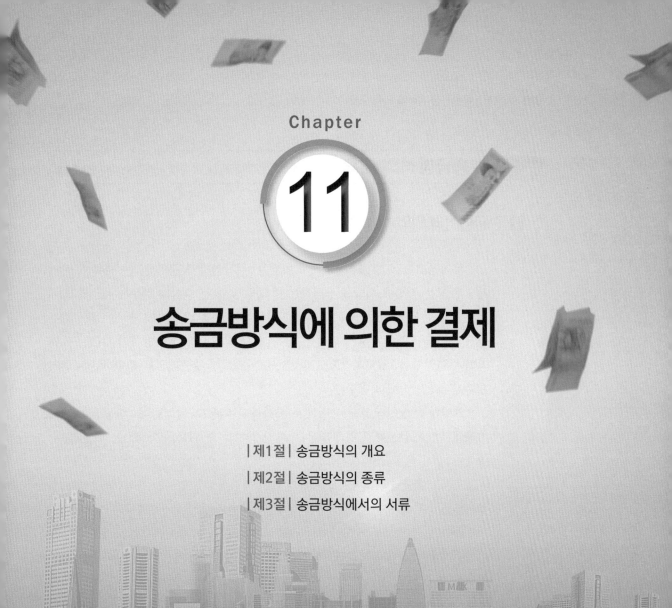

Chapter

11

송금방식에 의한 결제

| 제1절 | 송금방식의 개요

| 제2절 | 송금방식의 종류

| 제3절 | 송금방식에서의 서류

한때는 무역하면 신용장을 떠올릴 정도로 대부분의 무역거래는 신용장을 이용해서 대금결제가 이루어졌다. 그러나 늘 효율과 경제성을 추구하는 무역업자들은 이제 송금방식을 가장 많이 이용하고 있다. 당사자 간의 신뢰만 전제된다면 송금방식은 비용을 절약하고 결제절차도 매우 간단하여 효율적인 방식이 될 수 있다.

제 1 절 송금방식의 개요

1 송금방식의 의의

무역거래에서 송금(remittance)방식은 수입업자가 물품 또는 서류를 받기 전·후 또는 동시에 대금을 송금하는 방식을 말한다. 추심의 경우는 채권자가 채무자에게 먼저 채무의 변제를 요청하는 환어음 등을 보내지만 송금은 채무자가 먼저 채무금액을 결제하게 된다. 신용장 방식 및 D/A·D/P 방식의 거래는 채권자인 수출업자가 채무자 앞으로 환어음을 발행하여 수출대금을 회수하는 것이기 때문에 추심방식에 해당된다.

그런데 추심방식결제는 절차가 복잡하고 비용도 발생한다. 신용장 방식의 거래에서는 개설은행의 지급확약 등 여러 가지 은행 업무를 이용하는 데 따라 수수료가 많이 들고 매매당사자와 은행 간의 복잡한 법률관계가 등장하게 된다. D/A·D/P 방식의 거래에서도 비록 은행의 지급확약은 없지만 추심의뢰은행이 추심서류를 송부하는 등 일정한 추심절차가 따르며 상당한 추심수수료가 소요된다.

반면 송금방식의 거래에서는 수출업자가 화물을 찾을 수 있는 운송서류를 수입업자에게 직접 송부하고, 수입업자도 수입대금을 수출업자에게 직접 송금하기 때문에 은행의 지급확약이 필요 없을 뿐더러 은행의 서류송부절차 등도 생략된다. 송금 과정에 관여하는 은행도 송금은행 및 지급은행 뿐이어서 송금방식은 다른 결제방식에 비해 금융비용이 적게 들며 결제과정이 매우 간단하다.

그러나 송금방식의 거래에서는 은행의 지급확약이 따르지 않기 때문에 대금회수불능의 위험이나 상품입수불능의 위험이 발생할 수 있다. 이는 송금 시기에 따라 달라질 수 있는데 만약 사전에 송금하기로 약정하였다면 수입업자는 계약물품을 정확히 받아볼 수 있을지 불안하고, 사후에 송금을 하기로 한다면 수출업자가 대금을 받을 수 있을지 불안하게 된다.

이런 이유로 송금방식은 두 당사자가 서로 믿을만한 관계이거나 본·지사 간의 거래인 경우에 많이 활용된다. 특히 본·지사 간의 거래는 일정 기간 상호약정에 따라 장부상으로 결제하고 만기일에 그 차액만을 송금함으로써 매번 결제하는데 따른 금융수수료를 절약하고 있다.

최근 우리나라의 수출 패턴이 본사와 해외 지사 간의 거래 형태가 많아짐에 따라 송금방식에 의한 결제가 증가하고 있다. 또한 통신환경의 발달로 신용조회가 원활해지고 매매당사자 간에 실시간 의사교환이 가능해지면서 상대방 신용에 대한 불확실성이 감소한 것도 송금방식이 증가하고 있는 한 배경이 되고 있다.

② 송금수단

송금방식에서 사용되는 외국환을 송금환이라 하는데 여기에는 송금수표, 우편송금환 및 전신송금환이 있다.

(1) 송금수표(Demand Draft)

송금수표는 제2장에서 이미 설명한 바와 같이 채무자가 채권자에게 채무액을 지급하기 위해 외국환은행에 원화나 외화를 지급하고 이를 채권자에게 송금해주기 위해 사용하는 수표로 'Money Order'라고도 하는 외국환의 일종이다.

무역거래에서는 개인발행수표는 위험하므로 주로 은행수표(banker's check)가 사용된다. 수입업자가 거래은행에 수입대금을 납부하고 송금수표로 교환해 줄 것을 요구하면 외국환은행은 수출업자를 수취인(payee)으로 하고 수입업자 거래은행의 해외 본·지점 혹은 환거래은행을 지급은행(drawee)으로 하는 송금수표를 교부해 준다. 그런 다음 지급은행에게 송금수표발행통지서(drawing advice)를 송부한다. 수입업자는 송금수표를 수출업자에게 우송함으로써 수입대금을 결제하게 된다. 수출업자는 이 송금수표를 지급은행에 제시하여 수출대금을 회수하게 되는데 지급은행은 송금은행에서 보내온 송금수표 발행통지서와 수취인이 제시한 수표를 대조한 후 수취인에게 지급한다.

송금수표는 발행은행이 지급은행 앞으로 직접 우송하는 것이 아니고 수입업자가 수출업자에게 보내기 때문에 위조나 분실의 우려가 있다. 이에 따라 수출국의 지급은행은 수출업자가 제시한 송금수표와 수표발행은행이 보낸 수표발행통지서를 상호 대조하여 이상이 없으면 현금을 지급한다(〈그림 11-1〉 참조).

그림 11-1 송금수표의 결제구조

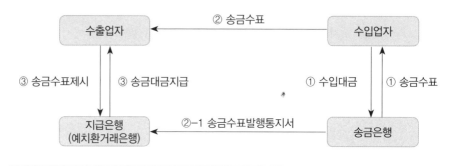

사례 11-1 개인수표의 위험

A사는 수입업자와 상품대금을 개인수표로 결제한다는 수출계약을 체결하였다. 그후 A사는 수입업자로부터 개인수표를 송부받고 상품을 선적하였다. 그런 다음 A사는 이 개인수표를 거래은행에 추심의뢰하였는데 2개월 후 수표가 발행자 예금계정의 잔액부족으로 부도반환되었다.

개인수표는 우리나라의 당좌수표나 약속어음에 해당하는 것으로 발행자의 예금잔액이 부족하면 이처럼 부도처리된다. 따라서 수출업자는 개인수표가 추심이 끝나 대금을 수령할 때까지는 아직 수출대금을 회수한 것이 아니라는 점을 염두에 두어야 한다. 개인수표는 이처럼 부도의 가능성이 있으며 Banker's check, Money Order 등의 은행수표도 위, 변조된 수표나 분실신고된 수표일 수 있으므로 수표보다는 은행을 통해서 송금을 받는 것이 안전하다.

자료: KITA.NET

(2) 우편송금환(Mail Transfer)

우편송금환이란 수입업자가 수출업자에게 수입대금을 결제하기 위해 일정 금액을 은행에 위탁할 경우 사용되는 수단을 말한다. 수입업자가 거래은행에 수입대금을 위탁하면서 수출업자에게 지급해주도록 요청하면 수입업자 거래은행은 수출업자가 소재하는 외국환은행 앞으로 수출업자에게 일정 금액을 지급해주도록 지시된 지급지시서(payment order)를 우편으로 보낸다. 지급지시서를 받은 은행은 수출업자의 신분을 확인한 후 수출대금을 지급하고 이 대금은 지급지시를 한 수입국 은행의 예금계정에서 인출한다.

그림 11-2 　우편송금환의 결제구조

　　우편송금환은 수입국 은행이 지급지시서를 우편으로 수출국 은행 앞으로 보내기 때문에 분실위험 및 이자 부담 등이 따르게 된다. 즉 수입업자가 거래은행에 수입대금 지급을 위탁하는 시점과 수출업자가 수출대금을 찾아가는 시점 사이에는 우편일수만큼 차이가 나기 때문에 이 기간 동안 이자를 누가 부담해야 하는가를 사전에 약정해야 한다. 따라서 우편송금환은 소액의 송금 거래 시 주로 이용되고 있다(〈그림 11-2〉 참조).

(3) 전신송금환(Telegraphic Transfer)

　　우편송금환과 원리는 동일하지만 지급지시를 전신으로 한다는 점에 차이가 있다. 수입업자가 수입대금을 수출업자에게 지급해 주도록 일정 금액을 거래은행에 위탁하면, 거래은행은 이를 전신으로 수출지 외국환은행 앞으로 통지를 하고 수출업자는 즉시 수출대금을 회수할 수 있다.

　　전신송금환을 이용할 경우에는 전신 그 자체가 지급지시서 역할을 하기 때문에 이를 취급할 때는 기재사항 등을 면밀히 검토해야 한다. 전신송금환은 당일 또는 그 다음 날 결제되기 때문에 이자 문제가 발생하지 않으므로 무역거래에서는 거액의 송금 시 혹은 시급한 경우에 많이 사용된다. 전신송금환은 신속히 결제되고 유리한 환율이 적용되기 때문에 수출업자들은 전신송금환을 선호하지만 수입업자의 경우에는 전신료 부담이 따르게 된다.

　　무역거래에서 가장 많이 사용하는 것은 전신송금환이다. 전신송금환을 이용해서 결제하는 경우를 실무상 "T/T base"라 하는데 대금결제과정이 단순하기 때문에 활용도가 높다. 전신송금환에 의한 결제과정은 〈그림 11-3〉과 같다.

그림 11-3   전신송금환에 의한 결제

① 수입업자가 수입대금을 결제하기 위해 일정 금액을 수출업자에게 송금해 줄 것을 거래은행(송금은행)에 의뢰한다.

② 송금은행은 수출업자가 소재하는 지역의 환거래은행을 지급은행으로 지정하여 수출업자에게 일정 금액을 지급할 것을 전신으로 지시한다.

③ 지급은행이 수출업자에게 송금도착통지를 하면 수출업자는 이 통지를 받는 즉시 수출대금을 회수할 수 있다.

사례 11-2   위조된 송금증명서

　남아프리카공화국의 바이어는 한국과 거래경험을 내세우면서 최근 어떤 물품이 시급히 필요하다며 DHL 등을 통해 바로 송부해 달라고 C사에 요청했다. 그러면서 대금지급은 T/T로 하겠다고 약속했다. 그 후 바이어는 대금지급을 T/T로 송금했고 이에 대한 송금증명서를 C사의 팩스로 보냈다면서 물건 송부를 요청했다. C사는 바이어가 보내준 송금증명서만 믿고 DHL을 통해 샘플을 송부했다. 그런데 물건을 보내고 난 후 송금 여부를 은행에 문의해도 돈이 입금되지 않았다. 사실 여부 확인결과 남아공 바이어가 보냈다는 송금증명서는 위조된 것이며, 보내준 물품 또한 회수가 불가능해 결국 사기를 당했다. 남아공의 바이어는 유령업체였을 뿐만 아니라 송금은행 또한 존재하지 않는 은행이었다.

　KOTRA 관계자는 "정상적인 무역거래로 위장하고 현지 은행과 결탁 등을 통해 위조·부도수표 등을 발행하거나, 수출업체가 바이어로부터 대금 지불 관련 증명을 이메일 등으로 수신하고 난 후 그 진위 여부 확인에 소홀하다는 점을 악용한 사례다."라고 말했다.

자료: kr.ecplaza.net

제 2 절　송금방식의 종류

　　송금방식의 결제는 이에 대한 국제규범이 달리 존재하는 것이 없으므로 선적이나 서류조건 등이 매매계약서상에 자세하게 나타날 필요가 있다. 세계적으로도 그렇지만 우리나라에서도 신용장방식은 그 복잡성과 거래비용 등으로 인해 점차 이용도가 낮아지는 반면에 송금방식은 소량의 빈번한 주문이 이루어지는 전기전자제품을 중심으로 가장 많이 이용되는 결제방식이 되고 있다.

　　송금방식은 사전송금과 사후송금으로 구분된다. 사전송금방식은 수입업자가 선적 전에 수입대금 전액을 수출업자에게 송금하는 선불조건이다. 그리고 사후송금방식은 수입업자가 수입물품의 인도와 동시에 또는 일정 기간이 지난 뒤에 수입대금을 송금하는 방식으로 우리나라에서는 이를 '대금상환도 조건'이라 한다.

　　무역거래에서 송금결제조건은 다음과 같은 몇가지 종류가 있다.

(1) 사전송금(Cash with Order: CWO, Cash in Advance)

　　사전송금은 수입업자가 물품을 받아보기 전에 미리 대금을 수출업자에게 송금해주는 선불(cash in advance) 방식을 말한다. 따라서 수출업자는 선적 전에 수출대금을 받을 수 있다. 지불수단은 은행어음이나 개인수표, 혹은 수출업자가 지정하는 계정에 대한 전신송금으로 이루어진다. 수표를 받았을 경우에는 선적하기 전에 수표를 추심하여 결제된 것을 확인한 다음 선적하는 것이 안전하다.

　　대금지불이 선적 전에 이미 이루어지기 때문에 수입업자 입장에서는 선적이 지연된다거나 물품의 품질이 열등한 경우 그 해결을 수출업자의 상도의에 의존할 수밖에 없다. 수입업자 입장에서는 이처럼 위험이 매우 높기 때문에 다른 결제방식이 불가능할 경우에만 수용할 수 있는 조건이다.

　　본·지사 간 거래가 아닌 일반적인 거래에서 수출업자가 이 방식을 요구할 수 있는 상황은 상품이 독보적이어서 매우 수요가 높은 경우나 경제·정치적 상황이 불안정한 국가에서 주문을 받을 경우이다. 또한 소량의 견본주문을 받을 경우나 대형 수입업자가 중소규모 수출업자에게 제조비용을 지원하기 위해 선급금을 지급하기 위해서도 사용될 수 있다. 그 밖에 소규모의 신규거래이거나 매수인이 추심이나 신용장거래에 따르는 환수수료 등을 지불하려고 하지 않는 경우 등에 이용될 수 있다.

사전송금방식은 수출업자에게는 매우 유리한 방식이지만 수입업자에게는 그만큼 위험이 따르기 때문에 수출업자가 대기업이거나 소액의 거래 시 이용되고 있다. 따라서 수출업자가 이 조건을 제시하고자 한다면 선불조건을 고수할 만큼 시황이 "seller's market"인지 또는 수입업자가 미리 대금일부를 지불할 용의를 가지고 있는지 등을 고려해보아야 한다.

반대로 수입업자가 이 조건을 제시받는 경우에는 수출업자가 계약조건을 준수하고 약정된 물품을 선적할 것인지, 또한 만일 물품이 주문대로 선적되지 않은 경우에는 어떤 구제조치를 취할 수 있는지를 생각해보아야 하며 수출업자 국가의 경제적, 정치적, 사회적 불안정으로 인해 수출업자가 약속대로 선적할 수 없는 가능성에 대해서도 고려해야 한다(〈그림 11-4〉 참조).

그림 11-4 사전송금방식의 결제구조

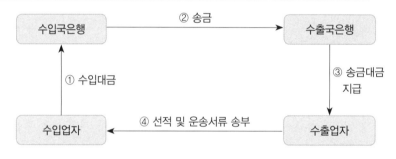

판례 11-1 선불조건의 위반[1]

독일의 매도인(원고)은 오스트리아의 매수인(피고)2명과 보석 매매계약을 체결하였다. 본 계약에는 매수인이 물품대금을 선불해야 한다는 점을 규정하고 있었다. 그러나 매수인이 이를 이행하지 않자 매도인은 세 차례에 걸쳐 이를 상기시켰고 매수인에게 대금지급을 위한 추가기간을 설정해 주었으나, 매수인은 물품인도 후 대금을 지급하기로 합의하였다며 선불을 거절하였다.그러자 매도인은 매수인의 계약위반에 의하여 이익의 상실이 발생하였다며 그 지급을 청구하였다.

독일법원(항소법원 및 대법원 판결도 동일함)은 선불조건을 위반한 것은 매수인의 계약위반이므로 매도인의 이익상실분을 배상하여야 한다고 판결하였다. 즉 매수인이 선불 의무를 위반한 경우, 선적이 일어나지 않아 비록 물품대금은 지급하지 않더라도 계약파기로 인한 매도인의 이익상실분은 배상하여야 한다는 것이다.

1) Austria : Oberster Gerichtshof, 1 Ob 292/99v, 28 April 2000 : A/CN.9/SER.C/ABSTRACTS/37, 27 May 2003, Case 427.

(2) 사후송금

수출업자가 물품을 먼저 선적하여 보내고 물품대금은 그 이후에 수령하는 결제방식이다. 수출업자의 입장에서는 물품을 보냈지만 대금을 회수하지 못할 수도 있고, 물품인수를 거절당할 수도 있다는 점에서 불리한 결제조건이다.

사후송금방식은 러시아, 베트남 등과 같이 신용장개설 및 환 결제에 어려움이 많은 지역과 과다한 인지세로 인하여 대금결제 시 환어음의 발행을 꺼리는 일부 유럽지역(이탈리아 등)으로 수출할 때 종종 이용되고 있다(〈그림 11-5〉 참조).

> **그림 11-5**   사후송금방식의 결제구조

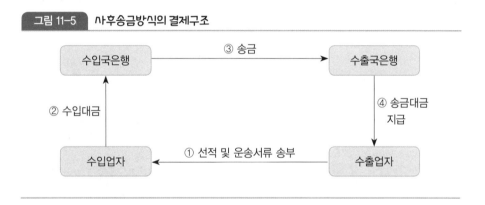

1) 현물상환방식(Cash On Delivery: COD)

현물상환방식은 물품과 현금을 직접 서로 바꾸는 결제방식을 말한다. 통상적으로 수출업자가 물품을 선적한 후 수입업자 소재지에 있는 자신의 지사나 대리점 앞으로 선적서류를 보낸다. 그러면 대리인은 이 선적서류를 받아 상품을 수입통관하고, 수입업자는 현지에서 물품의 품질을 확인한 후 대금을 지급하고 물품을 찾아간다. 수출업자의 대리인은 이 대금을 본국의 수출업자에게 송금하게 된다.

따라서 현물상환방식은 수입국가에 수출업자의 대리인이 있는 경우에만 가능하며 주로 귀금속 등 고가품과 같이 직접 물품을 검사하기 전에는 품질을 정확히 파악하기 어려운 경우에 활용된다. 이 방식에서는 특별히 대금회수에 따르는 위험은 없지만 만일 매수인이 물품검사 후 인수를 거절하면 다른 판매처를 찾아 물품을 처분해야 하는 어려움이 있다.

이 방식의 결제는 다음 〈그림 11-6〉과 같이 이루어진다.

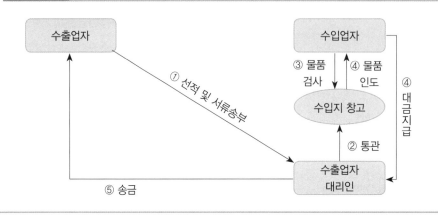

그림 11-6   현물상환방식의 결제

① 수출업자는 수입지에 있는 자신의 대리인을 수화인으로 하여 물품을 선
   적하고 대리인 앞으로 선적서류를 송부한다.

② 수출업자의 대리인은 물품을 수입 통관하여 창고에 보관한다.

③ 수입업자는 직접 현품을 검사한다.

④ 수입업자는 물품에 이상이 없을 경우 대금을 지급하고 물품을 인수한다.

⑤ 수출업자의 대리인은 대금을 수출업자에게 송금한다.

2) 서류상환방식(Cash against Documents: CAD)

서류상환방식은 물품 대신 물품을 찾을 수 있는 서류와 상환하여 대금을 지
급하는 방식을 말한다. 수출업자가 물품을 선적하고 수입업자 또는 수출국에 소
재하는 수입업자의 대리인이나 지사에게 선하증권 등 운송서류를 제시하면 서류
와 상환하여 대금을 결제한다. 이 방식의 거래에서는 수입업자의 지사나 대리인
이 수출국 내에서 물품의 제조과정을 점검하고 수출물품에 대해서 선적 전 검사
를 실시한다. 이 방식의 경우 수출업자의 입장에서는 이미 선적을 마쳤는데 수입
업자의 대리인이 서류인수를 거절하면 반송문제 등으로 어려움을 겪을 수 있다.

그런데 서류상환방식의 거래에서 수출업자가 운송서류를 외국환은행을 통
하여 수입업자에게로 송부하면 형식적으로 지급도조건(D/P)과 유사하다. 즉 D/
P거래에서는 수출업자가 외국환은행을 통해 운송서류가 첨부된 환어음을 송부하
면 수입업자는 반드시 수입대금을 지급하고 환어음과 운송서류를 찾아가기 때문
에 이 점에서 두 방식은 서로 비슷하다.

그러나 D/P 방식에서는 수출업자가 환어음을 발행하지만 서류상환방식에서는 환어음 없이 운송서류와 수입대금이 서로 상환된다. 유럽에서는 환어음을 주로 사용하지 않기 때문에 서류상환방식을 흔히 "유럽형 D/P"방식이라고도 한다. 수입업자의 대리인은 대금과 상환으로 서류를 받는 즉시 수입업자에게 이를 발송하여 수입통관을 하도록 한다.

서류상환방식에 의한 결제는 다음의 〈그림 11-7〉과 같이 이루어진다.

그림 11-7 서류상환방식의 결제

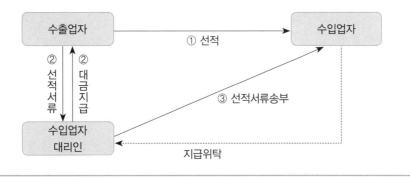

① 수출업자는 수입업자 앞으로 물품을 선적한다.
② 수출업자는 선적서류를 수출지에 있는 수입업자의 대리인에게 인도하고 동시에 수입업자의 대리인은 대금을 지급한다.
③ 수출업자는 수입업자에게 선적서류를 송부한다.

3) O/A(Open Account)

오픈 어카운트(open account)는 본지사 간 거래나 신용거래가 보편화된 유럽지역 등에서 많이 이용하는 외상거래조건이다. 계약서상 "O/A 60days"와 같이 표현하여 수출업자가 물품을 선적·송부한 후 60일 후에 대금 결제가 이루어지는 후불조건을 의미한다. 수출업자는 물품선적후 선적관련서류를 수입업자에게 직접 송부하며 선적사실을 통지하는 시점에서 상업송장상의 금액을 수출업자는 채권으로, 수입업자는 채무로 각자 장부상에 기록한다.

그런데 이 방식이 우리나라에서는 본래의 개념과는 조금 다른 방식으로도 이용되고 있다. 주로 국내의 신용도가 매우 높은 대기업들이 은행과 O/A약정을

맺고 선적 후 그 수출채권을 담보로 하여 은행에 수출사실을 통지하고 수출신고
필증과 상업송장, 선하증권의 사본 등 수출증빙서류를 제시하면 은행이 선급금
융을 제공한다. 그리고 나중에 수출대금이 은행의 구좌로 입금되면 선급액과의
정산이 이루어지는 형태이다. 이는 수출업자의 높은 신용을 기반으로 이루어지
는 일종의 송장금융(invoice financing)이라 할 수 있다.

제 3 절 송금방식에서의 서류

1 서류의 의의

"서류(documents)를 좋아하지 않는 사람은 무역업을 하지 말아야 한다. 무역
거래는 서류게임이다[2]"란 말이 있듯이 하나의 무역거래에는 많은 서류들이 발생
한다. 대부분의 서류들은 물품을 선적한 증거로 수출업자가 준비하여 은행을 통
해서나 혹은 직접 수입업자에게 송부한다. 특히 서류거래의 성격을 갖는 신용장
거래에서 서류의 중요성은 이미 앞에서 살펴보았다(제2부 신용장방식에 의한 결제).
그러나 무신용장방식인 송금방식이라고 해서 서류의 중요성이 간과될 수 있는
것은 아니다.

수출업자가 수입업자에게 제공하는 무역서류의 기본적인 기능은 물품의 명
세, 즉 성분, 품질, 수량, 포장상태, 원산지 등 물품의 제반 속성을 나타낼 뿐 아
니라 수출업자가 매도인으로서 자신의 계약적 의무를 이행했음을 입증하는 데
있다. 여기에 더하여 선하증권과 같은 서류는 운송중 물품의 권리를 자유롭게 전
매하고자 하는 당사자들의 의사를 반영하여 물품에 대한 소유권을 표창한 권리
증권(document of title)[3]의 지위를 확보하였다.

원격지거래의 특성상 상당한 운송기간이 소요되는 무역거래에서는 당사자
들이 이 기간 동안에도 관련서류를 이용하여 물품을 계속적으로 처분하거나 금

---

2) ICC, Guide to Export-Import Basics, 2nd edition, ICC Publishing Inc., 2003, p.18.
3) 권리증권은 증권의 소지자에게 물품의 소유를 증명하고 수취, 보유, 처분권을 주는 서류로 선하증권
　　(Bill of Lading), 창고증권(Warehouse Receipt 혹은 Warehouse Warrant), 부두증권(Dock Warrant
　　혹은 Dock Receipt) 등이 이에 해당한다.

융기관으로부터 무역금융을 사용하기도 한다. 예를 들어, 상업송장(commercial invoice)은 물품의 계약일치성을 증명하는 서류로 수출업자가 수출채권을 행사하는 데 중요한 수단이 되며, 선하증권은 물품의 상징(symbol)으로서 수입업자가 도착화물을 인수하는 데 필수적인 서류가 되고 있다.

2 송금방식에서의 서류요건

신용장방식인 경우에는 신용장자체에 수익자가 대금지급을 받기 위해 제출해야 할 서류의 종류, 서류의 형식, 서류제시기일, 제시방법 등을 내용(조건)으로 명시하게 되며 수출업자는 신용장의 수익자로서 이에 일치하는 서류를 준비하여 신용장유효기일 내에 신용장에 지정된 방식으로 제출하여야 대금을 받을 수 있다. 따라서 신용장방식의 결제에서는 수출업자가 제공해야 할 서류가 분명해진다.

또한 제시된 서류의 적합성을 판단하는 기준이 신용장통일규칙(UCP)에 의해 확립되어 있다. 동 규칙에서는 서류가 갖춰야 할 요건에 관하여 서류의 원본성, 운송수단별 운송서류의 요건, 상업송장, 보험서류의 요건, 서류검토은행이 서류와 신용장조건과의 일치성을 판단하기 위해 적용하는 원칙과 해석기준 등을 중심으로 상세히 규정하고 있다.

그런데 송금방식을 비롯하여 무신용장방식의 경우에는 서류에 대한 별도의 확립된 규범이 없으므로 CISG(국제물품매매계약에 관한 UN협약)나 Incoterms에서 규정하고 있는 매도인의 서류교부의무에 관한 내용이 일반적인 기준과 원칙이 될 것이다. 그렇다고 하여 서류의 중요성이 간과될 수 있는 것은 아니다. 어느 결제방식에서든 무역서류들은 수입지에서 수입업자가 화물을 인수하고 수입통관을 하고 필요에 따라 처분함에 있어 없어서는 안될 수단이기 때문이다.

송금방식에서 선적서류들은 은행을 경유하지 않고 수출업자가 직접 수입업자에게 송부하게 된다. 서류의 이동과정에 은행의 서류검토과정이 생략되고 수입업자가 직접 서류일치성을 판단하게 되므로 서류일치성의 판단에 있어 제3자의 객관적인 판단보다 수입업자의 판단이 중요한 의미를 지니게 됨을 시사한다.

그러므로 서류와 관련한 오해와 분쟁을 방지하기 위해서라도 송금방식으로 결제가 이루어지는 경우 매매당사자들은 수출업자가 제공해야 할 서류의 종류와 통수, 각 서류가 갖추어야 할 요건 등을 분명히 명시하는 것이 바람직하다.

사례 11-3　송금방식에서의 서류

주방용기를 만들어 수출하는 한국의 M사는 사우디아라비아의 K사와 신규수출계약을 체결하고 대금결제와 관련하여 일부는 L/C로 하고 나머지는 T/T로 하기로 하였다. K사는 선적 3일 전에 송금은행 T/T사본을 팩스로 보내왔고, 이에 따라 M사는 제품을 선적하였다. 대개의 경우 T/T 송금 후 3일이면 은행으로부터 입금사실이 통보되는데 1주일이 지나도록 입금이 되지 않았다.

K사는 미국의 테러 사건으로 인한 사우디 정부의 감찰로 송금한 금액이 되돌아왔다고 하면서 조만간 한국을 방문하여 대금을 지불하든지, 아니면 직접 받으러 오는 등의 좋은 방법을 찾아보자는 호의적인 반응을 보였다. 이와 함께 K사는 선적서류를 팩스로 송부하여 달라고 요청하였고 M사는 순순히 선적서류를 송부하였다.

그러나 이후에도 대금결제는 이루어지지 않았고, 사우디아라비아에 방문하여 알아보니 이미 은행으로부터 송부된 사본서류로 Shipping Guarantee를 받고 제품을 통관하여 물건을 판매하고 있었다. 이에 M사는 K사로 찾아가 대금결제를 요청했으나 제품하자를 이유로 거절당하였고, T/T관련서류도 해당 은행에 찾아가 확인한 결과 서류가 위조된 것임을 확인하였다.

자료: KITA.NET

③ 수출업자의 서류제공의무

무역계약에서 물품과 관련된 서류교부의무는 물품인도의무 및 물품의 소유권 이전의무와 함께 매도인이 이행하여야 할 핵심적인 의무이다. 국제물품매매계약에 관한 국제연합협약(CISG)에서는 물품인도의무와 함께 서류를 교부해야 할 매도인의 의무를 다음과 같이 규정하고 있다(협약 제30조).

> The seller must deliver the goods, hand over any documents relating to them and transfer the property in the goods, as required by the contract and this Convention

또한 물품에 관한 서류를 교부하여야 하는 경우, 매도인은 계약에서 정한 시기, 장소 및 방식에 따라 이를 교부하여야 한다. 이처럼 무역거래에서는 물품만

이 아니라 서류가 중요한 기능을 하고 있기 때문에 관련서류도 적기에 적합한 형태로 매수인에게 교부되어야 매도인은 완전하게 자신의 의무를 이해한 것이 된다.

④ Incoterms(2010)

(1) 각 규칙에서의 서류제공의무

Incoterms® 2010에서는 EXW조건을 제외하고 각 조건에 따라 매도인이 제공 해야 하는 서류를 규정하고 있다. 제공서류에는 필수적으로 제공해야 하는 서류 와 협조제공서류가 있다. 예를 들어, 상업송장과 인도증명서류 등은 필수서류로 기본적으로 제공해야 할 서류이며 제3국을 통과하는데 필요한 서류 등 매수인의 요청에 따라 매수인의 위험과 비용부담으로 제공해야 하는 협조서류들이 있다.

예를 들어, CIF 규칙의 제8조에는 매도인이 인도해야 할 서류요건을 다음과 같이 규정하고 있다.

A8 Delivery document

The seller must, at its own expense provide the buyer without delay with the usual transport document for the agreed port of destination. This transport document must cover the contract goods, be dated within the period agreed for shipment, enable the buyer to claim the goods from the carrier at the port of destination and, unless otherwise agreed, enable the buyer to sell the goods in transit by the transfer of the document to a subsequent buyer or by notification to the carrier. When such a transport document is issued in negotiable form and in several originals, a full set of originals must be presented to the buyer.

(매도인은 자신의 비용으로 합의된 목적항까지의 통상적인 운송서류를 지체없이 매 수인에게 제공하여야 한다. 이 운송서류는 계약물품에 대하여 발행되고, 약정물품 선적을 위하여 합의된 기간 내의 일자가 표시되어야 하고, 매수인으로 하여금 목적 항에서 운송인으로부터 물품인도를 요구할 수 있게 해야 한다. 그리고 별도의 합의 가 없는 한, 다음 매수인에게 그 서류를 양도함으로써, 또는 운송인에게 통지함으로 써 매수인이 운송 중의 물품을 전매할 수 있게 하여야 한다. 그러한 운송서류가 여러 통의 원본으로 발행되는 경우에는 매수인에게 전통의 원본이 제시되어야 한다.)

매도인이 전자수단을 이용하여 서류를 준비하고 이를 전자적으로 송부하는 일이 점점 통상적인 일이 되고 있다. 인코텀즈2010은 새로운 전자적 절차의 진화와 그런 절차들이 계속 진화할 것이라는 점을 고려하여 당사자들이 합의하거나 관습적인 경우 EDI와 전자서류를 사용할 수 있도록 규정하고 있다.

이전의 인코텀즈 규칙에서는 EDI 메시지에 의하여 대체가능한 서류를 명시하였다. 그러나 Incoterms® 2010의 각 규칙 1조(A1/B1)에서는 당사자 간에 합의되었거나 관행이 있는 범위 내에서, 전자적 형태의 통신이 종이에 의한 통신과 동일한 효력을 부여한다고 규정하고 있다.

판례 11-2 **매도인의 서류교부의무**

매도인은 계약에 일치하는 물품을 인도하지 못했을 뿐만 아니라 하자있는 원산지증명서와 품질분석증명서를 제공했다. 품질증명서에 관하여 계약에서는 4부를 요구했는데 한 부만이 제공되었고, 원산지증명서의 경우 계약에서는 물품이 영국(UK)산임을 나타내는 것을 요구했는데 원산지증명서에는 원산지가 EEC로 기재되어 있었다. (그러나 물품은 실제로는 남아프리카공화국산이었다.)

이러한 하자에 대하여 법원은 본질적인 위반이 없다고 판결하였다. 서류상의 하자는 매수인이 계약하에서 기대했던 것을 본질적으로 박탈당하는 경우에만 성립하는데 이것은 서류만 갖고 볼일이 아니라 매수인이 그것을 취득하여 물품을 판매할 수 있는 올바른 서류를 취득할 수 있었는지의 여부도 고려되어야 하는 바 매수인은 현지에서 적합한 서류를 스스로 입수하였다는 점, 문제가 된 원산지 증명서는 후속판매와 가공에는 무관한 서류였다는 점 등을 고려할 때 결국 계약에서 매수인의 이익을 해한 것이 없다는 것이다. 이러한 이유로 법원은 매도인이 서류교부의무를 본질적으로 위반한 것이 아니라고 판단하였다.

출처: Cobalt Sulphate Case, Germany 3 April 1996 Supreme Court.

Chapter

12

국제팩토링과 포페이팅

|제1절| 국제팩토링

|제2절| 포페이팅

오늘날 팩토링은 매우 선진적인 금융기법으로 팩터는 종합적인 금융서비스를 제공하는 선도적인 은행이지만 초기의 팩터는 판매와 금융기능을 혼합한 상업대리인의 모습이었다. 이 대리인은 현지에서 장차 유행할 상품 등 시장동향을 예측해 매도인에게 보고하기도 했고 대금회수에 대한 지급보증과 선급금융 등 다양한 활동으로 상인을 보조하였다. 이들 가운데는 단순한 판매중개를 넘어 적극적으로 지급보증에 따르는 위험부담을 지면서 추가로 'del credere commission'이라는 지급보증수수료를 받기도 했다.

제 1 절 국제팩토링

1 국제팩토링의 개념

국제팩토링(International Factoring)은 수출업자와 수입업자 사이에 팩터가 개입하여 수출업자에게는 수출대금의 지급을 보증하고 수입업자에게는 신용을 공여하여 무역거래가 이루어지도록 하는 금융기법이다. 이 방식을 이용하게 되면 수출업자는 팩터로부터 수출대금의 지급보증뿐만 아니라 미리 팩터로부터 자금을 융자 받을 수 있어 자금 부담을 덜 수 있다. 그리고 수입업자도 팩터의 신용을 활용하여 기한부조건으로 수입할 수 있으므로 자기자금이 없거나 신용이 낮은 경우에도 수입이 가능하다. 국제팩토링은 수출업자를 기준으로 한 수출팩토링(export factoring)과 수입업자를 기준으로 하여 수입팩토링(import factoring)으로 구분해 부르기도 한다.

팩토링은 서구에서는 오랜 역사를 지닌 종합금융상품이다. 팩토링이 일반 상업금융과 다른 점은 공급자의 신용을 기반으로 하는 것이 아니라 특정 매출채권의 가치를 근거로 금융이 이루어진다는 점이다. 국제팩토링을 통해 수출업자는 후불송금방식(Open Account)의 외상수출거래에 의해 발생한 수출채권을 상환청구권없이 팩터에게 매각함으로써 신속한 자금회수 및 신용위험관리가 가능하며 수입업자는 팩터가 신용위험을 인수함으로써 원활하게 수입거래를 진행할 수 있는 등의 장점이 있다.

수출팩토링은 수출국의 금융기관이 수출업자에게 선급금융을 제공하는 한편 대금회수에 따른 리스크를 최종 인수하는 것이기 때문에 자금력과 함께 수입국 국가위험 및 수입자의 신용에 대한 평가 및 채권회수, 분쟁발생 시 국제소송의 수행 등 해외 리스크 관리능력이 요구된다. 그러나 국내 상업은행은 해외 리스크를 평가하고 관리할 수 있는 전문인력과 정보뿐만 아니라, 해외 수입자의 신용위험 인수 경험도 부족해서, 수출자 소구조건의 수출환어음매입은 선호하나 수출팩토링 업무는 취급을 기피하는 경향이 있다. 이런 이유로 현재 수출팩토링은 상업은행보다는 정책금융기관인 한국수출입은행에서 주로 취급하고 있는 실정이다.

팩토링 자체는 신용장이나 추심과 같은 결제방식이라기 보다는 미래에 받을 수출채권을 금융기관에 매도하는 것이기 때문에 무역금융에 가까운 성격을 띠지

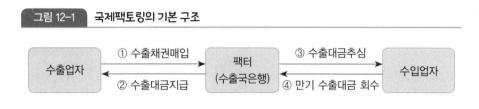

그림 12-1   국제팩토링의 기본 구조

만 팩토링이 이루어지기 위해서는 수입업자에게 미리 이 사실을 통지하고 승인을 받아야 되기 때문에 하나의 결제방식으로 볼 수 있다.

② 팩토링의 결제방식

팩토링이 이루어지는 방식에는 수출팩터가 단독으로 팩토링을 취급하는가 혹은 수입국의 팩터와 제휴하여 이루어지는가에 따라 직접방식과 제휴방식이 있다.

(1) 직접방식(One-Factor System)

직접방식은 팩토링의 초기부터 이루어지던 방식으로 단일의 수출팩터가 직접 해외수입자의 신용위험을 인수하고 해외수입자로부터 수출대금을 추심하는 방식이다. 글로벌 기업 등 신용도가 좋은 수입업자에 대한 반복적인 수출거래에 적합한 방식이다. 이 방식에 의한 대금결제는 〈그림 12-2〉와 같이 이루어진다.[1]

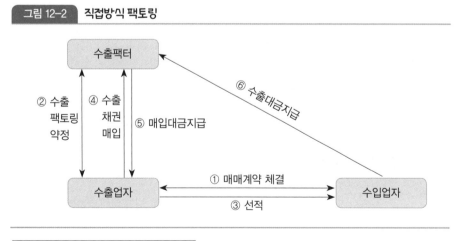

그림 12-2   직접방식 팩토링

---

1) 〈그림 12-2〉와 〈그림 12-3〉은 한국수출입은행의 수출팩토링을 기준으로 하였음.

(2) 제휴방식(Two-Factor System)

수출국의 수출팩터와 수입국의 수입팩터가 제휴하여 팩토링거래를 수행하는 방식이다. 팩토링의 초기에는 한 명의 팩터가 전체 서비스를 하였지만 팩토링이 국경을 넘어 확대되면서 수입국에서 신용조사 및 대금추심 등을 대행해줄 제휴선을 필요로 하게 되었고 이에 따라 제휴방식의 팩토링이 발달하게 되었다.

수입팩터가 수입업자의 신용을 승인해야 수출팩터는 수출업자와 팩토링약정을 하게 되며 수출팩터는 선급금융을 한 다음 수출업자로부터 양수한 수출채권을 수입팩터에게 재양도하게 된다. 수입팩터는 수입업자로부터 대금을 회수하여 수출팩터에게 송금한다. 그러나 만기까지 회수가 안되면 수입팩터가 수출팩터에게 대금지급을 하고 수입업자로부터 회수노력을 하게 된다. 이에 따라 대금회수에 대한 최종적인 위험부담자는 수입팩터가 되며 이는 마치 신용장거래에서 개설은행의 지위와 유사하다.

제휴방식에 의한 팩토링은 〈그림 12-3〉과 같이 이루어진다.

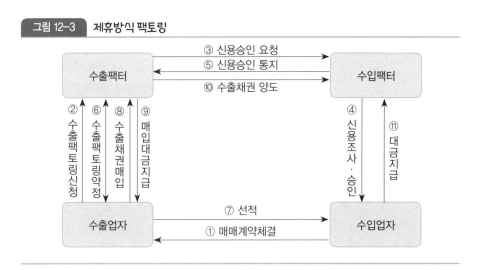

그림 12-3 제휴방식 팩토링

③ 팩토링의 역사

팩토링은 현대적 금융기법으로 인식되고 있으나 오랜 역사를 가진 금융방식으로 그 시작은 중세시대로 거슬러 올라간다.[2] 13~14세기에 스페인에서 유랑

---

2) Ruddy Noel, Simon Mills, et. al., *Salinger On Factoring*, 4th edit., London, Sweet & Maxwell,

하던 유대인들은 이탈리아에 와서 정착하였다. 당시에 유대인들은 땅을 소유하는 것이 금지되었던 반면에 돈을 대여하고 이자를 부과하는 대부업에 대해 현지인들이 천시하고 기피했던 덕에 자연스럽게 이들의 활동영역이 되었다. 이들은 토지소유자인 농부들을 대상으로 농장에서 수확하는 곡물들을 담보로 고리의 대출을 해주었고 다가오는 수확기에 수확될 곡물의 매매권을 구매했는데 점차 농부들뿐만 아니라 상인들에 대하여도 이러한 방식의 금융을 확대해 나갔다. 그리하여 금융업자들은 해외와 먼 지역의 무역항으로 선적되는 곡물채권, 즉 송장(Invoice)을 매매하는 새로운 금융산업인 팩토링을 만들어냈다.

판매자들은 먼 지역의 매수인에게 물품을 보내면서 보다 확실한 보증을 원했고 현지에 자신을 대리할 대리인을 두고자 했다. 이렇게 상업대리인으로 출발한 팩터는 현지에서 물품을 받아 보관하고 시황도 파악하면서 출하와 판매를 조절하고 시황보고도 하는 등 다방면으로 의뢰인인 매도인을 보조했다. 여기에 매도인은 좀 더 확실한 보장을 받고자 대리인에게 판매대금의 보증을 원했다. 현지사정에 정통하고 자금능력이 있는 대리인은 이 요구를 수용할 수 있었고 대신에 추가된 의무에 대한 지급보증수수료(Del credere Commission)를 요구했다. 이렇게 Factor는 초기의 단순한 판매대리인에서 금융기능을 추가하는 'Del Credere Agent'[3]의 형태로 발전하였다.

팩토링의 역사에서 또 다른 발전양상은 영국과 미국 간의 식민지무역에서 이루어졌다. 16세기를 거치면서 미국이 유럽의 식민지로 있던 시기에 유럽대륙으로부터 미국으로의 소비재수출이 증가하면서 유럽대륙의 수출자들은 현지 식민지 사정에 어두웠고 이에 미국에 대리인을 두고 거래를 하게 되었다. 식민지의 생활수준이 향상되면서 점점 더 소비재에 대한 수요 증가에 따라 유럽으로부터의 상품수입이 증가하면서 미국에는 대형 팩터들이 번창하게 되었다. 이들은 위탁판매조건으로 물품을 받아 현지에서 판매하면서 매도인에게는 대금을 미리 융통해주는 위치에 있었다. 이 때 팩터들은 마케팅, 보관 및 분배, 관리, 고객으로부터의 대금 회수 및 악성채무로부터의 보호, 그리고 금융기능 등과 함께 고객의 대금지급을 보증하는 지급보증대리인의 역할도 같이 하였다.

이처럼 식민지 초기부터 19세기 초중반까지 미국에서 팩터들의 활동은 매우 활발하면서 다각적이었다. 이 시기는 아직 미국 내에서 자체적인 제조업이 발

2006, pp.14-16.

3) del credere이란 이태리어로 'trust'라는 뜻이다.

그림 12-4   Factor's walk

▲ 서배너는 18∼19세기 미국의 식민지시절, 대표적인 남부의 상업항으로 당시 번성했던 노예무역
항이자 면화, 설탕 등 남부의 대농장들에서 수확된 플랜테이션 작물의 수출항이었다. 전성기에
팩터들은 유럽 대륙과 미국의 상인들을 연결하는 중요한 중간상이었다. 사진에서 보는 Factor's
Walk는 당시 팩터들이 부두를 따라 길게 늘어섰던 창고와 사무실 등을 바쁘게 오가던 장소이다.

자료: http://www.virtualtourist.com(by Dutchnatasja)

전되지 못한 단계였고 유럽에서 제조된 물품들이 판매된 반면에 면화, 목재, 모
피와 같은 아메리카식민지의 생산물은 유럽으로 수출되던 때였다. 이 모든 거
래의 중간에 팩터가 있었다. 지금도 미국 남부의 서배너(Savannah)나 찰스톤
(Charleston) 등 당시에 주요 무역항이었던 항구도시에는 'Factor's walk'와 같이 이
시대의 번창했던 무역 및 팩터들의 활동을 유추해볼 수 있는 장소와 건물들이 남
아 있다(〈그림 12-4〉 참조).

팩터들은 화물이 선적되고 나면 영국으로부터 출항하기 전이라도 즉시 자금
을 필요로 하는 매도인에게 자금을 선불하면서 그 이후 물품판매와 자금회수가
이루어질 기간에 대하여 할인료에 해당하는 이자를 받았다. 그리고 이런 식으로
생성된 팩토링은 이후 통상적인 금융관행으로 자리잡아갔다.

19세기말에 이르러 통신기술이 향상되고 운송속도가 향상되면서 견본판매
가 확산되었고 이제 물품은 제조업자, 상인으로부터 고객에게 직접 송부되었다.
자연스럽게 현지 팩터에게 물품을 보내고 팩터가 보관하면서 수시로 판매가 이
루어지도록 하는 위탁판매방식의 상업은 쇠퇴하기 시작되었다. 그러나 팩터가
제공하던 마케팅서비스는 중요성을 상실했다 하더라도 현지고객에 대한 팩터의
신용평가능력과 추심활동은 여전히 가치가 있었다. 이는 팩터가 기존 상업대리
인의 지위를 벗어나 순수한 금융업자로 역할과 기능이 바뀌게 됨을 의미한다.

이렇게 해서 오늘날의 팩터는 초기의 판매대리인이나 상업대리인의 기능을 제외한 순수한 금융업자로서의 성격을 가지게 된 것이다.

4 국제팩토링의 당사자

국제팩토링의 당사자는 기본적으로 수출업자, 수입업자, 수출팩터(export factor) 및 수입팩터(import factor)로 구분된다.

(1) 수출업자

수출업자는 팩터와 수출팩토링 거래약정을 체결하여 수출채권을 양도하고 선급금융을 제공받는다. 선급금융 외에도 수출채권의 대금회수를 보장받으며 무역정보, 장부관리, 고객관리, 경영정보 등의 경영서비스를 제공받는다. 수출업자는 팩터의 주된 서비스 대상이기 때문에 국제팩토링에서는 수출업자를 거래처, 클라이언트(client)라 하며 상품 또는 용역의 공급자(supplier), 매도인 등으로 부른다.

(2) 수입업자

수입업자는 수입팩터를 통하여 수출팩터에게 지급된 수입대금을 만기에 지급하게 되는 채무자(debtor)로 고객(customer)으로 불린다. 만일 수입대금을 지급할 자금이 부족할 때에는 수입팩터로부터 수입자금의 금융이 가능하며 이 밖에도 수입에 관련된 정보를 제공받는다.

(3) 수출팩터

국제팩토링의 가장 주축이 되는 당사자로서 수출업자로부터 수출채권을 양도받아 금융을 제공하고 수입팩터를 통해 수입업자로부터 대금을 회수한다. 또한 수출업자의 장부관리, 무역정보의 제공 등 수출관리서비스도 제공한다.

제휴방식의 팩토링에서는 이러한 금융 및 서비스 제공을 위해 수출팩터가 수입국의 수입팩터와 업무협약을 체결하고 수입업자의 신용조사를 의뢰한다. 신용조사에 이상이 없으면 수출업자의 수출채권을 인수한 후 신용한도 내에서 선급금융을 제공하게 된다. 그리고 직접방식에서는 수출팩터가 직접 수입업자로부터 대금을 회수한다.

수출팩터는 신용장 거래에서의 매입은행과 비슷한 역할을 수행하지만 상환청구권없이 수출채권을 양도받은 것이므로 대금만기일에 수출대금이 회수되지 않더라도 수출업자는 대금을 반환하지 않는다. 만일 제휴방식이라면 수출팩터는 수입팩터로부터 지급을 받게 되지만[4] 직접방식의 경우에는 현지 법규 및 소송절차 등을 거쳐 수입자로부터 직접 수출대금을 회수해야 한다.

수출팩터는 국제팩토링기구(FCI 등)가 제정한 규범하에, 전자문서 통신망(EDI)을 통해 수출팩토링업무를 수행하므로, 이 기구에 가입해야 팩토링서비스가 가능하다.

 FCI(Factors Chain International)

FCI는 1968년에 개별 팩터들을 위한 협회로 설립되어 암스테르담에 본부(Secretariat)를 두고 있다. 2018년 현재 90개국에 400개 회원사를 둔 세계적인 팩터들의 네트워크로 회원사들 간의 긴밀한 협력을 통해 국제팩토링의 80% 이상을 취급하고 있다. 한국은 한국수출입은행과 SC은행이 FCI의 회원사로 가입해 있다.

이외에 IFG(International Factors Group)라는 국제팩토링협회가 미국의 First National Bank of Boston과 영국의 Lloyds Bank가 중심이 되어 1963년에 설립되어 브뤼셀에 본부를 두고 운영해왔으나 2016년에 FCI로 통합되었다.

---

4) 수입팩터로부터 지급을 받기 위해서는 물품의 품질불량 등 수출자의 귀책사유가 없어야 한다.

(4) 수입팩터

국제팩토링에 관여하는 수입국의 팩토링회사를 수입팩터라 한다. 수입팩터는 수입업자에 대한 신용조사 및 신용승인을 하고 수출채권을 양수받아 대금을 회수하여 송금하는 업무 등을 주로 한다. 수입팩터의 신용조사결과에 따라 수출팩터는 수출업자에 대한 거래한도를 결정하므로 수입팩터의 신용조사기능은 중요하다. 만약 수출팩터가 해외에 지점망을 가진 경우에는 수입국에 주재하는 지점 또는 지사가 수입팩터의 역할을 담당하게 된다.

수입팩터는 수입업자가 지급불능시 수입업자를 대신해 자신이 신용승인한 한도 내에서는 대금을 지급해야 한다. 예컨대 수출팩터와의 팩토링약정에서 대금의 80%에 대해 승인했다면 이에 대해 지급책임을 지며 이 한도를 초과하는 20%의 대금에 대해서는 수출업자 스스로 대금회수에 나서야 한다.

5 국제팩토링의 효용

국제팩토링은 외상 송금(O/A)방식이나 D/A등의 결제조건에서 활용할 수 있으며 구체적으로 매매당사자에게 주는 효용을 살펴보면 다음과 같다.

(1) 수출업자의 효용

1) 대금회수의 안전성과 신속성

수출팩토링은 비소구조건으로 이루어지므로 해외수입업자의 파산이나 지급불능시에도 수출대금회수가 확실하다. 수출업자측이 매매계약조건대로 선적을 이행했으면 대금회수에 대한 위험은 수출팩토링에 의해 수출팩터에게 전가된다. 따라서 후불송금조건이나 D/A 조건의 수출에서 수출팩토링을 이용하게 되면 신용장방식에서처럼 대금회수에 대해 안심할 수 있다.

또한 수출팩터가 수출채권 매입 즉시 대금을 지급하므로 후불조건이지만 수입업자가 해당 수출대금을 상환할 때까지 기다릴 필요가 없다. 이렇게 신속하게 대금회수를 하면 운전자금관리가 원활해질 뿐만 아니라 환차손을 예방할 수도 있다.

2) 수입업자에 대한 신용조사

수출팩터나 수입팩터가 전문적인 방법으로 수입업자의 신용상태를 조사하기 때문에 수입업자의 신용정보를 사전에 입수하여 파악할 수 있다.

3) 적극적인 신규거래 시도

수출팩터의 지급보증과 수입업자에 대한 신용파악으로 과감하게 신규거래를 시도할 수 있다. 또한 수입업자에게 신용장발행에 따른 자금부담을 주지 않으므로 기존 거래처와의 거래규모를 확대할 수 있다.

4) 간단한 거래절차와 비용절감

신용장방식에 비해 실무상의 절차가 간단하다. 신용장방식의 단점 중 하나가 서류가 복잡하고 서류검토에 따르는 위험이 있다는 점인데 수출팩토링은 상업송장상에 팩터에게 수출채권을 양도하는 취지의 문구를 기재하여 제출하고 선적서류들은 수출업자가 수입업자에게 직접 송부하므로 신용장방식에서의 까다롭고 복잡한 서류검토절차가 생략된다.

5) 외상수출채권의 관리

수출팩터가 대금회수 및 수출채권의 기일관리 등 관련 회계업무를 담당하므로 수출채권관리에 따른 업무와 비용이 감소된다. 물론 이러한 채권관리는 수출업자를 위해서라기보다는 수출팩터 자신의 안전한 대금회수를 위해 하는 것이지만, 수출업자도 FCI 등 세계적인 팩토링네트워크를 통해 채권관리상황에 대한 신속하고 정확한 자료를 입수할 수 있다.

사례 12-1 **수출팩토링의 이용**

중소기업인 M사는 전자부품 수출기업으로 유럽 소재 전자제품 판매기업으로부터 선적 후 90일이 되는 시점에 T/T방식 결제조건으로 연간 2천만불 규모의 수출주문을 받게 되었다. M사는 해외수입업자가 수출대금을 만기에 상환할 것인지에 대해 확신할 수 없었고, 선적 후 결제일까지 90일간을 기다려야 되기 때문에 운전자금의 부담을 느끼고 있었다.

그러던 중 수출기업에 대한 상환청구권 없이 수출채권을 매입하는 수출입은행의 수출팩토링을 알게 되었다. 이를 이용함으로써 M사는 수출이행 후 바로 수출대금을 회수하여 운전자금으로 활용할 수 있게 되었으며, 해외수입업자의 신용위험에서도 벗어날 수 있게 되었다.

출처: 한국수출입은행

(2) 수입업자의 효용

수입업자는 팩토링방식으로 결제가 이루어지는 경우 수입팩터가 개입되면 수입팩터가 제공하는 금융서비스를 이용할 수 있다.

1) 신용거래이용

수입팩터가 설정한 신용한도 내에서 별도담보없이 계속적으로 신용구매가 가능하다. 물품인수후 일정기간 내에 수입대금을 결제하면 되므로 자금부담을 덜 수 있으며, 수입팩터의 지급보증으로 유리한 수입조건을 제시할 수 있다.

2) 물품확인후 대금지급

수입대금을 결제하기 전에 물품의 품질 등을 확인할 수 있어 서류만을 근거로 일단 대금지급을 해야 하는 신용장방식의 단점을 피할 수 있다.

3) 회계관리서비스

수입팩터로부터 채무만기일 관리 등의 회계 서비스를 제공받을 수 있어 수입관리업무의 효율성을 높일 수 있다.

4) 자금부담과 비용절감

신용장에 비해 실무상의 절차가 간단하고, 신용장개설에 따르는 자금부담과 비용이 들지 않으며 팩토링수수료를 수출업자측이 부담하므로 신용장방식에 비해 비용을 절감할 수 있다.

표 12-1 수출거래 시 신용장 · 추심 · 국제팩토링의 비교

결제방식 구분	국제팩토링방식	신용장방식	추심방식
거래약정	매매계약서	신용장	매매계약서
대금결제의 객체	운송서류	화환어음, 운송서류	화환어음, 운송서류
수출대금회수시기	선급	선급	추심후
지급약정기관	팩터	신용장발행은행	없음
대금회수위험	안전	안전	불안
수출정보지원	정보지원	없음	없음

제 2 절 포페이팅

1 포페이팅의 개념

포페이팅은 신용장이나 수출계약에 근거하여 수출업자가 발행한 기한부환어음과 같은 수출채권을 포페이터(forfaiter)가 할인·매입해 주는 금융기법을 말한다. 포페이팅이란 용어는 현금을 대가로 미래의 지불대금에 대한 권리를 포기하고 다른 사람에게 넘긴다는 의미의 옛 불어(a' forfait)에서 유래되었다. 그렇듯이 포페이터가 수출업자로부터 환어음을 매입할 때 상환청구권을 포기하고 매입하므로 포페이터가 만기에 이 대금을 수입업자로부터 회수하지 못하더라도 수출업자는 대금을 반환할 책임이 없다. 특히 우리나라의 경우 신용장매입은 소구(상환청구)조건으로 매입이 이루어지는 반면에, 포페이팅은 비소구조건부로 이루어진다.

포페이팅에는 수출업자 및 수입업자 외에 신용장 매입은행과 유사한 성격의 포페이터와 신용장 개설은행에 해당하는 보증은행(Avalising/Guaranteeing Bank)이 개입한다. 포페이터는 수출업자가 발행한 기한부어음을 상환청구권없이 할인·매입하는 은행이고, 보증은행은 수입업자를 위해 환어음의 지급을 보증하거나 지급보증서를 발행하는 은행을 말한다.

포페이팅은 자본재수출과 같이 거액의 거래에 주로 이용되는데 이로써 수입업자는 보증은행의 지급보증으로 거래 규모가 큰 물품을 연불(延拂)조건으로 수입할 수 있는 반면, 수출업자는 연불조건의 외상수출이라 하더라도 포페이터로부터 수출대금을 즉시 받을 수 있다. 수출업자 입장에서는 신용장 매입은행의 여신한도가 부족하여 환어음의 매입이 거절될 경우 포페이팅을 통한 매입방법을 활용할 수 있다.

무역거래에 이용되는 포페이팅의 특징을 좀더 구체적으로 설명하면 다음과 같다.

첫째, 포페이팅은 주로 수출업자의 환어음이나 약속어음과 같은 채권을 대상으로 한다. 특히 환어음은 무역거래에서 오랫동안 사용되어 왔기 때문에 단순 외상매출채권에 비해서 분쟁이 발생할 가능성이 적은 유용한 증서이다.

둘째, 포페이팅은 거래 규모가 크고 중장기 연불조건인 거래에 활용된다. 포

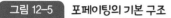

그림 12-5　포페이팅의 기본 구조

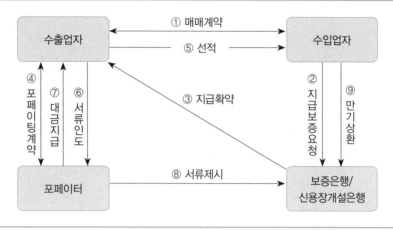

페이팅과 유사한 수출환매입이나 국제팩토링은 주로 180일 이내의 소액거래에서 많이 이용되지만 포페이팅은 대체로 3년에서 5년 정도의 중장기 금융수단으로 이용된다.

셋째, 포페이터는 수출업자에게 환어음에 대한 상환을 청구할 수 없다. 즉 수출업자의 환어음을 할인·매입한 후 만기일에 실제 수입업자로부터 지급이 이루어지지 않더라도 수출업자에게 매입대금을 돌려줄 것을 요청할 수 없다. 신용장거래에서 매입은행은 환어음의 지급이 이루어지지 않으면 수출업자에게 상환청구를 할 수 있지만 포페이팅의 경우에는 불가능하다.

마지막으로 포페이터는 주로 고정금리부로 환어음을 매입한다. 따라서 수출업자는 환어음의 할인 금리를 사전에 알 수 있어 자신이 부담하게 될 금융비용을 원가에 반영할 수 있다.

포페이팅의 기본 구조는 〈그림 12-5〉와 같이 나타낼 수 있다.

② 포페이팅의 결제과정[5]

수출대금회수를 위한 기한부환어음은 크게 신용장에 기반을 두고 발행되거나 D/A방식에서 발행되는데 각 경우로 나누어 살펴보기로 한다.

---

5) 포페이팅은 수출입업자 어느 측에 초점을 맞추는가에 따라 수출 포페이팅과 수입 포페이팅으로 구분할 수 있으나, 포페이터의 입장에서는 통상 수출 포페이팅으로 이해되고 있다.

(1) 신용장방식에서의 포페이팅

기한부신용장하에서 발행되는 환어음의 매입형태로 이루어지는 포페이팅은 〈그림 12-6〉과 같이 이루어진다.

① 수출업자와 수입업자가 포페이팅 약정에 합의하고 수출입계약을 체결한다. 수입업자가 기한부신용장(usance L/C)을 원할 경우 수출업자는 포페이팅 수출금융이 가능한 국가 및 은행에 해당하는지를 먼저 확인한다.

② 수입업자는 자신의 거래은행에서 기한부신용장을 개설한다.

③ 개설은행은 통지은행을 통하여 수출업자에게 기한부신용장을 통지한다.

④ 수출업자는 포페이터와 비소구조건으로 포페이팅계약을 체결한다.

⑤ 수출업자는 신용장조건대로 수출물품을 선적한다.

⑥ 수출업자는 환어음 및 선적서류를 신용장 조건과 일치하도록 작성하여 포페이터에게 제시한다.

⑦ 포페이터는 선적서류를 접수하고 수출대금을 비소구조건으로 지급한다.[6] 지급대금은 신용장 개설국가 및 개설은행의 신용도, 신용장의 종류 및 수출업자의 신용도에 따라 차이가 있다. 포페이터는 접수한 서류를 개설은행으로 보내고 은행은 환어음의 인수 및 인수통지를 한다.

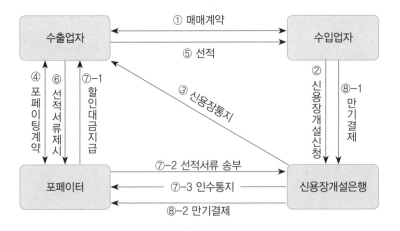

그림 12-6 신용장방식의 포페이팅

자료:한국무역협회.

6) 수출업자에 대한 상환청구 불능의 효력이 발생하는 시점은 선적서류를 접수한 신용장 개설은행이 선적서류에 대한 인수의사를 통보하는 때이다.

⑧ 포페이터는 환어음 만기일에 개설은행으로부터 수출대금을 회수한다.

(2) 보증(Aval)방식의 포페이팅

이 방식의 포페이팅은 수입업자의 거래은행인 보증은행이 연불수출거래에서 발생한 환어음이나 약속어음 뒷면에 "per Aval"[7]을 기재하거나 지급보증서를 발행하여 포페이터로 하여금 안심하고 기한부수출채권을 매입할 수 있게 한다. 보증방식의 포페이팅은 〈그림 12-7〉과 같은 절차를 통해 이루어진다.

① 수출업자와 수입업자는 무역계약을 체결하면서 포페이팅을 이용할 것을 약정한다.

② 수출업자는 포페이터와 포페이팅 계약을 체결한다.

③ 수출업자는 계약 내용대로 선적기일 내에 물품을 선적한다.

④ 환어음을 발행하여 포페이터를 통해 수입국의 보증은행 앞으로 송부하면 지급보증은행은 별도의 지급 보증서를 발급하거나 환어음상에 '지급보증(Aval)' 문구를 추가하여 보증한다.

⑤ 지급보증은행은 보증이 첨부된 환어음을 수출업자에게 보낸다.

⑥ 수출업자는 사전에 약정된 포페이팅 계약에 따라 지급보증은행이 보증한

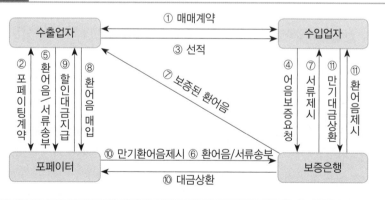

그림 12-7 **보증방식 포페이팅**

자료: 한국무역협회.

---

7) "Aval"이란 프랑스어로 어음보증인의 서명 또는 어음보증을 뜻한다. Aval은 approval의 약어로서 수입업자의 거래은행이 은행지급보증서 대신에 사용하는 간단한 형식의 보증을 가리킨다. 즉, 보증은행이 약속어음 또는 환어음 자체에 보증한다는 뜻을 기입하여 채무를 성실히 이행할 것을 취소불능 조건으로 보증하는 것이다.

환어음을 선적서류와 함께 포페이터에게 제시하고 할인된 대금을 받는다.

　⑦ 포페이터는 어음의 만기일에 보증은행에 환어음을 제시하여 지급을 요청하고, 지급보증은행은 대금을 지급한다.

　⑧ 보증은행은 포페이터가 제시한 어음을 수입업자에게 제시하고 수입업자로부터 대금을 회수한다.

③ 포페이팅의 역사

　포페이팅은 1950년대 중반 스위스은행인 Credit Suisse가 포페이팅에 참여하면서 스위스를 중심으로 본격적으로 생성되기 시작하였는데 1960년대 동서무역(east-west trade)의 발전에 힘입어 독일 등의 지역으로 확대되었다. 이 시기에 동구권국가들은 신용조건으로 곡물구매를 원했던 반면에 서방의 수출업자들은 위험을 최소화하고자 현금조건을 원했다. 이처럼 수출에서 발생하는 결제위험으로 인해 비소구조건의 금융에 대한 필요성이 대두되자 스위스가 정치적 중립성과 은행기술의 전문성에 힘입어 수출입업자 간의 신용부족에서 오는 문제점을 메꾸는 금융기법으로 포페이팅을 개발하였다.

　이렇게 시작된 금융거래에서 취리히 은행들은 수출업자들로부터 할인가격으로 약속어음(promissory note)을 구매했다. 동유럽의 수입업자들은 자본재수입에 대하여 3~5년의 외상기간을 필요로 했던 반면에 서독의 수출업자들은 수입국의 국가리스크 때문에 신용조건을 주저했고 이런 양측의 요구를 충족하는 금융기법으로 소구권없는 중기어음의 매입, 즉 포페이팅이 발달하게 되었던 것이다.[8]

　포페이팅은 이런 배경에서 나온만큼 동유럽권에서 이용도가 높은 금융수단이며 특히 스위스, 독일 오스트리아의 대형 은행들이 많이 취급하는 것으로 알려져 있다. 포페이팅업무의 주요 본부는 원래 스위스, 독일, 오스트리아에 있었지만 최근에는 국제금융의 중심지인 런던에서도 거래가 증가하고 있고 미국 은행들도 유럽지점들을 통해 참여를 확대하고 있다.

　이처럼 포페이팅은 유럽의 일부 지역에서 발생했지만 선진국 입장에서 볼 때 아프리카, 아시아, 남미 등 신흥 개발도상국 시장이 점점 더 중요하게 되면서

---

[8] 철저한 비밀보장으로 정평이 난 스위스은행들의 업무특성상 포페이팅에 대한 전체적인 규모나 자료는 거래에 대해 비밀로 하는 것이 관례로 되어 있어 잘 알려져 있지 않다.

오늘날에는 정치, 경제적으로 불안정한 이들 지역에의 거래에 포페이팅의 필요
성이 더욱 높아지고 있다. 또한 대상거래도 초기에는 주로 중·장기 연불수출조
건의 자본재에 집중되었으나, 최근에는 일반상품이나 건설 등의 용역거래에까지
점점 그 범위가 확대되고 있다.

4 포페이팅의 당사자

(1) 포페이터(forfaiter)

포페이터는 포페이팅계약에 의하여 수출업자의 기한부어음을 비소구조건으
로 할인매입하고 이자, 수수료 등을 수취하는 금융업자를 말한다.[9] 포페이팅의
발상지인 스위스를 비롯하여 영국, 독일 등에는 다수의 은행들이 포페이터로 활
동하고 있다. 포페이터들도 ITFA(International Trade and Forfaiting Association)와 같
은 국제연맹체가 결성되어 있기는 하지만, 역사가 오래되지 않았을 뿐 아니라 팩
토링에서의 FCI와 같은 강한 결속력을 가지고 있지는 않다.

국제포페이팅협회(International Trade and Forfaiting Association, ITFA)

1999년에 설립되어 스위스 취리히에 본부를 두고 있는 포페이팅협
회에는 2018년말 현재 46개국, 약 200개의 금융기관들이 회원사로
가입해 있다. ICC(국제상업회의소)와 협력하여 포페이팅의 국제규
범을 제정하는 한편 회원사 간 분쟁해결과 정보교환을 촉진하는 활
동을 하고 있다.

(2) 수출업자

수출업자는 연불수출계약에 의하여 물품을 인도하고 받은 기한부환어음을
포페이팅 계약에 의하여 비소구조건으로 포페이터에게 할인매각한다.

(3) 수입업자

수입업자는 수출업자와 연불조건으로 물품을 수입하면서, 보증은행으로부

---

9) 우리나라는 한국수출입은행과 일반 상업은행들이 포페이팅을 취급하고 있다. 특히 한국수출입은행
   은 정책금융기관으로 일반 상업은행들이 포페이팅으로 매입한 환어음을 재매입하여 수출업자들의
   자금회수를 지원하고 있다.

터 어음에 대하여 지급보증을 받아 수출업자에게 보내고, 지급만기일에 보증은
행을 통하여 대금을 결제한다.

(4) 보증은행 (Avalising/Guaranteeing bank)

보증은행은 수입업자가 발행하는 약속어음에 대한 지급보증을 하는 은행이
다. 포페이팅 계약에 의하여 포페이터가 수출업자의 어음을 비소구조건으로 할
인매입하기 때문에 보증은행은 신용도가 높은 일류은행이어야 한다.

팩토링 vs. 포페이팅

팩토링은 소비재 등의 일반 상품을 후불송금방식(O/A) 조건으로 수출하는 경우
90일에서 180일 정도의 단기 신용거래에 활용되는 경우가 일반적이다.

반면에 포페이팅은 자본재수출이 수개월에서 수년에 걸친 장기적인 외상거래로
이루어질 경우에 많이 활용된다. 팩토링은 수입업자의 신용위험만 커버하지만 포페
이팅은 신용위험뿐 아니라 수입국의 송금 제한, 모라토리엄 선언, 환전 관련 등 국가
위험 및 개설은행의 지급불능위험 등을 커버한다.

---

5 포페이팅의 효용

(1) 수출업자

수출업자는 포페이팅을 이용함으로써 대금회수에 따르는 금융, 지급보장 등
의 면에서 다음과 같은 여러 이점을 누릴 수 있다.

1) 대금회수의 보장

포페이터가 고정금리의 비소구조건으로 환어음이나 약속어음을 할인하므로
이자율변동이나 환율변동의 위험, 대금회수불능의 위험으로부터 벗어난다.[10]

---

10) 국제회계기준(IFRS)에서는 수출채권을 은행에 매각할 경우 외상매출채권을 부채로 처리해야 한다.
　　그러나 포페이팅을 하게 되면 만기에 자금을 회수하지 못할 위험을 기업이 부담하지 않기 때문에
　　회계처리상 '부채'가 아니라 '현금입금'으로 처리되므로 재무제표를 개선하는 효과가 있다.

2) 신속한 대금회수

수출업자는 선적후 수출환어음이나 약속어음을 할인하여 수출대금을 조기에 회수함으로써 자금회전이 원활해진다.

3) 금융상의 비교우위

포페이팅을 이용하면 포페이터가 제공하는 금융기능을 활용하여 수입업자에게 장기간의 신용을 제공할 수 있게 되어 경쟁에서 유리해진다. 외환이 부족한 개발도상국에 산업설비, 플랜트, 기계류 등을 수출하는 경우에는 연불조건을 제공할 수 있는 능력이 거래를 성사시키는데 매우 중요하기 때문이다.

4) 비상위험 및 정치적 위험의 회피

포페이터가 비소구조건으로 매입하므로 대금회수 후에 수입국의 정치적 위험이나 비상위험 등으로 인한 대금미회수위험으로부터 자유롭다.

(2) 수입업자

1) 신용공여능력 증대

수입업자는 포페이터의 금융기능을 이용하여 수출업자가 수입국의 비상위험이나 수입업자에 대한 신용위험을 인식하더라도 이에 구애받지 않고 수입을 성사시킬 수 있다.

2) 중장기 연불수입가능

수입업자는 보증은행으로 하여금 어음보증 또는 지급보증서를 발행하게 하고 중장기 연불수입계약을 체결하여 원하는 물품을 수입할 기회를 얻을 수 있다.

사례 12-2 포페이팅 이용사례

A사는 중국의 바이어와 U$800천의 계약을 체결하고 중국 E은행이 개설한 90일기한부신용장(Usance 90days L/C)을 수령하였다. A사는 선적 후 거래은행에서 매입을 진행할 예정이었으나 거래은행의 신용한도를 거의 소진한 상태에서 담보가 부족한 점과 결산시점이 얼마남지 않은 상태에서 회사 재무제표에 부채로 추가계상될 경우 신용등급 등에 나쁜 영향을 미쳐 다음 년도 회사 재무활동 등에 부정적인 영향을 줄 수 있다는 우려가 생겼다.

해결방법을 찾던 중 시중은행들이 수출한국무역보험공사의 포페이팅 보험을 이용하고 있다는 기사를 보고 거래은행에 상기수출 거래에 대한 포페이팅이 가능한지를 문의하였다. 마침 거래은행은 무역보험공사와 포페이팅 포괄보험이 체결되어 있는 상태여서 별도로 외국계 은행이나 국책은행을 따로 찾아가지 않고도 네고보다 저렴한 비용에 포페이팅이 가능하다는 답변을 받았다.

A사는 선적을 진행한 뒤 거래은행에 서류를 제시하였으며 거래은행은 중국의 L/C 개설은행으로부터 인수통보(A/A)를 받아 무사히 포페이팅거래를 진행하였다.

출처: www.ksure.or.kr

PART

04

대금결제와 금융

제13장 무역금융

제14장 무역보험

Chapter

13

무역금융

|제1절| 무역금융의 개요
|제2절| 수출금융
|제3절| 수입금융

대금결제방식에 따라 당사자의 자금가용성이 달라지기 때문에 국제거래에서 무역거래자들은 누가 대금지불시기까지의 자금부담을 질 것인가의 문제에 직면한다. 또한 이 문제를 해결하기 위해 당사자들은 금융시장을 이용하지만 상업은행들이 금융을 제공하지 못하는 시장실패가 있는 경우를 위해 공적 수출신용기관이 여러 유형의 무역금융제도를 운용하고 있다.

제 1 절　무역금융의 개요

1 무역거래의 비용

　　무역거래에서 수출업자는 원자재를 조달하여 수출물품을 가공 생산하는 등 계약을 이행하는 데 많은 자금을 필요로 하고, 수입업자도 수입대금을 지급하고 관세 등 필요한 세금을 납부해야 하는 등 많은 자금이 소요된다. 수출입에 필요한 자금과 비용내역을 구체적으로 살펴보면 다음과 같다.

(1) 수출이행자금

　　1) 원자재의 조달 자금

　　먼저 수출업자는 수출물품의 생산에 필요한 원자재나 반제품을 확보해야 하는데, 수출용 원자재를 조달하는 방법은 해외의 원자재공급업자와 계약을 체결하여 수입하는 경우와 국내에서 구매하여 확보하는 경우의 두 가지로 구분된다. 수출용 원자재를 수입할 경우에는 완제품수출신용장이 도착하거나 수출계약을 먼저 체결한 후 꼭 필요한 원자재를 수입할 수도 있지만 그러기에는 시간이 촉박하기 때문에 비축용으로 미리 수입해두는 경우가 많다.

　　2) 완제품의 가공 · 생산 · 집화자금

　　원자재나 반제품이 확보되면 이를 가공하여 수출물품을 생산한다. 자가 생산시설이 있는 수출업자는 직접 원자재나 반제품을 가공하여 수출물품을 생산함으로써 생산비용이 발생하고 이런 시설을 갖추고 있지 않은 무역업자들인 경우는 제조업체와 별도로 생산계약을 체결해야 한다. 농수산물을 수출할 경우에는 이를 전국에서 집화해야 할 경우도 있어 상당한 자금이 필요하게 된다.

　　3) 수출부대비용

　　수출이행에 필요한 부대비용은 크게 서류조달비용(documentation fee)과 국내물류비용으로 구분되는데, 전자는 수출업자가 운송계약, 보험계약 등 수출관련 계약을 체결하고, 상업송장, 포장명세서, 원산지증명서 등 운송서류를 확보하는 데 드는 비용을 말한다. 국내물류비용은 수출물품의 보관, 검사, 수출통관, 국내

운송 등 선적 전에 필요한 물류관련비용을 말한다.

(2) 수입이행자금

1) 수입대금

무역계약에서 수입업자는 계약에 약정된 수입대금을 수출업자에게 지급해야 한다. 수입대금의 지급의무를 충실히 수행할 경우에만 수입물품을 확보할 수 있으므로 수입업자는 수입대금을 먼저 확보해야 한다. 그러나 결제조건에 따라 소요자금을 확보해야 하는 시기는 다를 수 있다. 사전 송금방식으로 결제할 경우에는 수입자금이 계약시점에서 미리 필요하며, 신용장 방식으로 수입할 경우에도 신용장 개설에 충분한 신용담보가 없으면 신용장 개설 시 수입대금에 상응하는 담보를 제공해야 하므로 실제 수입이 이행되기 전에 먼저 자금부담을 지게 된다.

그러나 선(先) 수출조건의 D/P 계약이나 일정 기간 후 수입대금을 지급하기로 약정한 경우(D/A, Usance Credit, 사후 송금 등)에는 수입대금을 사전에 확보할 필요 없이 수입물품을 입수한 후 이를 판매처분한 대금으로 지급할 수 있다.

2) 관세 등 납세비용

수입물품에는 기본적으로 관세가 부과되는데, 우리나라는 대부분의 경우 수입물품의 가격을 기준으로 관세를 부과하는 종가세(ad valorem duties)를 채택하고 있어 수입물품의 가격이 높을 경우에는 상당한 관세 부담이 따른다. 그리고 수입물품에는 관세 외에도 내국세가 부과되는데 여기에는 특별소비세, 주세, 교육세, 교통세, 농어촌특별세, 부가가치세 등이 있다. 수입업자는 관세 등 수입관련 모든 세금을 납부해야만 수입물품을 반출할 수 있기 때문에 이러한 자금이 사전에 확보되어야만 수입이 가능하다.

3) 수입부대비용

수입의 경우에도 수입업자는 서류조달비용이나 국내 물류비용이 드는 경우가 많다. 수입업자가 운송계약이나 보험계약을 체결하는 거래조건(FOB 등)으로 수입할 경우에는 이와 관련된 비용이 발생하고 수입승인이나 수입허가 등에 필요한 서류조달비용도 필요하다. 그리고 수입국 내에서 수입물품의 운송, 보관, 수입통관 등의 물류관련비용도 소요된다.

② 무역금융의 의의와 특징

(1) 무역금융의 의의

무역금융이란 국가 간에 발생하는 실물 거래를 직·간접적으로 지원하는 은행의 신용공여로 대상거래는 상품무역 뿐 아니라, 선박·플랜트 등 대형 자본재의 중장기 거래를 포함한다.

무역거래에서 수출업자들은 수출물품의 생산·집화 등을 위한 많은 자금을 필요로 한다. 더구나 우리나라의 무역구조는 해외에서 원자재를 수입·가공하여 이를 수출하는 가공무역이 많은 비중을 차지하고 있어 우리나라 수출업자들은 구조적으로 원자재 수입을 위한 자금이 필요한 경우가 상당히 많다. 이에 대부분의 수출업자들은 이런 자금조달을 무역금융에 의존하고 있는데 특히 협의의 무역금융은 정부가 정책적으로 무역거래에 필요한 각종 자금을 지원해 주는 것을 말한다.

수출주도정책의 초기부터 정부는 수출경쟁력을 향상시키기 위해 무역거래나 이와 관련된 국내거래 및 해외 현지거래의 각종 단계에 필요한 자금을 일반금융에 비해 유리한 조건으로 지원해 왔다. 그러나 대외교역량이 늘어남에 따라 정책적 무역금융은 통화량 팽창의 한 요인이 되어 왔고, 투기성 자금으로 활용되는 등 부작용을 야기하기도 하였다. 그리고 국제무역기구(WTO)는 이러한 공적 무역금융을 정부의 보조금으로 규정하여 그 사용을 규제하고 있으며, 국가마다 상대국의 특정 수출품에 대한 정부의 지원을 상쇄시키기 위해 상계관세(countervailing duties)를 부과하고 있어서 수출업자들을 무한정 지원할 수 없게 되었다.

이에 따라 오늘날의 무역금융은 정부의 특혜적인 금융지원보다는 무역거래에 필요한 각종 자금을 융자해 주는 상업금융으로 그 성격이 점차 바뀌고 있다.

(2) 무역금융의 특징

현재 우리나라에서 운용되고 있는 무역금융이 지니고 있는 특징을 살펴보면 다음과 같다.

첫째, 무역금융은 중앙은행의 자금지원으로 이루어지는 정책금융이다. 한국은행은 금융통화운영위원회가 정한 총액범위 내에서 한국은행차입한도를 사전에 포괄적으로 배정하여 금융기관별로 자금을 지원하고 있으며 금리 면에서도 우대금리를 적용하고 있다. 따라서 개별기업에게 무역금융을 제공한 융자취급은행은 한국은행으로부터 취급액의 일정 금액을 차입받을 수 있다.

둘째, 무역금융의 융자대상은 포괄적이다. 물품, 건설, 기타 용역의 수출에 직간접적으로 참여하는 모든 업체들은 무역금융의 수혜대상이 될 수 있다. 따라서 국내의 수출용원자재 공급업자, 수출용완제품 공급업자 등 내국신용장(local credit)을 받은 국내업체들도 무역금융을 활용할 수 있다.

셋째, 무역금융은 용도별, 시기별로 지원된다. 무역금융은 생산자금, 원자재자금, 완제품구매자금 등으로 구분하여 각 자금의 소요시기에 맞추어 지원하고 있다.

넷째, 무역금융은 신용장기준 또는 실적기준으로 지원된다. 무역금융은 수출증대를 목적으로 수출신용장, 선수출계약서(D/A, D/P), 외화표시 물품공급계약서 등에 의해 지원되며 과거 수출실적을 기준으로 지원되기도 한다. 특히 실적기준 금융은 과거 수출실적이 있는 업체가 앞으로도 동일한 정도로 수출할 것이라는 전제하에 과거 일정 기간의 수출실적을 융자대상으로 하기 때문에 융자절차가 간편하고 원자재 사전 비축이 가능하다.

마지막으로 무역금융은 수출이행을 의무화한다. 무역금융은 용도별로 지원되는 정책금융이므로 용도 외의 다른 목적에 사용되어서는 안 되며, 또한 금융만 수혜하고 대응수출을 이행하지 않은 경우 해당 업체는 불이행 이자를 추징당하며 수혜자격도 정지될 수 있다.

③ 무역금융의 유형

(1) 수출금융과 수입금융

수출금융은 물품의 수출을 촉진하기 위하여 수출입업자 및 수출용원자재 및 완제품 생산업자를 지원대상으로 하여 수출상품의 선적 전에 제조, 가공에 필요한 소요자금을 지원하는 금융형태이다.

수출이행에 필요한 자금을 준비하는 방법은 여러 가지가 있지만, 가장 간단한 것은 수출대금을 사전에 받을 수 있는 사전송금방식이나 수출선수금신용장을 대금결제방법으로 활용하는 것이다. 그러나 이 방법은 수입업자 측면에서 아주 불리하기 때문에 제한적으로 이용될 수밖에 없으므로 수출업자들은 무역금융제도를 비롯한 무역지원제도를 활용하는 경우가 많다.

우리나라에서는 수출경쟁력을 높이고 수출업자들을 지원하기 위해 무역금융제도를 실시하고 있기 때문에 이를 활용하고자 하는 수출업자의 수요는 크지만 대금결제방식에 따라 융자금액이나 기간이 달라지고, 충분한 자금 확보가 어려운 측면이 있는 것도 현실이다.

수출용 원자재를 국내에서 조달할 경우에는 내국신용장 혹은 구매확인서를 이용함으로써 여러 가지 혜택을 누릴 수 있으며 해외에서 수입할 경우에도 완제품수출신용장이 있을 경우에는 이를 마스터신용장(master credit)으로 하여 개설담보금 없이 베이비신용장(baby credit)을 개설할 수 있다. 더구나 우리나라는 수출용 원자재 수입 시에는 은행의 자금으로 신용장 개설도 가능하고 수입대금을 지급하지 않고 대도증서(trust receipt: T/R)를 발급하여 관련 운송서류를 찾을 수도 있다.

한편 수입금융은 국내 수입자에게 수입대금의 결제 또는 수입대금의 선급에 필요한 자금을 대출하는 것을 말한다. 또한 수입신용장을 개설하여 해외수출자 앞 수입화물의 대금지급을 보증하거나 해외의 수출팩터와 제휴하여 국내 수입자의 신용위험을 인수함으로써 국내수입자가 사후 송금방식으로 해외수출자로부터 수출용 원자재를 원활하게 수입할 수 있도록 지원하는 수입팩토링 등이 수입금융에 해당한다.

(2) 민간수출신용(상업금융)과 공적수출신용

민간수출신용은 일반 상업은행들이 제공하는 대출이나 보증 등을 의미한다. 이들 은행들은 수출과 관련한 자금대출이나 수출이행후 환어음 매입 등을 통해 금융을 제공한다. 그러나 수익을 중시하는 상업은행의 속성상 국제금융시장이 위기에 처하거나 경제 불황기에는 무역금융을 축소하는 등의 행태를 보이기도 한다.

공적수출신용은 한국수출입은행과 같은 공적수출신용기관(ECA)에 의한 수출금융이나 수출보험을 의미한다. 개도국 등으로 플랜트수출이나 건설공사계약 등을 수출하는 경우 수출입은행과 같은 공적수출신용기관이 '최종 위험부담자(the last resort)'로서 역할을 수행하여 시장실패를 해소하고 자국의 수출촉진을 위해 재정자금을 재원으로 하여 상업금융의 한계를 보완하기 위해 취급하는 다양한 형태의 금융상품들이 이에 해당한다.

(3) 선적전금융과 선적후금융

선적전금융은 수출업자가 화물을 선적하기 전에 제공되는 금융으로 수출이행자금을 지원해주는 성격을 지닌다. 선적전금융은 임금, 생산비나 운전자본 등 수출전비용을 보전하기 위한 것이다. 선적을 이행하기 위해 소요되는 수출품의 생산자금, 원자재구매자금 및 국산 원자재공급업체의 생산자금 및 원자재구매자금 등이 대상이 된다. 정책금융으로서 자금이 융자되기도 하며 무역어음을 발행하여 상업금융기관에서 인수 및 할인을 하는 형태로 자금을 조달할 수 있다. 수출업자는 이렇게 조달된 자금을 활용하여 선적을 이행하고 나서 받게 되는 결제대금으로 선적전용자금을 상환할 수 있게 된다.

선적후금융은 선적후에 신용장이나 추심방식에서 발행되는 수출환어음을 수입지에서 결제되기 전에 미리 매입하고 대금을 지급하는 형태로 이루어진다. 선적후금융은 구매자가 제품을 받고 수출자가 지불금을 받을 때까지 수출자에 대한 적절한 유동성을 확보하는 것을 의미한다. 수출환어음의 매입이나 수출팩토링, 포페이팅 등이 선적후금융에 해당한다.

(4) 단기금융과 중장기금융

통상적으로 무역금융하면 대금결제 기간이 만기 1년 이내인 단기무역금융을 의미한다. 일반적인 상품거래 시에는 이러한 단기무역금융이 보통 이루어지고 상업은행이 주로 단기무역금융을 취급한다. 참고로 현재 한국수출입은행이 제공하고 있는 단기무역금융의 유형은 〈표 13-1〉과 같다. 중장기무역금융은 거액이고 그만큼 위험도 크기 때문에 상업은행이 단독으로 인수하기보다는 국제개발금융기관과 정책금융기관(ECA)들과의 협조융자방식으로 이루어진다.

중장기금융은 융자기간이 1년을 초과하는 경우로 대부분 플랜트 등의 자본재수출이 대상이 된다. 프로젝트파이낸스 등도 여기에 해당한다. 만일 융자기간이 2년 이상인 자본재수출에 대해 금융이 이루어지는 경우에는 OECD 수출신용협약의 적용을 받게 된다.

| 표 13-1 | 단기무역금융(한국수출입은행) |

상품명	주요 내용
수출팩토링	국내 수출자의 사후송금방식(Open Account 방식)의 외상수출거래에 의해 발생한 수출채권을 상환청구권 없이 매입하는 상품
수출환어음매입	결제기간 2년 미만의 신용장 또는 비신용장방식 수출거래를 근거로 발행된 수출환어음을 매입하는 상품
포페이팅	국내 수출자가 결제기간 2년 미만의 기한부 신용장 방식 또는 국외은행의 보증이 수반되는 비신용장 방식의 수출거래를 바탕으로 발행한 수출환어음을 상환청구권없이 매입하는 상품
무역어음재할인	국내 시중은행이 국내 수출자로부터 매입한 수출환어음을 기초로 발행한 재할인용 무역어음을 수출입은행이 재할인함으로써 국내 수출자를 간접지원하는 상품
수출중소기업 무역금융 리파이낸스	시중은행의 수출중소기업 앞 무역금융 지원 실적에 근거하여 수출입은행이 시중은행에 자금지원하는 것으로 시중은행을 통해 수출중소기업을 지원하는 상품

OECD수출신용협약(Arrangement on Officially Support Export Credits)

이 협약은 1970년대 오일쇼크 이후 미·일·유럽 등 선진국들이 자국의 공적수출신용기관(ECA)을 통한 수출신용지원으로 수출촉진과 경화(hard currency) 확보를 추구하는 과정에서 ECA간 과열경쟁과 과도한 보조금지급 등의 문제점이 나타나자 공적수출신용의 금리수준, 상환기간 등 지원조건을 제한하자는 합의에서 출발하여 발전된 협약이다.

강제적인 국제법은 아니지만 참가국들이 자국의 수출신용제도나 지원프로젝트에 대한 정보를 교환하는 등 투명성을 높이고 상호감시제도를 마련하여 협약을 준수하고자 노력하고 있다.

---

(5) 공급자신용(supplier credit)과 구매자신용(buyer credit)

대형건설공사나 플랜트수출처럼 거래규모가 워낙 커서 물품인도 시에 대금지불을 전액 결제하기 어려운 경우, 대금을 외상으로 하여 수입업자로 하여금 장기간에 걸쳐 분할 지급하게 하는 방법을 연불수출이라고 하는데 대형 자본재 수출은 보통 이 조건으로 거래가 이루어진다.

공급자신용이란 이러한 연불거래에서 금융기관이 물품을 인도하는 시점에서 자금을 수출업자에게 금융을 제공하는 방식이다. 이로써 수입업자는 장기간에 분할결제의 이점이 있고 수출업자는 대금을 일시에 회수할 수 있게 된다. 공급자신용은 수출업자가 차주가 되어 융자금에 대한 상환의무가 있다.

구매자신용이란 국내 금융기관이 자국의 수출업자를 거치지 않고 외국의 수입업자한테 직접 대출하는 것으로 이 자금으로 수입업자는 수입대금을 원활히 확보하게 되어 국내 수출자로부터 수입할 수 있게 된다. 이 방식에서는 수출업자는 수출이행 시 즉시 수출대금을 전액 회수할 수 있고 수입업자의 대금상환을 우려하지 않아도 되고 부채비율의 증가를 피할 수 있는 장점이 있지만 금융기관의 입장에서는 수입업자의 상환위험을 부담하게 된다.

사례 13-1 **직접대출 방식의 구매자 신용**

> **한국수출입은행, 한국 조선사의 LNG선 구매하는 英 선사에 4억 5000만달러 '직접대출'**
>
> 한국수출입은행(이하 수은)은 삼성중공업과 수출거래를 맺은 영국 소재 LNG 선사 골라(Golar LNG Limited)에 직접대출방식으로 4억 5000만 달러를 제공한다고 15일 밝혔다.
>
> 골라(Golar LNG)는 세계적인 종합 해운그룹인 존 프레드릭슨(John Fredriksen) 그룹계열의 LNG선 및 FSRU[1] 전문선사로, 삼성중공업과 17억달러 규모에 달하는 LNG선 6척과 FSRU 2척의 수출거래 계약을 맺은 바 있다. 총선가는 17억 3000만 달러이고 총 대출금액은 11억 2000만 달러인데 이 가운데 수은이 1억 5000만 달러를 대출하기로 한 것이다. 이 선박은 2013년 8월에서 2014년 6월 사이에 인도하기로 하였다.
>
> 수은이 해외 수입자를 차주(借主)로 하는 직접대출을 함으로써 국내 조선사는 선박 수출은 하되 부채는 늘지 않아 재무건전성을 유지할 수 있게 되었다.
>
> 자료: 한국수출입은행, 보도자료

---

(6) 대출과 보증

대출은 일반적인 무역금융의 형태로 금융기관이 수출업자나 수입업자에게 자금을 직접 공여하는 것이다. 국내 수출업자가 발행한 수출환어음을 소구 조건

---

1) FSRU(Floating Storage and Regasification Unit): 액화된 천연가스를 해상에서 재기화하여 육상 사용자에게 공급하는 일종의 선박형 플랜트.

(수입자의 지급불이행 시 수출자에게 대금청구)으로 매입하는 매입외환, 신용장 개설 후 외국 수출업자가 발행한 수출환어음 인수·매입하는 내국수입유전스, 무신용장 방식 수출거래에서 발생된 수출채권을 수출기업으로부터 무소구 조건으로 매입하는 수출팩토링, 신용장 방식의 수출거래에서 발행된 수출환어음을 수출기업으로부터 비소구 조건으로 매입하는 포페이팅 및 수출신용기관(ECA)의 전대금융 등 단기 여신 제공이 대출에 해당된다.

무역금융의 또 다른 형태로는 보증이 있는데 신용장 개설, 특정거래와 관련된 계약이행보증, 입찰보증, 지급보증 등이 이에 해당한다.

④ 무역금융기관

(1) 일반 상업은행

무역금융에서 일반 상업은행들은 단기여신, 신용한도나 당좌대월 혹은 수출채권의 할인 등을 통해 수출업자에게 운전자금을 제공한다. 이러한 선적전·후 금융은 수출업자가 물품을 생산 및 선적하는 데 드는 자금부담을 완화시켜준다. 수출국의 은행들은 또한 해외의 수입업자에게 구매자신용을 제공하여 수출품을 구매할 수 있도록 한다. 이와 같은 다양한 무역금융수단들은 수출업자의 경쟁력을 강화시키고 보다 많은 계약을 확보할 수 있게 도와준다.

무역금융으로 상업은행들은 주로 수출업자에 대하여 수출물품의 생산, 원자재 및 완제품구매에 필요한 자금을 원화로 대출하는 단기 수출금융을 취급하거나 수출업자가 발행한 수출환어음을 소구조건으로 매입하는 등의 수출금융을 취급한다. 또한 수입업자에 대하여 수입신용장개설을 위한 여신 제공, 신용장하에서 외국 수출업자가 발행한 환어음을 인수, 지급하는 내국수입유전스와 같은 수입금융을 제공한다.

참고로 한 상업은행이 무역금융으로 취급하고 있는 상품의 예를 보면 〈표 13-2〉와 같다.[2]

---

2) 2019년 1월 기준으로 제공되고 있는 상품들이다.

| 표 13-2 | 일반 상업은행의 무역금융 |

자금종류	내용
생산자금	국내에서 수출용 완제품 또는 원자재를 제조 가공하거나 개발하는데 소요되는 운전자금 대출(무역어음대출)
원자재금융	수출용 원자재를 해외로부터 수입하거나 내국신용장에 의하여 구매하는데 소요되는 자금 대출(무역어음대출) 및 관련 지급보증(수입신용장발행 및 내국신용장발행)
완제품구매금융	국내에서 생산된 수출용 완제품을 내국신용장에 의하여 구매하는데 소요되는 자금 대출(무역어음대출) 및 관련 지급보증(내국신용장발행)
포괄금융	자금용도의 구분 없이 지원하며 전년도 또는 과거 1년간 수출실적이 미화 2억 달러 미만인 업체만 사용가능

자료 : 하나은행(https://biz.kebhana.com/index.jsp)

(2) 공적수출신용기관

세계 각국은 자본재 및 첨단기술제품 등 국가 전략산업의 수출진흥 및 대외경제협력 증진이라는 국익실현을 위해 공적수출신용기관(ECA: Export Credit Agency)을 설립하여 운영하고 있고 우리나라의 한국수출입은행도 수출입, 해외투자, 해외자원개발 등에 대한 필요한 금융을 제공하기 위해 설립된 대표적인 공

| 그림 13-1 | 공적수출신용기관 |

▲ 한국수출입은행

1976년에 설립된 한국수출입은행은 연불수출·해외투자·해외자원개발 등을 위한 장기 저리(長期 低利)의 정책자금을 공여하는 공적수출신용기관이다.

적수출신용기관이다.[3] 공적수출신용기관은 각국의 정부가 자국의 수출촉진을 위해 설립한 정책금융기관으로 시장실패 영역, 즉 상업은행들이 기피하는 고위험, 저수익프로젝트에 대하여 금융을 제공한다. ECA는 일반 상업은행들에 비하여 현지정부에 대하여 강한 협상력을 갖고 있고 또한 다른 상업은행들과 협조하여 대규모자금을 조성할 수도 있다. 주로 개도국의 정부나 국영사업체가 추진하는 국영사업에 중점을 두고 자금을 지원한다.

제 2 절 수출금융

수출업자는 선적 후 즉시 또는 적어도 물품을 인도하는 시점에서 수출대금을 회수하고 싶어한다. 그런데 이것이 가능한 결제방식은 사전송금방식, 대금교환도조건(COD, CAD) 및 일람신용장 방식뿐이다. 선수출계약서를 이용하는 D/A 혹은 D/P 방식, 기한부신용장, 사후송금방식 등 후불조건일 경우에는 추심이 완료되거나 일정기간 후 만기가 되어야 수출대금을 회수할 수 있다. 이에 우리나라는 수출업자가 선적 후 즉시 수출대금을 찾을 수 있는 수출환어음 매입제도, 기한부 원화수출환어음 담보대출 등의 제도를 운영하여 수출업자의 효율적인 운전자금관리를 지원하고 있는데 이를 선적 후 금융이라 한다.

1 수출환어음 매입

수출환어음의 매입은 수출신용장, 선수출계약서(D/A, D/P) 등에 따라 수출업자가 발행한 기한부어음을 은행이 추심 전에 매입해 줌으로써 수출업자에게 선적과 동시에 수출대금을 찾을 수 있도록 해주는 선적 후 금융이다. 이 제도에 의해 수출업자는 기한부 조건으로 수출하더라도 수출대금을 일람 수출과 마찬가지로 선적 후 즉시 찾을 수 있게 된다.

만약 수출업자가 기한부 조건으로 수출계약을 체결하면 원칙적으로 환어음의 만기일이 되어야만 수출대금을 찾을 수 있다. 이러한 수출업자의 자금 부담을

---

3) 또 다른 수출신용기관으로 무역거래의 위험관리를 위해 설립된 한국무역보험공사가 있다.

덜어주기 위해 매입은행이 이 기간 동안의 이자를 할인해서 미리 수출대금을 지급하고, 매입은행은 지급기일이 되면 수입업자 및 개설은행을 통해 매입대금을 상환받는다.

② 프로젝트 파이낸스(Project Finance)

프로젝트 파이낸스란 자원개발이나 발전소건설과 같이 어떤 대형 프로젝트를 위해 특별히 설립된 프로젝트회사(SPC: special purpose company)가 수입업자로서 금융의 차주가 되고 사업주의 직접적인 지급보증 없이 프로젝트 자체의 수입과 자산을 바탕으로 자금을 제공하는 방식의 금융이다. 해당 사업이나 프로젝트 자체에서 발생하는 미래의 수익을 상환재원으로 하고 사업주는 상환청구를 부담하지 않는다.

일반적인 기업금융은 차입한 금융기관에 대하여 원리금을 상환할 책임을 사업주인 모기업이 지는 반면에 프로젝트파이낸스는 차주인 프로젝트회사(SPC)가 상환책임을 진다.

사례 13-2　**프로젝트 파이낸스**

> ### 수은·무보, 삼성 바레인 정유설비에 7억 3천만달러 융자
>
> 수출입은행과 무역보험공사는 삼성엔지니어링이 수주한 42억달러 규모의 바레인 정유설비 사업에 7억 3천만달러를 융자한다고 23일 밝혔다.
> 수은은 삼성엔지니어링이 이탈리아·스페인 업체와 컨소시엄을 꾸려 계약을 따낸 바레인 국영 정유회사 밥코(BAPCO·Bahrain Petroleum Company)의 정유설비 현대화 사업에 3억 6천 700만달러의 프로젝트파이낸싱(PF)을 제공한다.
> 무보도 이 사업에 같은 금액의 수출금융을 제공한다. 총사업비 66억달러 중 42억달러가 삼성엔지니어링 컨소시엄의 수주 금액이며, 이 가운데 13억달러가 우리나라 몫이다. 수은과 무보가 약 절반인 7억 3천 400만달러의 자금 지원을 맡았다.
> 수은은 "이번 사업은 삼성엔지니어링이 핵심설비 설계를 일부 담당하고, 한국 기자재·용역 조달 비중도 커 국내 중소·중견기업들의 중동 진출 효과도 기대된다"고 말했다. 12개 국내 중소기업이 삼성엔지니어링과 설계를 맡았으며, 37개 중소기업이 기자재를 공급할 예정이라고 수은은 전했다.

▲ 바레인 밥코(Bapco) 정유플랜트 현대화 사업 조감도

출처: 연합뉴스(2018. 11. 23)

③ 내국신용장

내국신용장(local credit)은 수출신용장을 가진 수출업자가 국내에서 수출용 원자재나 완제품을 조달하고자 할 때 외국에서 개설되어 온 원신용장(master credit)을 토대로 수출업자의 의뢰에 의해 국내 물품공급업자나 원자재공급업자를 수익자로 하여 개설되는 외국환은행의 지급보증서인데 무역금융제도의 운용과도 밀접하게 연계되어 있다.[4]

내국신용장제도의 근본적 취지는 수출물품을 가능한 한 국내에서 구매하도록 유도하기 위한 것이다. 이에 따라 우리나라에서는 내국신용장에 의한 거래가 국내거래임에도 불구하고 이를 수출로 인정하여 외화표시로 거래할 수 있도록 하며 또한 무역금융을 제공하는 등 여러 가지 혜택을 부여하고 있다.

내국신용장을 활용할 경우 원수출업자인 개설의뢰인은 무역금융을 이용할 수 있고, 국내에서 수출에 필요한 원자재나 완제품을 구매하는데 필요한 결제자금의 부담에서 벗어날 수 있다. 그리고 내국신용장 개설은행이 지급확약을 하므로 국내 공급업자로부터 물품확보가 보장되어 수출품의 생산을 예측할 수 있다.

그리고 내국신용장의 수혜자도 국내 업체에 물품을 판매하지만 공급실적이

---

4) 내국신용장의 의의와 결제과정은 제6장 신용장의 결제방식과 종류에 자세히 설명되어 있다.

수출실적으로 인정됨에 따라 무역금융을 활용할 수 있으며, 관세환급의 대상이 된다. 또한 수출품에 해당되는 부가가치세 영세율이 적용되어 조세 부담이 없다. 그리고 무엇보다도 내국신용장 개설은행으로부터 지급보증을 받음으로써 원수출업자의 수출 여부에 상관없이 물품공급대금을 회수할 수 있다.

④ 수출팩토링

수출팩토링은 앞에서[5] 설명한 바와 같이 결제방식으로도 볼 수 있으나 그 중요한 기능 중 하나는 금융기능이므로 여기서는 금융상품이란 측면에서 살펴보기로 한다. 수출팩토링은 사후송금방식(Open Account 방식)의 외상수출거래에서 발생한 수출채권을 금융기관인 팩터(Factor)가 수출기업으로부터 무소구조건으로 매입하는 수출금융 상품이다. 수출팩토링을 이용함으로써 수출업자는 수출후 바로 운전자금 확보가 가능하며 무소구조건으로 채권을 매각하는 것이므로 대금회수의 우려에서 벗어날 수 있다. 또한 수출환어음 매입방식의 무역금융은 국제회계기준(IFRS)상 은행차입금으로 계상되어 부채비율이 높아지는 반면에 수출팩토링은 차입금으로 계상되지 않아 재무구조의 개선효과를 얻을 수 있다.

⑤ 포페이팅

포페이팅은 신용장에 수반하여 발행된 수출환어음과 선적서류를 금융기관인 포페이터(Forfaiter)가 수출업자로부터 무소구조건으로 매입하는 수출금융상품이다. 따라서 수입국은행이 환어음 만기일에 수출대금을 상환하지 못할 경우에도 수출업자에게 대금을 청구하지 않으므로 수출업자는 수출대금 회수 위험을 제거함과 동시에 수출팩토링과 마찬가지로 차입금으로 계상되지 않기 때문에 재무구조를 개선하는 효과를 얻을 수 있다.

5) 수출팩토링과 포페이팅에 관한 자세한 내용은 제12장 국제팩토링과 포페이팅을 참조하길 바람.

제 3 절 수입금융

대부분의 무역금융은 수출지원적 성격을 지닌 수출금융에 해당하지만 국가경제적으로 적기에 안정적인 확보나 수입을 필요로 하는 원유, 원목, 광물, LNG/LPG 등의 주요 자원, 시설재 및 첨단제품 등의 수입을 위해 필요한 수입자금을 지원할 필요가 있고, 수입신용장 개설도 원활하게 이루어져야 한다. 이하에서는 공적수출신용기관을 중심으로 이루어지는 수입금융의 종류를 살펴보기로 한다.

1 신용장개설금융

신용장조건으로 수입계약을 체결한 수입업자는 거래은행에 신용장개설을 의뢰한다. 그런데 신용장을 개설한다는 것은 은행입장에서는 대외적인 지급보증을 하는 것이므로 일종의 여신행위이다. 따라서 은행은 이를 위해 담보를 확보하거나 은행이 책정한 신용한도(credit line) 내에서 신용장개설을 하게 된다.

특히 한국수출입은행은 수출용 원자재 및 주요 원자재 수입 시, 수입신용장 개설을 통해 해외 수출업자에게 대금지급을 확약하는 보증을 통해 수입금융을 지원하고 있다.

2 내국수입유전스

내국수입유전스[6]란 국내의 신용장 개설은행이 외국의 수출업자가 발행한 수출환어음을 인수·매입함으로써 어음기간 동안 국내 수입업자에게 신용을 공여하는 것이다.

이 방식에서는 외상기한 동안의 수입업자에 대한 신용공여를 개설은행이 하고 매입은행은 일람출급조건으로 매입을 하는 것이므로 수출업자로서는 일람출급방식의 매입과 똑같다. 개설은행은 서류를 받는 대로 매입은행에게 대금을 즉시 상환하지만 개설의뢰인으로부터는 만기에 대금을 받는다. 따라서 내국수입유전스의 금융대상은 수입업자이므로 외상기간에 대한 이자와 수수료도 수입업자가 부담한다.

---

6) 제7장 제4절 신용장의 매입 부분을 참조하기 바람.

3 수입팩토링

이는 국제팩토링제도를 수입업자 관점에서 본 것으로 국내의 은행과 해외 수출팩터가 제휴하여 수입업자의 신용위험을 인수함으로써 수입업자가 사후 송금방식으로 해외수출업자로부터 수출용 원자재를 원활하게 수입할 수 있도록 지원하는 상품이다. 은행은 수입팩터가 되어 수입업자에 대하여 설정한 인수한도 내에서 수입대금의 지급을 보증하는 방식으로 운용한다.

수입팩토링을 이용하게 되면 수입업자의 신용위험을 은행이 인수함으로써 수입업자는 신용장 개설에 따르는 부담을 줄일 수 있고 수출업자는 신용장 없이도 수입국 은행의 지급보증을 받게 될 뿐 아니라 자금유동성도 확보할 수 있어 매매당사자 간 거래를 더욱 촉진시킬 수 있다.

4 대도(貸渡)

대도(trust receipt: T/R)는 수입업자가 수입대금을 지급하지 않고 개설은행으로부터 운송서류를 인도받으면서 수입화물에 관하여 발생하는 일체의 손해에 대하여 자기가 책임을 지겠다고 개설은행에게 서약하는 증서를 말한다.

개설은행의 신용으로 물품이 수입되는 경우에는 수입화물 자체가 담보물이 된다. 그런데 수입화물이 담보로 잡혀 수입업자가 원래 목적대로 사용할 수 없으면 수입할 이유가 없기 때문에 개설은행은 대도와 같은 수입업자의 각서를 받고 수입화물을 처분할 수 있도록 해준다. 물론 개설은행은 대도에 의해서 수입화물에 대한 담보권을 계속 유지할 수 있다. 수입업자는 대도 물품을 제3자에게 담보로 제공할 수 없으며 만약 대도 물품을 매도할 경우에는 금액, 물품의 인도, 대금의 영수방법 등에 관하여 미리 개설은행의 동의를 받아야 한다.

우리나라의 경우 이 제도에 의해 수출용(외화획득용) 원료 등을 수입할 때는 신용장개설 담보금 없이도 신용장이 개설될 수 있다. 이 경우는 온전히 개설은행의 자금으로 수입되는 것이지만 원료가 가공되어 곧 수출될 수 있기 때문에 개설담보금 없이도 수입신용장이 개설될 수 있는 것이다. 이와 같이 특수한 경우 수출업자는 수입대금을 결제하는 대신 대도를 개설은행에 제출하고 운송서류를 인수하여 원료를 수입한다.

정부3.0 민관협업으로 무역금융 사기대출 근절

정부가 수출유관기관(수출입은행, 무역보험공사), 금융권(은행연합회, 시중은행)과 정보의 공유·개방·협력을 통해 무역금융 사기대출을 사전에 차단하는 등 정부3.0 협업 성과를 이어가고 있다.

관세청과 행정자치부는 정부3.0 추진의 일환으로『민관협업 무역금융 사기대출 예방·적발 체계』구축을 통해 국민의 세금과 저축으로 이루어진 공공재원을 빼돌리는 무역금융 편취를 효과적으로 차단하고 있다고 밝혔다.

관세청은 '15년부터 금융권이 제공한 정보를 기초로 한 특별 단속을 실시해 총 7건 2,948억원의 무역금융 편취를 적발하는 성과를 거두었고, 관세청의 통관정보를 금융권에 제공함으로써 연간 4천억원 상당의 무역금융 편취를 사전 차단하는 성과를 거두었다.

무역금융은 수출지원 정책자금으로 금융기관이 대출의 형식을 통해 수출자에게 수출대금을 선지급 후, 해외 수입자의 결제대금으로 이를 상환하는 제도로서, 무역금융 서류의 진위여부를 확인할 수 없다는 무역금융 제도의 허점을 악용해, 수출가격을 고가로 조작하거나, 허위 수출입을 반복하여 수출입실적을 부풀리는 수법으로 금융기관으로부터 무역금융을 부당하게 대출받는 사례들이 지속적으로 발생하였다.(대표적인 예는 모뉴엘사의 3조 2천억원대 대규모 무역금융편취 사건으로 저가의 홈시어터 PC를 고가로 조작, 허위 수출입을 반복하여 조작된 수출 서류를 국내 금융기관에 매각하는 수법으로 약 3.2조원대 무역금융을 편취하였다.)

이에 따라, 관세청과 금융권은 각각 보유한 수출입 통관정보와 무역금융대출 정보를 공유함으로써 무역금융 사기대출을 적발하고 사기대출이 발생하기 전에 미리 그 피해를 차단하기 위해『무역금융 사기대출 예방·적발 체계』를 시행하게 되었다.

『무역금융 사기대출 예방·적발 체계』시행에 따라 관세청은 금융권이 제공하는 대출심사 정보와 의심업체 정보를 활용해 수출통관자료와 외환거래 자료를 연계 분석함으로써 허위 수출 및 사기대출 업체를 판별하는 등 단속을 강화하였다.

특히, 금융권은 관세청의 수출이행 정보 확인으로 가공수출여부를 사전에 확인할 수 있게 되고, 대출신청건과 관련한 특정 수출품목의 수출가격 범위 정보를 활용해 수출가격 고가조작 여부를 사전에 확인할 수 있어 무역금융 편취를 사전에 차단하는 효과까지 거두고 있다.

앞으로 관세청은 이러한 무역금융 사기대출 예방·적발 체계를 강화시키는 한편, 무역금융 사기대출과 유사한 부당편취 가능성이 큰 공공재정을 운영하는 부처와 정보교류 및 단속활동을 확대·강화할 예정이다.

〈출처: 관세청 보도자료, 2016.9.20〉

Chapter

14

무역보험

|제1절| 신용조사
|제2절| 수출보험
|제3절| 수입보험

무역거래에 수반하는 결제위험을 해소하기 위해 무역업자들은 신용장을 고안하여 이용해 왔으나 이제 무신용장방식의 결제가 주류를 이루고 있다. 이에 따라 무역업자들은 이제 훨씬 증가한 신용위험을 어떻게 관리 할 것인가를 고민해야 한다.

또한 세계의 신흥시장을 포함하여 많은 지역은 늘 정치적, 경제적으로 혼란하고 결제이행의 불확실성을 내포하고 있다. 그럼에도 불구하고 이런 지역에 더 큰 시장기회가 있을 수 있기 때문에 기업은 적극적으로 위험을 감수하면서 수출시장개척에 나서기도 한다.

이 장에서는 대금결제위험을 관리하기 위해 활용할 수 있는 방법을 한국무역보험공사가 정책보험으로 운용하고 있는 수출보험과 수입보험을 통해 알아본다.

제 1 절 신용조사

1 신용조사의 의의

무역거래에서는 대부분 수출업자와 수입업자가 직접 면담을 하지 않은 채 서류상의 검토로 거래가 성립되는 경우가 많으므로 상대방의 신용상태에 대한 조사가 매우 중요하다. 이에 따라 해외시장조사를 통하여 신규 거래처가 잠재적으로 선정되면 먼저 신용조사를 통하여 상대방의 신용상태를 조사해야 한다.

특히 추심방식 등 후불조건의 거래는 수출업자가 오로지 수입업자의 신용을 믿고 선적하는 선수출거래이기 때문에 수입업자의 신용상태의 변화로 계약이 행불능이나 대금회수불능의 위험이 발생할 확률이 신용장방식에 비해 훨씬 높은 편이다. 그렇다 해도 신 시장을 개척하기 위해 혹은 불경기로 인해 수출이 안 될 경우, 수입국에서 신용장을 개설할 만한 충분한 외화가 없을 경우에는 후불조건도 많이 이용되기 때문에 결제위험을 감수하고 거래에 임하게 되는 일이 발생할 수 있다.

일반적으로 신용조사에는 주로 상대방의 상도의, 능력, 자본 등이 파악되어야 한다. 상도의(character)는 성실성, 영업태도, 업계에서의 평판, 계약이행에 대한 열의 등 거래에 임하는 상대방의 신뢰도에 관한 것이다. 능력(capacity)은 영업형태, 연간매출액, 경력 등 상대방의 거래능력을 의미한다. 그리고 자본(capital)은 상대방의 재무상태, 즉 부채비율, 자기자본비율 등을 의미하며 이는 채무이행 능력의 척도가 된다.[1]

2 신용조사전문기관

수출업자 스스로 상대방이 거래하고 있는 은행을 통하여 주로 상대방의 자본에 관련된 내용을 조사할 수도 있고, 상대방과 거래한 경험이 있는 업자를 통하여 상대방의 성실성, 영업태도, 업계에서의 평판 등 성격에 관한 자료를 얻을

---

1) 일반적으로 무역거래에서는 상도의, 능력 및 자본 세 가지를 3C's라고 하며 여기에 거래조건(condition), 담보능력(collateral), 거래통화(currency) 및 소속국가(country) 중 두 가지를 추가시켜 5C's라고도 한다.

수도 있다.[2) 그러나 현실적으로는 한국무역보험공사 등 신용조사전문기관을 많이 활용하고 있다.

(1) 한국무역보험공사(K-SURE)

한국무역보험공사는 전 세계의 신용조사기관과 연계하여, 해외소재기업의 기본정보, 재무정보 등의 신용조사를 실시하여 의뢰인에게 신용조사보고서를 제공하는 서비스를 제공하고 있다. 수출업자는 신용조사의뢰 후 한국무역보험공사가 제공한 신용정보자료를 통해 수입업자의 기본정보, 재무상황, 업계평판, 결제태도 등을 확인할 수 있다.

한국무역보험공사는 기존 신용조사 요약보고서 외에 신용조사보고서 원문을 제공하고 있는데 신용조사의 주요 항목은 회사개요, 업종 및 취급상품, 연혁, 임원현황, 관계회사, 주요거래처, 최근 3년간 재무제표, 자체신용등급, 권장신용한도 등이다.

> 그림 14-1   **한국무역보험공사(K-sure)**

▲ 한국무역보험공사(K-sure)는 무역 및 대외거래에서 발생하는 위험을 담보하기 위한 무역투자보험기관으로 1991년에 한국수출보험공사로 설립되었다. 2010년에 현재의 명칭인 한국무역보험공사로 변경하였으며 산업통상자원부 산하기관으로 해외 주요도시에 지사를 두고 있다.

---

2) 실무에서는 은행을 통한 신용조사를 은행조회(bank reference), 그리고 동업자를 통한 조사를 동업자조회(trade reference)라 한다.

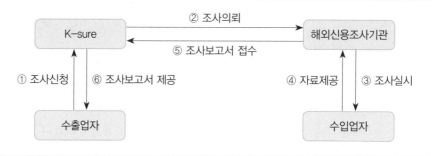

그림 14-2　K-sure의 해외신용조사

출처:한국무역보험공사 홈페이지 > 지원사업.

(2) 대한무역투자진흥공사

　　대한무역투자진흥공사(Korea Trade and Investment Promotion Association: KOTRA)는 수출업자의 유료 위탁에 의해 해외시장조사업무나 신용조사업무를 수행하고 있다. 특히 이 기관은 세계 각 지역에 소재한 해외무역관 등 세계적인 조직망을 갖추고 수입업자에 대한 기초정보 외에도 특정기업에 대하여 실제 존재여부, 구매담당자 연락처 등의 기초적인 확인조사를 해준다. 그러나 특정 수입업자에 대한 구체적인 신용조사는 한국무역보험공사를 이용하도록 하고 있다.

(3) 신용보증기금

　　신용보증기금(Korea Credit Guarantee Fund)은 국내기업은 물론 해외거래처에

표 14-1　신용조사서의 구성내용

구분	항목
기업체 개요	• 개요, 연혁, 관계기업
대표자 및 경영진	• 대표자(실제 경영자 등), 경영진, 주주상황
사업장 및 가동현황	• 사업장, 가동현황, 주요시설 및 제품 등
영업현황	• 판매실적 및 계획, 주요 거래처, 결제조건 등
금융기관거래상황	• 여신거래현황, 차입금, 담보물, 연체현황 등
재무상황	• 요약재무제표, 대차대조표, 손익계산서, (제조)원가명세서, 이익잉여금처분계산서 등 • 종합재무분석의견 • 현금흐름분석표
종합의견	• 현황, 문제점, 사업전망 등

대한 신용 상태를 전문적으로 조사하는 비영리 공익기관이다. 이 기관은 정부와 금융기관이 공동으로 출연한 기금으로 운영되고 있으며 신용보증업무, 신용조사업무, 신용자료의 종합관리, 중소기업투자 등이 주요 업무영역이다.

신용보증기금이 제공하는 신용조사서의 주요 내용은 〈표 14-1〉과 같다.

제 2 절 수출보험

1 수출보험의 의의

수입업자의 신용이 불안한 경우 신용장을 요구할 수 있으나 오늘날 대부분의 거래가 무신용장방식으로 이루어지는 것을 보아서도 알 수 있듯이 이러한 요구를 수입업자가 수용하지 않을 수 있다. 또한 신용장조건으로 합의되었다 하더라도 수입국의 경제적, 정치적 불안정 등으로 외환거래가 중단되는 사태가 생길 경우 대금회수는 어렵게 된다.

이러한 위험들은 위험예측 등이 쉽지 않아 적정보험료의 산정이 어렵고 어떤 경우에는 거액의 보험사고로 이어지기 때문에 선진국과 달리 우리나라는 민간 신용보험사들의 취급이 쉽지 않다.[3] 이에 따라 민간 보험사가 인수하지 않는 수출위험 가운데서 주로 수출대금의 결제와 관련된 위험, 즉 수입업자의 계약파기, 파산, 대금지급지연 또는 거절 등의 신용위험과 수입국에서의 전쟁, 내란, 또는 환거래 제한 등의 비상위험으로 인하여 수출자, 생산자 또는 수출자금을 대출해준 금융기관이 입게 되는 불의의 손실을 보상하는 비영리 정책보험이 수출보험(Export Credit Insurance)이다.

수출보험은 1890년대에 영국의 민간보험업자들이 신용보험사업의 범위를 국내거래에서 대외거래로 확대하고 비슷한 시기에 독일 민간은행들이 수출환어음을 할인, 매입한 데서 유래하였다. 정부가 관여하는 수출진흥정책으로서의 수출보험제도는 제1차 세계대전 이후 각국의 외환 및 무역관리강화로 수출거래에서 수출자가 통제할 수 없는 정치적 위험이 증대됨에 따라 영국을 필두로 독일,

---

3) 신용보험산업이 발달한 선진국에는 프랑스의 COFACE, 독일의 Hermes, 네덜란드의 Atradius 같은 민간 신용보험사들이 매출채권보험의 형태로 수출에 따르는 신용위험을 인수하고 있다.

이탈리아, 미국 및 프랑스 등의 선진국에서부터 시행되고 발전되어 왔다.[4]

우리나라는 1969년 2월 18일부터 수출을 촉진하고 진흥하기 위한 수출지원제도로서 수출보험제도를 도입했으며, 공적수출신용기관인 한국무역보험공사가 보험자로서 이 제도를 운용하고 있다.

② 수출보험의 기능

국내거래와 국제무역거래의 주된 차이는 국제무역이 훨씬 더 큰 위험수준과 복잡성을 수반한다는 점이다. '위험이 있는 곳에 보험이 있다'는 말처럼 위험담보를 영업의 원천으로 하는 보험사들은 국제무역거래에서도 위험을 커버하는 중요한 서비스를 제공할 기회를 갖는다.

수출보험은 해상보험과 달리 물품자체를 담보하는 것이 아니라 물품이 수출되는 상대국의 정치, 경제적 위험으로부터 수출자를 보호하는 데 목적이 있다. 또한 매수인의 대금지급불능위험을 담보하며 포괄적인 신용보증서를 발행함으로써 은행으로 하여금 수출자에게 자금 공여를 용이하게 한다. 이를 좀 더 구체적으로 설명하면 다음과 같다.

(1) 수출대금결제위험의 제거

수출보험은 수입국에서 발생하는 비상위험이나 신용위험으로 인하여 수출이 불가능하게 되거나 수출대금의 회수가 어렵게 되어 수출자나 생산자가 입게 되는 손실을 보상함으로써 수출거래에 따르는 불안을 경감시켜 수출활동을 촉진시킨다.

(2) 금융촉진기능

수출보험은 수출대금 미회수위험을 담보함으로써 금융기관으로 하여금 보다 적극적으로 수출금융을 공여할 수 있게 한다. 또한 금융기관은 담보능력이 부족한 수출업자에 대해서도 수출보험증권이나 수출신용보증서를 담보로 활용하여 무역금융 지원을 확대할 수 있고 위험도가 높은 수출거래에 대한 지원이 가능하게 된다.

---

4) 심의섭 외, 수출보험의 이해, 두남, 2009, p. 4.

(3) 수출진흥

수출보험은 WTO체제하에서 허용되는 수출지원제도로 대부분의 국가에서는 공적수출신용기관(ECA)을 통해 운영되거나 정부가 민간에 위탁하여 운영된다. 수출보험은 정부의 재원으로 운영되므로 보험료율 등을 장기적 차원에서 수지균형을 이루는 것을 목표로 하기 때문에 저율로 책정하지만 보상비율에서는 최대한 수출업자에게 유리한 형태로 보상한다.[5]

(4) 수입자 신용조사

보험자는 적정한 위험인수와 위험관리를 위해 해외의 수입업자 및 신용장개설은행의 신용상태와 수입국의 정치·경제동향에 관하여 조사하고 관련 신용정보를 수집, 수출업자에게 제공하여 수출업자가 신규 수입선을 확보하고 수출관리를 효율적으로 할 수 있도록 기여한다.

이 과정에서 자체적인 신용정보 뿐 아니라 해외의 전문신용조사기관들과 제휴하여 수입국의 시장정보 및 수입자에 대한 상세한 신용정보를 파악할 수 있다.

한국무역보험공사는 해외신용조사기관으로부터 입수된 국외기업 신용정보를 근거로 신용평가를 하는데 A~F급(인수가능 등급), G급(인수제한 등급), R급(인수불가 등급, 보험가입 불가능) 등과 같이 신용등급체계를 가지고 있다.

3 수출보험의 운영방식

(1) 보험자와 보험계약자

보험자는 공적수출신용기관과 민간보험자가 있는데 외국의 경우에는 미국수출입은행(US Eximbank) 캐나다수출개발공사, 영국의 ECGD 및 프랑스의 COFACE 등이 있다. 우리나라의 한국무역보험공사는 공적수출신용기관으로 수출보험과 수입보험을 취급하고 있다.

보험계약사는 수출보험의 경우 수출대금미회수위험에 노출되는 수출업자이며 수출업자에게 선적전후 금융을 제공하거나 보증서를 발급하는 금융기관도 수출보험을 이용하는 주요 당사자로서 보험계약자가 된다. 수입보험의 경우에는

---

5) 원래 수출보험은 일부보험의 성격을 가지므로 100% 전액보상을 하지 않는 것이 원칙이지만 중소기업우대라든가 특별한 우대지원이 이루어질 경우에는 보상비율이 더 높아진다.

선급금미회수위험에 노출되는 수입업자 또는 수입업자에게 자금을 대출해준 금융기관이 된다.

(2) 보험료

보험료율은 수입자신용등급(신용장거래인 경우 개설은행소재 국가신용등급), 결제조건 및 결제기간 등에 따라 결정된다.

(3) 부보율

부보율은 보험사고 발생시 보험금을 산정하기 위하여 손실액에 곱하여야 할 보상비율을 말하는데 수출보험은 일정액의 자기손실분을 설정하고 있기 때문에 대체로 95% 수준에서 이루어지며 중소기업 등 우대조건인 경우 더 상향된다.

(4) 개별보험과 포괄보험

개별보험은 수출업자의 판단으로 수출대금 미회수의 위험이 크다고 생각되는 거래만 선택해서 개별적으로 단기수출보험에 가입하는 제도이다. 수출업자의 입장에서는 선별적으로 수출보험을 이용하는 장점이 있는 반면에, 보험자는 상대적으로 위험발생이 높은 수출거래만 인수하는 결과가 될 수 있어 인수를 거절할 수 있다.

포괄보험은 보험자가 보험계약자와 미리 포괄보험특약을 체결하여 특정상품, 결제조건 등 미리 대상 수출거래의 범위를 정하여 일괄적으로 인수하는 보험계약이다. 수출업자는 고위험거래에 대한 보험가입이 용이한 장점이 있는 반면에 저위험거래도 가입하게 되는 단점이 있다. 반면에 보험자는 위험분산이 용이하지만 고위험거래도 인수할 의무를 지게 된다는 단점이 있다.

4 수출보험의 담보위험

(1) 비상위험(Political Risk)

비상위험이란 수입국에 관련된 위험으로 전쟁, 내란, 혁명, 환거래제한 또는 모라토리움 선언 등으로 인한 수출불능 또는 수출대금 회수불능위험을 말한다.

구체적으로 수출보험에서 담보하는 비상위험에 해당하는 사태는 다음과 같은 것들이다.

① 외국(수입국 및 지급국 포함)에서 실시되는 환거래의 제한 또는 금지
② 외국에서의 전쟁, 혁명, 내란 또는 천재지변으로 인한 환거래의 불능
③ 수입국에서 실시되는 수입의 제한 또는 금지
④ 수입국에서의 전쟁, 혁명, 내란 또는 천재지변으로 인한 수출불능
⑤ 국외에서 발생한 사유로 인한 수입국으로의 수출불능
⑥ 정부 간 합의에 따른 채무상환 연기협정 또는 지급국에 원인이 있는 외화 송금지연
⑦ 상기 사유 이외에 국외에서 발생한 것으로서 수출계약 당사자에게 책임 지울 수 없는 사유(수입국에서의 관세인상, 파업, 불매동맹 등)
⑧ 대외무역법에 의한 수출의 제한 또는 금지

(2) 신용위험(Commercial Risk)

신용위험은 수입자에 관련된 위험으로 수입자 또는 L/C 개설은행의 파산, 지급불능, 지급거절, 지급지체 등으로 인한 수출대금 미회수위험을 말한다. 여기에 해당하는 것으로는 다음과 같은 사태들이 있다.

① 수출계약 상대방의 파산 또는 이에 준하는 지급불능의 발생(파산선고 이외에 기타 지급불능은 그 사실이 외국의 공적기관에 의하여 밝혀지거나 또는 우리 나라 재외공적기관에 의하여 확인되는 경우에 한함)
② 수출계약 상대방에 의한 수출물품의 인수거절 또는 인수불능(수출자의 귀책사유가 없을 것)
③ 수출계약 상대방의 지급거절 또는 지급불능
④ 수출계약 상대방의 지급지체

(3) 기업위험(Management Risk)

기업위험이란 기업의 활동과정에서 발생하는 위험으로서 주로 기업가의 판매예측이 맞지 않았거나 또는 기업가의 경영예측이 어긋남으로 인하여 발생하는

위험을 말한다.[6]

⑤ 수출보험의 종류

한국무역보험공사가 운용하는 수출보험종목은 물품수출부터 건설공사, 환율변동, 해외투자 등에 이르기까지 매우 다양하다. 여기에서는 수출과 관련하여 수출업자의 대금미회수위험에 관련된 수출보험종목에 대하여 살펴보기로 한다.[7]

(1) 단기성 수출보험

무역대금 결제조건의 변화를 보면 송금방식이면서 신용에 기반한 외상조건이 증가하고 있다. 그에 따라 대금지급에 대한 불확실성이 커지는 만큼 대금미회수위험을 담보하는 보험의 필요성이 강조되고 있다. 단기수출보험은 결제기간 2년 이내의 수출거래에서 발생하는 수출계약이행불능의 위험이나 수출대금회수불능의 위험을 담보하는 종목이다. 즉 수출업자가 계약을 체결한 후에 수입국 또는 수입업자의 사정에 의해 이미 만들어 놓은 상품을 수출을 하지 못하거나 수출한 후 수출대금을 적기에 회수하지 못함으로써 발생하는 손실을 보상해 주는 제도이다.

단기수출보험의 대상이 되는 수출거래는 〈표 14-2〉와 같이 일반수출, 위탁

표 14-2 단기수출보험(선적후)의 적용대상거래

구분	내용
일반수출	국내에서 생산, 가공, 집화된 물품을 수출하는 거래
위탁가공무역	국내기업의 해외현지법인이 생산·가공한 물품 또는 국내기업이 위탁하여 외국에서 가공한 물품을 수출하는 거래
중계무역	수출업자가 수출을 목적으로 물품을 수입한 후 이를 제3국에 수출하는 거래
재판매	수출업자가 해외지사(해외법인포함)에 물품을 수출하고 동 해외지사가 당해 물품을 현지 또는 제3국에 재판매하는 거래

---

6) 박대위, 구종순, 무역실무, 박영사, 2008, p. 447.
7) 수출보험종목전반에 관한 설명은 한국무역보험공사 웹사이트(https://www.ksure.or.kr)를 참조.

가공무역 및 중계무역으로 구분된다. 그리고 단기수출보험의 계약방식은 개별보험방식과 포괄보험방식이 있으므로 수출업자는 수출구조 및 특성에 따라 자율적으로 선택할 수 있다.

1) 단기수출보험(선적후)

수출업자가 수출대금의 결제기간 2년 이하의 수출계약을 체결하고 물품을 수출한 후, 수입업자(L/C거래의 경우에는 개설은행)로부터 수출대금을 받을 수 없게 된 때에 입게 되는 손실을 보상하는 제도로 신용위험과 비상위험을 담보하기 위한 제도이다.

그림 14-3 단기수출보험(선적후)

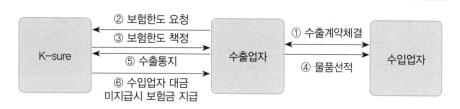

출처:한국무역보험공사 홈페이지*

2) 재판매보험

재판매보험은 국내에 주소를 둔 수출업자(보험계약자)의 해외지사 등이 재판매계약상대방에게 판매한 물품의 재판매대금을 회수할 수 없게 된 경우에 보험계약자가 입게 되는 손실을 보상하는 단기수출보험의 일종이다.

기업의 글로벌화로 해외 판매법인이나 지사설치가 증가하고 이들을 통한 수출이 증가하면서 직수출을 기본으로 하여 설계되었던 기존 수출보험의 틀 안에서는 커버하기 어려운 보험수요가 생겼고 이에 따라 새롭게 만들어진 상품이 재판매보험이다.

이 보험은 유럽의 Euler, Coface 및 Atradius와 같은 민간 신용보험사들이 운영하고 있는 매출채권보험과 유사한 성격을 갖는다.

이 보험에서 보험자는 한국무역보험공사이며 보험계약자는 국내 본사, 피보

---

* 이하 본 장에서의 보험종목에 대한 그림예시는 한국무역보험공사의 홈페이지 > 보험종목 자료들을 참조, 인용하였음.

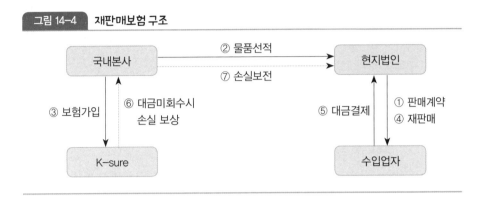

그림 14-4   재판매보험 구조

험자는 해외 자회사나 현지 판매법인이다. 본사가 현지의 수입업자들에게 직접 수출하는 경우에는 일반 단기수출보험(포괄보험)으로 부보하게 되는 반면에, 해외 자회사를 통해서 공급하게 되면 해외재판매보험을 이용하게 된다.

재판매보험은 주로 대기업이 이용하고 있는데 이 경우 해외법인의 매출채권에 대해 국내의 본사가 보험계약을 하고 해외법인은 매출채권을 본사로 양도한다.

3) 단기수출보험(포페이팅)

수출금융을 취급한 금융기관, 즉 포페이터가 비소구조건으로 매입한 환어음이 신용장개설은행으로부터 결제되지 않을 경우 금융기관이 입게 되는 손실을 보상해주는 보험으로 보험계약자는 포페이터인 은행이 된다.

4) 단기수출보험(수출채권유동화)[8]

은행이 수출채권을 비소구조건으로 매입한 후 매입대금을 회수할 수 없게 된 경우 입게 되는 손실을 보상하는 제도로 보험계약자는 금융기관이 되며 보험가액은 수출채권매입대금이 된다.

은행이 수출관련 서류를 매입한 경우에는 은행이 직접 또는 수출업자로 하여금 수출채권 매입사실을 수입업자 앞으로 통지해야 한다.

---

8) 2014년에 발생했던 3조원대의 대형 무역금융 사기로 여러 금융기관들을 소송에 휘말리게 한 모뉴엘 사건은 바로 이 금융상품을 악이용했던 사건이다. 회사는 저가의 홈시어터 PC 케이스 수출 가격을 120배로 부풀려 수출하고, 조작된 수출채권과 선적서류 등 무역 서류를 금융 기관에 매각하는 수법으로 자금을 빼돌렸다. (본 장 말미의 기사자료 참조)

| 그림 14-5 | 단기수출보험 수출채권유동화의 구조 |

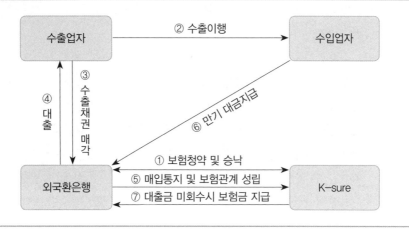

5) 농수산물패키지보험

우리나라는 배, 김 등의 농수산품을 일본, 중국, 아세안, 미국 등에 많이 수출하고 있다.[9] 농수산물패키지보험은 이러한 농수산물 등의 수출 시 발생하는 대금미회수위험, 수입국 검역위험과 클레임비용위험 등의 모든 위험을 포괄하여 보장하는 농수산물 등의 수출기업을 위한 보험이다.

구체적으로 대상거래는 농ㆍ수산물, 축산물, 임산물 및 그 가공식품의 수출거래이며, 대금미회수위험을 기본계약으로 하고 검역위험과 클레임비용위험은 선택계약으로 한다.

(2) 중장기성 수출보험

중장기수출보험은 결제기간이 2년을 초과하는 중장기수출계약에서 발생하는 대금 미회수위험을 담보하는 제도이다. 선박, 산업설비, 플랜트와 같은 자본재의 수출은 통상 수출가액이 거액이고 제작기간이나 수출대금의 연불기간이 장기간이다. 그리고 수입국이 대부분 정치ㆍ경제적으로 불안정한 개발도상국이기 때문에 수출불능 및 대금의 미회수위험이 높아 과감한 수출이 어려운 실정이다.

이에 따라 중장기수출보험제도를 통해 수출업자가 2년 이상의 중장기 연불

---

9) 2013년말 일본에는 파프리카, 참치를 많이 수출하고 있고, 미국에는 배, 김 등이 주 수출품목이다. 2018년에는 69억 2,830억 달러를 수출하였으며 이중 가공식품과 신선식품의 비율이 80:20이고 일본, 중국, 미국, 베트남순으로 수출실적을 보였다.

조건으로 자본재를 수출하여 신용위험이나 비상위험으로 인한 수출불능이나 대금미회수가 발생했을 때 손실을 보상해 줌으로써 중장기연불수출을 촉진시킬 수 있다.[10]

중장기수출보험의 담보위험은 신용위험 또는 비상위험으로 인한 수출불능위험과 수출대금회수 불능위험이다. 따라서 중장기수출보험에서는 첫째, 수출업자가 중장기 연불조건의 수출계약을 체결하고 신용위험 또는 비상위험으로 인하여 물품을 수출할 수 없게 되었을 때 수출업자가 입게 되는 손실을 보상하며, 둘째, 수출업자가 물품을 수출한 후 수출물품의 대금 또는 임대료를 결제기일까지 회수할 수 없게 되었을 때 수출업자가 입게 되는 손실을 보상한다.

현재 한국무역보험공사가 운용하고 있는 중장기수출보험종목 가운데 수출업자의 대금미회수위험을 담보하는 주요 보험종목은 다음과 같다.

1) 중장기수출보험(선적전)

자본재상품의 중장기 수출 계약시 수출 물품의 제작기간 중 발생하는 비상위험 및 신용위험으로 인하여 수출 자체가 불가능하게 되거나, 수출을 이행하였으나 수입업자가 금융계약서상의 인출선행조건을 충족하지 못하여 수출대금을 지급하지 못하는 경우 수출업자가 손실을 입을 우려가 있다. 이러한 위험의 발생으로 인한 수출업자의 손실을 담보함으로써 수출업자의 적극적인 수출추진을 지

그림 14-6 　중장기수출보험(선적전)

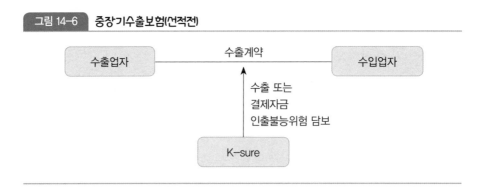

---

10) 자본재 등의 수출에는 많은 자금이 필요하므로 중장기연불금융을 이용하는데 이는 자금공여방식에 따라서 공급자신용과 구매자신용으로 구분된다. 공급자신용은 수출업자가 금융을 이용하여 자본재를 수출하는 것이며 구매자신용은 금융기관이 자본재 수입대금을 수입업자에게 제공하는 것이다. 따라서 구매자신용으로 중장기 연불수출할 경우 이용되는 중장기수출보험의 보험계약자는 외국환은행이 된다.

원하고자 마련된 제도로 수출대금 결제기간이 2년을 초과하는 중장기 수출계약에서 수출 또는 결제자금 인출불능으로 인한 수출업자의 손실을 담보하고 있다.

2) 중장기수출보험(공급자신용)

중장기수출보험(공급자신용)은 수출대금 결제기간이 2년을 초과하는 중장기 수출계약에서 수출 또는 결제자금 인출불능으로 인한 수출기업의 손실을 담보하는 제도이다.

산업설비, 선박, 플랜트 등 자본재상품 수출의 경우 통상 계약금액이 거액이고 대금의 상환기간이 장기이며, 수입국이 대부분 정치·경제적으로 불안정한 개발도상국이라는 점에서 수출대금미회수 위험이 항상 존재한다. 예를 들면, 모라토리움선언, 송금지연조치나 기타 상환제한조치, 불가항력 등의 국가 신용위험들이 선진국에 비해 더 크다. 중장기수출보험(공급자신용)[11]은 수출업자가 결제기간 2년을 초과하는 중장기 연불조건으로 자본재상품 등을 수출하는 경우 이와 같은 수입국 비상위험 및 수입자의 파산이나 지급불능, 결제기일 이후 2개월 이상의 지급지체 등 신용위험으로 인한 수출업자의 대금미회수 위험을 담보한다.

> **그림 14-7   중장기수출보험(공급자신용)**

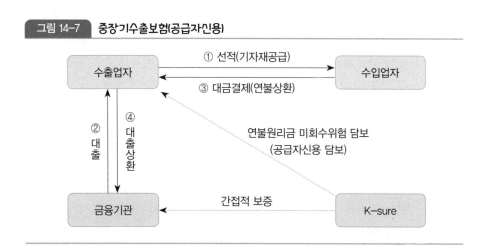

---

11) 공급자 신용이란 수입자에 대한 신용공여 주체가 수출자가 되고 따라서 수출자가 보험계약자가 되는 구조를 말한다.

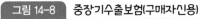

그림 14-8   중장기수출보험(구매자신용)

3) 중장기수출보험(구매자신용)

중장기수출보험(구매자신용)은 국내외의 금융기관 등이 중장기수출계약에 의한 수출대금의 지급에 필요한 자금을 외국인(외국인의 정부, 공공단체 및 외국법인을 포함)에게 공여하는 수출대금금융계약을 체결한 후 대출원리금을 받을 수 없게 됨으로써 입게 되는 손실을 보상하는 제도이다.

대상거래는 자본재상품 등 수출대금의 결제기간이 2년을 초과하는 중장기 수출계약으로서 국내외 금융기관이 수입업자 또는 수입국 은행 앞 결제기간 2년을 초과하는 연불금융을 제공하는 구매자신용방식에 대하여 대출 원리금 회수불능을 담보하게 된다. 수출계약(또는 공급계약)과는 별도로 금융기관이 수입업자 앞 금융을 제공하며, 따라서 금융기관이 보험계약자가 된다.

6 수출보험의 면책

수출보험은 공사와 보험계약자(수출자)간 보험계약이 체결된 대외무역거래에서 보험사고가 발생할 경우 보험계약자의 재산상 손해를 보상한다는 점에서는 상법상의 손해보험에 속한다.

수출보험은 담보위험의 특성상 합리적 예측이 곤란하고 당사자 간의 공모 등 도덕적 해이가 개입될 가능성이 커서 엄격한 면책사유규정을 갖고 있다. 이에 따라 약관의 면책사례에 해당하거나 수출계약 이행과정에서 수출업자의 귀책이 있는 경우에는 수출보험에 가입했다 하더라도 보상받을 수 없다.

(1) 연속수출로 인한 손실

수출건에 대해 결제일이 도래하였으나 수입업자가 이를 지급하지 않고 있는 경우 약관에서는 향후 수출건에 대한 수입업자의 대금결제능력이 없는 것으로 간주한다. 그러므로 수출자가 동일한 수입자에게 계속적으로 수출하는 경우, 이전 선적건의 수출대금이 결제일로부터 30일이 경과한 날까지 결제가 되지 않은 상태에서 추가적으로 수출한 거래에서 발생한 손실에 대해서는 보험금을 지급하지 않는다.

사례 14-1 **연속수출에 의한 면책**

선적건	'16.3.15	'16.5.14	'16.5.15	'16.6.14	'16.6.15	'16.10.29	'16.10.30	'16.11.1	판정
A	수출	결제기일		결제기일 30일경과		결제전일	결제일		
B			수출					사고통지	보상
C					수출			사고통지	면책

선적건A로 인한 연속수출대상기간: '16.6.14~'16.10.29
결제기일로부터 30일이 경과한 날까지 수출대금이 결제되지 않은 상태에서 동일한 수입자에게 추가로 수출한 거래
선적건B: 수출일('16.5.15)이 연속수출 대상기간이 아니므로 보험금 지급함
선적건C: 수출일('16.6.15)이 연속수출 대상기간이므로 전액 면책 처분함

출처: K-sure 홈페이지, 보험종목〉단기수출보험(선적후)

(2) 보험계약자(수출자)의 고의 또는 과실로 인하여 발생한 손실

물품하자나 선적기일 미준수, 계약조건 위배 등 수출계약 이행과정에서 수출업자의 귀책으로 인해 수입업자가 대금지급을 하지 않는 경우에는 보험자는 대금지급의무가 없다.

(3) 물품의 멸실, 훼손 또는 기타 물품에 대해 발생한 손실

물품의 멸실, 훼손 등으로 인한 손실로서 수출업자가 수입업자에게 대금청구권이 없는 경우에는 보험자는 면책된다.

(4) 보험계약자가 법령을 위반하여 취득한 채권에 대해 발생한 손실

마약거래 등과 같이 보험계약자가 불법거래를 해서 받을 대금을 수취하지 못하게 된 경우에는 보상하지 않는다. 어느 보험에서도 피보험자의 불법행위는 보험에 의한 보호를 받지 못한다.

(5) 대금지급채무의 면제나 경감을 약정한 경우

수출거래가 신용장방식 수출거래에서 신용장조건으로 명시된 서류가 당해 신용장조건에 일치하더라도 그와 별도로 신용장개설은행의 대금지급책임이 면제 또는 경감될 수 있는 내용을 포함하고 있는 경우나, 무신용장방식 수출거래에서 수출계약 등에 의하여 수출계약 상대방의 대금지급책임을 면제 또는 경감한다는 내용을 약정하고 있는 거래에 대하여는 보험자는 면책이 된다.

(6) 보험계약자가 고지의무를 위반한 경우

수입자의 신용도 및 결제태도와 관련된 사항은 중요한 사항으로 반드시 고지해야 한다. 보험약관에 보험자가 서면으로 요구한 사항 및 기타 손실을 입을 우려가 있는 중요한 사실을 보험자에게 알리도록 규정하고 있고 청약서상 만기일 연장경험, 만기가 도래한 미결제 내용들을 기재하도록 하고 있으므로 정확한 사실관계를 기재해야 한다.

사례 14-2 **고지의무 위반에 의한 면책**

수출업자 E사는 인도의 F사와 자동차부품을 공급하는 계약을 체결하고 거래를 진행해오다 단기수출보험을 알게 되어 해당 수입업자에 대해 단기수출보험에 가입하고 물품선적을 완료하였다.

한편, 수출업자는 보험 가입 이전에 자기신용으로 수출 이행한 US$70,000에 해당하는 선적건이 만기일이 지나도록 대금의 일부가 결제되지 않고 있음에도 불구하고 이를 공사에 알리지 않은 채 인수한도를 청약하여 US$100,000의 인수한도를 책정 받았으며, 미결제 건은 그 후에 결제되었으나 보험 가입 건은 수입업자의 지급지체로 사고가 발생되었다.

사고조사과정에서 인수한도 청약 시 미결제상태였던 이전 거래건의 존재가 밝혀진 바, 이는 약관 제9조의 보험계약자의 중요사항 고지 의무 위반에 해당되어 공사는 보험관계를 해지하고 보험금 지급을 거절하였다.

자료: K-sure 홈페이지, 보험종목>단기수출보험(선적후).

(7) 인수한도를 책정받고 수출하였으나 수출통지를 하지 않은 경우

수출보험은 수출계약과 관련한 수출물품의 대금청구권을 담보대상으로 하고 있으므로 수출통지한 내용이 실제 수출거래의 내용과 다르거나 수출통지가 이루어지지 않으면 수출보험계약이 성립되지 않는다.

(8) 보험료를 납부하지 않은 경우

보험계약에서 보험계약자는 보험료를 납부할 의무가 있다. 따라서 수출업자는 수출통지 후 일정기간 이내에 보험료를 납부할 의무를 이행하지 않으면 보험계약이 해제된다.

제 3 절 수입보험

1 수입보험의 의의

우리나라의 수입은 50% 이상을 원유, 가스, 철강재, 비철금속 등 원자재가 차지하고 있다. 선진국의 자원확보전쟁이 심화되고 있는 가운데 중국, 인도를 비롯한 신흥 강대국의 산업발전으로 원자재에 대한 수요도 급격히 증가하고 있다.

무역거래에서 대금결제와 관련한 위험은 주로 수출업자의 대금미회수위험이 문제가 되지만 수입업자도 선급금을 지불한 경우 수출업자가 제대로 물품공급을 하지 않거나 계약파기가 되는 경우 선급금의 미회수위험에 노출된다. 많은 거래에서 '50% T/T in advance, 50% L/C' 등과 같이 일부는 선불하고 일부는 다른 결제방식을 사용하는 혼합형 결제가 이루어지고 있어 수입업자도 선급금에 대한 위험관리가 필요하다. 이에 2010년 7월 수입보험제도가 도입되어 안정적인 자원확보 수출잠재력이 높은 산업에 대한 원자재 적기수입을 지원하고 있다.

수입보험의 지원대상은 국민경제에 중요한 자원 및 시설재, 첨단제품의 수입거래이며 소비재는 대상이 아니다. 우리나라에서는 수입의 경우 원자재수입을 위해 대금을 선급했는데 이를 회수하지 못하게 되거나 수입자금을 대출해준 금융기관이 대출자금을 회수하지 못하는 경우에 대하여 수입보험으로 지원하고 있다.

② 수입보험의 대상거래

수입보험의 대상거래는 국민경제에 중요한 자원 및 물품을 선급금지급 후 2년 이내에 선적하여야 하는 수입거래로 중계무역은 제외된다.

(1) 주요 자원

철, 동, 아연, 석탄, 원유, 천연가스(LNG), 액화석유가스(LPG), 카프로락탐, 원자력발전용 연료 등 한국무역보험공사가 정하고 있는 주요자원

(2) 시설재

- 관세법 제9조 제1항 제1호의 오염물질배출방지 처리물품 제2호의 폐기물 처리 물품
- 관세법 제9조 제1항 제3호의 공장자동화 물품
- 관세법 제95조 제1항 제4호의 산업기술연구 개발용 물품 등

(3) 첨단제품

- 산업발전법 제5조의 첨단제품 등

참고로 해당조항은 첨단제품에 대하여 다음과 같이 규정하고 있다.

> 제5조(첨단기술 및 첨단제품의 선정) ① 산업통상자원부장관은 중·장기 산업발전전망에 따라 산업구조의 고도화를 촉진하기 위하여 첨단기술 및 첨단제품의 범위를 정하여 고시하여야 한다. 〈개정 2013. 3. 23.〉
> ② 제1항에 따른 첨단기술 및 첨단제품의 범위는 기술집약도가 높고 기술혁신속도가 빠른 기술 및 제품을 대상으로 다음 각 호의 사항을 고려하여 정하여야 한다.
> 1. 산업구조의 고도화에 대한 기여 효과
> 2. 신규 수요 및 부가가치 창출 효과
> 3. 산업 간 연관 효과

(4) 외화획득용 원료

외화획득용 원료란 외화획득에 공하여지는 물품을 생산(물품의 제조·가공·조립·수리·재생 또는 개조)하는 데 필요한 원자재, 부자재, 부품 및 구성품 등 외화획득 물품 생산에 직접 사용되는 물품을 의미한다. 이 물품이 외화획득 물품에

반드시 구성되어야 함을 의미하지는 않고 생산과정에서 직접 투여되어 소요되는 화공약품 등도 외화획득용 원료의 범주에 포함되는데 그 범위는 다음과 같다.

- 수출실적으로 인정되는 수출물품을 생산하는 데 소요되는 원료(포장재를 포함)
- 외화가득률이 30% 이상인 군납용 물품을 생산하는 데 소요되는 원료
- 해외에서의 건설 및 용역사업용 원료
- 대외무역관리규정상의 규정에 의한 외화획득용 물품을 생산하는 데 소요되는 원료
- 상기의 원료로 생산되어 외화획득이 완료된 물품의 하자 및 유지보수용 원료 등

③ 수입보험의 종류

수입보험은 수입업자를 보험계약자로 하는 수입자용과 수입업자에게 수입자금을 대출하는 금융기관을 대상으로 하는 금융기관용이 있다.

(1) 수입자용 수입보험

보험계약자인 국내 수입업자가 선급금 지급조건으로 수입하는 거래에서 상대방인 해외 수출업자의 신용위험이나 비상위험으로 인해 선급금을 회수할 수 없게 되는 경우 발생하는 손실을 보상한다.

그림 14-9 **수입보험(수입자용) 구조**

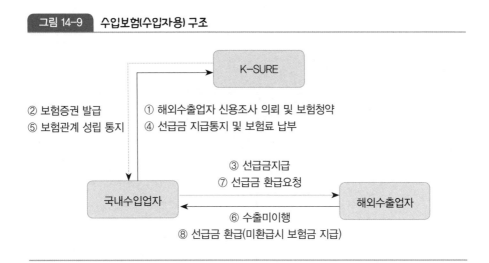

사례 14-3 수입보험(수입자용) 인수사례

> 국내수입업자인 A사는 몽골의 B은행으로부터 1억달러어치 금을 수입하기로 하였다. 우선 계약체결과 함께 선급금 3천만 달러를 일시불로 지급하고 향후 수차례에 걸쳐 선적할때마다 잔금을 분할하여 지급키로 하였다. 수입계약상대방은 B은행이지만 B은행의 관계사이자 실질적으로 광업권을 소유하고 있는 C사가 지급보증을 서주기로 하였다.
>
> A사는 동 거래와 관련하여 선급금 3천만달러에 대한 리스크관리를 위해 공사에 수입보험(수입자용)한도책정을 요청하였다. 이에 수입계약상대방은 B은행이나 한도는 지급보증인 C사의 신용을 근거로 책정하여 수입보험지원이 이루어졌다.
>
> 출처: K-sure, 무역보험, 165호, 2011.

(2) 금융기관용 수입보험

원유, 철, 동, 석탄, 가스 등 주요 전략물자의 장기 안정적 확보를 위하여 금융기관이 수입에 필요한 자금을 수입기업에 대출 및 지급보증한 후 대출금을 회수할 수 없게 된 경우에 발생하는 손실을 보상한다. 이 보험에서 보험계약자는 수입자금을 대출하거나 지급보증한 금융기관이 되며 채무자는 수입업자가 된다.

그림 14-10 수입보험(금융기관용)의 구조

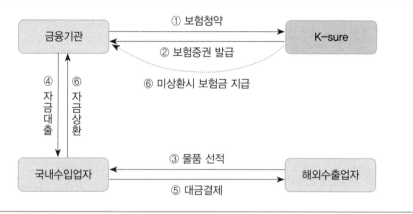

사례 14-4　**수입보험(금융기관용) 인수사례**

　　국내 수입업체인 A사는 사료제조업체로서 미국 카길 등으로부터 옥수수를 수입하여 사료제조후 국내에 납품하고 있다. A사는 최근 급등한 곡물가격 상승에 따른 수입금융 한도부족으로 수입보험(금융기관용)을 이용함으로써 한도를 증액하고자 공사에 청약한도 1천만달러를 신청하였다.

　　채무자에 대한 심사결과 A사는 이 업종에 종사한 경력이 10년 이상이고 종업원, 총자산규모 등에 있어 우량한 사료제조업체로 평가되었고 세계적인 사료업체인 카길과 35년 이상 안정적으로 거래해오고 있었다. 또한 곡물가격변동 및 환변동 위험 헤지를 위해 옥수수상품선물과 선물환거래를 이용하여 연간 수입물량의 10% 이상을 헤지하고 있어 환변동 및 가격변동에 대비하고 있었다. 매출액 및 영업이익이 최근 3년간 흑자기조를 유지하였고 부채비율 및 매출액 대비 차입금 비율 등도 공사의 한도책정 제한기준을 초과하지 않아 종합적인 심사후 인수한도를 청약한도인 1천만달러로 책정하였다.

출처: K-sure, 무역보험, 169호, 2011.

기사자료　## 모뉴엘 위장수출 3조2천억원…해외로 446억원 빼돌려

　　관세청 서울본부세관은 3조원대의 제품을 허위수출한 혐의(관세법 위반) 등으로 가전업체 모뉴엘의 박홍석 대표 등 3명을 구속했다고 31일 밝혔다. 또 관세청은 범죄에 가담한 모뉴엘 자금팀장 등 13명을 같은 혐의로 불구속 입건해 조사하고 있다.

　　서울세관에 따르면 박 대표 등은 2009년 1월부터 지난 7월까지 3천330차례에 걸쳐 홈씨어터(HT) PC 120만대를 3조 2천억원 상당의 정상제품인 양 허위수출하고, 446억원의 재산을 해외로 빼돌린 혐의를 받고 있다.

　　조사결과 박씨는 2007년 HT PC로 국내에 재고가 쌓이면서 자금난에 봉착하자 거액의 사기대출을 받으려고 수출가격을 고가로 조작하고, 수출실적을 부풀린 것으로 드러났다.

　　그는 한 대당 8천~2만원인 HT PC를 120배인 미화 2천 350달러(250만원 상당)로 허위 수출판매하고, 은행에 허위수출 채권을 매각해 자금을 유용한 것으로 조사됐다.

　　이후 150~180일의 대출만기가 도래하면 다시 위장 수출입을 반복해 대출금액을 갚는 수법을 썼다. 또 실제의 가공공장이 있는 것처럼 홍콩에 100만달러(약 10억 5천만원)를 투입해 창고와 위장조립공장을 마련하고, 실물 이동 없이 허위 수출입을 반복하기도 했다.

　　모뉴엘은 홍콩에 있는 위장 조립공장에 은행이나 회계사무소의 실사가 있을 때

현지인 30여명을 긴급 고용해 조립라인과 공장에서 분주하게 움직이도록 연출하고, HT PC 4만여대와 빈 상자를 창고에 쌓아 가동 중인 공장으로 위장했다.

세관은 "홍콩에서 허위의 내륙(Trucking) 운송장을 만들어 이를 은행에 제출하는 등 허위매출의 76%를 해외에서 발생시켜 당국의 감시망을 최대한 피했다"고 전했다.

국내에서는 하청 조립공장에 신형 부품을 갖춘 전시용 제품 30여대를 별도로 준비해 이를 보여주면서 실제 거래되는 제품인 것으로 속였다.

모뉴엘의 자회사인 잘만테크도 2012년 3월 중순부터 지난 6월 중순까지 76차례에 걸쳐 홍콩에서 이런 허위수출로 미화 8천 800만달러(약 927억 7천만원)를 위장수출한 사실이 적발됐다.

모뉴엘은 이런 수법으로 외환은행 등 10여개 은행에서 6천 745억원을 상환하지 않은 상태다. 아울러 박 대표는 국내 은행으로부터 대출받은 자금을 자신이 관리하는 홍콩 페이퍼컴퍼니 계좌에 송금하고, 이 가운데 446억원을 빼돌려 브로커 로비자금, 주택구매 등에 사용한 것으로 드러났다.

그는 개인 비자금 목적으로 국내 다른 업체에서 자신이 운영하는 해외 페이퍼컴퍼니에 물품을 수출하는 것처럼 위장, 수출대금을 받는 방식으로 120억원 상당의 자금을 세탁해 국내에 반입하기도 했다.

모뉴엘은 로봇청소기와 홈시어터 PC 등으로 급성장한 가전업체로, 혁신업체로 주목받다가 최근 돌연 법정관리를 신청해 파문을 일으킨 바 있다. 마이크로소프트(MS) 창업자 빌 게이츠가 2007년 세계가전박람회(CES) 기조연설에서 주목할 회사로 지목해 지명도를 높이기도 했다.

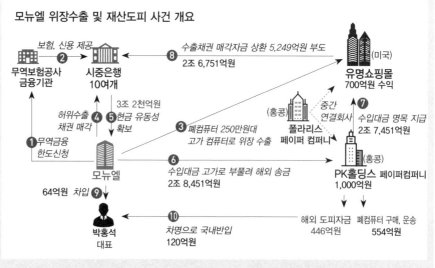

모뉴엘 위장수출 및 재산도피 사건 개요

〈출처: 연합뉴스(2014.10.31), 관세청〉

참고문헌

[국내문헌]

강원진, 「무역결제론」, 박영사, 2015.

─── , 「신용장론」, 박영사, 2007.

강호상, 「글로벌금융시장」, 법문사, 2012.

강흥중, 「무역대금결제론」, 두남, 2012.

경윤범, 이신규, 「국제무역결제론」, 두남, 2005.

공신영, 「한중무역결제론」, 대명, 2007.

구종순, 「무역실무」(제5개정판), 박영사, 2017.

권오, 「국제무역대금결제론」, 형지사, 2013.

김인구, 「전자결제론」, 두남, 2003.

김정수, 「외환관리론」, 두남, 2000.

김종칠, 「무역결제론」, 효민디앤피, 2003.

남풍우, 「무역결제론」(개정4판), 두남, 2016.

문창권, 「외환관리(실무와 이론), 두남, 2000.

박대위, 「신용장」(제3개정판), 법문사, 2016.

박대위 · 구종순, 「무역실무」, 법문사, 2008.

박세운, 「UCP 600 신용장통일규칙 해설」, 한국금융연수원, 2010.

박세운 · 허해관(역), 「신용장통일규칙 UCP600에 따른 국제표준은행관행 ISBP 745」, 한
         국금융연수원, 2013.

방희석, 「무역실무」, 박영사, 2018.

배정한, 「국제무역대금결제」, 삼영사, 2007.

서정두, 「신용장론」, 삼영사, 2002.

서헌제, 「국제거래법」, 법문사, 2006.

석광현, 「국제물품매매계약의 법리」, 박영사, 2010.

송희영, 「외환관리론」, 삼영사, 2004.

신황호, 「무역결제론」, 동성출판사, 2000.

심의섭 외, 「수출보험의 이해」, 두남, 2009.

오원석, 「무역계약과 결제」, 삼영사, 2002.

오원석 · 박광서, 「무역보험」, 삼영사, 2018.

우성구, 「무역신용장론」, 홍익출판사, 2002.

이대우, 「신용장론」, 두남, 2014.

이대호, 「신용장론」, 형설출판사, 2001.

이신규, 「무역실무」, 두남, 2018.

이재민 · 배인성, 「글로벌무역금융」, 두남, 2009.

이철송, 「어음 · 수표법(제10판)」, 박영사, 2010.

장흥훈, 「전자신용장통일규칙론」, 두남, 2002.

전순환, 「무역결제론」, 한올출판사, 2013.

전순환, 「외국환거래법」, 한올출판사, 2006.

정찬형, 「어음, 수표법」, 박영사, 2010.

조현정, 「무역결제론」(개정판), 박영사, 2011.

최기원, 「어음 · 수표법」, 2008.

최정호 · 이제현, 「무역결제론」, 박영사, 2013.

한국은행, 「우리나라의 금융시장」, 2006.

한국은행, 「우리나라의 금융제도」, 2005.

한국수출보험공사, 「환변동보험해설」, 2007.

황진태, 「무역결제론」, 나눔, 2003.

한국무역협회, 웹사이트.

한국외환은행, 웹사이트.

한국무역보험공사, 웹사이트.

한국수출입은행, 웹사이트.

[외국문헌]

Bridge Michael, *The International Sale of Goods*, Oxford : University Press, 1999.

Carr Indira, *Principles of International Trade Law*, 2nd. ed., London: Cavendish Publishing Limited, 1999.

D'arcy Leo, Murray Carole and Cleave Barbara, *Schmitthoff's Export Trade*, 10th ed., London : Sweet & Maxwell, 2000.

Dolan, John F, *The law of letters of credit: Commercial and standby credit*, Washington, D.C.:A.S. Pratt &Sons Group, 1998.

Gozlan, Audi Y., *International Letters of Credit: Resolving Conflict of Law Dispute*, 2nd. ed., London : Kluwer Law International Ltd., 1999. Heinz Riehl, Managing Risk in the Foreign Exchange, Money and Derivative Markets, New York: McGraw-Hill, 1998.

Hinkelman, Edward G., *International Payments*, San Rafael: World Trade Press, 1999.

Homaifar, Ghassem A., *Managing Global Financial and Foreign Exchange Rate Risk*, New York : John Wiley & Sons, 2004.

ICC, *Guide to Export-Import Basics*, 2nd ed., ICC Publishing, Inc., 2003.

Johnson, Thomas E., *Export/Import Procedures and Documentation (Export/ Import Procedures & Documentation)* , 4th ed., New York: AMACOM/American Management Association, 2002.

Katsman Jacob, *How to Make Money Without Money: The Art of Transferable Letters of Credit and Assignments of the Proceeds*, Toronto: Continental Publishing (Canada), 1999.

Mayer Martin, *The Bankers: The Next Generation The New Worlds Money Credit Banking Electronic Age*, New York:Truman Talley Books/Plume, 1998.

Melvin Michael, *International Money & Finance*, 7th ed., Boston: Pearson Addison-Wesley, 2004.

Moffett, Michael H, Stonehill, Arthur I. and Eiteman, David K., *Fundamentals of Multinational Finance*, Boston : Pearson Addison-Wesley, 2003.

Mugasha Agasha, *The Law of Letters of Credit and Bank Guarantees*, Annandale NSW(Australia): Federation Press, 2003.

Noel Ruddy, Nigel Davidson, Simon Mills, *Salinger on Factoring: The Law and Practice of Invoice Finance*, Sweet & Maxwell; 4th ed., 2005

Sellman Pamela and Evans Judith, *Law of International Trade*, London : Old Bailey Press, 2000.

Shapiro, Alan C., *Foundations of Multinational Financial Management*, 5th ed., New York : John Wiley & Sons, 2005.

Stone Bradford, *Commercial transactions:Documents of title letters of credit(West's legal forms)*, 3rd ed., N.Dixie Dr. Dayton: West Group, 2000.

Tracy Walter, *Letters of Credit: A View of Type Design*, Boston:David R. Godine Publisher, 2003.

Weiss, Kenneth D., *Building an Import/Export Business*, 3rd Edition, 3rd ed., New York:John Wiley & Sons Inc., 2002

Xiang Gao, *The Fraud Rule in the Law of Letters of Credit:A Comparative Study (Global Trade & Finance Series, V. 2)*, The Hague:Kluwer Law International, 2002.

ㄱ

간이 선하증권 223

간접표시법 69

개별보험 382

개설은행 99

개설은행의 교섭권 275

개설은행의 면책 273

개설은행의 파산 274

개설의뢰인 98

개인어음 58, 296, 304

거래 환리스크 79

거절증서 62, 301, 313

거주자 29

검사증명서 254

결제은행 103

경제적 환리스크 79

계약이행보증 119

고객 341

고정환율제도 68

공급자신용 364, 388

공급자유전스 191

공용송장 249

공적 무역금융 360

공적수출신용기관 362, 367, 381

공정성 원칙 278

공증인 315

과매도 73

과매입 73

과부족 문언 162

관세청 397

관세청(세관) 33

교차환율 72

구매자신용 365, 388

구상무역신용장 136

국고채 22

국제물품매매계약에 관한 UN협약 4

국제상업회의소 8

국제팩토링 336

국제팩토링기구 342

국제표준은행관습 265

국제표준은행관행 197

국제회계기준 352

권리증권 330

권리포기 275

글로벌 전자상거래 241

금반언 276

금융기관용 수입보험 396

금융서류 290

금융위원회 33

기명식 배서 61

기명식 선하증권 223

기업위험 383

기축통화 30, 44

기탁신용장 136

기한부수입환어음 결제율 77
기한부신용장 126
기한부환어음 57, 101
기한부환어음 매입률 76
기획재정부 32

내국선하증권 223
내국수입유전스 192, 372
내국신용장 130, 370
내국환 20
네팅 82
농수산물패키지보험 387
누적식 방법 135
누진 지급 11

다자 간 네팅 82
단기성 수출보험 384
단기수출보험 385, 386
당발송금환 25, 26
당발추심환 26
당발환 25
당일물 72
당좌계정 47
당좌수표 49
대가 문구 65
대고객매매율 75
대금지급장소 10
대도(貸渡) 201, 373
대도증서 362
대응수출입 38
대체료 191

대한무역투자진흥공사 378
도로 · 철도 · 내수로 운송서류 240
동시 지급 11
동시개설신용장 136
동업자조회 377

래깅 81
리딩 81

마스터신용장 362
만기일 63
매도환 26
매도환율 71
매입 117, 189
매입신용장 123
매입은행 102
매입제한신용장 282
매입환 26
매입환율 71
매칭 81
면책 302
모뉴엘 397
모뉴엘 사건 386
무담보환어음 57
무사고 171
무사고 선하증권 222
무역금융 360
무역인수 59
무화환(담보)신용장 137
무화환신용장 119
무화환추심 291

문면상 283
미달러 45
민간은행권 22

발행인 48, 56
방화표시법 69
배서 60
배서인 60
백지배서 173
백지식 배서 61
베이비신용장 362
변동환율제도 68
보증방식 349
보증신용장 136, 137
보증은행 346
보험승낙서 245
보험증권 245
보험증명서 173, 245
복합운송 237
복합운송서류 237
부기 229
부도 48
부두증권 330
부서부 선하증권 225
북 아웃 41
분할선적 162, 164, 175
분할양도 184
분할양도통지서 185
불가항력 303
불이행신용장 138
불이행진술서 139
불일치서류 275, 279

비거주자 29
비누적식 방법 135
비상위험 382
비소구조건 352
비유통 172
비유통성 해상화물운송장 238

사고부 선하증권 222
사기 111
사전송금 325
3개월물 86
3월물 86
상계 36
상계관세 360
상당일치 280
상당한 주의 283
상업서류 290, 308
상업송장 170
상호계산 37
상환방식 202
상환수권서 198
상환은행 103, 198
상환지시서 198
상환청구가능신용장 121
상환청구권 62, 120
상환청구불능신용장 121
서류상환방식 328
서류세트의 원칙 217
서류심사의무 272
서류의 형식성 302
서류제공의무 332
서명감 155

선 지급 11
선(先)수출계약서 292
선물환 28, 85
선수출계약서 290, 294, 304
선의의 소지자 102
선일자 선하증권 227
선적기일 162, 176
선적배서선하증권 221
선적부기 163
선적선하증권 221
선적전금융 363
선적후금융 363
선하증권 220
선하증권 통일조약 226
성명 대체권 186
세관송장 249
소구 62
소구권 62, 117, 120, 282
소급약관 247
소지인 49, 56
송금 24, 320
송금수표 51, 321
송금환 24
송장 대체권 187
송장금융 330
수신인 168
수익자 98
수익자 증명서 256
수입결제통화 13
수입결제환율 202
수입금융 362, 372
수입보험 393
수입신용장 개설수수료 153
수입자용 수입보험 395

수입팩토링 336, 373
수입화물선취보증서 163, 203, 204
수입환어음 결제율 77
수출결제통화 13
수출금융 361
수출보험 379
수출선수금 신용장 131
수출채권 341
수출팩토링 336
수출환어음 매입 368
수취계정시세 69
수취선하증권 221
수취인 49, 56, 64
수표 47
수화인 99
순환(順換) 24
스위치선하증권 228
스위프트 97, 142
스위프트신용장 142, 155
스털링 파운드 47
스프레드 72
시장평균 환율 74
신용보증기금 378
신용위험 383
신용장 92
신용장 개설지시 271
신용장 금액 168
신용장개설금융 372
신용장개설신청서 150
신용장의 독립성 104
신용장의 양도 181
신용장의 추상성 106
신용장통일규칙 94, 95
신용조사 376

신의성실의 의무 301
써클 아웃 41

약속어음 54, 350
약식선하증권 223
양도가능신용장 126
양도불능신용장 127
양도은행 183
양도차익 187
어음매입수권서 142
어음지급수권서 143
엄격일치 217, 280
엄격일치의 원칙 284
엔 46
여행자수표 50, 77
역환(逆換) 25
연계무역 36
연불(延拂)조건 346
연속매매 41
연지급 115
연지급 확약서 101
연지급신용장 122
연지급은행 101, 122
영국 환어음법 52
영사송장 252
예비지급인 313
예치환거래관계 305
예치환거래은행 101
오픈 어카운트 329
완제품구매금융 367
외국통화표시법 69
외국환 20

외국환거래 규정 31
외국환거래 약정서 208
외국환거래법 22, 29
외국환거래법 시행령 31
외국환거래약정 150, 190
외국환은행 7, 33
외국환은행간 매매율 73, 74
외화 증권 22
외화 채권(債權) 23
외화 파생상품 23
외화획득용 원료 394
외환은행 대 광주은행 사건 284
요식증권 53
용선계약 선하증권 226
우편송금환 322
우편수취증 240
우편신용장 154
우편환 27
운송계약서 233
운송서류 119
운송주선인 225, 242
운송주선인 선하증권 244
운임도착지불 172
원산지 증명서 249
원수익자 181
원신용장 130
위안화 47
위탁가공무역 36
유로 45
유로존 45
유효기일 162
은행수표 321
은행어음 58, 296
은행영업일 200

은행유전스 192
은행인수 59, 116
은행조회 377
이자 문구 65
익일물 72
인수 59, 101, 115
인수거절증서 315
인수금융 60
인수도조건 291
인수불이행 313
인수신용장 123
인수은행 101
인증키 155
일람 후 정기출급 57
일람불환어음 57
일람출급신용장 126
일람출급환어음 결제율 77
일람출급환어음 매입률 76
일반상계 36
일부 후 정기출급 58
일차산품 41
임의기재사항 64
입찰보증 119
입찰보증서 140

재정환율 73
재판매 384
전대신용장 131
전부양도 184
전부양도통지서 184
전신송금 51
전신송금환 323
전신신용장 154
전신암호 281
전신환 27
전신환 매도율 75
전신환 매입률 75, 191
전자신용장통일규칙 262
전통 171
전통(全通) 229
제1수익자 181
제2수익자 127, 181
제2의 통지은행 281
제3자 선하증권 225
제시 308
제시은행 295
제휴방식 338
조건부신용장 164
중앙은행권 22
중장기수출보험 387
중장기수출보험(구매자신용) 390
중장기수출보험(선적전) 388
지급 114
지급계정시세 69
지급도조건 291
지급불이행 313
지급수단 22
지급신용장 101, 122
지급위탁문언 62

자국통화표시법 69
자기앞수표 50
자산부채관리 83
자유이용신용장 169
재매입 102, 130
재매입은행 102
재송장 83

지급은행 101, 114
지급인 48, 56, 63, 295
지급지 63
지급지시서 322
지시식 선하증권 223
지표(指標) 23
직물환 28
직접대출 365
직접방식 337
직접추심 312
직접표시법 69
집단 선하증권 225
집달리 315

차기방식 202
채권 22, 24
채권자 9
채무자 9, 341
추심 25
추심 전 매입 296
추심 후 매입 196
추심불능 313
추심신청서 305
추심에 관한 통일규칙 290, 298
추심은행 295
추심의뢰은행 295
추심의뢰인 293
추심지시서 300, 305
추심통지 292
취소가능신용장 120
취소불능신용장 120

코레스 97
코레스은행 97
크로스환율 72
클라이언트 341

타발송금환 25, 26
타발추심환 26
타발환 25
토마스 신용장 137
통과선하증권 224
통선하증권 224
통지선 172
통지은행 168
특송수령증 240
특송업자 240

파손화물보상장 222
팩토링 85
포괄보험 245, 382
포괄보험증권 173
포장명세서 174, 247
포페이터 351
포페이팅 84, 346, 371
표준서식 165
프로젝트 파이낸스 369
피더서비스 230
피배서인 60

하자부 매입 196
한국무역보험공사 377
한국은행 32
할부선적 164, 175
할인 60, 84
항공운송서류 233
해양선하증권 223
해외은행인수 193
헤지 84
현물상환방식 327
현물환 28, 72
현찰 매매율 77
협회적하약관 174
혼합 지급 11
화물도착통지서 172
화물수취증 242
화환신용장 119, 214
화환어음 57
화환추심 291
화환추심어음 290
확인 179

확인신용장 100, 121, 179
확정일 정기출급 58
환 18
환 포지션 73
환가료 76, 191
환거래 18
환거래취결 180
환노출 79
환리스크 6, 78, 79
환매 282
환변동보험 87
환어음 52
환어음법 54
환율 68
환율상승 70
환적 164, 175, 230
환적선하증권 224
환치기 40
회사채 22
회전신용장 135
후 지급 11
후불송금방식 336

About 162

acceptance 59, 101, 115

Acceptance Credit 123

accepted 59, 291

Accepting Bank 101

addressee 168

Advance Payment Credit 131

advanced payment 11

advice of partial transfer 185

advice of total transfer 184

Air Consignment Note 233

Air Waybill 233

Applicant 98

Approximately 162

arbitrated rate 73

Asset Liability Management; ALM 83

assignable 183

authenticator key 155

Authority to Pay; A/P 143

Authority to Purchase; A/P 142

authorized signature list 155

Aval 349

Avalising 352

baby credit 362

Baby L/C 136

Back to Back Credit 136

Backdated B/L 227

bank acceptance 116

bank bill 58, 296

Bank of Italy v. Merchants National Bank 217

bank reference 377

banker's acceptance 59, 192

banker's check 321

Banker's Usance 192

banking day 200

bearer 49

Beneficiary 98

Beneficiary's Certificate 256

Bid Bond 119, 140

bid rate 71

Bill of Lading; B/L 220

Bills of Exchange Act 52

Blank Endorsement 61

bona-fide holder 56, 102

bond 22

Book Out 41

Buyer's Usance 192

buying exchange 26

Cable Credit 154

CAD(Cash against Documents) 11

case-of-need 313

Cash against Documents: CAD 328

Cash in Advance 325

Cash On Delivery: COD 327

certificate of insurance 173, 245

Certificate of Origin 249

CFS(container freight station) 242

charter party B/L 226

check 47

circa 169

Circle Out 41

clean 171

clean B/L 222

clean bill of exchange 57

clean collection 291

clean credit 119, 137

client 341

COD(Cash on Delivery) 11

collecting bank 295

collection 25

collection instruction 300

Combined Transport B/L 237

commercial documents 290

Commercial Invoice 170

Commercial Risk 383

confirmed credit 121, 179

consignee 99

Consular Invoice 252

corres 180

corres pondent 97

correspondent bank 97

Custody B/L 221

countersign B/L 225

countervailing credit 136

Countlands North America Inc. v. North Corolina National Bank 218

Countlands North America Inc. v. North Corolina National Bank(1975) 218

courier 240

Courier Receipt 240

cover note 245

Crawling Peg 68

creditor 9

cross rate 72

cumulative method 135

currency rate 69

current account 47

customer 341

customer rate 75

Customs Invoice 249

CWO(Cash with Order) 11, 325

cypher 281

D/A 304

D/P 304

debit basis 202

debtor 9, 341

Deferred Paying Bank 101

deferred payment 115

Deferred Payment Credit 122

deferred payment undertaking 101

Del Credere Agent 339

Del credere Commission 339

Demand Draft 51, 321

depositary correspondent 305

depositary correspondent bank 101

depreciation 70

direct collection 312

direct quotation 69

dirty B/L 222

discount 60

discounting 84

dishonor 48

divisible 183

Dock Receipt 330

Dock Warrant 330

document of title 330

documentary bill of exchange 57

documentary collection 291

Documentary Credit 119, 214

Documents against Acceptance: D/A 291

Documents against Payment: D/P 291

domestic exchange 20

Domestic Usance 192

draft: bill of exchange 52

drawee 48, 56, 63, 295

drawer 48, 56

duplicate 171

ECA 362

ECA: Export Credit Agency 367

endorsed in blank 173

endorsee 60

endorsement 60

endorser 60

escrow 137

Escrow Credit 136

estoppel 276

eUCP 262

eUCP Version 1.1 262

Euro zone 45

exchange 18

exchange rate 68

exchange risk 6, 78

Expiry Date 162

Factoring 85

FCI 342

feeder service 230

financial documents 290

foreign exchange 20

forfaiter 351

forfaiting 84

forward exchange 85

forward, futures exchange 28

forwarder's B/L 225

Forwarder's Cargo Receipt: FCR 242

foul B/L 222

fractional 183

Fraud 111

freight collect 172

freight forwarder 225, 242

full set 171

giving quotation 69

grantor 99
groupage B/L 225
Guaranteeing bank 352

hedge 84
house B/L 225

IFG(International Factors Group) 342
IFRS 352
Incoterms 331
Incoterms(2010) 333
Institute Cargo Clauses 174
intended vessel 229
interbank rate 73
International Standard Banking Practice; ISBP
    197
invoice financing 330
Irrevocable Credit 120
ISBP 197, 265, 681, 745
Issuing Bank 99

Key Currency 44
KOTRA 378

L/G 163
Lagging 81
Leading 81
Letter of Guarantee 138, 204

Letter of Indemnity 204, 222
local B/L 223
Local Credit 130
local credit 370
lost or not lost 247

Mail Credit 154
Mail Transfer: M/T 27, 322
mailday interest 76
maildays interest 191
Management Risk 383
MAR 74
Marine Insurance Policy 245
master credit 130, 362
Matching 81
means of payment 22
Money Order 51, 321
more or less clause 162
Multimodal Transport B/L 237

Negotiating Bank 102
negotiation 117, 189
Negotiation Credit 123
netting 82
non negotiable 172
non-acceptance 313
non-cumulative method 135
Non-Negotiable Sea Waybill 238
non-payment 313
non-performing letter of credit 138
non-transferable credit 127

notify 172

notifying bank 99

O/A(Open Account) 329

ocean B/L 223

offered rate 71

official invoice 249

on board B/L 221

on board endorsement B/L 221

on board notation 163, 229

One-Factor System 337

Open Account 37

open cover 245

open policy 173

opener 99

opening bank 99

order B/L 223

overbought 73

Over-invoicing 252

overland B/L 224

overland common point B/L 224

overland common point(OCP) 224

Overseas banker's usance 193

oversold 73

Packing L/C 131

Packing List 174, 247

Partial Shipment 162, 175

payee 49, 56, 64

payer 48

Paying Bank 101, 114

payment 114

payment order 322

pence rate 69

per Aval 349

performance bond 119, 138

Political Risk 382

Port B/L 221

Post Receipt 240

presentation 308

presenting bank 295

principal 293

private bill 58, 296, 304

Project Finance 369

promissory note 54, 350

protest 62, 301, 313

quid 47

reasonable care 283

received B/L 221

receiving quotation 69

recourse 62

Red Clause Credit 131

reimbursement authorization 198

reimbursement basis 202

reimbursement instruction 198

Reimbursing Bank 103, 198

Reinvocing 83

remittance 24, 320

remitting bank 295

renego bank 102

renegotiation 102, 130

restricted credit 282

Revocable Credit 120

Revolving Credit 135

right of recourse 62, 117, 120

selling exchange 26

Set of Documents 217

settling bank 103

shipment by installments 175

shipped B/L 221

Shipper's Usance 191

Shipping date 162

short form B/L 223

sight bill 57

Sight Credit 126

Special Endorsement 61

spot exchange 28

spread 72

square 73

Stale B/L 224

Standby Credit 137, 138

Standby L/C 136

statement of default 139

Steamship Guarantee 204

straight B/L 223

Straight Credit 101, 122

strict compliance 280

substantial compliance 280

supplier credit 364

Surrender B/L 203, 228

SWIFT 142, 155

Switch B/L 225, 228

T/T base 323

T/T buying rate 191

T/T in advance 11

T-bond 22

Telegraphic Transfer 323

telegraphic transfer: T/T 27, 51

tenor 63

test key 281

Third Party B/L 225

through B/L 224

to order 223

to order of shipper 223

TOMAS L/C 137

total transfer 184

trade acceptance 59

trade reference 377

transaction exchange risk 79

transferable 181, 183

Transferable Credit 126

translation exchange risk 79

transmissible 183

transmitting bank 99

Transshipment 175

transshipment B/L 224

traveller's check 50

trust receipt 201

trust receipt: T/R 362, 373

two way quotation 71

Two-Factor System 338

Under-invoicing 252
Uniform Rules for Collections: URC 290
URC 298
usance bill 57
Usance Credit 126
usance draft 101

valuation clause 65
value spot 72
value today 72
value tomorrow 72

waiver 275
Warehouse Receipt 330
Warehouse Warrant 330
With Recourse Credit 121
Without Recourse Credit 121

부록

본 QR코드를 스캔하시면,
‘무역대금결제론(개정판)’의 부록을 참고하실 수 있습니다.

❦ 저자 소개 ❧

구종순(具鍾淳)

서강대학교 경상대학 무역학과 졸업
서강대학교 대학원 무역학과 졸업(경영학석사)
고려대학교 대학원 무역학과 졸업(경영학박사)
한남대학교 무역학과 조교수 역임
행정고시(국제통상직) 출제 · 선정위원 역임
관세사 시험 출제 · 선정위원 역임
University of Colorado 방문교수 역임
Fulbright Senior Research Scholar
대한상사중재원 중재인 역임
한국해운물류학회 회장 역임
현 충남대학교 경상대학 명예교수

[저 서]
무역실무(제7판), 박영사
해상보험(제6판), 유원북스
글로벌 무역개론, 박영사
E-mail: jskoo@cnu.ac.kr

허은숙(許殷淑)

동덕여자대학교 무역학과 졸업
서강대학교 대학원 무역학과 졸업(경영학석사)
서강대학교 대학원 무역학과 졸업(경영학박사)
Western Carolina University(Visiting Scholar)
행정고시(국제통상직) 출제 · 선정위원
관세사 시험 출제 · 선정위원
무역영어(대한상공회의소) 출제위원
한국무역학회 부회장 역임
현 한국관세학회 부회장
현 건양대학교 글로벌경영학부 교수

[저 서]
전자상거래론, 아람
전자상거래관련법규, 두남
외환 · 수입결제, 두남
E-mail: eshuh@konyang.ac.kr

개정판
무역대금결제론

초판발행　　2014년 3월 12일
개정판발행　2019년 3월 11일

지은이　　　구종순 · 허은숙
펴낸이　　　안종만 · 안상준

편 집　　　 배근하
기획/마케팅　임재무
제 작　　　 우인도 · 고철민

펴낸곳　　　(주) 박영사
　　　　　　서울특별시 종로구 새문안로3길 36, 1601
　　　　　　등록 1959. 3. 11. 제300-1959-1호(倫)
전 화　　　 02)733-6771
f a x　　　 02)736-4818
e-mail　　　pys@pybook.co.kr
homepage　 www.pybook.co.kr
ISBN　　　 979-11-303-0730-5　　　93320

* 잘못된 책은 바꿔드립니다. 본서의 무단복제행위를 금합니다.
* 저자와 협의하여 인지첩부를 생략합니다.

정 가　　30,000 원